REGULAÇÃO E CONCORRÊNCIA

Perspectivas e Limites da Defesa da Concorrência

REGULAÇÃO E CONCORRÊNCIA

Perspectivas e Limites da Defesa da Concorrência

coordenação dos Professores
Doutor Ruy de Albuquerque
Doutor António Menezes Cordeiro
catedráticos da Faculdade de Direito de Lisboa

ALMEDINA

TÍTULO:	REGULAÇÃO E CONCORRÊNCIA
COORDENAÇÃO:	DOUTOR RUY DE ALBUQUERQUE DOUTOR ANTÓNIO MENEZES CORDEIRO CATEDRÁTICOS DA FACULDADE DE DIREITO DE LISBOA
EDITOR:	LIVRARIA ALMEDINA – COIMBRA www.almedina.net
LIVRARIAS:	LIVRARIA ALMEDINA ARCO DE ALMEDINA, 15 TELEF. 239 851900 FAX. 239 851901 3004-509 COIMBRA – PORTUGAL livraria@almedina.net LIVRARIA ALMEDINA CENTRO DE ARTE MODERNA GULBENKIAN RUA DR. NICOLAU BETTENCOURT, 8 1050-078 LISBOA – PORTUGAL TELEF. 217 972441 cam@almedina.net LIVRARIA ALMEDINA ARRÁBIDA SHOPPING, LOJA 158 PRACETA HENRIQUE MOREIRA AFURADA 4400-475 V. N. GAIA – PORTUGAL arrabida@almedina.net LIVRARIA ALMEDINA – PORTO RUA DE CEUTA, 79 TELEF. 222 059773 FAX 222 039497 4050-191 PORTO – PORTUGAL porto@almedina.net LIVRARIA ALMEDINA ATRIUM SALDANHA LOJAS 71 A 74 PRAÇA DUQUE DE SALDANHA, 1 TELEF. 213 570428 FAX 213 151945 atrium@almedina.net LIVRARIA ALMEDINA – BRAGA CAMPUS DE GUALTAR UNIVERSIDADE DO MINHO 4700-320 BRAGA TELEF. 253 678822 braga@almedina.net
EXECUÇÃO GRÁFICA:	G.C. – GRÁFICA DE COIMBRA, LDA. PALHEIRA – ASSAFARGE 3001-453 COIMBRA Email: producao@graficadecoimbra.pt JANEIRO, 2005
DEPÓSITO LEGAL:	220250/04

Toda a reprodução desta obra, por fotocópia ou outro qualquer processo, sem prévia autorização escrita do Editor, é ilícita e passível de procedimento judicial contra o infractor.

Apresentação

Regulação e concorrência / Perspectivas e limites da defesa da concorrência é obra colectiva: reúne um conjunto de estudos relativos à actual problemática da defesa da concorrência, procurando analisá-los numa tripla dimensão: a da União Europeia, a da concorrência em si e a da sua integração na lógica global do Direito português.

A defesa da concorrência é uma peça estruturante do Tratado da União Europeia. Mas ela não joga de modo isolado: os valores e os argumentos que ela postula devem ser conjugados com as preocupações básicas do Tratado, entre as quais se contam os direitos e as liberdades fundamentais. Tal o sentido do artigo introdutório de António Menezes Cordeiro, agora dado ao público.

O estudo da concorrência, nas suas múltiplas facetas, competirá aos tratadistas da especialidade. Pelo seu especial interesse, oferecemos ao público interessado dois excelentes estudos, de José António Veloso e de Jorge Patrício Paúl, já publicados na *Revista da Ordem dos Advogados*, mas cujo interesse se mantém intacto: eles ilustram o papel da autoridade da concorrência e o desempenho do Código da Propriedade Industrial em vigor.

A concorrência não é, por fim, província isolada no seio do nosso ordenamento. Ela deve ser aplicada em conjunto com outros complexos normativos, de natureza constitucional, processual e civil. Por distintos prismas, é esse o papel dos diversos escritos depois reunidos, de Alexandre de Albuquerque, António Menezes Cordeiro, Eduardo Vera-Cruz Pinto, Maria de Lurdes Pereira e Pedro de Albuquerque, alguns dos quais inéditos.

Agradecemos à *Revista da Ordem dos Advogados* e à revista *O Direito* as autorizações dadas para as reedições dos artigos já publicados nas suas colunas. E aos juristas da nossa Terra, agradecemos igualmente o interesse que esta publicação lhes possa merecer.

Lisboa, Setembro de 2004

Ruy de Albuquerque

António Menezes Cordeiro

Sumário

Prof. Doutor António Menezes Cordeiro
Concorrência e direitos e liberdades fundamentais na União Europeia

Dr. José António Veloso
Aspectos inovadores do Projecto de Regulamento da Autoridade da Concorrência

Dr. Jorge Patrício Paúl
Breve análise do regime da concorrência desleal no novo Código da Propriedade Industrial

Prof. Doutor António Menezes Cordeiro
Defesa da concorrência e direitos fundamentais das empresas: da responsabilização da Autoridade da Concorrência por danos ocasionados em actuações de inspecção

Prof. Doutor Eduardo Vera-Cruz Pinto
A regulação pública como instituto jurídico de criação prudencial na resolução de litígios entre operadores económicos no início do século XXI

Prof. Doutor Pedro de Albuquerque / Dra. Maria de Lurdes Pereira
A responsabilidade civil das autoridades reguladoras e de supervisão por danos causados a agentes económicos e investidores no exercício de actividades de fiscalização ou investigação

Dr. Alexandre de Albuquerque / Prof. Doutor Pedro de Albuquerque
O controlo contencioso da actividade das entidades de regulação económica

Prof. Doutor António Menezes Cordeiro
Da prescrição de créditos das entidades prestadoras de serviços públicos essenciais

Concorrência e direitos e liberdades fundamentais na União Europeia

PROF. DOUTOR ANTÓNIO MENEZES CORDEIRO

> SUMÁRIO: *I – Introdução: 1. Concorrência e liberdade. II – Os direitos fundamentais: 2. Elementos gerais até à Carta de Nice (2000); 3. A concretização na jurisprudência do Tribunal de Justiça Europeu. III – As liberdades fundamentais: 4. A consagração no Tratado; 5. Âmbito de aplicação. IV – A liberdade de estabelecimento: 6. Conceito básico; 7. Concretização jurisprudencial; 8. Da não-discriminação à igualdade. V – Livre circulação de mercadorias, de pessoas, de serviços e de capitais: 9. Livre circulação de mercadorias e de pessoas; 10. Livre circulação de serviços e de capitais. VI – A primazia do sistema: 11. Aplicação imediata e convergência; 12. Direitos e liberdades na regulação da concorrência.*

I – Introdução

1. *Concorrência e liberdade*

I. A concorrência pode ser apresentada como sistema de tomada descentralizada de decisões, através da garantia de liberdade de actuação dos sujeitos económicos[1]. Trata-se de uma noção independente de teorias económicas e que logo associa concorrência e liberdade. Esta matéria situa-se no núcleo do Direito da União Europeia, tendo constituído o ponto de partida para numerosos desenvolvimentos ulteriores.

---

[1] WOLFGANG KILIAN, *Europäisches Wirtschaftsrecht*, 2.ª ed. (2003), 103.

A concorrência vem claramente consignada no Tratado da União Europeia, quer no seu preâmbulo, quer nos seus artigos 81.º e seguintes, particularmente 81.º a 86.º, que contêm as chamadas regras relativas à concorrência[2]. Importa, no presente momento histórico, sublinhar que a concorrência comunitária não deve ser tomada como uma exigência *à outrance*, válida em si e auto-suficiente, mas antes como uma peça dentro de uma lógica mais vasta, marcada por direitos e liberdades fundamentais, das pessoas e das empresas. A essa luz, as regras sobre a concorrência apenas se devem aplicar perante o sistema global a que pertençam.

II. O Direito europeu é um Direito de cariz Ocidental[3]. Compartilha os valores que se difundiram nos países do Ocidente após as Revoluções inglesa e francesa. Assenta, designadamente, nos vectores da liberdade e da livre iniciativa individuais[4]: a ordem económica é a economia do mercado[5]. E, às pessoas, reconhece direitos e outras prerrogativas, que elas podem opor aos Estados e à própria União. Acrescentamos ainda que, mau grado as incompreensíveis tibiezas dos actuais dirigentes europeus em consignar, na Constituição Europeia, uma referência singela ao Cristianismo como elemento essencial do Ocidente, a natureza personalista do Direito comunitário mantém-se e é eficaz.

III. Como veremos, o Tratado da União consagra diversas posições individuais, oponíveis *erga omnes*. Outras têm vindo a afirmar-se através da jurisprudência e da doutrina.

---

[2] Cf. THOMAS EILMANSBERGER, em RUDOLF STREINZ/CHRISTOPH OHLER, *EUV/EGV – Vertrag über die Europäische Union und Vertrag zur Gründung der Europäischen Gemeinschaft* (2003), prenot. art. 81 (908 ss.).

[3] Referimos diversos textos fundamentais do Prof. MESTMÄCKER: ERNST-JOACHIM MESTMÄCKER, *Wirtschaft und Verfassung in der Europäischen Union/Beiträge zu Recht, Theorie und Politik der europäischen Integration* (2003), 701 pp..

[4] O Direito europeu, particularmente depois de Maastricht (7-Fev.-1992), veio a assumir um verdadeiro liberalismo de convicção – cf. ANDRÉ DECOCQ/GEORGES DECOCQ, *Droit européen des affaires* (2003), 12; diversos aspectos estruturantes do Direito europeu procuram eternizar essa opção; o futuro dirá se tal opção é viável e definitiva ou se se tratou de mero exacerbar liberal, subsequente à queda do muro de Berlim e à vitória na Guerra Fria.

[5] ERNST-JOACHIM MESTMÄCKER, *Marktversagen und Staatsversagen in der Europäische Union*, em STEFAN GRUNDMANN (ed.), *Systembildung und Systemlücken in Kerngebieten des Europäischen Privatrechts* (2000), 54-65 (57).

Passos importantes no tocante, por exemplo, às liberdades económicas foram dados a propósito de questões que opuseram simples cidadãos aos respectivos Estados. Por vezes: com exagero. Pensamos, todavia, que se revela, aqui, um aspecto relevante. Em todas as construções teóricas ou práticas propiciadas pelo Direito europeu, dominará sempre o modo de pensar que determine os direitos das pessoas e que, a partir daí, proceda para os realizar e concretizar.

II – Os direitos fundamentais

2. *Elementos gerais até à Carta de Nice (2000)*

I. O Direito europeu tem vindo a desenvolver alguns conceitos próprios. Para tanto, utiliza muitas vezes o fundo comum dos diversos ordenamentos, particularmente nas áreas do Direito civil e do Direito constitucional. Nestas condições surgem os direitos fundamentais, contrapostos à categoria das liberdades fundamentais.

Os Direitos fundamentais europeus correspondem a uma transposição comunitária da evolução processada depois da II Guerra Mundial, nos diversos países do Ocidente e, em especial, na Alemanha[6]. Traduzem, no essencial, posições reconhecidas às pessoas, que se prendem à sua própria existência, desenvolvimento e dignidade e que devem ser respeitadas, em primeira linha, pelo Estado[7] ou, aqui, pelos Estados-membros[8].

---

[6] CHRISTIAN WALTER, *Geschichte und Entwicklung der Europäischen Grundrechte und Grundfreiheiten*, em DIRK EHLERS (publ.), *Europäische Grundrechte und Grundfreiheiten* (2003), 1-19 (1 ss.). Como referência, ANDREW CLAPHAM, *Human Rights and the European Community: A Critical Overview* (1991) e ANTONIO CASSESE/ /ANDREW CLAPHAM/JOSEPH WEILER (ed.), *Human Rights and the European Community: Methods of Protection*, 2 volumes (1991).

[7] DIRK EHLERS, *Die Grundrechte des europäischen Gemeinschaftsrechts*, Jura 2002, 468-477 (468 ss.).

[8] MATTHIAS RUFFERT, *Die Mitgliedstaaten der Europäischen Gemeinschaft als Verpflichtete der Gemeinschaftsgrundrechte*, EuGRZ 1995, 518-530.

II. Apesar de ter disponíveis os diversos catálogos nacionais[9], o legislador comunitário não logrou, ainda, aprontar a competente enumeração[10]. O Parlamento Europeu deliberou, em 8-Abr.-1997[11], a preparação, pela União Europeia, de uma Declaração Europeia dos Direitos Fundamentais. Sem efeitos. Nova deliberação, em 17-Fev.-1998[12]: com idêntica ausência de resultados.

III. O Conselho, na Cimeira de Nice, em 7-Dez.-2000, proclamou a Carta dos Direitos Fundamentais da União Europeia[13]. Esta não se tornou, porém e ainda, num texto efectivamente vinculativo[14]. Espera-se, agora, que a matéria venha a ser acolhida na Constituição Europeia[15].

3. *A concretização na jurisprudência do Tribunal de Justiça Europeu*

I. Apesar dessa falha legislativa, a jurisprudência europeia tem vindo a reconhecer e a aplicar os diversos direitos fundamentais[16]. O

---

[9] NAGEL, *Wirtschaftsrecht der Europäischen Union*, 4.ª ed. cit., 61.
[10] LECHELER, *Einführung in das Europarecht*, 2.ª ed. cit., 116.
[11] JOCE 1997 Nr. C-132, 31, de 28-Abr.-1997.
[12] JOCE 1998 Nr. C-80, 43, de 16-Mar.-1998.
[13] JOCE 2000 Nr. C-364, 1-21, de 18-Dez.-2000. De referir a obra colectiva publ. JÜRGEN MEYER, *Kommentar zur Charta der Grundrechte der Europäischen Union* (2003), 634 pp., bem como a publ. GIUSEPPE FRANCO FERRARI, *I diritti fondamentali doppo la Carta di Nizza/Il costituzionalismo dei diritti* (2001), 275 pp..
[14] Cf. CHRISTIAN CALLIESS, *Die Europäische Grundrechts-Charta*, em DIRK EHLERLS, *Europäische Grundrechte und Grundfreiheiten* (2003), 447-466 e *Die Charta der Grundrechte der Europäischen Union – Fragen der Konzeption, Kompetenz und Verbindlichkeit*, EuZW 2001, 261-268 (267).
[15] Cf. o *Projecto de Tratado que estabelece uma Constituição para a Europa*, JOCE N.º C-169, 1-105, de 18-Jul.-2003, Parte II, 22-29.
[16] HANS-WERNER RENGELING, *Grundrechtsschutz in der Europäischen Gemeinschaft/Bestandaufnahme und Analyse der Rechtsprechung des Europäischen Gerichtshofs zum Schutz der Grundrechte als allgemeine Rechtsgrundsätze* (1993), 11 ss. e *passim*.

Tribunal de Justiça Europeu deriva a sua competência, nesse domínio, simplesmente do artigo 220.º/I do Tratado da União[17]:

> No âmbito das respectivas competências, o Tribunal de Justiça e o Tribunal de Primeira Instância garantem o respeito do Direito na interpretação e aplicação do presente Tratado.

A propósito de diversos casos concretos, o Tribunal tem vindo a concretizar importantes direitos fundamentais, muitos deles direitos de personalidade, com o maior relevo.

II. De entre os direitos fundamentais reconhecidos pelo Tribunal de Justiça, passamos a enumerar:

- a dignidade da pessoa[18];
- o direito de propriedade[19];
- a liberdade geral de comércio[20];
- a liberdade de emprego e de ocupação económica[21];
- a liberdade de associação[22];
- a inviolabilidade do domicílio[23];
- o respeito pela esfera privada[24];

---

[17] Cf. a prenot. de CHARLOTTE GAITANIDES aos artigos 220.º a 245.º, no VON DER GROEBEN/SCHWARZE, *Kommentar zum Vertrag über die Europäische Union und zur Gründung der Europäischen Gemeinschaft*, 4.º vol. (2004), 298 ss..

[18] TJE/I 30-Abr.-1996 (P./S.), Proc. 13/94, EuGHE 1996, I, 2159-2167 (2165, n.º 22, com referências a uma discriminação atentatória da dignidade e da liberdade).

[19] TJE 13-Dez.-1979 (Liselotte Hauer), Proc. 44/79, EuGHE 1979, 3727-3729 (3728, n.º 4). Cf. RENGELING, *Grundrechtsschutz* cit., 30 ss., CHRISTIAN CALLIESS, *Eigentumsgrundrecht*, em DIRK EHLERS, *Europäische Grundrechte* (2003) cit., 381-397.

[20] TJE 21-Mai.-1987 (Walter Rau), Proc. n.º 133 a 136/85, EuGHE 1987, III, 2334-2344 (2339, n.º 19).

[21] TJE 13-Dez.-1979 (Liselotte Hauer), Proc. 44/79 cit., 3729 (n.º 7). Cf. MATTHIAS RUFFERT, *Grundrecht der Berufsfreiheit*, em DIRK EHLERS, *Europäische Grundrechte* (2003) cit., 364-380. Cf. RENGELING, *Grundrechtsschutz* cit., 58 ss..

[22] TJE 15-Dez.-1995 (Bosman), Proc. n.º 415/93, EuGHE 1995, I, 5040-5082 (5065, n.º 79).

[23] TJE 21-Set.-1989 (Hoechst AG), Proc. 46/87, EuGHE 1989, 2919-2935 (2924, n.º 17).

[24] TJE/I 8-Abr.-1992 (R.F.A.), Proc. 62/90, EuGHE 1992, I, 2601-2611 (2609, n.º 23).

– a protecção de dados pessoais[25];
– a liberdade religiosa[26];
– a tutela da família[27];
– a liberdade de opinião[28];
– o princípio geral da igualdade[29].

Surgem, ainda, denominados direitos processuais[30], cuja lista se tem vindo a alargar, na jurisprudência do Tribunal de Justiça Europeu[31].

III. Os direitos fundamentais comunitários não apresentam uma feição puramente defensiva. Eles vêm inflectir regras comunitárias básicas, dando corpo a desempenhos da União[32]. A preocupação de igualizar, também neste nível, os diversos Estados já permitiu que, aos direitos fundamentais europeus, se chamasse o "motor da União"[33].

Trata-se de um aspecto para o qual os estudiosos e os práticos devem estar sempre atentos: ele funciona como um excelente tópico argumentativo.

---

[25] TJE 7-Nov.-1989 (Adams), Proc. 145/83, EuGHE 1985, 3557-3593 (3587, n.º 34), surgindo como um dever de sigilo.

[26] TJE 27-Out.-1975 (Vivien Prais), Proc. 130/75, EuGHE 1975, 3, 1589-1600 (1599, n.º 12/19).

[27] TJE 18-Mai.-1989 (R.F.A.), Proc. 249/86, EuGHE 1989, 1286-1294 (1290, n.º 11). Cf. RENGELING, *Grundrechtsschutz* cit., 98 ss..

[28] TJE 17-Jan.-1984 (VBVB e VBBB), Procs. n.ºs 43 e 63/82, EuGHE 1984, 19-71 (62, n.ºs 33 e 34: reconhece o direito, mas afasta a sua aplicação *in casu*). TJE/I 25-Jul.-1991 (Holanda), Proc. n.º 353/89, EuGHE 1991/I, 4088-4103 (4097, n.º 30).

[29] TJE 25-Nov.-1986 (Klensch), Procs. n.ºs 201 e 202/85, EuGHE 1986, 3503-3512 (3507, n.º 9: "a proibição de discriminação é apenas a manifestação específica do princípio geral da igualdade, que pertence aos princípios fundamentais do Direito comunitário"). TJE/I 13-Abr.-2000 (Karlsson), Proc. n.º 292/97, EuGHE 2000-I, 2760-2785 (2775, n.º 39, retomando a fórmula). Cf. RENGELING, *Grundrechtsschutz* cit., 137 ss., THORSTEN KINGREEN, *Gleichheitsrechte*, em DIRK EHLERS, *Europäische Grundrechte* (2003) cit., 398-420.

[30] JÖRG GUNDES, *Verfahrensgrundrechte*, em DIRK EHLERS, *Europäische Grundrechte* (2003) cit., 421-446.

[31] Com indicações, KOENIG/HARATSCH, *Europarecht*, 4.ª ed. (2003), 36.

[32] GÜNTHER HIRSCH, *Gemeinschaftsgrundrechte als Gestaltungsaufgabe*, em KARL F. KREUZER/DIETER H. SCHEUING/ULRICH SIEBER, *Europäisches Grundrechtsschutz* (1998), 7-24.

[33] GÜNTHER HIRSCH, *Die Grundrechte in der Europäischen Union*, RdA 1998, 194-200 (200/I).

III – As liberdades fundamentais

4. *A consagração no Tratado*

I. O Direito comunitário garante aos cidadãos e agentes comunitários espaços de liberdade especialmente delimitados pelas suas características. Desta feita, ao contrário do que sucede com os direitos fundamentais, não temos propriamente direitos subjectivos, isto é, aproveitamentos específicos de bens: antes permissões de tipo genérico[34].

Também ao contrário do que sucedeu com os direitos fundamentais comunitários, que surgiram como criação da jurisprudência, as liberdades fundamentais obtiveram uma consagração expressa no Tratado da União[35].

II. As liberdades fundamentais são, assim, cronologicamente anteriores aos direitos. Estes vieram a decorrer dos progressos da integração e – podemos adiantá-lo – pela pressão doutrinária e ideológica dos Direitos nacionais, com relevo para o alemão. Pelo contrário: as liberdades fundamentais foram consignadas pelos próprios pais do Tratado de Roma. Nelas verteram o essencial ideológico do projecto de Comunidade. A busca do mercado comum far-se-ia dentro de vectores de livre iniciativa e de liberdade, como referimos.

III. O Tratado de Roma distinguiu cinco liberdades fundamentais[36]:

– a livre circulação de mercadorias (23.º e ss.);
– a livre circulação de trabalhadores (39.º e ss.);
– a liberdade de estabelecimento (43.º e ss.);
– a livre prestação de serviços (49.º e ss.);
– a livre circulação de capital e de pagamentos (56.º, todos do Tratado da União, na numeração actual).

---

[34] LECHELER, *Einführung in das Europarecht*, 2.ª ed. (2003), 221.
[35] Cf. DIRK EHLERS, *Die Grundfreiheiten der Europäischen Gemeinschaften*, § 7.º *Allgemeine Lehren* e *Die Grundrechten der Europäischen Gemeinschaften*, § 13.º, *Allgemeine Lehren*, ambos em EHLERS (publ.), *Europäische Grundrechte und Grundfreiheiten* (2003), 147-186 e 319-338, respectivamente.
[36] PETER M. HUBER, *Recht der Europäischen Integration*, 2.ª ed. cit., 266 ss.. A matéria mantém-se no projecto de Constituição Europeia, embora com outra arrumação.

Todas elas tiveram vias de concretização que, como veremos, levariam, primeiro, ao seu alargamento e ao seu aprofundamento e, depois, à sua confluência.

5. Âmbito de aplicação

I. Os direitos e liberdades fundamentais de base comunitária visam um objectivo muito concreto: a consecução de um mercado único – artigo 14.º/II, do Tratado da União[37]. Não se podem considerar, à partida, como procurando a tutela humana – embora o façam: um factor que tem vindo a ganhar importância. Devemos, todavia, manter o discurso europeu no âmbito que lhe é próprio: o da harmoniosa integração económica. Este sentido económico é, naturalmente, mais vincado no tocante às liberdades fundamentais: intervém em situações de natureza pecuniária[38].

II. As liberdades fundamentais – tal como os direitos – dirigem-se, em primeira linha, contra os Estados-membros: desregulam as correspondentes disposições dos Estados-membros em causa. Têm aplicação imediata, não dependendo de ulteriores desenvolvimentos legislativos, seja comunitários, seja de Estados-membros[39].

Nalguns casos, o Tribunal de Justiça Europeu tem aberto as portas a uma "eficácia perante terceiros", "eficácia directa" ou "eficácia horizontal"[40]. Trata-se de uma ocorrência mais fácil no domínio das liberdades de trabalho e de prestação de serviço[41]: numa economia essencialmente privatizada, parece claro que essas situações tendem a ser encabeçadas por particulares. Aos Estados cabe assegurar a observância das regras do jogo.

---

[37] Jörn Pipkorn/Angela Bardenhewer-Rating/Hans Claudius, no von der Groeben/Schwartz, *Kommentar*, 1.º vol., 3.ª ed. cit., 704 ss., com indicações.

[38] Peter M. Huber, *Recht der Europäischen Integration*, 2.ª ed. cit., 266.

[39] Urban Scheffer, *Die Marktfreiheiten des EG-Vertrages als Ermessensgrenze des Gemeinschaftsgesetzgebers* (1998), 131 ss. e Peter M. Huber, *Recht der Europäischen Integration*, 2.ª ed. cit., 268.

[40] Koenig/Haratsch, *Europarecht*, 4.ª ed. cit., 198.

[41] Peter M. Huber, *Recht der Europäischen Integration*, 2.ª ed. cit., 267.

III. O âmbito de aplicação dos direitos e liberdades fundamentais tem vindo a sofrer um processo de aprofundamento também na vertical. Como adiante melhor veremos, a propósito da liberdade de estabelecimento, passou-se, sucessivamente, de uma proibição pura de discriminações, a um afastamento de discriminações mediatas e à proibição de limitações[42].

A leitura dos competentes textos doutrinários deixa, na mente do leitor interessado com experiência de Direito civil, pairar a seguinte ideia: o Direito europeu, com um atraso de três a quatro décadas, está a retomar os avanços civis e constitucionais processados, nas ordens internas – particularmente na alemã – no domínio dos direitos e liberdades fundamentais.

IV. Finalmente, devemos ter em conta que os direitos e liberdades fundamentais comunitários se aplicam a situações "europeias", aqui no sentido de relevarem para mais de um dos Estados-membros[43]. Não funcionariam perante situações puramente internas.

Isso coloca, naturalmente, um problema constitucional interno: o artigo 13.º da Constituição portuguesa não poderia admitir, em nome da igualdade, pessoas mais ou menos protegidas, no nosso espaço jurídico, em função das relações económicas que entretecessem. Aqui teremos uma fonte comunitária: a tutela interna não deverá ficar aquém da dela. Resta acrescentar que a nossa Constituição tem todas as condições para o conseguir, prosseguindo a igualdade de tutela. Aliás: defendida a pessoa humana, esse aspecto não pode deixar de cair para segundo plano.

IV – A liberdade de estabelecimento

6. *Conceito básico*

I. A liberdade de estabelecimento constitui o ponto básico para o Direito europeu das sociedades[44]. Vamos reter os textos principais.

---

[42] LECHELER, *Einführung in das Europarecht*, 2.ª ed. cit., 222.
[43] PETER M. HUBER, *Recht der Europäischen Integration*, 2.ª ed. cit., 277-278.
[44] PETER TROBERG/JÜRGEN TIEDJE, no VON DER GROEBEN/SCHWARZE, *Kommentar zum Vertrag über die Europäische Union und zur Gründung der Europäischen*

Segundo o artigo 43.º/I do Tratado da União[45]:

> No âmbito das disposições seguintes, são proibidas as restrições à liberdade de estabelecimento dos nacionais de um Estado-Membro no território de outro Estado-Membro. Esta proibição abrangerá igualmente as restrições à constituição de agências, sucursais ou filiais pelos nacionais de um Estado-Membro estabelecidos no território de outro Estado-Membro.

Prossegue o artigo 43.º/II, com uma primeira e explícita referência às sociedades:

> A liberdade de estabelecimento compreende tanto o acesso às actividades não assalariadas e o seu exercício, como a constituição e a gestão de empresas e designadamente de sociedades, na acepção do segundo parágrafo do artigo 48.º, nas condições definidas na legislação do país de estabelecimento para os seus próprios nacionais, sem prejuízo do disposto no capítulo relativo aos capitais.

II. A liberdade de estabelecimento abrange[46]:

– a liberdade de desenvolver individualmente actividades económicas num Estado-membro que não o da nacionalidade;
– a liberdade de constituir e de gerir empresas, designadamente sociedades, num Estado-membro que não o da nacionalidade;
– a liberdade, para as sociedades de um Estado-membro, de desenvolver a sua actividade noutro ou noutros Estados-membros;

Gemeinschaft, 1.º vol., 6.ª ed. (2003), prenot. aos artigos 43.º a 48.º, com inúmeras indicações, ALEXANDER SCHEUER, em CARL OTTO LENZ/KLAUS-DIETER BORCHARDT, *EU- und Eg-Vertrag/Kommentar*, 3.ª ed. (2003), 613 ss., JÜRGEN BRÖHMER, em CHRISTIAN CALLIESS/MATTHIAS RUFFERT, *Kommentar des Vertrages über die Europäische Union und Vertrages zur Gründung der Europäischen Gemeinschaft – EUV/EGV*, 2.ª ed. (2002), 771 ss. e STEFAN GRUNDMANN, *Europäisches Gesellschaftsrecht* (2004), 84.

[45] Cf. PETER-CHRISTIAN MÜLLER-GRAF, em STREINZ, *EUV/EGV* (2003), 635-638, com indicações.

[46] Cf. CHRISTIAN TIETJE, *Niederlassungsfreiheit*, em DIRK EHLERS, *Europäische Grundrechte und Grundfreiheiten* (2003), 240-267; anteriormente, PETER BEHRENS, *Niederlassungsfreiheit und Internationales Gesellschaftsrecht*, RabelsZ 52 (1988), 498-525 (508 ss.); em língua francesa: GAVALDA/PARLEANI, CHRISTIAN GAVALDA/GILBERT PARLEANI, *Droit des affaires de l'Union européenne*, 4.ª ed. (2002), 135 ss..

– a liberdade para constituir agências, sucursais ou filiais em territórios de Estados-membros que não o de origem.

A liberdade de estabelecimento, na língua portuguesa, possibilita uma aproximação à ideia de "estabelecimento" e, portanto, de articulação entre meios humanos e materiais, para uma actividade produtiva[47][48]. Na língua alemã, o sentido não é coincidente: *Niederlassungsfreiheit* melhor ficaria traduzida por liberdade de instalação. Temos, assim, a ideia do desenvolvimento de actividades (não-subordinadas) no próprio local, por oposição à colocação, no mercado de um Estado, de serviços oriundos de outro (liberdade de prestação de serviços)[49].

A liberdade de estabelecimento tem, como manifestações mais típicas e elevadas, as liberdades de exercício de profissões liberais[50] e de empresa[51].

III. A liberdade de estabelecimento, tal como emerge do artigo 43.º, permite logo a contraposição: liberdade primária e liberdade secundária[52]: distinção particularmente útil no campo das sociedades[53].

A liberdade secundária releva principalmente para as sociedades. Estas podem manter o seu núcleo de actividade no Estado de origem e desenvolver, através de agências, filiais ou sucursais, a sua actividade noutros Estados-membros[54]. Pensamos que estão aqui em causa as diversas formas de distribuição e de produção descentralizada. Mas em rigor, as pessoas singulares podem beneficiar destes esquemas.

---

[47] Estaríamos, assim, na área do "estabelecimento comercial" ou "industrial"; a acrescentar uma direcção, teríamos a "empresa". Cf. o nosso *Manual de Direito comercial*, 1.º vol. (2001), 207 ss. e 237 ss..

[48] Em francês fala-se, na verdade, em *liberté d'établissement*; todavia, o nosso estabelecimento comercial é o *fonds de commerce*, pelo que a aproximação pode ser evitada.

[49] Cf., quanto à delimitação da liberdade de estabelecimento de outras liberdades fundamentais: WOLFGANG GROSS, *Niederlassungsrecht (Art. 3 lit. c, Art. 52 ff. EWG-Vertrag) im Gemeinsamen Markt*, AG 1990, 530-538 (531).

[50] ANDREAS NACHBAUR, *Art. 52 EWGV-Mehr als nur ein Diskriminierungsverbot?*, EuZW 1991, 470-472.

[51] WOLFGANG GROSS, *Niederlassungsrecht* cit., 530/I.

[52] DOMINIK SCHNICHELS, *Reichweite der Niederlassungsfreiheit/Dargestellt am Beispiel des deutschen Internationalen Gesellschaftsrechts* (1995), 40.

[53] MATHIAS HABERSACK, *Europäisches Gesellschaftsrecht*, 2.ª ed. (2003), 9.

[54] GRUNDMANN, *Europäisches Gesellschaftsrecht* cit., 365.

7. Concretização jurisprudencial

I. O entendimento do livre estabelecimento veio a sofrer uma concretização jurisprudencial, que cumpre conhecer. Essa concretização foi pautada por quatro acórdãos do Tribunal de Justiça Europeu, que fazem história na literatura da especialidade: os casos *Daily Mail* (27-Set.-1988), *Centros* (9-Mar.-1999), *Überseering* (5-Nov.-2002) e *Inspire Act* (30-Set.-2003). Vamos ver.

> *TJE 27-Set.-1988 (Daily Mail)*: a sociedade britânica Daily Mail and General Trust PLC pretendia mudar a sua sede social para a Holanda, sem quebra de identidade; todavia, o Direito inglês aplicável proibia as mudanças de sede para o estrangeiro sem o prévio consentimento do Ministério das Finanças; o TJE acabou por entender que os artigos 52.º e 58.º do Tratado (hoje: 42.º e 48.º) não concediam às sociedades de um Estado-membro que nele tenham a sede estatutária, o direito de deslocar a sua sede para outro Estado--membro[55].
>
> *TJE 9-Mar.-1999 (Centros)*: um casal dinamarquês constitui, em Inglaterra, a sociedade Centros, Ltd., que não tinha, aí, quaisquer interesses; pretendeu o seu registo na Dinamarca, que recusou; o TJE entendeu, desta feita, que fora violado o princípio do livre estabelecimento resultante dos então artigos 52.º e 58.º do Tratado de Roma[56].
>
> *TJE 5-Nov.-2002 (Überseering)*: a sociedade holandesa Überseering, constituída nos Países Baixos segundo a aí vigente teoria da constituição, vem demandar, na Alemanha, uma sociedade de construção; a acção foi desamparada porque a Überseering, tendo mudado a

---

[55] TJE 27-Set.-1988 (Daily Mail), Proc. 81/87, NJW 1989, 2186-2188. Cf. Peter Mankowski, *Der Arrestgrund der Auslandsvollstreckung und das Europäische Gemeinschaftsrecht*, NJW 1995, 306-308 (307/I) e Jürgen Basedow, *Europäisches Internationales Privatrecht*, NJW 1996, 1921-1930 (1922).

[56] TJE 9-Mar.-1999 (Centros), Proc. 212/97, NJW 1999, 2027. Cf. Peter Kindler, *Niederlassungsfreiheit für Scheinauslandsgesellschaften? – Die "Centros" – Entscheidung des EuGH und das internationale Privatrecht*, NJW 1999, 1993-2000 e Christian Timmermanns, *Neue Rechtsprechung des Gerichtshofs der EG zum europäischen Gesellschaftsrecht* (2003), 13 ss..

sede para a Alemanha, não teria, aí, personalidade jurídica; esta solução foi julgada contrária à liberdade de estabelecimento[57]; o próprio TJE fez a harmonização com a doutrina Daily Mail: nesta, a "limitação" era imposta por uma norma do próprio Estado da sede inicial; agora, seria uma restrição imposta pelo Estado receptor, o que não é permitido pelo Tratado da União[58].

TJE 30-Set.-2003 (Inspire Art): a Inspire Art, Ltd., é uma sociedade de Direito inglês cujo sócio único reside nos Países Baixos; a Câmara de Comércio Holandesa pretende obrigar a sucursal neerlandesa da Inspire Art a, entre outros aspectos, usar a designação "sociedade formalmente estrangeira", para que pudesse exercer a sua actividade na Holanda: o TJE decidiu que, para além do disposto na 11.ª Directriz, qualquer outro requisito de Direito local para o exercício do comércio por sociedades comunitárias estrangeiras contraria a liberdade de estabelecimento, salvo abuso da mesma[59].

---

[57] TJE 5-Nov.-2002 (Überseering), Proc. 208/00, NJW 2002, 3614-3617 = AG 2003, 37-39. De entre a vasta literatura daqui resultante, confrontámos: ULRICH FORSTHOFF, *Abschied von der Sitztheorie/Anmerkung zu den Schussanträgen des GA Dámaso Ruiz-Jarabo Colomer in der Rs. Überseering*, BB 2002, 318-321 e *EuGH fördert Vielfalt im Gesellschaftsrecht/Traditionelle deutsche Sitztheorie verstösst gegen Niederlassungsfreiheit*, DB 2002, 2471-2477 (2471 e 2477/II), HORST EIDENMÜLLER, *Wettbewerb der Gesellschaftsrechte in Europa*, ZIP 2002, 2233-2245, DANIEL ZIMMER, *Wie es Euch gefällt? Offene Frage nach dem Überseering-Urteil*, BB 2003, 1-7, MARCUS LUTTER, *"Überseering" und die Folgen*, BB 2003, 7-10, procurando ordenar as doutrinas *Centros*, *Daily Mail* e *Überseering* (9/II e 10/I), HELGE GROSSERICHTER, *Ausländische Kapitalgesellschaften im deutschen Rechtsraum: Das deutsche Internationale Gesellschaftsrecht und seine Perspektiven nach der Entscheidung "Überseering"*, DStR 2003, 159-169, MARK K. BINZ/GERD MAYER, *Die ausländische Kapitalgesellschaft & Co.KG im Aufwind? Konsequenzen aus dem "Überseering"-Urteil*, GmbHR 2003, 249-257 (257/II), PETER KINDLER, *Auf dem Weg zur Europäischen Briefkastengesellschaft?/Die "Überseering" – Entscheidung des EuGH und das internationale Privatrecht*, NJW 2003, 1073-1079 (1076/I) e ERICH SCHANZE/ANDREAS JÜTTNER, *Anerkennung und Kontrolle auskändischer Gesellschaften – Rechtlage und Perspektiven nach der Überseering Entscheidung des EuGH*, AG 2003, 30-36.

[58] TJE 5-Nov.-2002 cit., n.º 65 ss. (= NJW 2002, 3615).

[59] TJE 30-Set.-2003 (*Inspire Art*), Proc. 167/01, NJW 2003, 3331-3335 = AG 2003, 680-683; cf. DANIEL ZIMMER, *Nach "Inspire Art": Grenzenlose Gestaltungsfreiheit für deutsche Unternehmen?*, NJW 2003, 3585-3592, MARTIN SCHULZ, *(Schein-)*

II. A jurisprudência do Tribunal de Justiça Europeu, principalmente na linha evolutiva traçada pela doutrina *Centros*, *Überseering* e *Inspire Art*, parece sacrificar a teoria da sede, no domínio da determinação do Direito aplicável às sociedades[60]. Recordamos que, segundo esta teoria, as sociedades se regem pelo Direito do Estado onde se encontre a sua sede, nominal e efectiva. Em rigor, não é assim. A sede surge, desde logo, fundamental para determinar a própria aplicabilidade do Direito comunitário. Isto posto: é sempre relativamente à sede que devemos entender e aplicar os estatutos. A matéria não vai, porém, tão longe que limite a liberdade de estabelecimento, no sentido mais forte da expressão. Podem, assim, actuar plenamente num espaço jurídico sociedades que se rejam por Direito estrangeiro[61], ainda que à custa da segurança dos indígenas[62]. Também a co-gestão alemã poderia ser contornada, através de sociedades de Direito estrangeiro[63].

Auslandsgesellschaften in Europa – Ein Schein-Problem, NJW 2003, 2705-2708, também relativo ao *Überseering*, ERICH SCHANZE/ANDREAS JÜTTNER, *Die Entscheidung für Pluralität: Kollisionsrecht und Gesellschaftsrecht nach der EuGH-Entscheidung "Inspire Art"*, AG 2003, 661-671 e SUSANNE RIEDEMANN, *Das Auseinanderfallen von Gesellschafts- und Insolvenzstatut/"Inspire Art" und die Insolvenz über das Vermögen einer englischen "limited" in Deutschland*, GmbHR 2004, 345-349 (345-346).

[60] Assim: KOENIG/HARATSCH, *Europarecht*, 4.ª ed. cit., 237 ss. (239). O problema era (e é) especialmente relevante na Alemanha onde, justamente a coberto da *Sitztheorie*, não se reconheciam as sociedades de capitais estrangeiros; cf. HORST EIDENMÜLLER//GERHARD M. REHM, *Gesellschafts- und zivilrechtliche Folgeprobleme der Sitztheorie*, ZGR 1997, 89-114 (113). Opinando pela manutenção desta: HOLGER ALTMEPPEN, *Schutz vor "europäischen" Kapitalgesellschaften*, NJW 2004, 97-104 (99/I).

[61] NORBERT HORN, *Deutsches und europäisches Gesellschaftsrecht und die EuGH-Rechtsprechungsfreiheit – Inspire Art*, NJW 2004, 893-901, reexaminando os quatro casos liderantes (895/I e II).

[62] HORST EIDENMÜLLER, *Mobilität und Restrukturierung von Unternehmen im Binnenmarkt/Entwicklungs perspektiven des europäischen Gesellschaftsrecht im Schnittfeld von Gemeinschaftsgesetzgeber und EuGH*, JZ 2004, 24-33, com especiais referências ao *Überseering* e ao *Inspire Art*.

[63] MARTIN VEIT/JOACHIM WICHERT, *Unternehmerische Mitbestimmung bei europäischen Kapitalgesellschaften mit Verwaltungssitz in Deutschland nach "Überseering" und "Inspire Art"*, AG 2004, 14-20 (14 ss.) e EBERHARD SCHWARK, *Globalisierung, Europarecht und Unternehmensmitbestimmung im Konflikt*, AG 2004, 173-180 (177/I).

III. Consequência directa da liberdade de estabelecimento assim entendida é a desdramatização de vários instrumentos que procuram harmonizar os Direitos das sociedades nacionais... em nome dessa mesma liberdade. Para quê? Afinal, mesmo sem harmonização, as sociedades podem "circular" no espaço comunitário[64]. Quando muito, poderíamos suscitar uma "concorrência" entre os Direitos nacionais das sociedades: os interessados, podendo circular no espaço comunitário, limitar-se-iam a escolher, dos diversos Direitos em presença, qual o mais conveniente, para os efeitos pretendidos. Por certo: o *podium* seria disputado pelos Direitos menos burocratizados e que acarretem menos custos marginais.

8. *Da não-discriminação à igualdade*

I. O Direito europeu deve ser entendido como um sistema dinâmico. Empenhado na formação do mercado único, com os vectores de equilíbrio que lhe são prescritos pelo Tratado da União, o Direito europeu modifica, em permanência, muitas das suas estruturas. Fica, por isso, na situação de contínua busca de novos equilíbrios. De outro modo, perderá as estruturas que o habilitam à juridicidade científica.

As considerações antecedentes podem justamente ser testadas à luz da evolução da liberdade de estabelecimento.

II. A liberdade de estabelecimento foi evoluindo, de modo a permitir uma tipificação em quatro fases: a proibição de limitações, as directrizes de harmonização, os efeitos imediatos e as directrizes de reconhecimento[65]. Vamos ver.

A proibição de limitações ou de discriminações foi o primeiro e mais imediato passo decorrente do livre estabelecimento[66]. Ele implicou a supressão da velha política colbertiana do nacionalismo económico: as fronteiras abririam à iniciativa dos outros agentes comunitários.

---

[64] WALTER G. PAEFFEN, *Umwandlung, europäische Grundfreiheiten und Kollisionsrecht*, GmbHR 2004, 463-476 (467/I).

[65] Trata-se de uma tipificação inspirada em ROLF WÄGENBAUR, *Inhalt und Etappen des Niederlassungsfreiheit*, EuZW 1991, 427-434; foram introduzidas modificações.

[66] WÄGENBAUR, *Inhalt und Etappen* cit., 433/I. Cf. WERNER F. EBKE, *Die "ausländische Kapitalgesellschaft & Co.KG" und das europäische Gemeinschaft*, ZGR 1987, 245-270 (253 ss.).

Na segunda fase – particularmente nos anos setenta do século XX – surgem directrizes de harmonização em pontos sensíveis[67]. Elas estavam expressamente previstas no actual artigo 44.º/I do Tratado da União. São significativas: a diversidade jurídica permite dissimular verdadeiras discriminações, em termos suficientes para conferir mero alcance formal à apregoada liberdade de estabelecimento.

A terceira fase – a das decisões retumbantes, como a *Centros*, a *Überseering* e a *Inspire Art* – procede a uma aplicação directa das regras primárias, ignorando se necessário o Direito local[68].

A quarta fase vai mais longe. Em nome do livre estabelecimento, ela postula medidas legislativas que facilitam a instalação de estrangeiros. Inscrevem-se, aqui, as directrizes relativas ao reconhecimento de diplomas[69].

III. O aprofundamento do livre estabelecimento pode seguir, figurativamente, a linha proibição de limitações/proibição de discriminações. Digamos que dominou, nos espíritos e na prática, a ideia de uma Europa em que as mercadorias e os serviços pudessem circular livremente. Depois se passou à mobilidade dos próprios agentes de produção[70]. Portanto, requer-se a igualdade e a homogeneidade dos mercados[71] ou, se preferir: o surgimento efectivo de um mercado único. Este, todavia, não deve ser confundido com nivelamentos nem com a supressão das particularidades locais. O empobrecimento cultural da Europa seria, afinal, uma perda incalculável para o próprio mercado que a todos serve.

---

[67] Wägenbaur, *Inhalt und Etappen* cit., 433/II.

[68] *Idem*, 434/I; alargamos a ideia de modo a comportar decisões que não tinham sido tomadas à data em que Wägenbaur escreveu.

[69] *Idem*, 434/I.

[70] Cf. Ulrich Everling, *Das Niederlassungsrecht in der EG als Beschränkungsverbot/ /Tragweite und Grenzen*, GS Brigitte Knobbe-Keuk (1997), 607-625 (613 ss.). Na origem deste esquema explicativo esteve precisamente um escrito da malograda professora Knobbe-Keuk, *Niederlassungsfreiheit* cit., 2575 ss..

[71] Cf. Wulf-Henning Roth, *Die Niederlassungsfreiheit zwischen Beschränkungs- und Diskriminierungsverbot*, GS Brigitte Knobbe-Keuk (1997), 729-742 (737).

V – Livre circulação de mercadorias, de pessoas, de serviços e de capitais

9. *Livre circulação de mercadorias e de pessoas*

I. Entre as outras liberdades formalmente consagradas, temos, em primeiro lugar, a da livre circulação de mercadorias[72]. Ela vem assegurada nos artigos 23.º a 30.º do Tratado[73]. Ficam proibidos os direitos aduaneiros de importação e de exportação, ou quaisquer encargos de efeitos equivalentes, bem como a contingentação. Reside, aqui, o ponto inicial e o núcleo duro da Comunidade: a união aduaneira[74]. A evolução jurisprudencial visou aprofundar o princípio, afastando várias restrições não aparentes ou encobertas sob diversas justificações. Nessa linha, o TJE acabaria por se ocupar de diversas restrições à livre contratação, que nada tinham a ver com o comércio entre Estados. A orientação foi corrigida pelo acórdão *Keck*.

> *TJE 24-Nov.-1993 (Keck e Daniel Mithouard)*: Keck e Mithouard, comerciantes, incorriam sob a lei penal francesa por efectuarem vendas abaixo dos custos; em defesa, invocaram estar em jogo a livre circulação de mercadorias. O TJE respondeu não haver contradição entre a norma francesa e os preceitos do Tratado; de facto, estariam em causa valores diversos, que não contundem com a ideia da livre circulação no mercado único[75].

A doutrina *Keck* é importante: recorda a necessidade de efectuar, nas diversas situações, a ponderação teleológica das normas em presença. Outras decisões vieram trazer precisões complementares[76].

---

[72] Por todos: KOENIG/HARATSCH, *Europarecht*, 4.ª ed. cit., 200 ss. e GAVALDA/ /PARLEANI, *Droit des affaires de l'Union européenne* cit., 75 ss..

[73] NIKOLAUS VAULONT, em VON DER GROEBEN/SCHWARZE *Kommentar*, 1.º, 6.ª ed. cit., 805 ss., com múltiplas indicações.

[74] Cf. ASTRID EPINEY, *Freiheit des Warenverkehrs*, em DIRK EHLERS, *Europäische Grundrechte und Grundfreiheiten* (2003), 147-186, com indicações.

[75] TJE 24-Nov.-1993 (Keck), Proc. 267/91, NJW 1994, 121.

[76] Cf. PETER M. HUBER, *Recht der Europäischen Integration*, 2.ª ed. cit., 273-274.

II. Segue-se a livre circulação de trabalhadores, consignada e explicitada nos artigos 39.º a 42.º[77]. O conceito de "trabalhador" é tido como de "Direito europeu"[78], independente do dos Estados-membros. Trata-se de um conceito que, assente embora na ideia de subordinação, apresenta uma especial amplitude, de modo a melhor prosseguir os objectivos do Tratado.

A questão é melindrosa. Para os efeitos do presente artigo, bastamo-nos com a ideia de que, no Direito europeu, prevalece um vector de funcionalidade, que procura assegurar a efectiva obtenção dos valores prosseguidos pelo legislador comunitário.

10. Livre circulação de serviços e de capitais

I. A livre circulação de serviços foi autonomizada como uma das quatro liberdades fundamentais da União Europeia. Ela ocorre nos artigos 49.º a 55.º do Tratado[79]. Ficam abrangidas as actividades industriais, comerciais, artesanais e liberais (50.º)[80]. O artigo 50.º/II explicita:

> Sem prejuízo do disposto no capítulo relativo ao direito de estabelecimento, o prestador de serviços pode, para a execução da prestação, exercer, a título temporário, a sua actividade no Estado onde a prestação é realizada, nas mesmas condições que esse Estado impõe aos seus próprios nacionais.

A matéria dos transportes dispõe de regras especiais, enquanto a da banca é remetida para a livre circulação de capitais (51.º). Também neste domínio se voltam a colocar os problemas relativos à proibição de discriminações e de restrições: burilados pela jurisprudência do TJE[81].

---

[77] ULRICH WÖLKER/GERHARD GRILL, no VON DER GROEBEN/SCHWARZE *Kommentar*, 1.º, 6.ª ed. cit., 1275 ss., com múltiplas indicações.

[78] KOENIG/HARATSCH, *Europarecht*, 4.ª ed. cit., 220; cf. ULRICH BECKER, *Arbeitnehmerfreizügigkeit*, em DIRK EHLERS, *Europäische Grundrechte und Grundfreiheiten* (2003), 214-239.

[79] Cf. TIEDJE/TROBERG, no VON DER GROEBEN/SCHWARZ *Kommentar*, 1.º vol., 6.ª ed., 1621 ss.

[80] ECKARD PACHE, *Dientsleistungsfreiheit*, em DIRK EHLERS, *Grundrechte und Grundfreiheiten* (2003), 268-289.

[81] KOENIG/HARATSCH, *Europarecht*, 4.ª ed. cit., 252-255, com indicações.

II. A livre circulação de capitais é a última liberdade fundamental garantida pelo Tratado da União – 56.º a 60.º[82]. Trata-se da contrapartida da livre circulação de mercadorias[83], de pessoas e de serviços, complementando também o livre estabelecimento[84]. Na verdade, todas as "liberdades" aqui em jogo têm conteúdo económico; não se poderiam concretizar quando os inerentes fluxos financeiros não pudessem ocorrer[85].

VI – A primazia do sistema

11. *Aplicação imediata e convergência*

I. Os direitos fundamentais têm hoje aplicação imediata na União[86]. Constituem – tal como as liberdades fundamentais – importantes pólos argumentativos.

O Direito comercial, incluindo o das sociedades e o da concorrência, é-lhes sensível, nos seus mais diversos domínios. Toda a sua actuação é pautada pela livre circulação de mercadorias, de serviços e de capitais. No recrutamento dos administradores, dos quadros e dos trabalhadores, há que lidar com a livre circulação de trabalhadores. No fundo, elas constituem o fundamento do Direito europeu, aqui em estudo[87].

II. A doutrina tem sublinhado a convergência das diversas liberdades[88], ainda que sem perda das funções próprias[89]. À medida que o Di-

---

[82] WOLFGANG KIEMEL, no VON DER GROEBEN/SCHWARZ *Kommentar*, 1.º vol., 6.ª ed., 1729 ss..

[83] KOENIG/HARATSCH, *Europarecht*, 4.ª ed. cit., 262.

[84] Cf. LECHELER, *Einführung in das Europarecht*, 2.ª ed. cit., 283 ss..

[85] PETER VON WILMOWSKY, *Freiheit des Kapital- und Zahlungsverkehrs*, em DIRK EHLERS, *Grundrechte und Grundfreiheiten* (2003), 290-317.

[86] PETER M. HUBER, *Recht der Europäischen Integration*, 2.ª ed. cit., 268 e SCHEFFER, *Die Marktfreiheiten des EG-Vertrages* cit., 131 ss..

[87] WÄGENBAUR, *Inhalt und Etappen der Niederlassungsfreiheit* cit., 434/II.

[88] ROTH, *Die Niederlassungsfreiheit* cit., 740 ss. e EVERLING, *Die Niederlassungsrecht* cit., 625.

[89] PHILIPP STEINBERG, *Zur Konvergenz der Grundfreiheiten und der Tatbestands- und Rechtfertigungsebene*, EuGRZ 2002, 13-25 (25/II).

reito europeu tenda para um efectivo sistema, dotado de uma lógica e de uma harmonia internas, as liberdades fundamentais inserem-se numa ordem global marcada pela livre iniciativa privada, pela tutela das pessoas e pela igualdade. Podemos distingui-las para efeitos de análise: mas na convicção de que integram um todo mais vasto e explícito.

12. *Direitos e liberdades na regulação da concorrência*

I. Feita a ronda da matéria atinente aos direitos e liberdades fundamentais, cabe agora referenciar o seu papel na regulação da concorrência. Podemos distinguir dois planos:

– o plano processual;
– o plano substancial.

II. No tocante ao plano processual, podemos proclamar que a concretização das diversas regras da concorrência deve operar através de procedimentos regulares, que respeitem o contraditório e a privacidade e dignidade das pessoas envolvidas. Não se compreenderia a desnecessária desconsideração ou o público denegrimento das empresas, mesmo das maiores, a pretexto de conduzir investigações sobre o modo por que se efective a concorrência. As próprias normas comunitárias atinentes aos direitos e às liberdades sempre implicariam que, processualmente, as entidades reguladoras da concorrência adoptassem meios mais adequados de investigação.

III. Quanto ao plano substancial, compete ter presente que a defesa da concorrência deve ser conjugada com a livre iniciativa económica, com a igualdade e com o direito de propriedade. No limite, teremos empresas portuguesas perseguidas em nome das regras da concorrência, enquanto multinacionais estrangeiras muito mais poderosas, sem quaisquer peias nos espaços de origem, vêm apoderar-se de segmentos importantes do mercado.

Nada disto terá a ver com a mensagem global que nos vem do Tratado da União. Retemos, pois, que quer em abstracto, quer em concreto, a defesa da concorrência deve ser conjugada com os direitos e liberdades fundamentais, resultantes, também eles, do Tratado e da sua concretização.

Aspectos inovadores do Projecto de Regulamento da Autoridade de Concorrência

Dr. José António Veloso

SUMÁRIO: *I – Procedimento administrativo comum e questões de organização: 1. Análise de custos-benefícios e avaliação de resultados; 2. Audições públicas; 3. Critérios da política regulamentar: a) Regulamentação por objectivos; b) Necessidade dos regulamentos; 4. Deontologia: conflitos de interesses e questões afins: a) Conflitos de interesses; b) Período de inibição profissional; c) Outros princípios; 5. Tópicos complementares: a) Propriedade da informação; b) Línguas de trabalho e comunicação com o público; c) Internacionalização do recrutamento. II – Processo de infracções: 1. Aspectos gerais; 2. Autonomia do processo de infracções de concorrência; 3. Uma reforma urgente: a expansão do contraditório: a) Audiência de revista; b) Debate sucedâneo da audiência de revista; 4. Sanções: esboço de uma doutrina da responsabilidade das empresas: a) Princípios básicos: fundamentação, avaliação permanente, publicidade; b) Critérios de responsabilidade dos indivíduos e das empresas; 5. Co-autoria e cumplicidade de administradores ou de pessoal superior; 6. Actos espontâneos de eliminação ou redução dos ilícitos; 7. Graduação das sanções; 8. Compliance programs; 9. Suspensão e dispensa das sanções; 10. Execução; plano de pagamentos; 11. Apreensões e buscas; 12. Nota complementar: Um projecto de lei de carta de segurança para os infractores que colaborem com as autoridades.*

Portugal tem, desde o ano de 2003, uma autoridade *antitrust* independente com o nome legal "Autoridade da Concorrência". A Autoridade rege-se pelos Estatutos aprovados pelo Decreto-Lei n.º 10/2003, de 18 de Janeiro, e pela Lei da concorrência, aprovada pela Assembleia da República em 11 de Junho do mesmo ano (Lei n.º 18/2003).

Publicamos na sequência alguns excertos do Projecto de Regulamento da Autoridade (previsto nos artigos 17.º e 26.º do citato Decreto-Lei), que supomos merecerem a atenção dos estudiosos, pelas inovações que trazem ao panorama das nossas autoridades independentes e até das nossas instituições públicas em geral. Algumas dessas novidades reiteram simplesmente propostas já apresentadas em outras ocasiões, a começar pelo projecto de Regime geral das instituições de crédito, de 1992, e que não vingaram (quase sempre sacrificadas a programas gradualistas que, de per si razoáveis, acabam por ser esquecidos, com o resultado de que os estádios iniciais das reformas se consolidam e fossilizam como se tivessem sido o objecto último dos desejos e o limite absoluto das expectativas); outras são ensaiadas pela primeira vez; mas todas elas, cremos, justificam quantos ensaios sejam necessários para que as nossas instituições melhorem, ou ao menos para que se compreenda que o trabalho *não* está acabado, e que *é preciso* retomar o impulso reformador.

As inovações que nos parecem merecer mais atento exame dizem respeito às matérias seguintes:

– definição de critérios de política regulamentar, v.g. análise de custos-benefícios e avaliação de resultados;
– audições públicas;
– expansão do contraditório no processo de infracções;
– esboço de uma doutrina da responsabilidade penal das empresas;
– *compliance programs*;
– buscas e apreensões;
– regras de prevenção de conflitos de interesses e questões afins de deontologia;
– avaliação pública da acção da Autoridade;
– regras sobre propriedade da informação;
– internacionalização das línguas de trabalho e do recrutamento do pessoal[1].

---

[1] Posteriormente, foi preparado um projecto de lei sobre concessão de impunidade aos infractores que colaboram na descoberta e na prova dos ilícitos: regime que os norte-americanos chamam *leniency* ou *immunity*, e para o qual propusemos a designação de *carta de segurança*: v. a informação infra, II. 12.

O articulado é suficientemente auto-explicativo para dispensar comentários; e apenas os acrescentamos por sentirmos que a divulgação, sem mais, de um texto regulamentar poderia suscitar estranheza. Ainda assim, limitamos as anotações a um ou outro ponto de interesse muito imediato, quer para a articulação destas propostas com a nova legislação da concorrência (nacional e comunitária), quer para a inteligibilidade da sua inserção no desenvolvimento das nossas reformas económicas e financeiras, em especial no concernente às autoridades de supervisão e regulamentação[2].

Dividimos a exposição em duas partes. Na primeira são coligidas, *seriatim*, algumas informações sumárias sobre matérias de organização e de procedimento. A segunda ocupa-se da regulamentação do processo de infracções e da doutrina das sanções, em especial das sanções das empresas[3].

---

[2] O Projecto aproveita o mais possível a letra dos Estatutos da Autoridade e da Lei da concorrência: o que não significa que em alguns dos trechos reproduzidos não seja imperativo divergir para melhor, ou dito claramente: para *menos mau*. Há de facto grande quantidade de lixo para reciclar, sobretudo na Lei. Para complemento de informações, v. o Relatório do Projecto e os manuais de procedimentos da Autoridade; uma síntese actualizada da regulamentação característica das nossas autoridades independentes encontra-se em VITAL MOREIRA e FERNANDA MAÇÃS, *Autoridades Reguladoras Independentes*, Coimbra 2003. O inventário exaustivo que este livro apresenta – quase vinte anos depois de termos começado o programa de modernização da economia portuguesa! – é *desolador*, e deveria estimular um sobressalto da inteligência e da vontade colectiva.

[3] Por surpreendente que pareça, tendo sido promulgada em 2003 uma nova Lei da concorrência, é necessário substituí-la: e não apenas porque a lei promulgada tem lacunas que a tornam obsoleta já de nascença – entre as quais algumas que resultam de não terem sido consideradas as implicações do Regulamento comunitário que entrará em vigor em Maio de 2004, e cujo teor era inteiramente conhecido à data da preparação da Lei! – mas também porque o texto é lastimoso. Que seja possível, para acompanhar a criação da mais importante das autoridades económicas, publicar como lei um texto desse nível, revela bem a que ponto de degradação desceu a nossa actividade legislativa. E ainda temos de estar gratos aos deputados que conseguiram expungir da proposta de lei alguns dos solecismos mais bárbaros. (Havia-os de tal monta que, ao fim de anos de cancerização galopante da linguagem e da técnica das nossas leis, ainda conseguiriam ser coisa inédita e causar verdadeira sensação. Para dar apenas um exemplo: a proposta dava aos poderes funcionais da Autoridade a designação de *direitos e faculdades*. Sim, o leitor está a ler bem: *direitos e faculdades*!!! Havia preceitos que aludiam aos *direitos e faculdades da Autoridade de concorrência*). Infelizmente, sobraram do desbaste – e era inevitável que sobrassem – em número suficiente para causar ainda muitos

I – Procedimento administrativo comum e questões de organização

Começaremos por alinhar alguns apontamentos esparsos sobre uns quantos tópicos do Projecto em que existe novidade, seleccionados simplesmente, segundo um critério de exclusão de partes, por não contenderem com as matérias do processo dos ilícitos de concorrência e da doutrina das sanções, de que nos ocuparemos ulteriormente, em comentário mais extenso. Teremos de nos confinar a limites de extrema perfunctoriedade: não porque alguns destes tópicos não sejam de importância comparável, ou até superior, aos da acção repressiva da Autoridade, mas porque cumpre não abusar do espaço generosamente concedido na publicação.

Refira-se, a abrir, o essencial do que o Projecto dispõe sobre os grandes instrumentos de fundamentação da política de concorrência. Esses instrumentos encontram-se previstos no artigo 43.º:

Artigo 43.º
Fundamentação da política de concorrência

1. A Autoridade reconhecerá em especial, como um dos seus deveres principais, o de desenvolver permanentemente e comunicar ao público de modo apropriado os conhecimentos teóricos e empíricos que sejam relevantes para a fundamentação da política da defesa da concorrência.
2. Para constituir, actualizar e comunicar ao público a base de conhecimento da política de defesa da concorrência, a Autoridade empregará, entre outros, os seguintes meios:
a) Audições públicas;
b) Análise de custos-benefícios e avaliação dos resultados;
c) Estudos de mercado.

---

arrepios. É tempo de perguntar: não há *responsabilização*, não há *castigo*, não há *despedimentos* (e, claro, acções civis de indemnização de perdas e danos), quando estes fenómenos ocorrem, na forma juridicamente ideal do facto público e notório, e com prova documental? Não se tem consciência de que o que se vem passando com a redacção das leis produz na sociedade e na economia efeitos que não é exagero qualificar como desastre nacional? Podemos continuar a permitir que indivíduos semi-analfabetos, que não sabem escrever escorreitamente em linguagem comum, e menos ainda em linguagem legislativa – e que de conhecimentos jurídicos, ainda os mais básicos, têm os que bastantemente transparecem disso dos "direitos e faculdades" de autoridades públicas – redijam leis da maior importância?

É cometimento fundamental da Autoridade, de cujos resultados dependerá em absoluto o haver ou não, no futuro próximo, algum progresso no panorama da concorrência na nossa economia, a criação e estabilização da consciência social e da jurisprudência teórica e prática de que nesta matéria ainda carecemos quase por completo. Não será a Autoridade, naturalmente, o único agente desse cometimento; mas caber-lhe-á necessariamente o papel mais activo, e nenhum outro dos *inputs* previsíveis, da Sociedade e do Estado, poderá substituir o que dela se espera. Daí que o artigo 43.º, n.º 1, defina o princípio de que constitui "um dos deveres principais" da Autoridade "desenvolver permanentemente e comunicar ao público de modo apropriado os conhecimentos teóricos e empíricos que sejam relevantes para a fundamentação da política da defesa da concorrência".

O n.º 2 indica exemplificativamente três meios essenciais a que a Autoridade deve recorrer para prosseguir esse objectivo: *audições públicas*; *análises de custos-benefícios* e *avaliação de resultados*; e *estudos de mercado*. A regulamentação inspira-se nos modelos norte-americanos e na parte deles que se encontra já recebida na prática da Comissão; dos países europeus, foram consideradas sobretudo as legislações alemã, dinamarquesa e sueca.

1. *Análise de custos-benefícios e avaliação de resultados*

As disposições do Projecto sobre análise de custos-benefícios seguem de perto o projecto de nova Executive Order presidencial sobre directrizes da actividade regulamentar das autoridades e serviços federais, publicado por Robert Hahn e Cass Sunstein em 2002, e que aproveita uma experiência já com quase três décadas[4].

---

[4] Em 1980, uma *Executive Order* do Presidente Reagan impôs às autoridades e serviços federais a obrigação de justificar com análises de custos-benefícios todas as *regulations* que emitissem (cfr. Executive Order No. 12,291, 3 C.F.R. 127 (182), revista por último pela Executive Order No. 12,866, 3 C.F.R. 638 (1994), esta do Presidente Clinton). Note-se, porém, que já antes da Executive Order de 1980 o mesmo dever de fundamentação em análise de custos-benefícios havia sido determinado, por leis do Congresso e leis dos Estados, para certos regulamentos e decisões administrativas. A primeira lei do Congresso que impôs esse encargo a uma autoridade federal foi o

Em todos os processos de preparação de decisões de política reguladora, a Autoridade fará uma avaliação dos custos e benefícios das normas que pretenda ditar, em confronto com outras possibilidades razoáveis, inclusive a de se abster de emitir uma decisão. É o que dispõe o artigo 50.º. O mesmo preceito acrescenta ainda, para evitar entendimentos restritivos e querelas escolásticas, que "a análise de custos--benefícios será entendida com a máxima latitude possível, atentos os resultados consolidados da teorização científica, de modo que não se confine a uma orientação conceptual particular dentre as igualmente idóneas do ponto de vista da fundamentação teórica e da legitimidade ética e política, e incluindo, designadamente, análises de custos-efeitos e de riscos-riscos".

Entretanto, é indispensável, para prevenir as fraudes burocráticas, e sobretudo o falseamento deste dever em exames viciados, incompletos ou – o caso mais frequente – formalísticos e vácuos, definir um elenco obrigatório de tópicos e outras regras com alguma especificidade a que a análise deve obedecer[5]. Disso se ocupa o artigo 51.º:

Artigo 51.º
Tópicos obrigatórios

1. Em execução do disposto no artigo anterior, a Autoridade
    a) Definirá e caracterizará, com a precisão possível, o problema que pretende resolver e as suas implicações e importância para a política de defesa da concorrência;

Electronic Fund Transfer Act de 1976, para as *regulations* decretadas pela Reserva Federal (sobre esta determinação, v. o nosso estudo *Electronic Banking*. Scientia Iuridica 36 (1987) 77 ss, 98).

[5] Nesse sentido o conselho unânime dos comentadores americanos, e o projecto Hahn-Sunstein cit. A necessidade de regras que especifiquem o programa da análise é evidenciada na própria experiência norte-americana, em que, a par de monumentais estudos, que constituem o acervo principal da teoria e da prática da análise de custos--benefícios e metodologias afins, abundam os exercícios fictícios de auto-justificação burocrática. O que não é objecção aos métodos, nem às normas jurídicas que os imponham: convém simplesmente tomar as cautelas possíveis para que o preço a pagar pela condição humana (de que a condição burocrática é um departamento ontológico particular) não seja excessivo.

b) Demonstrará que a decisão considerada deve ficar a cargo da Autoridade, e não ser deixada, de preferência, a outras autoridades nacionais e comunitárias;
c) Indagará se as leis e regulamentos em vigor dão causa ao problema que se quer resolver, e se a sua modificação seria suficiente para obter o mesmo ou melhor resultado;
d) Ponderará todas as possibilidades de decisão com custos e riscos menores, quer para os directamente interessados e para o público em geral, quer para as autoridades, bem como a possibilidade de a substituir por acções públicas de outra natureza, por exemplo pela distribuição de informação que seja idónea para orientar as escolhas dos agentes económicos; como regra, juntamente com a decisão proposta, procurará considerar pelo menos duas hipóteses alternativas, das quais uma será mais restritiva, e outra menos;
e) Especificará claramente, na medida do possível, os efeitos sobre grupos de rendimento e outros grupos-alvo, se os houver;
f) Formulará conclusões, acompanhadas dos esclarecimentos que sejam convenientes relativamente ao valor de orientação que lhes deva ser atribuído, em razão dos dados empíricos, dos métodos e dos recursos materiais e humanos utilizados.

O n.º 2 – inspirado em outro bom conselho norte-americano – pretende garantir a idoneidade científica da análise, impondo à Autoridade uma clara definição dos seus limites. Para além deles, *pode* a Autoridade ter ainda alguma coisa, ou muito, que dizer: porventura coisas mais importantes do que as que admitem sustentação no âmbito da análise. E não deve deixar de fazer ao Governo as propostas que entenda convenientes. O ponto é que separe claramente as águas, e que nunca propicie, na recepção pelas autoridades ou pelo público, confusões nocivas do estatuto epistemológico do que caiba no âmbito da análise de custos-benefícios com o estatuto do que dela extravase:

2. Se a Autoridade entender que, embora não seja possível fazer, no âmbito próprio da análise, juízos firmes em sentido favorável ou desfavorável à decisão considerada, esta se justifica todavia, por serem de prever outros efeitos de instante interesse público, exporá a questão ao Governo, com a proposta que seja conveniente.

Com a análise *ex ante* vai de par a avaliação *ex post* dos efeitos das regras e das providências:

Artigo 52.º
Avaliação de resultados

1. A Autoridade realizará estudos de avaliação dos resultados da política regulamentar, e tomará as providências convenientes para evitar que se mantenham em vigor orientações que tenham deixado de satisfazer os critérios de justificação referidos nos artigos anteriores.
2. Do relatório anual constará sempre um epítome das avaliações de resultados realizadas durante o exercício, com extensão e pormenor suficientes para permitir à generalidade dos cidadãos de cultura média formar juízo não só sobre os frutos da acção regulamentar da Autoridade, mas também sobre a idoneidade dos seus processos de auditoria interna.

Naturalmente, a avaliação dos resultados da acção da Autoridade não pode ficar confiada apenas à Autoridade mesma – ainda que lhe incumba em primeiro lugar, e como tema de reflexão permanente. Mas é imperativo que esses resultados sejam objecto de exame por parte de observadores independentes: o que, de resto, não redunda só em benefício do Estado e do público, mas também no de quem a dirija ou nela preste serviço. Reconhecido o princípio, não carecem de justificação muito longa os corolários que dele são extraídos no artigo 23.º do Projecto, a seguir transcrito. Note-se apenas que será erro completo supor que a avaliação externa, com publicidade dos pareceres, ponha em perigo o prestígio e a independência da Autoridade. Pelo contrário: será na prática a melhor garantia de independência e de imunidade a pressões externas, venham elas de onde vierem.

Artigo 23.º
Avaliação dos serviços

1. A Autoridade procederá a avaliações periódicas do desempenho dos serviços, globalmente e por sectores, confiadas a entidades externas, e que incluirão sempre sondagens de opinião entre os agentes económicos e sociais mais directamente interessados na sua actividade.
2. Os Directores das unidades de serviço apresentarão ao Conselho as observações e propostas que tiverem por convenientes, no prazo de trinta dias após o conhecimento dos pareceres das entidades avaliadoras.

3. No Relatório anual de actividade serão sumariadas as conclusões dos pareceres das entidades avaliadoras e dar-se-á conta do que haja sido decidido em razão delas.
4. Os pareceres das entidades avaliadoras poderão ser consultados na sede da Autoridade por quem o requerer.

Seriam boas regras para generalizar a todos os departamentos da administração pública central, local, *et cetera*, agora que parece enfim haver algum movimento no glaciar administrativo. Talvez as autoridades de maior requinte técnico possam dar o exemplo.

2. *Audições públicas*

Ao contrário das atribuições das autoridades sectoriais, como as de supervisão financeira e as de vigilância e regulamentação de ramos da indústria e do comércio, as da Autoridade de Concorrência têm como horizonte toda a economia nacional, e, com a integração na política comunitária, até a economia da área da União Europeia. As condições da recolha e do processamento de informação numa autoridade com este âmbito de competência universal são inteiramente diversas das que valem para as autoridades sectoriais, e poderiam bem ser comparadas às dos órgãos legislativos. Tal como a informação sobre a vida social e económica que a política legislativa requer é demasiado complexa e dispersa para poder ser directamente acessível a quaisquer indivíduos ou grupos determinados, também é legítimo afirmá-lo dos conhecimentos de que carece – senão em todos os casos, pelo menos nos de maior incidência à escala da economia – uma autoridade encarregada de zelar pela livre concorrência. Só a sociedade no seu conjunto é detentora da informação necessária, e é inteiramente ilusório pensar que, sem uma política muito ampla de consultas, se possa, por excelentes que sejam os recursos humanos e materiais disponíveis, atingir graus satisfatórios de eficiência e de justiça. Sem *hearings* muito amplos e intensivos, não será possível, em muitos casos, *nem* recolher toda a informação que caracteriza um problema, *nem* prever os resultados das decisões, muito especialmente aqueles que possam vir a revelar-se como efeitos perversos, tarde demais para serem remediados[6]. Não surpreende pois que se

---

[6] É frequente ver sublinhada a utilidade das audições públicas para a revelação de factos ocultos. E na verdade, a audição pode funcionar como uma espécie moderna de

reconheça universalmente a necessidade de proceder regularmente a audições públicas na preparação de decisões das autoridades da concorrência: e isso até em países cuja administração pública tende a menosprezar os valores de transparência e cidadania que – naturalmente – acrescem àquelas utilidades na justificação do procedimento.

A Lei da concorrência prevê as audições públicas como elemento do processo de investigação aprofundada a que refere o artigo 35.º. Na concepção do Projecto, o recurso a este procedimento é expandido – como trivialmente tinha de ser – para além do âmbito estrito em que a Lei o considerou mínimo obrigatório.

Artigo 44.º
Objecto das audições

1. A Autoridade organizará audições públicas, como instrumento de preparação, fundamentação e divulgação das orientações de política regulamentar.

2. Haverá obrigatoriamente audições públicas para os seguintes fins:
   a) Preparação de regulamentos e propostas legislativas;
   b) Conhecimento empírico e teórico da estrutura, comportamento e rendimento dos mercados;
   c) Investigação aprofundada a que se refere o artigo 35.º da Lei da Concorrência.

Artigo 45.º
Anúncio e programa

1. As audições serão anunciadas mediante aviso publicado em dois jornais diários de grande circulação e no sítio de rede da Autoridade, com antecedência suficiente para que todos os interessados possam requerer admissão a depor, e ser informados em tempo útil do que for decidido.

---

devassa, e ser o único modo de avaliar a dimensão real dos efeitos que um comportamento ou decisão empresarial tem na economia. Mas não se reduza a audição pública a essa perspectiva policial... As funções e utilidades da audição pública são *coextensivas com todas as vertentes e cambiantes da actuação das autoridades de concorrência*: é impensável, nas condições da economia moderna, e mormente de economias internacionalizadas, emitir regulamentos de concorrência, fiscalizar preventivamente concentrações, apreciar tarifas e acordos comerciais, sem recorrer a audições públicas como instrumento insubstituível de recolha e processamento de informação empírica e teórica.

2. O objecto das audições constará de programa previamente elaborado pela Autoridade, e que será distribuído juntamente com o anúncio.

3. Não haverá audição sobre matérias que sejam segredo de empresa ou de negócio ou que criem risco grave para o interesse público.

4. No requerimento de admissão, os interessados indicarão sempre, de modo preciso, os tópicos dos programa sobre os quais pretendem pronunciar-se e darão as informações que entendam convenientes para que a Autoridade possa ajuizar do valor do depoimento.

5. Os requerentes que não sejam admitidos poderão sempre fazer exposições escritas, em substituição do depoimento oral.

6. Os requerentes que sejam admitidos indicarão representante que fará o depoimento, e que poderá ser acompanhado por dois auxiliares; em caso de impedimento inesperado, o representante não poderá fazer-se substituir, mas poderá entregar exposição escrita, que será lida no acto por pessoa designada pela Autoridade.

Artigo 46.º
Regimento

1. As audições públicas serão orientadas por uma junta constituída pelo Economista-Chefe, que presidirá, pelo Jurista-Chefe, e por um técnico superior do quadro permanente, nomeado pelo Conselho sob proposta do Economista-Chefe.

2. O Conselho aprovará um Regimento das audições públicas, que será publicado na 2.ª Série do Diário da República.

Artigo 47.º
Investigação de operações de concentração

Para os efeitos da investigação aprofundada a que se refere o artigo 35.º da Lei da Concorrência, a Autoridade realizará audições públicas, em que serão admitidos a pronunciar-se sobre as operações investigadas os indivíduos e os entes colectivos que tenham nelas interesse legítimo e suficiente.

Artigo 49.º
Supletividade

As audições públicas não substituem os trâmites da investigação aprofundada regulados na Lei da Concorrência, nem prejudicam os direitos que a lei confere aos interessados, e que serão exercidos e reconhecidos independentemente de fazerem ou não uso deste procedimento.

Tem grande importância o modo como são definidos os requisitos de legitimidade para a participação nas audições públicas. O princípio pode ser proclamado em tom solene, para logo depois ser frustrado com uma definição inepta ou maliciosa dos pressupostos do acesso à audição. O artigo 48.º ocupa-se desta delicada matéria:

Artigo 48.º
Legitimidade

1. Serão admitidos a pronunciar-se sobre as operações investigadas, como titulares de interesse legítimo e suficiente:
   a) Os subscritores da notificação;
   b) Outras partes das operações de concentração planeadas;
   c) Os membros dos órgãos de administração das empresas abrangidas pelo plano de concentração, os representantes dos trabalhadores das mesmas empresas e os concorrentes no mercado ou mercados relevantes.
2. Serão ainda admitidos, mediante demonstração de interesse suficiente:
   a) Os fornecedores e os clientes das empresas que são partes das operações de concentração;
   b) Outros indivíduos e entes colectivos aos quais se deva reconhecer interesse legítimo por aplicação de algum dos critérios enunciados no artigo 12.º, números 1 e 2 da Lei da Concorrência.

   A suficiência do interesse será, nestes casos, livremente apreciada pela Autoridade, tendo em conta a letra e o espírito dos preceitos de lei referidos na alínea *b)* e da regulamentação comunitária aplicável.
3. Os interessados que não forem admitidos poderão sempre pronunciar-se por escrito.

O catálogo de interessados baseia-se, como não poderia deixar de ser, na matriz conceptual da Lei da concorrência, mas desenvolve as regras segundo o modelo dos *hearings* dos processos de concentração comunitários. A redacção da Lei parece-nos muito deficiente. A Lei fala apenas, no artigo 38.º, de "autores da notificação" e de "contra-interessados" (um conceito do processo administrativo), e tem uma definição de contra-interessado, no n.º 3, que suscita perplexidade: "aqueles que, no âmbito do procedimento, se tenham manifestado desfavoravelmente quanto à realização da operação de concentração em causa". Não basta decerto manifestar opinião desfavorável – o jornalista, o académico, o deputado que emitam opiniões críticas serão interessados? Obviamente, a cláusula restritiva "no âmbito do procedimento" tem por fim excluir essas e outras hipóteses exóticas. Mas será necessário saber o que significa realmente a cláusula: e ou não significa nada de preciso, ou, se for precisada pelos critérios mais óbvios, produzirá resultados inaceitáveis. Se, por exemplo, se usasse como critério da determinação do contra--interessado a participação, ou presença, ou chamamento ao processo, ou qualquer outra conexão com este já actualizada em fase anterior – quem dominasse o processo nas fases anteriores determinaria também a participação na audição pública. O que é erróneo: a audição pública destina-se precisamente a *abrir o processo*, impedindo que ele fique cativo, quer deste ou daquele indivíduo ou grupo, quer *dos próprios agentes do Estado que dele se encarregam*.

É portanto necessário trabalhar melhor os pressupostos de legitimidade, especificando o pouco ou nada que a lei diz; e não se estando aqui a legislar, mas simplesmente a fazer um regulamento, não há que pensar em óptimos, mas apenas em possíveis. Dá-se, porém, a circunstância feliz de podermos recorrer já a regulamentos comunitários que têm normas satisfatórias. O que se propõe é decalcado dessas normas comunitárias.

3. *Outros critérios da política regulamentar*

O Projecto contém uma definição de outros critérios a que deve obedecer a acção regulamentar da Autoridade – além dos que resultam dos princípios gerais da Constituição e do Direito administrativo – que constitui também novidade entre nós.

Os artigos 53.º e 54.º enunciam princípios gerais, dos quais sobressaem, pelo significado sistémico:

– o da *necessidade* dos regulamentos;
– o da *regulamentação por objectivos e resultados*.

Este último princípio, ao que cremos, é formulado pela primeira vez em texto normativo nacional; o princípio da necessidade tem alguns precedentes, mas não na forma que aqui recebe.

a) *Regulamentação por objectivos e resultados*

O princípio da regulamentação pelos resultados estabelece como directriz da actividade regulamentar a *preferência genérica pela definição de objectivos e resultados, em vez de actos ou modos de agir específicos*. É um imperativo simultaneamente de racionalidade e de liberdade (adaptação ao crescimento do saber, proposicional e tácito, disponível nos grupos sociais; deferência para com as escolhas e a iniciativa dos destinatários). A inspiração para a fórmula foi mais uma vez colhida na doutrina norte-americana, e especialmente no projecto citado de Hahn e Sunstein:

Artigo 54.º

1. Na medida do possível, os regulamentos definirão, como critérios de comportamento, objectivos e resultados, de preferência a actos ou modos de agir específicos.

b) *Necessidade dos regulamentos*

A formulação do princípio da necessidade que consta do Projecto pode parecer um tanto especiosa ou inintuitiva, mas resulta de um esforço de precisar com o indispensável rigor de conceitos o em que consiste a necessidade dos regulamentos. Não encontrámos leis nem propostas estrangeiras que pudessem servir-nos de modelo imediato.

Artigo 53.º
Necessidade dos regulamentos

1. Na emissão de regulamentos, a Autoridade orientar-se-á pelo princípio da necessidade. Entender-se-á que o regulamento é necessário se existir risco considerável de que, a não tomar a Autoridade a iniciativa de o emitir e fazer executar, a lei geral seja interpretada e aplicada de modo incoerente, desigual ou desconforme com os seus fins, e houver fundadas razões para concluir que o regulamento constitui meio apropriado para obviar a esse risco.

2. Na exposição de motivos do regulamento, será sempre ponderada a hipótese de não regulamentar, dando-se conta explícita das razões que justificam que não tenha sido preferida.

3. Os mesmos princípios serão observados nas sugestões, propostas e pareceres legislativos que a Autoridade apresente ao Governo ou a outras autoridades.

Os critérios da necessidade dos regulamentos não coincidem com os da necessidade das leis. A justificação das leis decorre imediatamente da legitimidade ética dos fins e dos meios e das relações de sentido e empíricas entre uns e outros; não assim a dos regulamentos, que é aferida em primeiro lugar pelas condições de aplicação de lei pré-existente, que o regulamento deve especificar ou concretizar. O juízo de justificação do regulamento decompõe-se pois em dois estratos: o da afirmação de que há um mal a remediar na aplicação de lei pré-existente; e o da afirmação de que o regulamento constitui meio conveniente para a remediação desse mal. No primeiro nível há um juízo sobre a necessidade de promulgar normas vinculativas que regulem a interpretação e aplicação de uma lei em vigor; o segundo nível é por sua vez analisável em dois juízos distintos: um juízo de adequação genérica da fonte regulamentar, em vez de outra fonte (v.g. lei, jurisprudência, norma interna da Administração), e um juízo de adequação específica das normas que são conteúdo do regulamento proposto, em vez de outras normas com soluções diversas.

Para precisar os critérios destes três juízos, inserimos no artigo 53.º, n.º 1, a cláusula que dispõe que "(se) entenderá que o regulamento é necessário se existir risco considerável de que, a não tomar a Autoridade a iniciativa de o emitir e fazer executar, a lei geral seja interpretada e aplicada de modo incoerente, desigual ou desconforme com os seus fins, e houver fundadas razões para concluir que o regulamento constitui meio apropriado para obviar a esse risco". A primeira parte da fórmula define o mal a remediar: risco de incoerência, de desigualdade ou de disfunção teleológica na interpretação e aplicação da lei. A segunda parte requer da Autoridade a justificação genérica e específica do remédio escolhido: fundadas razões para concluir que o regulamento constitui meio apropriado para obviar a esse risco. Com alguma redundância – mas há redundâncias úteis – o n.º 2 determina ainda que será sempre ponderada a hipótese de *não regulamentar*, e que será dada conta explícita, na exposição de motivos, das razões que justificam que não tenha sido preferida[7].

---

[7] Preceito expresso neste sentido, e que serviu de modelo, encontra-se no projecto Hahn-Sunstein.

A existir realmente défice normativo carecido de remédio, mas que não possa ser suprido por regulamento que satisfaça os critérios em que se decompõe o princípio da necessidade, deve a Autoridade *abster-se de regular* por si própria, e dirigir-se ao Governo ou a outras instâncias com as propostas que sejam convenientes. O n.º 3 do artigo 53.º completa a regulamentação, dispondo que essas propostas ficam sujeitas a critérios análogos.

c) *Outros princípios*

Princípios complementares de *diligência*, de *cooperação com outras autoridades* e de *inteligibilidade* são definidos nos n°s 2 a 4 do artigo 54.º:

> 2. A Autoridade coligirá com diligência a informação social relevante para a regulamentação e cooperará com as outras autoridades nacionais e comunitárias de modo a evitar disfunções na actuação global dos poderes públicos. Sem prejuízo do disposto no artigo 20.º da Lei da Concorrência, o procedimento fundamental de consulta pública serão as audições a que se referem os artigos 44.º e seguintes.
> 3. Será consagrada atenção especial à harmonização dos regulamentos da Autoridade com outros regulamentos administrativos em vigor, de modo a evitar contradições e redundâncias.
> 4. A linguagem utilizada nos regulamentos será sempre a mais simples e inteligível, seguindo-se, para suprir as dificuldades de compreensão que não possam ser evitadas, o disposto no número 1 do artigo 103.º, designadamente aditando ao regulamentos, como comentário oficial, as explicações em linguagem natural e as exemplificações casuísticas que sejam convenientes[8].

4. *Deontologia: conflitos de interesses e questões afins*

A regulamentação que o Projecto propõe para estas matérias é, supomos, a mais completa até agora ensaiada. Na última década e meia não faltaram tentativas de fixar nas leis portuguesas normas expressas

---

[8] O artigo 103.º, inserto no cap. VI, sobre "Relações com o público", é transcrito infra, 5.b.

sobre conflitos de interesses[9]. Tentativas sempre frustradas, por vezes em circunstâncias dignas da pena de um Muratori... ou de um Molière. Coube à Entidade Reguladora do Sector Eléctrico e à Autoridade Nacional de Telecomunicações o mérito de trazer algum movimento a esta viscosa estagnação. Os Estatutos destas Autoridades contêm disposições sobre incompatibilidades e inibições que vão um pouco além da insignificante rotina anterior (Estatutos da ERSE, aprovados pelo Decreto-Lei n.º 44/97, de 20 de Fevereiro, artigo 8.º; Estatutos do ICP-ANACOM, aprovados pelo Decreto-Lei n.º 309/2001, de 7 de Dezembro, artigo 21.º)[10].

[9] Pela nossa parte, esta é a mais recente tentativa num rosário já com muitas contas. Remontam as nossas tentativas a um ensaio feito, já nem sabemos bem se nos anos 70 ou 80, em colaboração prestada a Raúl Ventura, para a preparação do Código das sociedades comerciais. A intenção foi depois retomada quando em 1987 revimos, e em parte redigimos, o Título VII do Código, sobre delitos e sanções: tínhamos então a ideia de aproveitar a inovação que o Código Penal de 1982 trouxera com a incriminação da infidelidade. Em 1992, ponderámos incluir normas sobre conflitos de interesses no Regime geral das instituições de crédito, mas pareceu conveniente não sobrecarregar com mais inovações essa lei profundamente reformadora; os artigos esquissados, juntamente com bom número de outros, foram sacrificados ao famoso gradualismo doméstico – com o resultado previsível de que não se passou do primeiro *gradus*, e tudo se mantém como ficou então, correndo-se o risco de se manter por muito tempo ainda... Também em 1992, fizemos sugestão análoga para a reforma da Lei orgânica do Banco de Portugal publicada nesse ano; mas optou-se por um arranjo mínimo, de dois ou três artigos apenas, e o assunto ficou adiado para a grande reforma que já se previa para o futuro próximo, e que veio realmente a ser feita em 1995 – sem tratar dele: sempre o gradualismo! Em 1995, deu-se, enfim, o milagre: numa revisão dos Estatutos do Instituto de Seguros de Portugal, foi possível fazer aprovar em Conselho de Ministros algumas regras sobre inibição posterior ao exercício de cargos (resto tímido de uns esboços mais ambiciosos, mas ainda assim com aquela distância infinita que há entre o zero e o alguma coisa). Mas o *djinn* do gradualismo tem imprevisíveis astúcias. E o decreto-lei com os Estatutos do ISP veio a soçobrar no veto de gaveta com que o Presidente da República de então congelou uma trintena de diplomas do Governo, nos últimos meses da legislatura, à espera de mudanças nas eleições seguintes... (Episódio notável da nossa história constitucional recente, e no qual soçobraram algumas leis de que continuamos à espera, como a da reforma dos notários). As mudanças vieram, e o novo Governo, após reexame do articulado, republicou-o sem alteração alguma que não fosse – muito naturalmente – a supressão dessas regras. Pela mesma época fizemos ainda outras sugestões no mesmo sentido, em uma das inúmeras reformas da legislação do mercado de capitais promovidas pelo Ministério das Finanças – já lhes perdemos a conta.

[10] De conflitos de interesses *stricto sensu* ocupa-se o *Regulamento Ético* aprovado pela ERSE (v. esp. artigos 4.º, 5.º, 6.º e 10.º), e que merece vivo aplauso. Nesse Regu-

a) *Conflitos de interesses*

Para os conflitos de interesses em sentido estrito, foram seguidos modelos comuns nos E.U.A, sobretudo na distinção entre as duas categorias de conflito de interesses previstas nos artigos 38.º e 39.º e no recurso combinado a princípios de impedimento e de publicidade. O conflito de interesses com efeitos mais rígidos é definido pelo critério da *possibilidade de efeitos causais* (artigo 38.º); para o de regime menos severo – aqui denominado "suspeição" – basta que exista *ocasião de suspeita pública* (artigo 39.º)[11].

Artigo 38.º
Conflito de interesses

1. É proibido praticar acto de natureza funcional em situação de conflito de interesses.

2. Considera-se que existe conflito de interesses sempre que o acto funcional, por si próprio ou em conjugação com outros, e ainda que de modo não-intencional e com probabilidade muito diminuta, possa produzir, imediata ou mediatamente, efeitos favoráveis ou desfavoráveis sobre interesses materiais ou morais

a) do agente ou do cônjuge,

---

lamento da ERSE colhemos excelentes sugestões, sem embargo de adoptarmos outro estilo de redacção. No projecto de Lei-Quadro das Autoridades Reguladoras Independentes, publicado por Vital Moreira e Fernanda Maçãs (ob. cit., 257 ss.), encontra-se um conjunto de preceitos sobre incompatibilidades e inibições (artigo 17.º). É de sublinhar a proposta de um período de nojo de dois anos *antes*, e não apenas depois do exercício dos cargos, indo mais longe, nessa matéria, do que todas as leis e propostas que conhecemos (artigo 17.º, n.º 1: "Não pode ser nomeado para o conselho directivo quem seja ou tenha sido, nos últimos dois anos, membro dos corpos gerentes das empresas sujeitas à jurisdição da Autoridade em causa, ou quem exerça ou tenha exercido, no mesmo período, quaisquer outras funções de direcção nas mesmas"). Parece-nos indesejável esta regra, e não apenas nas condições nacionais, mas em linha de princípio. No pólo oposto, supomos ser lícito exprimir alguma surpresa com a omissão completa, neste projecto de Lei--Quadro, das questões de conflito de interesses em sentido estrito. Se uma lei-quadro das autoridades económicas não tratar dos conflitos de interesses – que lei se há-de ocupar deles?

[11] Como bem se compreenderá, foram ponderadas outras soluções conhecidas da experiência internacional, e em particular a de impor aos servidores da autoridade a gestão fiduciária das suas carteiras de títulos. Não é possível, porém, dar aqui conta, ainda que sumária, da reflexão feita.

b) ou de parente ou afim, na linha recta ou até ao segundo grau da linha colateral, do agente ou do cônjuge,

c) ou de sócio do agente ou do cônjuge,

d) ou de empresa ou indivíduo de que o cônjuge seja administrador ou empregado ou de quem por outro modo dependa económica ou moralmente.

3. Para os fins do número anterior, equiparam-se ao casamento as relações de coabitação, aplicando-se por analogia os critérios do parentesco e da afinidade.

4. Sempre que exista risco de conflito de interesses, ou, não tendo sido previsto o conflito, logo que tenha dele conhecimento, deve o interessado informar prontamente o superior hierárquico directo, que tomará as providências necessárias para o substituir.

5. A substituição é obrigatória, excepto se o interesse particular se limitar a posição ou posições accionistas em sociedades abertas, e que não excedam, no cômputo global e considerando todas as pessoas referidas no números dois e três, valor manifestamente irrelevante.

6. Todos os colaboradores têm o dever de informar o superior hierárquico directo de conflitos de interesses em que outrem incorra no exercício de funções, logo que cheguem ao seu conhecimento.

7. Das decisões tomadas nos termos dos números 5 e 6 será sempre dado conhecimento a todo o pessoal, por circular interna, e bem assim, pelo modo conveniente, ao público que o solicitar.

8. A violação dos deveres previstos nos números 4 e 5 é considerada falta disciplinar muito grave.

Artigo 39.º
Suspeição

1. O interessado informará igualmente o superior hierárquico directo sempre que tenha conhecimento de quaisquer outras circunstâncias que possam criar no público a suspeita de que um acto funcional não seja determinado exclusivamente pelo zelo do interesse público, e designadamente:

a) quando esteja em causa interesse relevante de parentes ou afins do agente ou do cônjuge até ao terceiro grau da linha colateral;

b) quando esteja em causa o interesse de indivíduo ou empresa de quem o agente ou o cônjuge tenham sido sócios, administradores ou empregados, ou de quem tenham estado por outro modo dependentes económica ou moralmente.

2. Para os fins do número anterior, equiparam-se ao casamento as relações de coabitação, aplicando-se por analogia os critérios do parentesco e da afinidade.
3. O superior hierárquico decidirá da conveniência de substituir o interessado. Da decisão será sempre dado conhecimento a todo o pessoal, por circular interna, e bem assim, pelo modo conveniente, ao público que o solicitar.
4. A violação do dever previsto no número 1 é considerada falta disciplinar grave.

b) *Período de inibição profissional*

O artigo 17.º, n.º 3, dos Estatutos da Autoridade determina, para os membros do Conselho, um período de inibição de dois anos depois do termo de funções. O artigo 40.º desenvolve esse preceito.

Artigo 40.º
Período de inibição

1. O Presidente, os membros do Conselho, o Fiscal, o Chefe de Gabinete, o Economista-Chefe, o Jurista-Chefe e os Directores de Departamentos e Gabinetes ficarão inibidos, durante dois anos contados a partir da data da cessação efectiva do exercício de funções na Autoridade, de prestar serviços ou de outro modo dar colaboração directa ou indirecta, de qualquer natureza e com ou sem remuneração, a empresas e associações de empresas que tenham estado interessadas em factos e actos denunciados ou investigados nos cinco anos anteriores àquela data, e que se integrem no âmbito das atribuições da Autoridade e das atribuições correspondentes da Comissão Europeia, tenham ou não sido objecto de processo formal, e independentemente do sentido dos juízos e decisões que esses factos e actividades tenham merecido da Autoridade ou da Comissão.
2. A solicitação do interessado e mediante prova suficiente, o Conselho poderá determinar que, enquanto não obtiver, em actividade permitida, remuneração equivalente à que auferia na Autoridade, e pelo prazo de dois anos contados a partir da data da cessação efectiva de funções, lhe seja abonada remuneração mensal com o valor máximo de dois terços do valor daquela, e que será calculada de modo a não exceder a diferença entre as duas, e mensalmente reajustada para respeitar esse limite, respondendo o interessado a todo o tempo pela informação relevante. A omissão de informação terá como consequên-

cia necessária a perda integral do benefício, sem prejuízo de outras sanções que caibam por lei.

3. A remuneração arbitrada nos termos do número anterior será considerada, para os efeitos da legislação fiscal e de segurança social, como as remunerações auferidas no exercício de funções.

4. O disposto no número 2 será objecto de regulamentação em Norma de Serviço[12].

c) *Outros princípios*

Os artigos 35.º a 37.º definem alguns outros princípios gerais, a começar pela identificação geral da deontologia da Autoridade com a deontologia da função pública, princípio que servirá de orientação nos casos de dúvida:

Artigo 35.º
Deontologia da função pública

1. A actividade funcional, interna e externa, da Autoridade rege-se pela deontologia da função pública.

2. No exercício da sua actividade, os membros do Conselho e o pessoal da Autoridade prosseguem exclusivamente o interesse público, servindo-o com diligência, lealdade, imparcialidade e discrição.

Supomos que nos tempos que correm, em que as autoridades descarregam cada vez mais sobre os particulares encargos que oficiosamente por lei lhes incumbem (fenómeno característico de todas as épocas de degradação do Direito e corrupção institucional), vale a pena reiterar os princípios do zelo, da iniciativa oficiosa e da limpidez:

Artigo 36.º
Oficiosidade

A Autoridade zelará activamente pelo interesse público e promoverá de ofício, nos termos da lei, tudo quanto for conveniente às suas atribuições.

---

[12] Não transcrevemos os preceitos sobre incompatibilidades, que não têm nada de característico. V. tb. Estatutos, artigo 14.º, n.º 3.

Artigo 37.º
Limpidez e racionalidade

A Autoridade actuará sempre de harmonia com os mais exigentes critérios de fiscalização, publicidade e controlo racional da legalidade e do mérito das suas decisões.

Concordando-se com o teor, em vez de "limpidez", poderá ser preferido o agora vulgar "transparência". Mas no bom estilo antigo dizia-se *limpidez de processos*.

No Anteprojecto, andou por estes artigos a famosa *accountability*. Questões de terminologia à parte[13], estes artigos tratam da publicidade e da transparência, que são muitas vezes agregadas à *accountability* (como meios de a assegurar), mas não são propriamente a responsabilidade e responsabilização (prestação de contas) que constituem o núcleo essencial dela. A esse núcleo essencial aludem os termos "fiscalização" e "controlo racional", mas também não o esgotam. O resto está distribuído por disposições várias[14].

No fim de contas, para a ideia da *accountability*, o melhor talvez fosse o mais simples: *responsabilidade* ou *responsabilização*.

5. *Tópicos complementares*

Dentre outros tópicos avulsos da regulamentação proposta, em que existe também alguma novidade, seleccionaremos ainda três para breve referência: a *propriedade da informação genérica produzida na Autoridade*; certos aspectos do *recrutamento e formação de pessoal*; e as normas sobre *línguas de trabalho e comunicação com o público*.

---

[13] Os Estatutos, artigo 37.º, a propósito do relatório anual, usam "responsabilidade pública", uma verbalização proposta pelo Centro de Coimbra, que é capaz de *pegar*, mas não faz muito sentido, porque todas as responsabilidades são públicas por definição.

[14] "Controlo racional" é fraco (além de que a forma portuguesa só pode ser "control", por muito que nos queiram hoje, até com a autoridade da Academia das Ciências, impor como norma o "controlo").

a) *Propriedade da informação*

Não sabemos se as regras que o Projecto dispõe sobre propriedade da informação têm precedentes nacionais. É matéria da maior importância quer para proteger o interesse público, quer para evitar situações que constituem grave desincentivo à colaboração dos especialistas qualificados de que as autoridades económicas carecem, e carecerão cada vez mais.

O Projecto distingue, na informação produzida na Autoridade, entre informação *específica* e informação *genérica*. A informação específica cai sob os deveres legais de segredo e não carece de outra regulamentação. A informação *genérica*, porém, não é em geral abrangida pelos deveres legais de segredo. A ela se refere o artigo 41.º:

Artigo 41.º
Propriedade da informação

1. A informação genérica produzida na actividade funcional da Autoridade é propriedade exclusiva desta e não pode ser utilizada para outros fins, divulgada em meios de comunicação de massa, nem cedida a outrem, ainda que a título não-remunerado, sem autorização expressa do Conselho, mediante apreciação prévia do texto em que seja exarada.
2. É livre, porém, a utilização de informação genérica não-confidencial em estudos científicos, desde que o modo e o meio de publicação satisfaçam inequivocamente os critérios reconhecidos na comunidade científica.
3. A Autoridade zelará pelos direitos morais de propriedade intelectual de todos os seus colaboradores e de terceiros.
4. A violação dos deveres previstos neste artigo é considerada falta disciplinar grave.

Vem a propósito sublinhar que, do ponto de vista das autoridades, à justiça destas soluções acresce uma vantagem táctica com grande interesse no nosso ambiente jurídico. Localizar a regulamentação no campo da propriedade intelectual – e da propriedade da informação (embora esta, enquanto tal, seja ainda conceito ignorado no Direito português) – ajudará a escapar de certas rábulas pseudotrabalhistas e pseudoconstitucionais, cujo tema são imaginários direitos de expressão ou de informação dos trabalhadores, e a que os nossos juízes dão demasiadas ensanchas. E como sempre acontece, os mesmos espíritos que pressurosamente reconhecem direitos inexistentes (e predatórios) – tendem a ignorar os autênticos direitos e as autênticas vítimas, quando, por exemplo, os trabalhos dos colaboradores das autoridades são indecorosamente plagiados, sem que (como já aconteceu em três casos particularmente impressionantes do nosso conhecimento pessoal), as autoridades em cuja esfera o abuso ocorre assumam a defesa dos interesses dos lesados, como se o assunto fosse *res inter alios acta*. Daí o preceito do n.º 3, que impõe à Autoridade o dever de zelar pelos direitos morais de propriedade intelectual de todos os seus colaboradores e de terceiros[15].

b) *Línguas de trabalho e comunicação com o público*

Todas as grandes autoridades económicas trabalham com línguas estrangeiras, e se há ainda défices graves na formação dos funcionários, que por vezes limitam demasiado a capacidade de comunicar com cidadãos e empresas de outros países, não se pode afirmar que não correspondamos, com energia e simpatia, às solicitações de uma economia aberta. Ainda assim, continuam a faltar modelos de regulamentação, que conviria fossem uniformes e de aplicação universal. Existe também alguma necessidade de estimular, na comunicação com o público, as virtudes da clareza, da inteligibilidade, da lealdade activa para com os destinatários, que todas cabem no princípio da boa fé hoje consignado no Código de procedimento administrativo.

A *aceitação do inglês como língua de trabalho*, em todos os processos com aspectos internacionais, deveria ser coisa de simples bom-senso e decência. Mais atenção merecerá o modo como o Projecto regula as questões do risco linguístico e da responsabilidade pelos custos de tradução. Na verdade, não basta aceitar uma língua estrangeira como língua de trabalho: é preciso encarar e fixar um módico de regras sobre essas questões.

---

[15] Já aconteceu que uma autoridade não só não zelasse pelos direitos patrimoniais de autor, de que tivesse ficado detentora – assim atentando, em evidente infidelidade, contra o património institucional –, mas também se desinteressasse de toda e qualquer providência de defesa dos direitos morais dos plagiados, defesa em que deveria até antecipar-se-lhes activamente, poupando-lhes o vexame adicional que sempre anda associado à necessidade de denunciar os factos; sem falar já de todas as agruras e custos que se seguem, se houver processo ... Nem admira que, nos casos que conhecemos, os plagiados tenham preferido o silêncio. Resta saber se, para cúmulo, as instituições os não terão pressionado nesse sentido!

Artigo 57.º
Línguas de trabalho

1. É facultado aos cidadãos estrangeiros o uso da língua inglesa nas comunicações escritas, em papel ou electrónicas, com a Autoridade.

2. Serão sempre aceites documentos redigidos em inglês, ainda que oferecidos por cidadão português; quando forem oferecidos documentos redigidos em outra língua estrangeira, e que careçam de tradução, a Autoridade ordenará que ela seja apresentada.

3. Se a Autoridade tiver dúvidas sobre a idoneidade da tradução, ou não estiver habilitada para a avaliar suficientemente, ordenará que seja apresentada, em prazo determinado, tradução feita por notário ou autenticada por funcionário diplomático ou consular; se a ordem não for cumprida no prazo fixado, a Autoridade nomeará perito para traduzir o documento a expensas de quem o tiver apresentado, e se isso não for possível, desentranhá-lo-á do processo.

4. A pedido dos interessados, os funcionários da Autoridade poderão receber e fazer comunicações orais na língua inglesa, se dela tiverem conhecimento suficiente. A Autoridade procurará assegurar que todos os seus servidores estejam aptos a utilizar a língua inglesa em comunicações orais com cidadãos estrangeiros.

5. O risco linguístico de todos os actos e processos, escritos e orais, em que não seja usada a língua portuguesa, correrá sempre pelos interessados em benefício dos quais se haja prescindido dela.

Artigo 58.º
Redacção dos autos

(...)
4. As declarações prestadas por cidadãos estrangeiros em língua inglesa, segundo o disposto no artigo anterior, serão reproduzidas na forma original. Do mesmo modo se procederá com perguntas ou outras comunicações que na mesma língua hajam sido feitas aos declarantes.

A comunicação com o público, em actividade de supervisão e regulamentação cujo suporte científico está muitas vezes fora do alcance do comum dos cidadãos, e até de muitos economistas, deve ser também objecto de algumas directrizes. Destinam-se as que constam do Projecto, artigo 103.º, a promover que todas as decisões e instruções da Autoridade sejam acompanhadas dos esclarecimentos de que os destinatários careçam para estarem em condições de efectivamente as compreenderem e por elas se orientarem na prossecução dos seus interesses práticos.

Artigo 103.º
Comunicações enviadas pela Autoridade

1. A Autoridade redigirá todas as suas comunicações de modo que os cidadãos de cultura média as possam compreender. Juntamente com os enunciados técnicos, será sempre facultada explicação suficiente, em linguagem natural, dos dados empíricos, das premissas e modelos teóricos e das conclusões pertinentes, com emprego de todos os meios idóneos de expressão linguística, de informação científica e de apresentação e organização da prova.

2. Nas comunicações com destinatário determinado, a Autoridade procurará prestar as explicações complementares de que o destinatário careça para bem compreender tudo quanto seja do seu legítimo interesse.

3. Nas comunicações com cidadãos estrangeiros, será usada a língua portuguesa, mas, sempre que possível, a comunicação será acompanhada de versão em inglês, com a advertência de que só o texto português vincula a autoridade, segundo fórmula uniforme que será aprovada por Norma de serviço para impressão em todas as folhas de papel oficial da Autoridade.

c) *Internacionalização do recrutamento*

A regulamentação proposta tem como pontos salientes a *internacionalização dos quadros* e a *participação de entidades externas nos concursos de recrutamento*. A contratação regular de estrangeiros é indispensável para estimular a circulação de ideias, a actualização de conhecimentos, o espírito de iniciativa e a saudável emulação pelos *standards* mais elevados[16].

---

[16] Cremos que é altura de abrir todos os quadros da função pública superior – na Administração central, directa e indirecta, nas câmaras municipais e nas outras instituições autónomas –, a estrangeiros da Comunidade Europeia. E também os quadros das magistraturas, das forças militares e de polícia, e de outras carreiras públicas em instituições vitais, que precisam de uma injecção imediata de sangue fresco. Deveríamos antecipar-nos à – inelutável – evolução da Comunidade, que dentro de uma década ou duas há-de abrir também essas barreiras. Sempre que tivemos a lucidez de não ficar à espera dos decretos comunitários da 25.ª hora, e mormente de renunciar às chamadas

Artigo 26.º
Recrutamento e avaliação

1. O pessoal será recrutado por concurso, que para os quadros superiores admitirá sempre candidatura de cidadãos comunitários.

2. Do júri dos concursos de admissão de pessoal superior farão sempre parte examinadores externos.

3. A Autoridade assegurará, pelo modo que for conveniente, a participação de entidades externas na avaliação do desempenho do pessoal dos quadros superiores.

4. A internacionalização dos quadros superiores será considerada como factor de desenvolvimento institucional. A Autoridade procurará assegurar a presença nesses quadros de cidadãos estrangeiros, recrutados por concurso ou por convite, e em especial de pessoas designadas ou recomendadas por autoridades de concorrência dignas de emulação.

---

derrogações, quando adiar seria apenas prolongar a doença – o grande paradigma é a decisão histórica de acabar com as barreiras à circulação de capitais em 1993 – não nos arrependemos. (E se houver ainda quem o lamente, pelo menos beneficiamos da muito sedativa circunstância de já não corrermos o risco de ouvir *isso* dito em público!). Já hoje, de resto, é possível eleger estrangeiros para a presidência de câmaras municipais; e a decisão tomada há pouco pelos governos alemão e francês de passar a ter em todos os ministérios funcionários nascidos do (respectivamente) outro lado do Reno é um óbvio sinal do que está para vir. Deveríamos até, para certas instituições, fixar quotas de contratação obrigatória de cidadãos estrangeiros: solução urgente para as Universidades, que não têm nem podem ter o número crítico de professores verdadeiramente bons de que carecem, nem podem esperar que a elevação da cultura e da formação científica da população (que nem sequer será possível com o aparelho e os métodos actuais do ensino básico e secundário) lhes forneça o universo de bons estudantes do qual saíssem um dia os números desejáveis de bons cientistas e bons *scholars*. (Nas Universidades, naturalmente, a rede deveria ser lançada a todos os continentes, e não apenas à Europa...) E não se fale de patriotismo a este respeito – a não ser para protestar que não seguir o rumo necessário é que seria faltar ao amor da Pátria. Pois não foi a nossa independência defendida, em momentos decisivos, com contribuição *sine qua non* de estrangeiros? A menos que se pretenda que não eram patriotas os nossos Reis, quando chamavam os Pessanhas e os Schombergues, os Clenardos e os Vandellis... e os biscaínhos sem os quais talvez não existisse esse estilo entre todos *nacional* que é o manuelino!

Artigo 27.º
Formação

1. É dever e direito de todo o pessoal adquirir e actualizar permanentemente os conhecimentos teóricos e práticos que sejam necessários para atingir o mais elevado rendimento que estiver ao alcance das suas capacidades pessoais, não só aproveitando conscienciosamente o ensino, o treino e as fontes de informação que lhe sejam proporcionados pela Autoridade, mas também, e sobretudo, por estudo próprio, espontâneo e diligente.

2. A Autoridade proporcionará ao pessoal condições de formação que lhe possibilitem adquirir e manter permanentemente actualizados os seus conhecimentos teóricos e práticos, segundo um critério equiparável aos que sejam aceites nas autoridades de concorrência dos Estados Unidos da América.

3. Na avaliação do desempenho do funcionário, não serão nunca consideradas alegações de falta de meios de formação facultados pela Autoridade, se as deficiências que lhe forem imputadas pudessem ter sido supridas por estudo próprio.

II – Processo de infracções

Concluídas estas notas preliminares sobre coisas que podem ser ditas em poucas palavras, passemos a matérias menos aprazíveis e que requerem prosas mais derramadas.

A Autoridade terá a seu cargo processos administrativos comuns (que têm agora o nome legal genérico "procedimento administrativo", e de que trata o Código de procedimento administrativo) e processos de infracção (a que a Lei de concorrência, para distinguir, chama "processos sancionatórios"). Assim sendo, o método mais económico e claro para sistematizar o material – e uma vez que é preciso dizer alguma coisa não só acerca dos processos de infracção, mas também acerca dos procedimentos comuns – consistirá em distinguir dois conjuntos de normas, um aplicável a ambas as espécies de processos, e outro próprio dos processos sancionatórios, e que constitui o principal da regulamentação. O volume dos dois conjuntos, sem surpresa, é o inverso do que corresponderia à importância relativa que as duas espécies de processos têm na vida da Autoridade. Os procedimentos administrativos, comparativamente mais simples, são (felizmente!) os que correspondem à actividade essencial da Autoridade – a de regular a economia, na perspectiva da livre concorrência, fazendo-a progredir para níveis superiores de produtividade e justiça. Mas a acção repressiva, por secundária que seja no conjunto total das actividades da Autoridade, tem requisitos de segurança e prova que sempre exigem regulamentações mais extensas[17].

1. Aspectos gerais

No Direito português actual, o Direito administrativo de polícia (financeira, ambiental, de regulação económica, etc.) encontra-se, em tudo quanto diz respeito à punição de factos ilícitos, numa condição lastimável, que resulta de se ter repetidamente transposto para a acção das autoridades de regulação e supervisão da economia o chamado regime geral dos ilícitos de mera ordenação social – regime que só tem sentido para pequenas infracções, facilmente investigadas, com implicações sociais limitadas, e sujeitas a penas ligeiras[18]. Desse erro decorrem

---

[17] Parece haver nos nossos juristas uma tendência difusa para *sobrevalorizar a função sancionatória das autoridades de supervisão e regulamentação*. E dir-se-ia até que há quem pense que o que aos juristas importa, nessas autoridades, são só as sanções e os vícios do acto administrativo – e que tudo o mais *não é Direito*, e deve ficar para os economistas... Esta tendência, nociva para a compreensão das autoridades sectoriais até agora existentes, sê-lo-á ainda mais para a da Autoridade de Concorrência. A Lei promulgada em Junho de 2003, além de todos os outros defeitos, tem também esse de transmitir uma imagem muito distorcida do que será a acção da autoridade pública encarregada de zelar pela liberdade de competição económica. Aspecto particularmente grave é o não estarem presentes na Lei, nem sequer em alguma modalidade embrionária, as *providências relativas à estrutura das empresas*; ora na falta de base legal para essas providências, a Autoridade pouco poderá fazer de verdadeiramente eficaz. Poder aplicar coimas é evidentemente preciso: mas não é nem será nunca o graal da regulação e defesa da livre concorrência! A partir de Maio de 2004, a situação modificar-se-á um pouco com a entrada em vigor do mais recente regulamento comunitário. Mas essas providências (e outras em falta) só em nova Lei da concorrência poderão ser tratadas de modo satisfatório. Até lá, restam à Autoridade, tirante as sanções, apenas os procedimentos informais associados ao exercício do poder de não autorizar a concentração de empresas. V. tb. infra, nota 39.

[18] Sobre estes pontos permitimo-nos remeter para os nossos estudos *Boas intenções, maus resultados: Notas soltas sobre investigação e processo na supervisão financeira*, Revista da Ordem dos Advogados 60 (2000) 73 ss.; e *Questões hermenêuticas e de sucessão de leis nas sanções do Regime Geral das Instituições de Crédito*, Revista da Banca n.º 48 (Julho-Dezembro 1999) 27 ss., e n.º 49 (Janeiro-Junho 2000) 23 ss.

as características mais evidentes da situação actual: por um lado, défices de eficácia na actuação das autoridades; por outro lado, obstrução do espaço em que deveria surgir e desenvolver-se uma teoria e uma regulamentação adequada da nova polícia administrativa que a economia moderna instantemente reclama. São vícios, estes, que condicionam gravemente a regulamentação dos processos de ilícitos que a Autoridade terá de instruir e decidir; e devem ser tidos em conta na apreciação do que propomos, e na reflexão sobre o que esperamos seja algum dia possível propor.

Observámos atrás que os requisitos de segurança e prova da acção repressiva da Autoridade têm como consequência necessária que a regulamentação correspondente assuma dimensões desproporcionadas com a verdadeira importância relativa dessa parcela das suas atribuições. A formalização característica da actividade repressiva, como tal indispensável, não pode porém sacrificar os fins últimos da instituição. Ainda quando exerça poderes sancionatórios, a Autoridade é *Administração*, e não Tribunal; e as funções que nessa qualidade desempenhe não são verdadeiramente de Justiça, no sentido institucional próprio, que só aos Tribunais convém, mas sim de *polícia* ou *disciplina* da actividade económica. Daqui que os actos de aplicação da lei, que nos Tribunais têm como critério único os valores da justiça, tenham na Autoridade, além desse, o critério do *interesse público* cuja prossecução, em determinada perspectiva particular, lhe está confiada: o que vale também para a actividade de pura aplicação da lei, e nesta para a que se apresente na forma da perseguição e punição de ilícitos. Existe, sem dúvida, uma área de sobreposição da justiça propriamente dita e da polícia administrativa, determinada pela proibição de prosseguir o interesse público de modo injusto: e nessa área de sobreposição não pode a Autoridade emitir decisões de condenação ou de absolvição que não coincidam substantivamente com as que um Tribunal tomaria no seu lugar. E porque existe essa área de sobreposição, e nos limites em que ela existe, é possível o recurso das decisões da Autoridade para os Tribunais. Mas há também uma área em que a Autoridade administrativa pode optar entre cursos alternativos de decisão e acção, todos compatíveis com os valores da Justiça, segundo critérios de interesse público que não são os dos Tribunais, nem seriam lícitos como regras decisórias destes. E nessa área, inverte-se a relação entre a Autoridade e o Tribunal, porque o Tribunal é que deve conformar-se com o juízo de polícia da Autoridade, recebendo-o como critério do caso, e não o contrário.

São especialmente dignas de nota as implicações da polícia administrativa na utilização, pela Autoridade, dos múltiplos instrumentos de que dispõe para ajustar aos casos concretos as sanções previstas pelas normas abstractas. Esses instrumentos são formalmente idênticos aos dos juízes (v. *infra*, 7 e 8). Mas a sua utilização não obedece apenas aos fins e critérios que orientam a decisão dos Tribunais. Eles podem e devem ser postos ao serviço do interesse público que a Autoridade prossegue. E assim, por exemplo, enquanto os Tribunais só com fundamento em razões de justiça atenuam, suspendem ou dispensam as penas, a Autoridade pode fazer tudo isso não só com razões de justiça – como os Tribunais, e com recurso para estes –, mas também, e sem prejuízo daquelas, com fundamento em outras razões de política de regulação e orientação da economia, que não são revisíveis pelos Tribunais.

2. *Autonomia do processo de infracções de concorrência*

Os processos de infracções de concorrência têm regime legal próprio, que não é – ao contrário do que, desde 1991 (com o Código do mercado de valores mobiliários), tem acontecido nos processos de outras autoridades de supervisão e regulação sectorial – simples transposição para esta área do regime geral das chamadas (muito mal chamadas) "contra-ordenações". O Decreto-Lei n.º 10/2003, que criou a Autoridade, e a Lei da concorrência conservaram a *autonomia* do processo de infracções de concorrência, que não é regulado por simples aplicação do regime geral dos ilícitos de mera ordenação, mas segundo um quadro de regulamentação próprio. O regime da mera ordenação é apenas subsidiário, como o é – numa relação de subsidiariedade já mediata, através do regime da mera ordenação –, o Código de processo penal.

Um dos elementos fundamentais da regulamentação anterior era a *separação entre a instrução dos processos de infracções*, confiada à Direcção-Geral da Concorrência, e *a decisão*, confiada ao Conselho de Concorrência. O Decreto-Lei n.º 10/2003 substituiu estas instâncias por uma única Autoridade, mas a legislação da reforma teve o propósito, afirmado expressamente pelo Governo em diversas ocasiões, de conservar a separação de pessoas entre instrução e decisão e reforçar os direitos de audição dos arguidos, propósito que a unificação da Autoridade – ditada por razões inteiramente diversas – em nada deveria prejudicar.

De resto, não se poderia agora andar para trás nesses pontos, quando por toda a parte, a começar pelos regulamentos comunitários, se afirma uma filosofia incompatível com os excessos de inquisitório e a promiscuidade entre instrutores e julgadores que infelizmente continuam a contaminar o processo de outras autoridades económicas (e que, note-se bem, não têm *nada* que ver com a justificação originária do regime dos ilícitos de mera ordenação, no seu domínio natural, que não é o das autoridades para as quais tem sido transposto[19]).

Do ponto de vista do Direito interno, existe pois um enquadramento legal autónomo, que permite desenvolver em regulamento, por especificação do disposto na legislação da concorrência, um processo adaptado às necessidades características a que esta legislação quer dar resposta. Por outro lado, à luz do Direito comunitário, uma parte das propostas do Projecto parece ser já hoje, ou vir a sê-lo a partir de Maio de 2004, não apenas admissível, mas *obrigatória*.

São dados hermenêuticos que, enquanto tais, não carecem de reforço. Mas pode-se acrescentar um argumento que precisa melhor, do ponto de vista sistemático, as relações entre o processo das infracções de concorrência e o processo dos ilícitos de mera ordenação. O regime dos ilícitos de mera ordenação *não é* Direito comum: é Direito *especial*, e só por decisão do legislador pode ser transposto para fora do seu âmbito próprio – como se disse, o dos pequenos delitos, de investigação e prova fácil, de implicações sociais limitadas, com sanções ligeiras –, para sectores da grande regulação económica, financeira, industrial, ambiental, etc.[20]. Seria portanto inteiramente erróneo compreender o sistema actual como se a grande regulação económica e financeira – com os seus processos muito complexos, de implicações sistémicas globais, com efeitos decisivos até na própria soberania e relações internacionais do Estado, e penas pecuniárias e pessoais que ultrapassam imensamente muitas das que o Código Penal prevê para crimes clássicos – tivesse um regime comum, e esse regime comum fosse o da mera ordenação social. De modo algum. A realidade do sistema é outra: os pequenos ilícitos de regulação administrativa têm um regime que os abrange a todos, e que

---

[19] V. as nossas observações nos estudos cits.

[20] Isto sem pretender apreciar aqui a constitucionalidade da transposição, que derroga princípios do processo penal comum que não podem deixar de valer para matérias de tal importância e complexidade.

é o das chamadas "contra-ordenações"; quanto aos ilícitos da grande regulação bancária, bolsista, financeira, ambiental, etc., *esses* não têm regime nenhum que os abrangesse a todos, sendo regulados fragmentariamente e *ad hoc*, ainda que o legislador o faça recorrendo, com mais ou menos modificações expressas, ao reservatório de normas que se encontra no decreto-lei que estabelece o regime da mera ordenação. O sistema consiste pois numa *combinação de regimes especiais*: um regime que se aplica a todos os pequenos delitos administrativos, e que é o das "contra-ordenações" (nesse sentido chamado regime *geral* dos ilícitos de mera ordenação, mas ainda e sempre especial relativamente ao verdadeiro regime *comum* dos factos puníveis, que é o da legislação penal, e só esse); e uma colecção de outros regimes especiais, fabricados a partir do regime especial das "contra-ordenações" para certas áreas da grande regulação económica (que não têm, enquanto tais, nenhum regime geral, ainda que especial fosse relativamente ao regime comum)[21].

---

[21] Assim, quando o legislador trabalha certa área da grande regulação económica determinando que se lhe aplique o regime dos ilícitos de mera ordenação – ainda então há uma margem considerável para que os regulamentos contemplem necessidades específicas dessa área, de modo que não tenha paralelo no regime geral de mera ordenação e nas práticas de aplicação deste regime. Exigir-se-á simplesmente que o regulamento encontre na lei disposições expressas em que essa especificação possa ser fundada. Não a encontrará, naturalmente, se o legislador, como às vezes acontece, se limitar a mandar aplicar em bloco a certas matérias, sem qualquer modificação, o decreto-lei das contra-ordenações. Então, o regulamento só se poderá referir a disposições desse mesmo decreto-lei, e terá de se confinar no seu sistema. Mas quando o legislador, transpondo embora para certa área o regime da mera ordenação, lhe introduz modificações expressas, as normas que são assim ditadas especificamente para a área em causa podem ser desenvolvidas em regulamentos de modo também específico, diferente do que seja porventura adoptado em outras áreas para as quais tenha sido transposto o mesmo regime. Essa possibilidade bastaria decerto para fundamentar, sem risco de objecção, o que agora se propõe para os processos sancionatórios da Autoridade: bastaria invocar as normas expressas da Lei da concorrência e do Decreto-Lei n.º 10/2003, e mostrar que as propostas encontram nelas fundamento directo e bastante. Porque de facto nenhuma das propostas do Projecto extravasa do que se possa directamente fundamentar em normas expressas do Decreto-Lei n.º 10/2003 ou da Lei da concorrência, ou de ambos. O que significa que elas seriam legítimas mesmo na hipótese mais desfavorável de o legislador não ter concebido o processo de concorrência como um processo autónomo, e se limitar a transpor, para os ilícitos que a Lei da concorrência define, o regime da mera ordenação social. De todo o modo, *não* é essa, como ficou dito, a concepção e a decisão do legislador. O processo dos ilícitos de concorrência é um *processo autónomo*. E a

Outra questão é que, na comunicação legislativa, se evite tudo quanto, por boas ou por más razões, facticamente se possa tornar causa de incompreensão ou desorientação; e mais ainda, que se alivie o juiz, até ao limite do possível, de encargos pesados de interpretação e argumentação. Numa paisagem infelizmente perturbada por um empirismo legislativo que ronda a acefalia, seria imprudente, por preocupações de perfeccionismo, criar factores de dúvida e debate, por muito injustificados que estes fossem. A legiferação não é um acto académico: é obra prática e política. As soluções perfeitas só passarão a ser práticas quando houver ensejo para fazer a revisão geral dos processos de infracção confiados a autoridades administrativas, distinguindo claramente entre o que cabe no regime das contra-ordenações e o que nele não cabe. Esta prudência vale até para a terminologia. Não convém, por exemplo, usar expressões que divirjam da terminologia legal vigente, por muito criticável que ela possa ser em algum aspecto[22].

3. *Uma reforma urgente: a expansão do contraditório*

A regulamentação do processo de infracções tem como finalidade principal o *desenvolvimento da audição dos arguidos,* facultando-lhes, a requerimento, *debate contraditório análogo à instrução contraditória dos processos comuns.* Esse debate, a que é dada a designação de "audiência de revista", decorrerá perante um júri do qual *não poderão fazer parte os servidores da Autoridade que tenham tido intervenção nas fases anteriores da instrução.* Ficam assim corrigidos os dois grandes defeitos das práticas actuais de processo sancionatório em autoridades supervisoras e reguladoras, e que resultam de haver sido acriticamente generalizado a estas autoridades o regime do processo dos ilícitos de mera ordenação social: a *promiscuidade entre instrutores e julgadores,* que é eliminada por completo; e a *inexistência de verdadeiras garantias de defesa* antes da decisão administrativa (pois que essas garantias só se

---

Lei da concorrência daria até margem, provavelmente, para desenvolvimentos regulamentares bem mais ambiciosos do que os que se encontram consignados no Projecto.

[22] V. a anotação seguinte, a propósito do uso do termo "audiência de revista", em vez de "instrução contraditória".

constituem verdadeiramente no recurso ulterior para os Tribunais), que a "audiência de revista" se destina a suprir em parte.

Além disso, quando o arguido não queira valer-se dessa audição contraditória, haverá ainda um debate interno, no qual o instrutor sustentará as suas conclusões perante um júri independente, de modo formalmente análogo: o que assegurará à Autoridade os meios de optimização da recolha e processamento de informações e prova e os resultados de imparcialidade, de equilíbrio crítico e de confiança pública que são próprios do debate contraditório, reduzindo os riscos de decisões inconsistentes – decisões, que à parte o gravame que constituem para os arguidos, redundam também em prejuízo colectivo, quer por dilapidarem recursos escassos, quer por desprestigiarem as autoridades.

a) *Audiência de revista*

A diligência para que propomos o nome "audiência de revista" é substancialmente uma *instrução contraditória*; mas este termo, que usámos num Anteprojecto, foi depois abandonado, tanto para não dar azo a dúvidas (ainda que sem substância) quanto à relação com leis que falam apenas de "direito de audiência" e "direito de audição", como também – no extremo oposto – para não estimular confusões que levassem os arguidos a pretender usar neste contexto de todos os meios do processo penal, com a tutela jurídica própria deste. Trata-se, na verdade, de uma simples modalidade de exercício do que o Código de procedimento administrativo (artigos 8.º, 100.º e segs.) chama *direito de participação*, e como espécie deste género, *direito de audiência*. Poderão naturalmente ser usados pelo arguido todos os meios de defesa comuns: mas a Autoridade decidirá da sua admissão segundo critérios muito mais flexíveis do que os do processo penal. A lei prevê como obrigatório certo mínimo de actos e formalidades de audição dos arguidos, mas não proíbe evidentemente que se vá além desse mínimo. Por outro lado, cabe recordar que no Código de procedimento administrativo passou a ser obrigatória uma modalidade de audição já muito mais exigente do que o mínimo que era anteriormente praticado, e que consiste em informar o arguido "sobre o sentido provável da decisão" (artigo 100.º, n.º 1), o que frequentemente se faz por escrito, facultando-lhe projectos de decisão, para sobre eles dizer o que se lhe ofereça (e é a prática corrente nas nossas autoridades de supervisão financeira). Em qualquer caso, por escrito ou com forma oral, um *contraditório*, em que o projecto de decisão faz o papel de acusação; e que constitui assim uma verdadeira fase de instrução contraditória, ainda que extremamente sumária, que acresce à instrução inquisitória[23]. Estamos portanto, não só a navegar nas rotas já claramente determinadas pelo Direito comunitário – ainda que este procure assegurar o contraditório de outro modo, com um *provedor* (método relativamente ao qual são lícitas opiniões cépticas, e que ninguém pensaria em transplantar para o Direito interno, até porque é ditado pela inexistência, no processo comunitário, de uma revista judicial que garanta suficientemente os direitos do arguido, e que está inteiramente realizada no nosso Direito administrativo) –, mas também em águas já desbravadas pela nossa legislação e pela nossa prática.

Adicionalmente, a legislação e a prática comunitária fornecem algumas orientações importantes para o desenvolvimento da audição das partes.

---

[23] Note-se, porém, que esta diligência, incidindo já sobre projectos de decisão, e não apenas sobre acusações, pode redundar, na hipótese desfavorável, em bem maior embaraço para os decisores do que a instrução contraditória tradicional, que apenas embaraça o acusador. Mas também pode embaraçar muito o arguido, porque seja do seu interesse não dar a conhecer fraquezas do projecto que depois facilitarão o ataque em recurso (e não tendo sido facultado ao arguido, em tempo útil, verdadeiro debate contraditório, ninguém poderá assacar-lhe, por esse motivo, defeito algum de boa fé). O fornecimento do projecto de decisão pode aliás ser pervertido pelas autoridades, usando-o como um meio de capciosamente explorar a perícia jurídica do arguido, para blindar a decisão contra recurso fundamentado nas suas dele boas razões: uma vez que nada obsta a que o projecto seja livremente reformulado aproveitando a contribuição do próprio arguido... E por estas várias razões, de sentido pragmático oposto, sempre nos pareceu que o regime do Código, introduzido embora com os melhores propósitos para atenuar a inquisitoriedade do processo, tem aspectos que suscitam dúvidas; e que produz com excessiva facilidade efeitos perversos nas posições legítimas *tanto* dos decisores *como* dos arguidos. Seria pois conveniente reexaminar o assunto e substituir esta solução por outras de implicações mais previsíveis e estáveis: o que parece não ser possível se não forem localizadas na fase processual própria, que é necessariamente e só a da *instrução* – e não esse diálogo de última hora à volta de uma decisão que se encontra já delineada, a partir dos resultados de um procedimento em que não houve contraditório autêntico.

Artigo 73.º
Audiência de revista

1. A instrução do processo faz-se nos termos determinados pela Lei da Concorrência e subsidiariamente pelo Regime Geral dos Ilícitos de Mera Ordenação Social (Decreto-Lei n.º 433/82, de 13 de Outubro).
2. Os arguidos têm o direito de requerer, como diligência de instrução complementar, a audiência de revista, que terá lugar depois de concluídos os trâmites de instrução obrigatórios por lei.
3. A audiência de revista decorre em sessão pública, ou, se algum dos arguidos o requerer, à porta fechada, e tem a forma de debate oral entre a defesa, que será assumida pelos arguidos, e a acusação, que será sustentada pelo instrutor do processo.
4. A audiência de revista será requerida com a defesa escrita ou, sendo posterior, no prazo de 48 horas após a audiência oral, e estará terminada no prazo de vinte dias a contar da data da recepção do requerimento.

Artigo 74.º
Junta de Revista

1. A audiência de revista decorre perante uma Junta de Revista constituída por três membros.
2. Para a Junta de Revista podem ser nomeados os membros do Conselho, o Economista-Chefe e o Jurista-Chefe.
3. A composição da Junta de Revista será determinada para cada processo, por decisão do Conselho na primeira ou na segunda reunião ordinária posterior ao despacho de abertura.
4. Aos membros da Junta de Revista são aplicáveis, por analogia, as normas de suspeição do artigo 39.º do Código de Processo Penal.

Artigo 75.º
Diligências complementares

1. O Conselho, por iniciativa própria, a pedido da defesa ou por promoção do instrutor ou do Jurista-Chefe, pode ordenar diligências de instrução complementares.
2. Se as diligências complementares não couberem na audiência ou não puderem decorrer simultaneamente, serão realizadas depois de terminada a audiência, que em caso algum será suspensa por motivo delas.

Artigo 78.º
Relatório e proposta de decisão

1. Terminada a audiência de revista, ou depois das diligências complementares que tenham sido ordenadas, o instrutor redigirá o relatório e a proposta de decisão final, que serão presentes ao Conselho com parecer do Jurista-Chefe.

2. O Conselho pode determinar que o relatório e a proposta de decisão sejam redigidos pelo Jurista-Chefe.

O reforço do contraditório determinado pelo Código de procedimento administrativo é sem dúvida um progresso relativamente ao estado anterior da nossa legislação. Não elimina no entanto o vício fundamental da *promiscuidade entre instrutor e julgador*[24]. O remédio que o Projecto dá a esse outro vício, aproveitando a autonomia legal do processo dos ilícitos de concorrência (e também sem propriamente inovar nesse processo, porque é apenas conservação de uma separação funcional que antes resultava de a instrução ser confiada à Direcção-Geral da Concorrência e o julgamento ao Conselho de Concorrência), encontra-se no artigo 76.º, que estabelece o princípio de que na Junta de Revista, perante a qual decorrerá a audição contraditória, só poderão ter assento pessoas que não tenham participado na instrução. O princípio da separação requer certas regras acessórias sobre continuidade da composição da Junta e incidentes de impedimento e substituição, que são introduzidas no artigo 77.º.

Artigo 76.º
Separação funcional

Não poderão ter assento na Junta de Revista pessoas que tenham participado, por qualquer título, nas fases anteriores do processo.

---

[24] Nem seria de esperar que eliminasse, dada a sua natureza de garantia de mínimos exigíveis em todos os procedimentos administrativos. A separação pessoal rigorosa de instrutores e julgadores, uma vez que exige recursos consideráveis, humanos e de organização, só é facticamente possível – mas também só é necessária – nos processos e autoridades que tratem de matérias de grande importância, tais os processos e autoridades de supervisão financeira.

Artigo 77.º
Continuidade

1. A Junta de Revista manterá a mesma composição durante todo o debate. Em caso de impedimento de algum dos membros, o debate será suspenso, e retomado depois de o impedimento cessar.
2. Se, em caso de impedimento, for impossível suspender o debate e retomá-lo de modo que seja concluído nos prazos cominatórios, será admitida a substituição dos membros da Junta de Revista, a menos que os arguidos a ela se oponham.
3. Se os arguidos se opuserem à substituição, será anulada toda a audiência de revista, dando-se por inexistente o processado desta, e passando-se à decisão final. Exceptuar-se-á a nova prova que tenha sido oferecida pela defesa e a que resulte de diligências complementares que hajam sido ordenadas, e que será sempre conservada e apreciada.
4. Até à data da marcação da audiência de revista, podem os membros da Junta de Revista fazer-se substituir por funcionários dos quadros superiores, mediante proposta aprovada pelo Conselho, e com observância do disposto no artigo anterior.

b) *Debate sucedâneo da audiência de revista*

Mas *não basta* pensar na tutela dos direitos dos arguidos. A instrução contraditória, em todas as formas de organização que possa assumir, não tem como única virtude facultar aos arguidos a salvaguarda dos seus direitos, de harmonia com princípios fundamentais de justiça. Tem *também* o importante efeito de assegurar aos julgadores as *utilidades de recolha e processamento de informação e prova* que são próprias do debate contraditório, bem como a *confiança pública* e a *autoridade moral* que só se associam às decisões tomadas em ambiente de imparcialidade e equilíbrio crítico.

Assim, se é grave vício de justiça do processamento de ilícitos segundo o regime de mera ordenação, tal como presentemente o observamos em autoridades de grande regulação económica, o postergar salvaguardas dos direitos do arguido – que o recurso posterior para os Tribunais não basta para suprir –, não menos criticável é que se prescinda destas outras qualidades do debate contraditório, algumas das quais já não dizem apenas respeito à justiça da decisão, mas também à *pura e simples eficácia* da acção das autoridades. Daí que também quando o arguido não estiver interessado na instrução contraditória se deva organizar um debate interno em moldes análogos – aqui denominado "debate sucedâneo da audiência de revista":

Artigo 79.º
Debate sucedâneo da audiência de revista

1. Se os arguidos declararem prescindir da audiência de revista, ou, tendo-a requerido, todavia faltarem, e ainda no caso previsto no número 3 do artigo 77.º, será ela substituída por um debate interno, à porta fechada e sem a presença dos arguidos.

2. O debate interno será organizado de modo a promover um escrutínio tão rigoroso quanto possível do mérito da acusação, nomeando-se técnico superior para defender os interesses dos arguidos em contraditório com o instrutor, e procedendo no mais por analogia com o disposto nos artigos 73.º e seguintes.

Observe-se que na prática actual, por muito deficiente que seja ou possa ser, existem usos (determinados, se não por valores mais nobres, pelo interesse de segurança jurídica e de prestígio funcional dos próprios aparelhos administrativos), que tendem a assegurar algum escrutínio crítico do trabalho do instrutor, na passagem à proposta de decisão final. Encarregar-se-á desse escrutínio, por via de regra, o director dos serviços a que pertença o instrutor: e haverá algum debate entre um e outro, no qual o instrutor defenderá as suas conclusões, e o director as criticará. É também frequente, quando os processos estão confiados a departamentos jurídicos que trabalham em colégio, que as conclusões sejam relatadas, no todo ou em parte, em reunião do departamento, e comentadas por todos. Este método é inaceitável, quando redunde na diluição da soberania de consciência que o instrutor tem de manter sobre a instrução, e na quebra da confidencialidade do processo, gravemente atentatória dos direitos do arguido[25]; mas se ficar nos limites do que é

---

[25] O que aconteceu com excessiva frequência durante largos anos após a Revolução, que importou dos Estados soviéticos os *colectivos instrutórios*, de que ainda restam por aí uns avatares, embora muito diluídos em práticas que sobrevivem menos por adesão consciente, do que por serem propícias ao encobrimento de relaxações burocráticas. É impossível não citar neste contexto, ressalvado todo o respeito devido às pessoas e às funções, o Departamento de Investigação e Acção Penal do Ministério Público lisboeta, onde ocorrem com excessiva frequência episódios de fungibilidade de instrutores em actos essenciais dos processos – e se os motivos são honestos (v.g. impedimentos e férias),

moralmente lícito, pode ser utilizado para os mesmos fins. O que se pretende agora é dar a estas práticas de escrutínio interno uma forma ao mesmo tempo mais produtiva e mais límpida. Os pormenores de procedimento serão depois definidos, e terão naturalmente muito maior flexibilidade do que os da audiência de revista requerida pelo arguido[26].

---

nem por isso as práticas são menos merecedoras de crítica. O múnus do instrutor é *pessoal*: e na rigorosa pessoalidade do múnus do instrutor (em nada afectada pelas vigilâncias externas a que deve estar sujeito), reside a garantia essencial dos mais sagrados valores do Direito e dos mais instantes interesses do arguido. (E de substituição dos instrutores por funcionários que nem sequer são magistrados, isso nem é bom falar!). O colectivo instrutório, ainda que em formas mitigadas que não resultem de intenção maligna, mas de costumes burocráticos laxos, é e tem ser anátema.

[26] Sobre contraditório nas providências cautelares ("medidas", no *europês* da Lei da concorrência...), matéria que aqui não desenvolvemos, dispõe o artigo 69.º, n.º 4, do Projecto, que corresponde ao artigo 27.º da Lei:

Artigo 69.º
Providências cautelares

1. Nos processos a que se referem os artigos 21.º e seguintes da Lei da Concorrência, sempre que a investigação indicie que a prática que constitui o objecto do processo é susceptível de causar prejuízo iminente, grave e irreparável ou de difícil reparação, para a concorrência ou para os interesses de terceiros, pode a Autoridade, em qualquer momento de inquérito ou da instrução, ordenar preventivamente a suspensão da referida prática ou quaisquer outras providências provisórias necessárias à imediata reposição da concorrência ou indispensáveis ao efeito útil da decisão a proferir no termo do processo.

2. As providências cautelares podem ser determinadas oficiosamente ou a requerimento de interessado e manter-se-ão pelo prazo que a Autoridade fixar, até ao limite de 90 dias.

3. Decorrido o prazo de 90 dias, ou outro menor que a Autoridade tenha fixado, poderão as providências cautelares ser prorrogadas, com ou sem modificações, por novos períodos máximos de 90 dias, mediante decisão fundamentada para cada prorrogação.

4. Sem prejuízo do disposto no número seguinte, todas as decisões serão precedidas de audição dos interessados, excepto se a audição puser em sério risco o fim ou a eficácia da providência cautelar.

5. Sempre que esteja em causa um mercado que seja objecto de regulação sectorial, a Autoridade solicitará parecer prévio da autoridade reguladora, podendo no entanto, em caso de urgência, determinar providências imediatas nos termos do artigo 27.º, número 5, da Lei da Concorrência.

4. Sanções: esboço de uma doutrina da responsabilidade das empresas

Esta parte do Projecto procura dotar a Autoridade de uma doutrina de graduação das sanções ajustada a princípios de justiça fundamental e às necessidades da política de defesa da concorrência. Foi seguido o modelo das *Sentencing Guidelines* americanas, em particular no respeitante à responsabilidade das empresas e aos *compliance programs*, designados no Projecto como "programas de prevenção".

Será evidente, logo à primeira leitura, a preocupação de assegurar a *igualdade*, a *racionalidade* e a *sindicabilidade* dos juízos, dando ao julgador critérios gerais que o orientarão na determinação da responsabilidade e na graduação das sanções.

a) *Princípios básicos: fundamentação, avaliação permanente, publicidade*

A secção do Regulamento que trata das sanções começa por definir alguns princípios de *accountability* que se nos afiguram muito saudáveis e muito pouco seguidos nas nossas autoridades públicas:

Artigo 82.º
Princípios gerais

1. A política sancionatória da Autoridade seguirá as disposições da Lei e do presente Regulamento e será objecto de reavaliação periódica à luz do estado dos conhecimentos teóricos e empíricos relevantes.

2. A Autoridade cuidará de divulgar, até ao grau de pormenor conveniente, os princípios orientadores da sua política sancionatória, juntamente com os conhecimentos teóricos e empíricos em que se fundamentam.

Tem especial importância a *divulgação*, nos limites do que seja conveniente, das *directrizes orientadoras da política sancionatória*. Infelizmente, os hábitos mais comuns nas nossas instituições são avessos a essa publicidade – e há muito quem pense (se a tal indigência cerebral se pode chamar pensamento) que ela é perigosa para o que entendem dever ser a liberdade de decisão das Autoridades em casos futuros. Como se não fosse uma aberração essa liberdade de decidir erraticamente, e como se a melhor protecção da dignidade, do prestígio e da eficácia das Autoridades não consistisse na divulgação de razões, que desincentivará a corrupção política a que sempre estão sujeitas (e com que intensidade no nosso País, e com que desastrosos efeitos, à vista de todos nesta década e meia de perturbados – falhados? – esforços de desbarbarização); e como se um progresso sólido não tivesse de assentar em jurisprudências coerentes e límpidas, criadoras de confiança em regras conhecidas por todos; e como se a diversidade infinita das circunstâncias, a evolução da economia e as características próprias da linguagem e da argumentação jurídica não fossem só por si, para o bem e para o mal, factores irredutíveis de ampla indeterminação, mais do que suficientes para que toda a decisão em matéria importante implique necessariamente alguma criação de regras não pré-existentes! Esse pseudo-pensamento não é de facto outra coisa do que uma cortina de auto-imunização atrás da qual se entrincheiram os medíocres, incapazes de sustentar um ponto de vista em discussão pública, e os corruptos, apostados sempre em preservar acima de tudo as margens da *sua* liberdade – que não é a liberdade dos cidadãos.

b) *Critérios de responsabilidade dos indivíduos e dos entes colectivos*

Na falta de uma doutrina nacional sobre responsabilidade dos entes colectivos, é indispensável que o Regulamento chame a si a tarefa de explicitar as bases em que deve assentar a distinção, que a Lei da concorrência faz (e muito bem) entre a responsabilidade dos indivíduos e o seu *analogon* nas empresas e outras organizações. Os esboços que se contêm já em algumas leis publicadas nos últimos anos, em especial nas de supervisão financeira[27], são muito incipientes, e não constituíram

---

[27] Cfr. Regime geral das instituições financeiras, artigos 202.º ss.; Decreto-Lei n.º 94-B/98, sobre exercício e supervisão da actividade seguradora, artigo 206.º; artigo 401.º do Código dos valores mobiliários. Infelizmente, a revisão de 1995 do Regime dos ilícitos de mera ordenação social, que reproduziu algumas das disposições com que na lei bancária tentámos corrigir defeitos graves da primeira versão (princípio da culpa, distinção da tentativa, distinção da negligência e *basics* semelhantes), não reproduziu as disposições sobre graduação diferenciada da responsabilidade dos indivíduos e dos entes colectivos. E o lugar próprio, sobretudo para começar, seria evidentemente esse: o regime geral das *Ordnungswidrigkeiten*, mormente depois de transposto, como tem sido,

até hoje estímulo bastante para que a teorização académica e a jurisprudência dos tribunais produzissem o que delas se deveria esperar. Talvez a Autoridade de Concorrência possa também neste campo dar contributo eficaz para o nosso desenvolvimento.

Os artigos 83.º a 86.º distinguem entre indivíduos e entes colectivos e fixam os critérios básicos de responsabilidade e graduação:

Artigo 83.º
Distinção entre indivíduos e empresas [28]

A política sancionatória da Autoridade distinguirá entre a responsabilidade dos indivíduos e das empresas enquanto tais, segundo os princípios consignados na Lei da Concorrência.

Artigo 84.º
Critérios da responsabilidade [29]

Na apreciação da responsabilidade por factos ilícitos e na graduação das sanções, a Autoridade atenderá sempre aos seguintes critérios:
 a) Gravidade da infracção e prejuízos causados aos concorrentes;
 b) Relações entre a infracção e as estruturas de organização e as práticas de gestão das empresas infractoras;
 c) Culpa dos indivíduos;
 d) Forma de participação dos indivíduos;
 f) Nível de responsabilidades e esfera de acção dos indivíduos na empresa;
 g) Carácter ocasional ou reiterado da infracção;
 h) Produto da infracção;
 i) Situação económica dos arguidos;
 j) História pregressa dos arguidos.

Artigo 85.º
Critérios próprios das empresas [30]

1. Na aplicação de sanções a empresas enquanto tais, são ainda de considerar as seguintes circunstâncias:

---

para numerosas actividades económicas que são sobretudo, e não raro exclusivamente, exercidas por pessoas colectivas.

[28] Cfr. Lei da concorrência, artigo 47.º, n.º 3. Às empresas equiparam-se outros entes colectivos, como as associações de empresas, nos termos determinados na Lei.

[29] Cfr. Lei da concorrência, artigo 44.º.

[30] Idem.

a) Providências tomadas espontaneamente, antes de iniciada a investigação, para eliminar ou reduzir as práticas ilícitas e para reparar os prejuízos causados;
b) Colaboração prestada à Autoridade, depois de iniciada a investigação e até ao termo do procedimento administrativo;
c) Extensão e intensidade da participação de administradores ou de pessoal superior nos factos ilícitos;
e) Difusão de notícias falsas e outras actividades destinadas a viciar a opinião pública relativamente aos factos investigados, ao processo ou à actuação da Autoridade no processo.

2. Podem ser consideradas circunstâncias não previstas no presente Regulamento, mas apenas para efeitos de atenuação.

3. Considera-se pessoal superior, para os efeitos da alínea *c)* do número 1, aquele que chefie ou exerça influência considerável sobre um sector ou uma unidade da organização ou da actividade da empresa, e ainda aquele que possa decidir, com margem de discricionariedade considerável, algum processo individual com interesse para a política de defesa da concorrência.

Artigo 86.º
Critérios próprios dos indivíduos [31]

1. Na aplicação de sanções a indivíduos, serão ainda consideradas as seguintes circunstâncias:
a) Actos espontâneos, anteriores à investigação, e que tenham tido por fim eliminar ou reduzir as práticas ilícitas e reparar os prejuízos causados;
b) Colaboração prestada à Autoridade, depois de iniciada a investigação e até ao termo do procedimento administrativo;
c) Difusão de notícias falsas e outras actividades destinadas a viciar a opinião pública relativamente aos factos investigados, ao processo ou à actuação da Autoridade no processo;
d) Intenção de obter vantagem económica do próprio, de cônjuge, de parente ou de afim até ao 3.º grau.

2. A atenuante da reparação do prejuízo comunica-se aos indivíduos, ainda que não tenham contribuído para ela pelos seus patrimónios pessoais.

3. Podem ser consideradas circunstâncias não previstas no presente Regulamento, mas apenas para efeitos de atenuação.

---

[31] Idem.

A distinção entre responsabilidade dos indivíduos e responsabilidade das empresas é afectada, na Lei da concorrência, por um erro de monta, que cumpre assinalar.

O artigo 47.º, n.º 1, da Lei da Concorrência estatui que "pela(s)... contra-ordenações previstas nesta lei podem ser responsabilizadas pessoas singulares...."[32]. Da articulação deste preceitos com outros, e especialmente com o artigo 47.º, n.º 1, resultariam, em interpretação literal, efeitos inadmissíveis de punibilidade excessiva.

A responsabilização de indivíduos por factos ocorridos na actividade de empresas é o cânone – e dantes não havia outra. Só se torna motivo de interrogações especiais quando, como no nosso Direito penal vem acontecendo desde há vinte anos, se avança, timidamente embora, para a aplicação de sanções (penais ou análogas, é secundário para o tópico) às organizações enquanto tais. Quando a lei passa a ter como ponto de referência, na imputação de ilícitos e na definição de sanções, as próprias organizações e não, ou não directa e individualmente, as pessoas, surge o problema de saber se as sanções são aplicadas só ao colectivo e a nenhuma pessoa individualmente, ou se devem ser aplicadas também aos indivíduos que constituem a organização e nela actuam; e se devem, saber se a todos, ou só a alguns, e quais. E quando os ilícitos são tão globais e difusos – tão coextensivos com a actividade da empresa – como acontece com os ilícitos de concorrência, o problema é ainda mais difícil do que o que suscitam os ilícitos localizados em certas áreas de actividade, ou em certas relações com pessoas ou agentes determinados (burlas, fraudes em concursos públicos, tráfico de influências, branqueamento de capitais, ilícitos tributários...). Deve-se, por exemplo, sujeitar a processo-crime como agente de ilícitos de concorrência – por ostensiva e materialíssima cumplicidade! – o camionista da empresa que faz a distribuição dos produtos, ou o fiel de armazém, ou o agente comercial, ou a dactilógrafa que escreve as cartas, os faxes e os e-mails? Mesmo que depois se arranje alguma escapatória de diminuição ou exclusão da culpa, para não punir efectivamente?

---

[32] O texto traz "pela prática das contra-ordenações", como se a responsabilidade por infracções pudesse ser afirmada de quem *não pratica* as infracções: e é apenas um dos solecismos que sobreviveram à revisão parlamentar do texto da proposta do Governo, em que os havia em muito maior número, e muito piores. V. nota complementar.

O problema tem analogia formal com o que desde sempre se colocou na área da responsabilidade civil por prejuízos causados por actividades ilícitas de grupos e organizações, e para a qual se admitiu sempre a possibilidade de combinar sanções a cargo do património colectivo do grupo ou organização com sanções a cargo dos patrimónios individuais dos seus membros – mas, no campo da política criminal, é novo nos países de *civil law*, em que se costumava confinar a repressão penal das actividades colectivas ilícitas à responsabilização pessoal dos indivíduos que nelas participassem. O desenvolvimento de uma política criminal para os entes colectivos é uma das grandes riquezas do Direito penal e administrativo dos E.U.A., e só em tempos muito recentes tem irradiado para a Europa continental.

O Código dos valores mobiliários, a lei bancária, a lei das seguradoras e algumas outras que adoptaram programas de política criminal – embrionários embora – para as pessoas colectivas resolveram o problema limitando a aplicação de sanções a indivíduos, pelos mesmos factos que são pressuposto de sanções aplicadas ao ente colectivo enquanto tal, com critérios de *direcção* ou de *influência*. A lei bancária, por exemplo, usa como critério de delimitação da responsabilidade dos indivíduos, paralela à dos entes colectivos, a descrição que consta do artigo 204.º, n.º 1:

> A responsabilidade do ente colectivo não preclude a responsabilidade individual dos membros dos respectivos órgãos, de quem naquele detenha participações sociais, exerça cargos de direcção, chefia ou gerência, ou actue em sua representação, legal ou voluntária.

Está longe de ser um bom exemplo de maneira de legislar, com a formulação negativa e alguns desjeitos de estilo, mas fornece um módico de orientação prática. Outras formulações, em uns pontos melhores, em outros piores, se encontram na primeira versão do Código dos valores mobiliários (artigo 677.º) e na lei das seguradoras (artigo 206.º, n.ºs 2 e 6). Para a sondagem histórica da Lei da concorrência, porém, o mais instrutivo é recordar o teor do artigo 401.º, n.º 3, do novo Código dos Valores Mobiliários, de 1999:

> Os titulares do órgão de administração das pessoas colectivas e entidades equiparadas, bem como os responsáveis pela direcção ou fiscalização de áreas de actividade em que seja praticada alguma contra-ordenação, incorrem na sanção prevista para o autor, especial-

mente atenuada, quando, conhecendo ou devendo conhecer a prática da infracção, não adoptem as medidas adequadas para lhe pôr termo imediatamente, a não ser que sanção mais grave lhe caiba por força de outra disposição legal.

É patente a coincidência de grande parte do texto com o do artigo 47.º, n.º 3, da Lei da Concorrência, que reza:

> Os titulares do órgão de administração das pessoas colectivas e entidades equiparadas incorrem na sanção prevista para o autor, especialmente atenuada, quando, conhecendo ou devendo conhecer a prática da infracção, não adoptem as medidas adequadas para lhe pôr termo imediatamente, a não ser que sanção mais grave lhe caiba por força de outra disposição legal.

Os redactores da Lei utilizaram certamente como modelo o artigo 401.º, n.º 3, do Código. Mas agora vem o ponto pruriente: na reprodução do texto do Código *foi eliminada* a frase

> (...) *bem como os responsáveis pela direcção ou fiscalização de áreas de actividade* em que seja praticada alguma contra-ordenação,

em que aflora uma ideia reguladora que serviria de âncora preciosa para a construção doutrinal dos critérios que, nesta matéria, hão-de especificar e diferenciar a doutrina geral da comparticipação. Decerto quem redigiu a Lei tinha uma *fé* – ou uma *fezada* – de que na ausência do artigo 47.º, n.º 3, nenhum indivíduo seria punível pelos factos tipificados no artigo 43.º, ou pelo menos nenhum indivíduo que não estivesse para com eles na relação de autoria *stricto sensu,* de modo que do sistema da Lei, depois de introduzido esse preceito no n.º 3, resultasse que só os administradores, nas condições nele descritas, seriam puníveis, com a sanção que define. Mas o que do sistema da Lei resulta[33], por força do princípio geral estatuído logo a abrir o artigo

---

[33] É o seguinte o teor das disposições da Lei n.º 18/2003 a que se refere a sequência:

Artigo 43.º
Coimas

1. Constitui contra-ordenação punível com coima que não pode exceder, para cada uma das empresas partes (*sic*) na infracção, 10% do volume de negócios no último ano:
   a) A violação do disposto nos artigos (...)

47.º, no n.º 1, é que todos quantos sirvam a empresa – dos empregados aos representantes e comitidos externos – e que preencham os critérios da doutrina da autoria e da comparticipação, são puníveis com as sanções definidas no artigo 43.º. E não só a título de autoria: também a título de cumplicidade, em todas as múltiplas formas que esta pode assumir (e que vão até à forma extrema da chamada cumplicidade psíquica, pela qual simplesmente se reforça a decisão criminosa de outrem, sem contribuir com qualquer auxílio material). De modo que, tomando as coisas à letra, pelas infracções de concorrência de grandes produtores e distribuidores teriam *mesmo* de ser responsabilizados, como cúmplices, os camionistas e os fiéis de armazém! Não nos foi dado, na Lei da concorrência, nem sequer o subsídio que consta do artigo 401.º, n.º 3, do Código. E numa interpretação literal, por força do princípio de responsabilização das pessoas singulares, declarado no número 1 do artigo 47.º sem cláusula restritiva alguma, todos os indivíduos que tenham alguma relação com a actividade ilícita da empresa, que satisfaça os cri-

---

3. Constitui contra-ordenação punível com coima que não pode exceder, para cada uma das empresas, 1% do volume de negócios do ano anterior:
   a) A falta de notificação de uma operação de concentração;
   (...)

Artigo 44.º
Critérios de determinação da medida da coima

As coimas a que se refere o artigo anterior são fixadas tendo em consideração, entre outras, as seguintes circunstâncias:
(...)
f) O comportamento do infractor na eliminação das práticas proibidas e na reparação dos prejuízos causados à concorrência.

Artigo 47.º
Responsabilidade

1. Pela prática das contra-ordenações previstas nesta lei podem ser responsabilizadas pessoas singulares, pessoas colectivas, independentemente da regularidade da sua constituição, sociedades e associações sem personalidade jurídica.
(...)
3. Os titulares do órgão de administração das pessoas colectivas e entidades equiparadas incorrem na sanção prevista para o autor, especialmente atenuada, quando, conhecendo ou devendo conhecer a prática da infracção, não adoptem as medidas adequadas para lhe pôr termo imediatamente, a não ser que sanção mais grave lhes caiba por força de outra disposição legal
(...)

térios gerais da autoria ou da cumplicidade, seriam puníveis com as sanções da Lei. O *critério da direcção* é pois indispensável para excluir da punibilidade os empregados e comitidos das empresas, cuja actuação, no contexto do ilícito, não tenha a relevância político-criminal que justifica estas sanções aplicáveis tanto a indivíduos como a entes colectivos.

Outro ponto digno de nota nesta confusão (cujo desdobramento integral requereria bom número de páginas, sem o que até o comentário crítico pode, por sua vez, incorrer em ambiguidades e inexactidões: mas não cabe neste lugar fazer esse desdobramento) transparece da cominação, para os administradores contemplados no artigo 47.º, n.º 3, de uma sanção aferida pela dos autores, mas com atenuação especial. Ora, pelas razões indicadas, os administradores que nada fazem para pôr termo aos factos ilícitos tipificados no artigo 44.º seriam, senão sempre, em muitos casos, puníveis pelo menos como cúmplices ou como encobridores. O recurso à "sanção prevista para o autor, especialmente atenuada", como diz o citado artigo 47.º, n.º 3, é uma regra familiar do Direito penal de todas as épocas e países: punir como se fossem autores materiais ou morais aqueles que exercem poderes jurídicos ou fácticos sobre uma certa actividade ou meio social – dirigentes, superiores hierárquicos, professores, patrões – quando não reajam contra ilícitos cometidos na sua esfera de actuação. Há no entanto, na recepção desta ideia trivial no artigo 47.º, n.º 3, um aspecto estranho. É que o preceito manda aplicar a sanção do autor, *especialmente atenuada*: ora a medida da coima do cúmplice – e o administrador não será mero encobridor, mas cúmplice em sentido próprio, quando, como quase sempre acontecerá, o facto ilícito não consista num evento isolado, mas numa actividade duradoura – é já em princípio a medida do autor, especialmente atenuada, como dispõe em geral o artigo 16.º, n.º 3, do regime dos ilícitos de mera ordenação (e o mesmo dispõe o Código Penal, artigo 27.º, n.º 2, para os crimes). Parece assim que o artigo 47.º, n.º 3, não tem sentido útil como norma punitiva, porque manda aplicar a administradores, que já seriam puníveis como cúmplices pelo artigo 47.º, n.º 1, uma sanção que é, precisamente e só, a da cumplicidade. O que não se compreende, uma vez mais, senão no pressuposto de que os redactores da Lei julgaram que, a não existir o artigo 47.º, n.º 3, os administradores a que se refere *não seriam* puníveis. Mas incorreram em erro: porque os administradores seriam sempre puníveis como cúmplices ou como encobridores, e na primeira hipótese exactamente com a sanção que o artigo 47.º, n.º 3, determina lhes seja aplicada.

5. Co-autoria e cumplicidade de administradores ou de pessoal superior [artigo 85.º, n.º1, c) e n.º 3]

Estas disposições inspiram-se nas regras americanas sobre *high-level personnel* e *substantial-authority personnel*. A participação de administradores ou pessoal superior é considerada agravante dos factos cometidos na actividade empresarial.

O Anteprojecto ponderou duas formulações para este critério: "Co-autoria ou cumplicidade de administradores ou de pessoal superior nos factos ilícitos"; e a redacção actual: "Extensão e intensidade da participação de administradores ou de pessoal superior nos factos ilícitos". A primeira fórmula, que se contenta com a ocorrência ou inocorrência de qualquer facto de participação de administradores ou pessoal superior, parece não ter cabimento nos ilícitos de concorrência. Não haverá ilícito algum de concorrência de que administradores ou pessoal superior não sejam necessariamente autores ou cúmplices. Mesmo em hipóteses extraordinárias (como a de uma administração sob sequestro, ou sujeita a coacção por parte de uma mafia), parece que sempre terá lugar, pelo menos, facto *típico* de autoria material de administradores ou de algum pessoal superior. E assim sendo, a agravante assim formulada não faria sentido, porque ocorreria necessariamente.

A versão alternativa, e que ficou consignada no Projecto, consiste em atender, não à participação de administradores ou pessoal superior nas actividades ilícitas, mas à extensão e intensidade dessa participação. Se, por exemplo, em determinada empresa a totalidade ou a quase totalidade da administração e do pessoal superior participar pessoalmente no planeamento ou na execução das actividade ilícitas, isso será agravante relativamente ao caso de uma empresa em que as actividades ilícitas fossem realizadas por uma parte apenas do pessoal. A primeira empresa estará muito mais inquinada do mal, e no sentido translato em que se fala de responsabilidade e culpa de organizações enquanto tais, será muito mais responsável e culpada do que a segunda. Esta análise é importante do ponto de vista da política criminal, e muito em particular quando se trate de decretar providências estruturais de cisão ou reforma de empresas. Por isso, quando houver uma Lei de concorrência digna desse nome, que contemple as providências estruturais, o critério da extensão e profundidade do envolvimento de pessoal de chefia e de pessoal com *substantial authority* (isto é, com poderes de decisão de considerável discricionariedade) terá de ser desenvolvido. A teoria e a experiência norte-americanas oferecem tudo o que é necessário para isso, como para tudo o mais que diga respeito à aplicação, a empresas, de sanções e providências penais e de polícia administrativa.

6. *Actos espontâneos de eliminação ou redução dos ilícitos [artigos 85.º, n.º 1, a) e 86.º, n.º 1, a)]*

A alínea b) do artigo 44.º da Lei da concorrência prevê como critério de graduação "o comportamento do infractor na eliminação das práticas proibidas". É uma formulação assaz ambígua. A formulação do Projecto clarifica no sentido mais benévolo, substituindo "eliminação" por "eliminar ou reduzir".

Observar-se-á que para a aplicação do n.º 3 do artigo 47.º da Lei, que pune como autores das infracções os administradores que, embora não as cometam, as conheçam ou devam conhecer, e "não adoptem as medidas adequadas para lhes pôr termo imediatamente", estas atenuantes são irrelevantes quando os administradores tomem de facto essas medidas, uma vez que o preceito não se aplicará, não havendo pois nada que atenuar. Poder-se-ia perguntar se a expressão "pôr termo" não é imprópria, por razões análogas às que valem para o uso de "eliminação" no artigo 44.º, al. b). A questão é saber se o administrador que toma medidas adequadas para limitar ou reduzir factos ilícitos alheios, ou os seus efeitos, mas não para lhes pôr cobro, deve ser punido como autor. A resposta afirmativa não é desrazoável, dados os deveres especiais dos administradores: e o emprego do advérbio "imediatamente" ("pôr termo imediatamente") sugere que o legislador entendeu que só não deve ser punido como autor o administrador que tome medidas que tenham eficácia para erradicar por completo os ilícitos. A ser assim, se se adoptar a interpretação ampla da atenuante que o Projecto propõe, ela terá lugar, no campo de aplicação do n.º 3 do artigo 47.º, se o administrador tiver tomado medidas com aptidão para reduzir o ilícito, mas não para o eliminar por completo, ou se as tiver tomado para lhe pôr termo, mas não imediatamente.

Já aludimos às questões que suscita a articulação do artigo 47.º, n.º 3, com os artigos 47.º, n.º 1, e 43.º, n.ºs 1 e 3, no que respeita à cumplicidade e às formas de autoria moral que não sejam a instigação. Se as suposições que fizemos são correctas, os redactores da lei terão *imaginado* que, dizendo esses preceitos o que dizem, os administradores que não sejam autores (materiais ou morais) das infracções *só nas condições nele descritas* seriam puníveis, e portanto que o artigo 47.º, n.º 3, *limitaria* afinal a punibilidade que, na ausência dele, resultasse para os administradores e para todo o pessoal da empresa da conjugação dos preceitos dos artigos 47.º, n.º 1, e 43.º com a doutrina geral da comparticipação, e em especial com os critérios da cumplicidade. O preceito teria então excluído da punibilidade todos os comportamentos de administradores que, à luz da doutrina geral da comparticipação, fossem qualificáveis como cumplicidade, e que não satisfizessem literalmente essas condições: teria estatuído implicitamente que esses administradores não poderiam ser punidos como *cúmplices* segundo os princípios gerais. Não o podendo ser tão-pouco, *a fortiori*, o pessoal que, embora dirigente, não tivesse o estatuto de administrador.

Se a interpretação da lei fosse puramente histórica ou psicológica, haveria que concluir nesse exótico sentido. Mas na argumentação jurídica sobre os textos de lei, as razões sistemáticas e teleológicas prevalecem sobre a investigação empírica dos fenómenos psíquicos dos agentes do processo legislativo. A única conclusão metodologicamente aceitável é a de que o artigo 47.º, n.º 3, é uma disposição redundante, que nada acrescenta ao que já se poderia inferir dos artigos 47.º, n.º 1, e 43.º, de outros dados das leis (como o artigo 27.º do regime das "contra-ordenações") e da teoria geral das infracções. Mas nada se pode inferir no sentido da abrogação do regime geral da cumplicidade, por muito prováveis que historicamente sejam as motivações erróneas do chamado legislador empírico... Podem pois ser punidos por cumplicidade todos os empregados e administradores da empresa que, embora não sejam autores materiais ou morais, todavia participem nos factos definidos no artigo 43.º, de modo que corresponda aos critérios da cumplicidade. A doutrina da comparticipação terá naturalmente de operar (ou como elemento adicional e *a se*, ou como especificação de critérios tradicionais, por exemplo os de causalidade e seus análogos na cumplicidade) com *restrições que excluam da punibilidade os subordinados cuja actuação não tenha relevância político-criminal*. Desenvolver a doutrina da comparticipação, porém, não é nem pode ser parte do caderno de encargos de um regulamento. Nem seria razoável inserir nesse enquadramento quaisquer formulações substantivas, por genéricas que fossem. Isso tem de ser deixado para o labor colectivo da jurisprudência (forense e administrativa) e dos juristas académicos.

7. Graduação das sanções

Além da tipificação de circunstâncias do facto que sempre devem ser consideradas, e de efeitos de atenuação e agravação especial, é proposta – para estruturar um pouco mais a aplicação das normas punitivas da Lei da concorrência, que estão redigidas de modo demasiado vago – uma distinção de três classes de infracções, a que correspondem medidas de pena (coima) com limites máximos diferentes.

Esta doutrina da graduação não prejudica em nada, obviamente, os meios de que a Autoridade dispõe para obter decisões justas nos casos individuais. A regulamentação dos processos de crime e de outros ilícitos puníveis concede, a quem tem de decidir das penas, múltiplos instrumentos de adaptação das leis abstractas aos casos concretos, para permitir tanto quanto possível soluções substancialmente justas, e não apenas processualmente legítimas. É amplíssimo o poder judicial de individualizar as penas, reduzindo-as ao mínimo previsto para cada tipo de infracção, e até a menos do que esse mínimo, quando existam circunstâncias atenuantes extraordinárias (a chamada atenuação especial); e desde há muito se lhe acrescentou o poder de suspender a execução da pena sob condições várias, embora condenando, o que na melhor hipótese vem a colocar o condenado que respeite as condições da suspensão, ao fim do prazo desta, em situação idêntica à de quem nunca houvesse cometido o delito. O Código Penal de 1982 introduziu o poder entre todos mais radical, e que é o de pura e simplesmente dispensar a pena, isto é, não condenar (nem sequer em pena suspensa), ainda que reconhecendo a existência do delito. A Autoridade, enquanto lhe incumbe reprimir delitos e aplicar sanções, disporá de todos esses instrumentos de justa decisão de casos concretos. A regulamentação proposta é a esse respeito, supomos, tão completa quanto se poderia desejar.

Como ficou dito na anotação preliminar, porém, a utilização dos meios de equidade não obedecerá apenas às razões de justiça que orientam as decisões dos Tribunais. Eles podem e devem ser postos ao serviço do *interesse público* que a Autoridade prossegue. E por isso a regulamentação desta parte do Projecto não é simples transposição, para este contexto administrativo, de um qualquer modelo de decisão judicial. E se a regulamentação proposta, ao que cremos, não suscitará objecção alguma do ponto de vista da justiça, já nos parece indispensável solicitar atenção cuidadosa a todos os pontos que contendam com o ajustamento às necessidades da política de defesa da concorrência, tal como será gerida por uma Autoridade administrativa, e no contexto nacional e comunitário do próximo futuro. Não presumimos de modo algum capacidade pessoal para avaliar suficientemente todas essas necessidades. Os incentivos da colaboração espontânea de indivíduos e empresas nas actuações preventivas e repressivas da Autoridade e os planos de *compliance* são, como a experiência americana tem comprovado, instrumentos fundamentais da gestão racional de uma política de defesa da concorrência. O exame crítico deve pois incidir com especial cuidado sobre o modo como esses instrumentos, que se encontram regulados no Projecto, devam ser aplicados, diferenciados e enriquecidos na prática institucional.

Artigo 87.º
Classes das infracções

1. Para os fins da alínea *a*) do artigo 84.º, o juízo sobre a gravidade da infracção orientar-se-á por uma classificação dos tipos de ilícito em três níveis de gravidade crescente:

Classe I:

a) a omissão de notificação prévia obrigatória prevista na alínea *a*) do número 3 do artigo 43.º, em conjugação com o artigo 9.º da Lei da Concorrência;

b) as violações do dever de informar previstas na alínea *b*) do mesmo preceito;

c) a violação do dever de colaborar com a autoridade e a obstrução do exercício dos poderes de inquérito e inspecção, previstas na alínea *c*) do mesmo preceito, em conjugação com o artigo 17.º da mesma Lei.

Classe II:

d) as práticas proibidas de repartição de mercados ou fontes de abastecimento, previstas na alínea *a*) do número 1 do artigo 43.º, em conjugação com a alínea *d*) do número 1 do artigo 4.º da Lei da Concorrência;

e) a discriminação de preços e de outras cláusulas negociais prevista na alínea *a)* do número 1 do artigo 43.º, em conjugação com a alínea *e)* do número 1 do artigo 4.º da mesma Lei;

f) a recusa de bens e serviços prevista na alínea *a)* do número 1 do artigo 43.º, em conjugação com a alínea *f)* do número 1 do artigo 4.º da mesma Lei;

g) o abuso de posição dominante previsto na alínea *a)* do número 1 do artigo 43.º, em conjugação com o número 1 do artigo 7.º, quando não consista em algum dos factos mencionados no número 2 do artigo 7.º da mesma Lei.

Classe III:

h) as viciações da formação de preços previstas na alínea *a)* do número 1 do artigo 43.º, em conjugação com a alínea *a)* do número 1 do artigo 4.º da Lei da Concorrência;

i) a fixação ilícita de outras condições negociais prevista na alínea *a)* do número 1 do artigo 43.º, em conjugação com a alínea *b)* do número 1 do artigo 4.º da mesma Lei;

j) as práticas ilícitas relativas à distribuição, ao desenvolvimento técnico e aos investimentos, previstas na alínea *a)* do número 1 do artigo 43.º, em conjugação com a alínea c) do número 1 do artigo 4.º da mesma Lei;

k) a actuação concertada prevista na alínea *a)* do número 1 do artigo 43.º, em conjugação com a alínea *b)* do número 2 do artigo 6.º da mesma Lei;

l) as viciações da formação de preços previstas na alínea *a)* do número 1 do artigo 43.º, em conjugação com a alínea *a)* do número 1 da Lei da Concorrência;

m) o abuso de posição dominante previsto na alínea *a)* do número 1 do artigo 43.º, em conjugação com o número 1 do artigo 7.º, quando consista em algum dos factos mencionados no número 2 do artigo 7.º da mesma Lei.

2. A cada uma das classes de infracções corresponderá um escalão de graduação das coimas, segundo a tabela:

Classe I: Máximo de 1% do volume de negócios do ano anterior;
Classe II: Máximo de 6% do volume de negócios do ano anterior;
Classe III: Máximo de 10% do volume de negócios do ano anterior.

3. Para os indivíduos, os limites máximos serão reduzidos em dois terços [34].

---

[34] Cfr. Lei da concorrência, artigo 47.º, n.º 3.

4. Para as associações de empresas, o máximo das coimas será calculado sobre o valor referido no número 2 do artigo 43.º da Lei da Concorrência.

5. A ausência injustificada de testemunhas, de peritos e de representantes de empresas queixosas ou infractoras, prevista no número 4 do artigo 43.º da Lei da Concorrência, será punida com coima no valor máximo de 10 unidades de conta.

A bipartição que se infere da Lei da concorrência é insuficiente. O artigo 43.º define apenas duas categorias de infracções das empresas, com máximos de coima de 1% e 10% do volume anual de negócios.

Cremos que serão necessárias – mas também que bastarão – três classes[35]. A distribuição pelas várias classes tem de ser cuidadosamente ponderada, tendo em conta os paralelos estrangeiros; e a experiência futura há-de por certo aconselhar alguma revisão.

O número das classes não deve exceder três, quando muito quatro. Com número maior, perde-se a intuitividade da graduação. A alternativa seria prescindir por completo de definir relações biunívocas entre classes de infracções e escalões de penas, usando um conjunto de índices sem correspondência directa nos escalões de penas, e transferindo a aceitação intuitiva para os resultados finais da operação do sistema. Mas com isso não se perde só a intuitividade de cada fase do programa de aplicação das penas – ficam também prejudicados os valores fundamentais da igualdade e da revisibilidade.

Artigo 88.º
Agravantes e atenuantes especiais próprias de empresas

1. São circunstâncias agravantes da responsabilidade das empresas, com efeito especial:
   a) A violação de deveres especificados por decisão judicial ou administrativa;
   b) Os actos de obstrução da investigação e das providências cautelares;
   c) A intimidação e as represálias exercidas sobre indivíduos ou empresas que objectem ou resistam aos actos ilícitos, ou os denunciem às autoridades, ou estejam para o fazer;

---

[35] A distinção de três classes é adoptada em muitas legislações. Acresce a hipótese particular da falta a diligências (artigo 43.º, n.º 4, da Lei da concorrência), que pertence à chamada ordenação do processo.

d) As práticas empresariais institucionalizadas que tenham por fim defraudar a lei, dificultar a descoberta ou a prova da infracção, ou obstar à eficácia das sanções aplicáveis;

e) A reiteração de infracções, se a infracção punida for de classe de gravidade igual ou superior à de alguma das infracções anteriores.

2. São circunstâncias atenuantes especiais:

a) A existência e execução efectiva de programas de prevenção, se permitirem fundadamente julgar que os factores sistémicos não tiveram peso significativo na causalidade da infracção punida, por comparação com os factores individuais;

b) A apresentação à Autoridade de programas de prevenção, com sujeição a um regime especial de vigilância.

Artigo 89.º
Agravantes e atenuantes especiais próprias dos indivíduos

1. São circunstâncias agravantes da responsabilidade dos indivíduos, com efeito especial:

a) Os actos de obstrução da investigação e das providências cautelares;

b) A intimidação e as represálias exercidas sobre indivíduos ou empresas que objectem ou resistam aos actos ilícitos, ou os denunciem, ou estejam para o fazer;

c) Actos e omissões, anteriores à investigação, e que tenham tido por fim defraudar a lei, dificultar a descoberta ou a prova da infracção, ou obstar à eficácia das sanções aplicáveis;

d) A intenção de obter vantagem económica do próprio, de cônjuge, de parente ou de afim até ao 3.º grau.

2. São circunstâncias atenuantes especiais:

a) A denúncia às autoridades e a denúncia pública dos factos ilícitos;

b) A colaboração prestada à Autoridade, depois de iniciada a investigação e até ao termo do procedimento administrativo, quando de grande importância para os resultados deste.

3. O risco de prejuízo na carreira profissional e o risco de despedimento não são atendíveis para os efeitos da alínea *a)* do número anterior.

Entre as circunstâncias especiais, sublinhe-se a atenuante de *denúncia dos factos*. A responsabilidade individual está prevista na Lei da concorrência para todos os indivíduos que sejam autores ou cúmplices das infracções descritas no artigo 43.º, n.ºs 1 e 3, independentemente da sua posição na empresa (como ficou dito, o artigo 47.º, n.º 3, que se refere aos administradores que nada empreendam para pôr termo imediatamente às infracções de que tenham ou devessem ter tido conhecimento, nada acrescenta às normas punitivas dos artigos 47.º, n.º 1, e 43.º). A atenuante do *whistleblowing* pode beneficiar todos os indivíduos abrangidos nestas incriminações.

Notar-se-á que os actos espontâneos de reparação dos prejuízos [artigo 86.º, n.º 1, al. *a*)], se não forem acompanhados de *denúncia* às autoridades, ou pelo menos de actos destinados a dar-lhe conhecimento dos factos ilícitos, terão apenas, na regulamentação que o Projecto propõe, valor de atenuantes *comuns*. Só a denúncia terá efeito atenuante especial. Estas opções, como os restantes aspectos da valoração legal das circunstâncias, têm por condicionante um quadro legislativo em que não é concedido à Autoridade o poder de oferecer a quem com ela colabore na descoberta e investigação dos ilícitos a pura e simples impunidade, de modo definitivo e com vinculação das próprias autoridades judiciárias. Neste quadro, a valoração proposta não é injusta, e é conveniente do ponto de vista da política criminal. Entretanto, tendo-se posteriormente tomado a decisão política de legislar sobre impunidade dos infractores colaborantes, o sistema carece de revisão, porque quando combinado com um regime de *leniency* se tornará, no agregado, demasiado benévolo para os infractores que não tenham merecido esse benefício radical. (Vale isto igualmente para as regras de cômputo da coima, de suspensão e de dispensa, fixadas nos artigos 91.º a 95.º, infra transcritos, e que se tornarão também excessivamente benévolas, se passarem a ser flanqueadas por esse regime). Mas em vez de publicar desde já o sistema emendado, parece-nos que pode ser mais útil ao leitor interessado a publicação do texto tal como foi concebido quando não se contava com essa novidade legislativa mais ambiciosa, e havia que procurar obter o máximo de resultados dentro dos limites da legislação em vigor (Lei da concorrência e legislação penal e de ordenação social). Voltaremos ao ponto no excurso em que damos notícia do projecto de lei de carta de segurança[36].

A atenuação especial, tal como a suspensão (artigo 93.º) e a dispensa da coima (artigo 95.º) constituem incentivos para denunciar

---

[36] Infra, II.12.

factos e para colaborar com a Autoridade na investigação. Como bem se compreende, se fosse válida a suposição de que os não-autores de infracções só na hipótese descrita no artigo 47.º, n.º 3 seriam puníveis (v. anotação supra), o incentivo para a denúncia sofreria golpe profundo, pelo menos quanto aos empregados. Todo o empregado que leva ao conhecimento das autoridades factos ilícitos da empresa corre riscos consideráveis, se não directos, de represálias, pelo menos indirectos, na medida em que os desaires da empresa não deixarão de o afectar também a ele – se, por exemplo, a empresa perder negócio ou for à falência, o denunciante poderá muito bem vir a ser vítima da crise para cujo desencadeamento contribuiu. Só o fará, portanto, se estiver incurso em responsabilidade grave que a denúncia possa atenuar ou dirimir. Como a doutrina da comparticipação, consagrada expressamente na lei subsidiária, inclui na punibilidade todos os empregados da empresa em relação aos quais possam ser afirmados os critérios da cumplicidade, o incentivo à denúncia pode operar eficazmente. Na generalidade dos casos, só o pessoal superior poderá dar contribuição causal para os ilícitos anticoncorrenciais que preencha os requisitos da cumplicidade[37]. Mas é quanto basta, porque os empregados superiores são sempre a fonte principal das denúncias e de colaboração com a investigação.

Artigo 91.º
Cômputo da coima

1. Para determinar a medida da coima, tomar-se-á como valor-base metade do máximo da classe da infracção, ou, se superior, o valor do produto dela, e proceder-se-á à ponderação das circunstâncias, uma de cada vez e sequencialmente, do modo seguinte:

   a) para as circunstâncias especiais, aplicar-se-á ao valor-base ou ao total provisório obtido na operação imediatamente anterior o coeficiente 1,6 de multiplicação ou de divisão, consoante a circunstância considerada seja agravante ou atenuante;

   b) para as circunstâncias comuns, aplicar-se-á ao valor-base ou ao total provisório obtido na operação imediatamente anterior o coeficiente 1,1 de multiplicação ou de divisão, consoante a circunstância considerada seja agravante ou atenuante;

---

[37] *Na generalidade dos casos*, segundo a doutrina comum da comparticipação. Segundo a doutrina *especial* da comparticipação, de que carecemos neste contexto, e que introduzirá necessariamente critérios que excluam do âmbito da punibilidade os subordinados irrelevantes (ut supra, II.5), parece que virão a ser *todos* os casos.

c) na ponderação das circunstâncias, depois de calculado o valor-base, abstrair-se-á provisoriamente do limite máximo geral da coima, sem prejuízo da sujeição do resultado final a este limite.

2. Serão ponderadas em primeiro lugar as circunstâncias especiais, e, em cada classe de circunstâncias, as agravantes.

3. São circunstâncias especiais as referidas nos artigos 88.º e 89.º; são circunstâncias comuns todas as demais que sejam determinadas pelos critérios de responsabilidade enumerados no artigo 84.º, 85.º e 86.º.

4. A ponderação das circunstâncias especiais será feita pela ordem inversa, e a das circunstâncias comuns pela ordem directa das enumerações que constam dos preceitos referidos no número anterior.

5. Se houver circunstâncias não previstas no presente Regulamento às quais deva ser reconhecido efeito atenuante, serão elas ponderadas depois de todas as outras, tomando-as conjuntamente como um único factor de atenuação e dividindo o resultado das operações anteriores, uma só vez, pelo coeficiente 1,1.

A fórmula do artigo 91.º, n.º 4, sobre a ponderação das circunstâncias especiais, pode suscitar alguma estranheza, mas resulta de que a ordem que se tem de seguir na ponderação sequencial dos coeficientes de agravação e atenuação (em que a valoração de cada circunstância incide sobre o resultado da valoração das circunstâncias anteriormente consideradas, segundo a forma: $c_1 x$, $c_2(c_1 x)$, $c_3(c_2(c_1 x))$, ... nas agravações, e x/c_1, $(x/c_1)/c_2$, $((x/c_1)/c_2)/c_3$,... nas atenuações) nem sempre coincide com a ordem que é a mais intuitiva na enumeração dos tipos de circunstâncias. Ajustar esta ordem à sequência das operações de graduação da responsabilidade tornaria as definições básicas menos intuitivas, ou até francamente contra-intuitivas: e deve-se preservar o mais possível a intuitividade das definições básicas, porque é condição necessária da aceitação das normas.

Artigo 92.º
Produto da infracção

O montante da coima excederá sempre o produto da infracção, com uma diferença que seja adequada aos fins da política sancionatória, e salvos os limites máximos gerais fixados pela lei. Na ponderação de circunstâncias atenuantes, quaisquer que sejam a espécie e o número das circunstâncias consideradas, e ainda que não existam agravantes, ficará sempre precludida a atenuação do resultado das operações anteriores para uma coima que não satisfaça este princípio.

A coima tem de exceder claramente o valor do produto da infracção, porque a lei – o que é muito de lamentar – não previu o *disgorgement* (!). Como é de lamentar que não tivesse autorizado expressamente alguma superação do limite máximo da medida abstracta da coima, quando fosse necessária para satisfazer esse critério essencial de justiça e de eficácia dissuasora. Assim sendo, não é em caso algum admissível ultrapassar os limites máximos gerais, e a coima poderá até vir a ser inferior aos proveitos auferidos do ilícito, se estes não forem absorvidos por outra via, em indemnizações civis que os lesados consigam obter por iniciativa própria[38].

8. *Compliance programs*

O artigo 90.º introduz, sob a designação "programas de prevenção", os *compliance programs* americanos, adaptados à legislação portuguesa vigente. Considera-os, no entanto, apenas enquanto circunstâncias e instrumento de graduação de sanções. Nada mais se poderia fazer neste projecto. A regulamentação futura terá, naturalmente, de encarar os *compliance programs* numa perspectiva muito mais ampla, como instru-

---

[38] A Lei da concorrência, na sua linguagem de trapos, chama *benefícios* aos ganhos económicos que o agente aufere do facto punível, e que é uso chamar *produto* ou *proveito* (do crime, do ilícito, da infracção); o Código Penal tem agora, nos artigos 109.º a 112.º, "produtos" e "vantagens". (Mas o Código de valores mobiliários traz, no artigo 406.º, um "benefício económico", que em todo caso, com o adjectivo "económico", passa muito melhor). Obviamente, os proveitos do ilícito não são benefícios. Obviamente, os proveitos do ilícito não são benefícios – são *malefícios*. O ponto de vista determinante para as escolhas semânticas tem de ser o da colectividade, e não o do delinquente!

mento da política reguladora global da Autoridade, em articulação com as providências estruturais e com a definição de regras de actividade negocial das empresas.

Artigo 90.º
Programas de prevenção

Para serem atendíveis como atenuante especial das sanções aplicadas a empresas enquanto tais, os programas de detecção e prevenção de infracções devem satisfazer todos os requisitos a seguir enumerados:

1.º A empresa definirá normas e procedimentos que sejam idóneos para reduzir a probabilidade das infracções, na medida que, dadas as circunstâncias, deva ser considerada exigível.
2.º As normas e procedimentos serão formulados com precisão suficiente para poderem constituir fonte de deveres e de responsabilidades, e serão nomeados, de entre o pessoal superior, em número e com poderes adequados, indivíduo ou indivíduos que ficarão responsáveis pela sua observância.
3.º A empresa tomará as providências que sejam convenientes para dar a conhecer a directores, empregados e outros agentes todas as normas e procedimentos estatuídos, compreendendo-se nessas providências, obrigatoriamente, a distribuição de documentos com informação inteligível, inequívoca, prática e completa, e a realização periódica de planos de instrução e treino.
4.º A empresa organizará sistemas de fiscalização, auditoria e denúncia orientados especificamente para promover a efectiva observância do programa.
5.º A empresa zelará, com a diligência devida, por que não sejam conferidos poderes discricionários de decisão ou de execução a indivíduos que tenham propensão conhecida, ou que devesse ser conhecida, para as infracções que o programa tem por fim prevenir e detectar.
6.º As falhas de vigilância e zelo na prevenção e detecção das infracções serão objecto de sanções disciplinares apropriadas.
7.º A empresa assegurará que, em caso de infracção, sejam tomadas providências para lhe por cobro e para prevenir recidivas, incluindo modificações do programa.

Desejaríamos muito que a adaptação agora proposta pudesse ser transitória, e substituída, no futuro próximo, por regulamentação em lei que atendesse a todas as utilizações desejáveis destes programas.

9. *Suspensão e dispensa das sanções*

São muito amplos, e em parte de exercício vinculado, os poderes de suspender e dispensar da coima previstos no Projecto.

Quanto à suspensão, atente-se especialmente no incentivo dado à *criação espontânea* de programas de prevenção eficazes, e subsidiariamente ao seu estabelecimento *no âmbito da própria decisão*. Pelo n.º 2 do artigo 93.º, a suspensão das sanções aplicadas a empresas, em razão de atenuantes especiais ou com algum outro dos fundamentos enumerados no n.º 1, só será concedida se for posto em prática um programa de prevenção aprovado pela Autoridade. Por outro lado, a criação espontânea de programas de prevenção é premiada com a suspensão obrigatória de quatro quintos da coima, sempre que se prove que a infracção *não resultou de vício do programa* (artigo citado, n.º 3). Assim, a empresa que ponha em prática um programa de prevenção ficará desde logo com a garantia de que, a ocorrerem infracções sem conexão causal com o programa, beneficiará obrigatoriamente da redução de 50% do limite máximo, a título de atenuante especial [artigo 91.º, n.º 1, al. *a*) e artigo 88.º, n.º 2, al. *a*)], e além disso da suspensão de 80% da coima em que vier a ser condenada. É um incentivo muito forte à criação espontânea de programas de prevenção eficazes, que por si só, e quando a infracção não tiver significado sistémico que revele deficiências do programa, limitarão a condenação efectiva a um máximo de 10% do máximo da medida legal abstracta da coima: de modo que o limite passará a ser, para os máximos previstos no artigo 43.º e consoante as espécies, 0,1% ou 1% do volume anual de negócios. Quando não existam agravantes especiais, porém, a condenação será em regra ainda menor, porque existirão outras atenuantes.

Quanto à dispensa: o Projecto utiliza a dispensa (facultativa) como prémio concedido a quem colabore de modo muito relevante no apuramento dos factos ou na recolha de prova. Era o mais que se podia fazer, por via não-legislativa, enquanto não foi tomada a decisão política de promulgar uma lei de *leniency*. Sobre esta questão, remetemos novamente para a notícia que damos mais adiante do projecto de lei entretanto preparado (infra, II.12)

Artigo 93.º
Suspensão de sanções aplicadas a empresas

1. A Autoridade pode suspender, total ou parcialmente, a execução de sanções aplicadas a empresas, se ocorrer uma das seguintes hipóteses:
   a) Se se provar alguma circunstância atenuante especial, contanto que a suspensão tenha consideráveis vantagens de regulação, atentos os fins gerais desta;
   b) Se ocorrer circunstância atenuante não prevista no presente Regulamento, à qual deva ser atribuído grande valor para a justiça da decisão ou para os fins gerais da política regulamentar;
   c) Se, dada a situação económica e financeira da empresa, forem de recear, com alto grau de probabilidade, graves prejuízos para a economia, de âmbito sectorial ou global.

2. A suspensão só será concedida, porém, se for posto em prática um programa de prevenção aprovado pela Autoridade e que satisfaça todos os requisitos enumerados no artigo 90.º e se a empresa tomar providências adequadas para ressarcir quem tenha sido directamente lesado pelos factos ilícitos.

3. Quando se prove a atenuante especial referida na alínea *a)* do número 2 do artigo 88.º, será sempre considerada como fundamento suficiente para conceder a suspensão de quatro quintos da coima.

4. A falência e o risco de falência de empresas não são nunca, por si sós, fundamento de suspensão da coima.

5. Como condição de suspensão da coima, podem ser exigidas garantias, quer de alguma das espécies tipificadas na lei, quer atípicas e negociadas caso por caso.

6. O tempo de suspensão é contado a partir da data em que se esgotar o prazo da impugnação judicial da decisão condenatória.

Artigo 94.º
Suspensão de sanções aplicadas a indivíduos

1. A Autoridade pode suspender, total ou parcialmente, a execução de sanções aplicadas a indivíduos, se ocorrer uma das seguintes hipóteses:
   a) Se se provar alguma circunstância atenuante especial, cujo

valor para a justiça da decisão ou para os fins gerais da política regulamentar não fique suficientemente reconhecido com o coeficiente de atenuação determinado no artigo 91.º;
b) Se ocorrer circunstância atenuante não prevista no presente Regulamento, à qual deva ser atribuído grande valor para a justiça da decisão ou para os fins gerais da política regulamentar;
c) Se, dada a situação económica e financeira do indivíduo, a suspensão for necessária para lhe possibilitar o ressarcimento dos lesados.

2. Quando se prove a atenuante especial referida na alínea *a)* do número 2 do artigo 89.º, será sempre considerada como fundamento suficiente para conceder a suspensão de quatro quintos da coima.

3. A Autoridade só concederá a suspensão se o condenado tomar providências adequadas para ressarcir quem tenha sido directamente lesado pelos factos ilícitos.

4. O tempo de suspensão é contado a partir da data em que se esgotar o prazo da impugnação judicial da decisão condenatória.

Artigo 95.º
Dispensa de sanções

A Autoridade pode dispensar de sanções empresas e indivíduos que tenham prestado colaboração muito relevante no apuramento dos factos ou na recolha de prova[39].

10. *Execução; plano de pagamentos*

A compatibilização das sanções pecuniárias com a reparação dos danos, que aquelas podem prejudicar perversamente, é uma das chagas crónicas do nosso Direito repressivo.

O nosso caso não tem paralelo algum, diga-se de passagem, com o dos E.U.A. Na América, devido à efectiva imposição, na quase totalidade dos casos, de indemnizações civis, aos valores elevadíssimos atingidos por estas, e aos danos punitivos, é muitas vezes impossível satisfazer os danos e pagar as multas. O que se resolve tranquilamente prescindindo o Estado das multas. Em Portugal, o que se pode presumir é

---

[39] Mas veja-se, sobre esta matéria, o que ficou dito *supra*, e o n.º II.12.

que, por muitos e bons anos, as indemnizações decretadas pelos tribunais em casos de atentado à concorrência sejam pouco menos de pia ficção. O problema não se suscitaria, pois, entre nós, se não se desse a circunstância de o Estado ser muito cioso das suas coimas e não prescindir delas para tornar possível acudir aos lesados, e isso apesar da raridade dos casos em que chega a ser decretada a reparação.

O artigo 96.º do Projecto, com o reconhecimento da prioridade da reparação dos lesados – imperativo não apenas de justiça, mas de pura e simples eficiência económica – é uma *pega de caras* neste problema. E é o único ponto do Projecto em que a questão da conformidade com as leis vigentes poderá ser suscitada. Sem embargo do que – entendemos que se deve fixar no Regulamento o princípio da prioridade da reparação dos danos. Se vier a ter de ser aceite um diagnóstico negativo da legalidade deste artigo – mas serão contos largos, muito largos! –, bastará revogá-lo, ou até não o aplicar, mantendo-o embora como bandeira. Sempre servirá de lembrete para futuras leis:

Artigo 96.º
Execução

A Autoridade pode adaptar a execução da coima às condições económicas e financeiras dos arguidos, definindo um plano de prestações, em que será dada prioridade ao ressarcimento de quem tenha sido directamente lesado pelos factos ilícitos[40].

---

[40] Não será inútil, a concluir estes apontamentos sobre regulamentação de sanções, insistir novamente na afirmação de que a actividade punitiva da Autoridade de Concorrência não deve ser sobrevalorizada em detrimento de outras atribuições bem mais importantes. E julgamos não ser injusto, sob este ponto de vista, fazer reparo a certas definições que ocorrem na obra já várias vezes citada de Vital Moreira e Maria Fernanda Maçãs. Estes AA. qualificam os procedimentos das autoridades de defesa da concorrência como "essencialmente sancionatórios" (p. 311) e incluem até no articulado do projecto de lei-quadro uma referência à "natureza predominantemente sancionatória das suas funções" (artigo 62.º, n.º 2). Explicam-se estas definições, provavelmente, pela circunstância de os AA. considerarem apenas as autoridades que têm existido em países da Europa Continental (mas mesmo para algumas dessas autoridades a definição é redutora). Para as *autênticas* autoridades *antitrust*, porém, a função punitiva é secundária, e até pode ser totalmente eliminada, se – como nos parece de longe preferível – não tiverem poderes de punir, e simplesmente acusarem perante os tribunais (v. a este respeito os estudos *Boas intenções, maus resultados* e *Questões hermenêuticas*, cits.). E parece-nos que esta limitação da obra, como outras que lhe poderiam ser apontadas,

11. *Apreensões e buscas*

A matéria das buscas é das que se encontram mais escandalosamente maltratadas na Lei da concorrência. Mas há uma tradição de inépcia na regulamentação deste assunto, pelos vistos considerado por cá sem grande importância.

Altamente *shocking*, por exemplo, é que transpareça da Lei que os seus redactores não fazem a menor ideia do que seja e do para que sirva o *mandado de busca*. O artigo 17.º, n.º 2, entre outras mistelas, confunde *mandado de busca* com *credencial do agente* executor. As consequências que tal confusão pode ter imaginam-se bem (e as palavras não importam: o que importa são as normas de garantia que lhes andam associadas, e de que essas palavras são simples indicador).

---

decorre de o ângulo de visão dos AA. ser retrospectivo. A obra sintetiza o que tem sido feito entre nós e em alguns países eurocontinentais; mas abdica quase por completo de projectos de reforma e transformação. Num tempo em que, apesar da catalepse da Europa, são de prever para breve profundas transformações na concepção das autoridades económicas – e se outras não ocorrerem (como certamente ocorrerão, pelo menos na frente da supervisão das bolsas e dos bancos e seguradoras), a criação de verdadeiras autoridades *antitrust* será suficiente para mudar o panorama – este *approach*, se pode não diminuir o interesse da obra como estudo académico, limita no entanto excessivamente a sua relevância como contributo para a política legislativa nacional. É o que explica também, provavelmente, a falta de atenção às autoridades independentes do E.U.A (apesar de serem o pai e a mãe desta criança!) e dos países que as têm semelhantes. Ora ninguém discordará certamente do juízo de que, *se* quisermos progredir na defesa da livre concorrência e em (pelo menos algumas) outras áreas da regulação económica, o modelo que cumpre estudar a fundo e ter sempre diante dos olhos é o americano; sem esquecer a utilidade heurística de estudar também o modo como tem sido adaptado a contextos culturais diferentes em certos outros países. Não o fazermos equivalerá a condenarmos inexoravelmente todo e qualquer esforço a caducidade prematura, quando não, pura e simplesmente, a irrelevância logo *ab initio*. Para um pequeno país como Portugal, com condições de mudança terrivelmente viscosas e custos correspondentes de toda a ordem (dos de conhecimento aos de formação profissional), é vital apontar sempre aos modelos mais avançados, que se sabe serão imitados, a prazo, nos grandes países europeus – ou correremos o risco de importarmos as práticas desses países já depois de terem sido, neles, modificadas ou substituídas. Temos poucas oportunidades – mas uma das que temos é tão fácil e tão barata como isto: numa Europa reduzida cada vez mais à imitação e ao epigonismo – imitar *à frente dos* outros. Com os nossos arrastadíssimos tempos de mudança, não conseguiremos decerto mudar *antes* dos outros, ganhando-lhes vantagem: mas ao menos mudaremos *simultaneamente* com eles, e *no mesmo* sentido. Em vez de mudarmos com atraso, e em alguma outra, e errática, direcção.

A *credencial* é um documento de identificação e legitimação da pessoa encarregada de uma diligência: o *mandado* é a ordem de proceder à diligência. A credencial do agente executor pouco interessa à legislação penal, que se ocupa de coisas muito mais sérias... O que a Lei regula quando trata das buscas é evidentemente o mandado, e não a credencial; esta, pode a Autoridade configurá-la como bem entenda, e nada obsta a que para o efeito da identificação do agente executor sejam usados simplesmente – em combinação com a circunstância física de ser portador do mandado – os documentos de identificação genérica (cartões, crachás, etc.) de que todos os agentes de autoridades estão munidos, e que os identificam como agentes delas. Quanto ao despacho da autoridade judiciária, a Lei pressupõe que não há mandado judicial, mas simples despacho de autorização; o mandado é emitido pela Autoridade. O agente exibirá portanto três documentos: o mandado de busca emitido pela Autoridade e o despacho de autorização do Juiz ou do Ministério Público, um e outro com os requisitos formais e substantivos fixados pela Lei da concorrência e pelas leis subsidiárias; quanto à credencial, essa poderá ter qualquer uma de muitas formas igualmente lícitas e eficazes, segundo o prudente critério da Autoridade – desde a credencial específica passada *ad hoc*, para certa e determinada diligência, até – caso de longe o mais frequente – um documento de identificação genérica enquanto agente da Autoridade de Concorrência (de papel ou de plástico, com fotografia ou sem, com banda magnética ou *chip* ou envergonhadamente pré-electrónico...)

Muito curioso – e sintoma igualmente eloquente do à-vontade a que se chegou na fabricação de leis – é o esquecimento das *selagens* na enumeração das diligências que requerem autorização judicial (artigo 17.º da Lei). Naturalmente, este lapso tem de ser integrado, e nenhuma selagem pode ser executada sem mandado da Autoridade e autorização do Juiz ou do Ministério Público, emitidos com todos os requisitos de substância e de forma ...[41]. Até aí chegam as forças do jurista que tenha

---

[41] Abalançamo-nos a uma conjectura sobre o modo como se chegou a esta incongruência, que escapou à atenção da Assembleia da República, apesar de tudo benemérita no expungir de alguns dos piores dislates da proposta de lei. A proposta parece ter sido feita a partir dos textos legislativos pré-existentes, pelo método da tesoura e cola – hoje info-rebaptizado *pasting* – e sem qualquer concepção de conjunto ou programa político para o futuro. Na origem, não se terá pensado em conferir à Autoridade esse

feito o seu currículo elementar – que mais não será preciso: afinal basta para isso a socializaçãozinha geral do cidadão comum. Mais espinhosas são as dificuldades que se nos deparam, no ambiente doméstico, quando encaramos a indispensável regulamentação das diligências de busca. Segundo parece, não existe no nosso ordenamento regulamentação de buscas e apreensões digna desse nome. E não deveria ser necessário regular diligências de busca neste lugar: pois que é assunto para regras universais, categóricas e límpidas – como parte das fundações mesmas da actividade repressiva do Estado –, e não para estatutos e regulamentos de uma autoridade em particular.

O Projecto aproveita o pouco que há no Código de processo penal e no mais segue o modelo do *Police and Criminal Evidence Act* inglês de 1984, com a jurisprudência de aplicação. Tem em conta também o que dispõem os regulamentos CE, em especial o de Janeiro de 2003.

Artigo 66.º
Buscas e apreensões

1. As buscas e apreensões são ordenadas por mandado da Autoridade, mediante autorização prévia da Autoridade judiciária, e em conformidade com esta.

2. A busca é executada por agente ou agentes da Autoridade para o efeito designados pelo superior hierárquico competente, acompanhados de um agente da força pública. O mandado pode autorizar que outras pessoas acompanhem os agentes que executam a busca.

3. A entrada e a busca em espaço fechado devem ser feitas em hora razoável do dia, a menos que haja fundadas razões para recear frustração do fim da busca. Se estiver presente no local pessoa com

---

poder de *selar*, a que os nossos legisladores têm sempre oposto um abrenúncio espavorido. (Sobre as dificuldades dos nossos legisladores com o poder de selar, vejam-se os episódios descritos em *Boas intenções*, cit.). Mas já depois de terminado o *pasting*, a União Europeia – sempre essa desmanchadora dos nossos pequenos prazeres lusitanos! – lembrou-se de inserir nos seus regulamentos disposições sobre selagens. E não houve modo de escapar à irritante obrigação de conferir o poder à Autoridade, inclusivamente porque ela será, em muitos processos, o agente local da Comissão. Mas não se fez sequer a adaptação do texto. O texto ficou como estava: para buscas e apreensões, são precisos o mandado e a autorização judicial; para selagem de cofres, equipamentos e casas, coisa muito mais drástica, dispensam-se! A risível confusão dos mandados de busca com as credenciais de identificação do agente executor há-de ter contribuído também para que não fosse notada a incongruência.

poderes para facultar a entrada, os agentes executores identificar-se-ão a essa pessoa e ler-lhe-ão o mandado, entregando-lhe cópia. Em caso de desobediência, será forçada a entrada. Tratando-se de busca de coisa determinada, as pessoas presentes que possam mostrá-la ou dizer onde se encontra serão intimadas a fazê-lo.

4. Os agentes executores poderão entrar sem aviso quando haja fundadas razões para supor que, se solicitassem que lhes fosse facultada a entrada, o fim da busca seria frustrado; depois de entrar, porém, seguirão o disposto no número anterior, pelo modo que for pertinente. Não sendo possível fazer entrega da cópia do mandado, os agentes afixá-la-ão em lugar bem visível.

5. Se durante a busca forem encontrados artigos relevantes para a investigação, mas que não estejam cobertos pelo mandado, serão eles selados e providenciar-se-á a sua conservação até serem apreendidos, podendo também ser selado para esse fim, na medida do necessário, o espaço em que se encontrem.

6. Com o mandado de busca é sempre conferido o poder de fazer e mandar fazer fotografias e cópias, bem como o de exigir que as informações contidas em computadores e acessíveis a partir do local da busca sejam fornecidas aos agentes da Autoridade em forma legível e em suporte que possam levar consigo.

7. O mandado de busca será conservado durante 12 meses e poderá ser inspeccionado, a pedido, por quem tiver interesse legítimo.

Artigo 67.º
Auto de busca

1. Da busca será lavrado auto, no próprio acto ou, se não for possível, imediatamente depois, com as seguintes menções:
   a) fundamentos e objecto da busca;
   b) data, hora e local;
   c) modo de entrada no local e outras circunstâncias relevantes da execução;
   d) se alguma coisa foi encontrada, e o quê;
   e) se alguma coisa foi apreendida, e o quê;
   f) se foram encontrados outros artigos relevantes além dos que eram objecto da busca, dando conta de quaisquer providências conservatórias que tenham sido tomadas em relação a eles;
   g) se da busca resultou algum dano de pessoa ou de bens.

2. Será facultada cópia do auto de busca a quem a requerer e tiver interesse legítimo.

Entre as lacunas da nossa regulamentação avultam, pela importância que podem ter para os direitos e interesses das pessoas e das empresas, as que resultam de *nada estar definido para o tratamento de documentos que beneficiem da protecção de segredos*: por exemplo, *correspondência com advogados, documentação médica, registos de segredos tecnológicos e comerciais, correspondência íntima*. Andará bem avisada a Autoridade de Concorrência, que há-de lidar com inúmeros interlocutores internacionais ou internacionalizados, em preocupar-se com a preservação, nas diligências de busca, dos segredos tecnológicos e comerciais e da documentação de advogados, que são as espécies previsivelmente mais expostas a devassa ilícita nas suas intervenções. Nenhuma empresa e nenhuma firma de advogados, mormente as dos E.U.A., revelarão a menor disposição para se resignarem a violações de privilégios de prova reconhecidos no Direito dos seus países de origem, nem darão o menor valor ao argumento de que o Direito português os esquece ou não os consagra de modo suficiente (argumento que aliás seria melhor, por simples decoro nacional, nem sequer tentar vender-lhes). Se não se acudir a estas lacunas da nossa regulamentação de buscas e apreensões, não tardará muito que, em países onde o Direito do processo e da prova é levado mais a sério, o Estado português seja sujeito a acções judiciais vexatórias e de efeitos muito mordentes; e não se esqueça a dimensão astronómica do volume de negócios de muitos dos lesados possíveis....

Tendo embora, a princípio, esboçado a regulamentação que nos falta, acabámos por pô-la de parte, porque não haveria maneira de dizer alguma coisa de útil sem estabelecer regras para actos judiciais. A filtragem da documentação privilegiada, para devolução da que não é susceptível de apreensão, só pode ser feita por um juiz: não pode ser feita na Autoridade, nem sequer pelo seu pessoal mais qualificado e mais severamente sujeito a deveres deontológicos. E só a lei pode regular actos do juiz. De modo que a única hipótese viável neste Regulamento seria redigir uns quantos conselhos para orientação dos agentes da Autoridade: tenham cuidado com isto, não tragam aquilo... Mas isso não seria sério, como matéria do Regulamento da Autoridade. Há-de ter o seu lugar – até ao limite do que seja sério – em instruções internas e manuais de procedimentos: mas não no Regulamento.

12. *Nota complementar: Um projecto de lei de carta de segurança para os infractores que colaborem com as autoridades*

Já depois de concluído o Projecto de Regulamento, foi tomada a decisão política de promulgar uma lei que *conceda impunidade aos infractores que colaborem de modo muito útil na descoberta, investigação e prova dos ilícitos de concorrência.* Será a versão local dos *leniency programs.*

A consagração desta prática no processo comunitário terá constituído, mais uma vez, o argumento decisivo para a consagrar na nossa legislação.

Não cabendo na economia desta exposição dar notícia dos trabalhos realizados e em curso (Novembro de 2003), transcrevemos simplesmente algumas disposições da primeira versão de um anteprojecto.

Artigo 1.º
Carta de segurança

É instituída a carta de segurança nos processos de infracção de concorrência, com o fim de mover os infractores a cooperar com as autoridades públicas na descoberta e na instrução dos ilícitos previstos nos artigos..... e..... da Lei da Concorrência.

(...)

Artigo 3.º
Objecto

A segurança tem por objecto os factos ilícitos do infractor a quem é passada a carta de segurança, conhecidos até à decisão final do processo administrativo.

(...)

Artigo 5.º
Requisitos

1. Será concedida segurança à empresa que informe a Autoridade de Concorrência de infracção prevista nos artigos.... e.... da Lei da Concorrência, se forem satisfeitos cumulativamente os seguintes requisitos:

   a) Se nenhuma outra empresa tiver informado antes a Autoridade da mesma infracção;

b) Se, à data da recepção da informação, a Autoridade não dispuser ainda de indícios e meios de prova suficientes para, pelos factos reportados, abrir inquérito;
c) Se a empresa tiver interrompido a sua actividade ilícita ou a interromper sem demora depois de prestar a informação;
d) Se a empresa prometer cooperar plenamente com a Autoridade na investigação e na recolha de prova, nomeadamente facultando-lhe todas as informações e meios de prova que possua ou que possa obter;
e) Se a empresa, sempre que lhe seja possível fazê-lo, tiver reparado os danos causados, ou tiver tomado providências, que a Autoridade julgue idóneas, para os reparar em prazo conveniente.
2. Não será concedida segurança, não obstante o disposto no número anterior:
a) Se a empresa tiver tido a iniciativa ou a direcção da actividade ilícita, ou se tiver constrangido outras empresas a participar nela;
b) Se ocorrerem outras circunstâncias em razão das quais a segurança seja manifestamente desrazoável.
3. Na apreciação dos requisitos da segurança ter-se-ão em conta apenas os actos susceptíveis de imputação à empresa enquanto tal, como distintos dos actos que devam ser imputados exclusivamente a indivíduos determinados.

Artigo 6.º
Pedido

1. A empresa que pretenda beneficiar de segurança impetrá-la-á da Autoridade, informando das infracções cometidas e em curso e assumindo os compromissos a que se refere o artigo anterior.
2. Juntamente com o pedido, a empresa oferecerá à Autoridade todos os elementos de prova de que à data disponha, ou entregar-lhe-á lista descritiva dos elementos de prova que se propõe oferecer em data posterior acordada com a Autoridade.
3. A lista a que se refere o número anterior deve elucidar a natureza e o conteúdo dos elementos de prova, de modo que permita avaliar bem da sua utilidade para o processo e da satisfação dos requisitos legais da carta de segurança. Com a lista poderão ser oferecidos meios de prova, escolhidos livremente pela empresa, e ainda reproduções parciais, expurgadas das partes que a empresa entenda omitir,

desde que as omissões não criem risco de erro relevante para a apreciação do pedido.

(...)

5. Se a decisão for favorável, será passada carta de segurança, da qual constarão:

   a) A identificação da empresa impetrante;
   b) A descrição dos factos cobertos pela segurança;
   c) As condições e limites da segurança.

6. As decisões da Autoridade sobre o pedido de carta de segurança não são publicadas.

Artigo 8.º
Acordos sobre prova

É permitido à Autoridade acordar com a empresa que certo meio de prova oferecido com o pedido de segurança seja conservado inerte ou desentranhado do processo, se esse meio de prova não for indispensável para a justa e prudente aplicação da lei.

Artigo 9.º
Segurança de indivíduos

1. Os indivíduos responsáveis por infracções de concorrência poderão impetrar carta de segurança, acompanhando ou não pedido da empresa a que estejam associados na prática da infracção.

2. São requisitos da segurança de indivíduos:

   a) Que à data do pedido a Autoridade não disponha ainda de indícios e meios de prova suficientes para, pelos factos reportados, abrir inquérito;
   b) Que o impetrante tenha interrompido a sua actividade ilícita ou a interrompa sem demora depois de apresentar o pedido;
   c) Que o impetrante prometa cooperar plenamente com a Autoridade na investigação e na recolha de prova, nomeadamente facultando-lhe todas as informações e meios de prova que possua ou que possa obter;
   d) Que, sempre que deva reparar os danos causados pela infracção e lhe seja possível fazê-lo, tenha dado deles reparação, ou tenha tomado providências, que a Autoridade julgue idóneas, para os reparar em prazo conveniente.

3. Não será concedida segurança, não obstante o disposto no número anterior, se ocorrerem circunstâncias em razão das quais ela seja manifestamente desrazoável.

4. Pode ser concedida segurança a mais de um indivíduo, se a contribuição de cada um para a descoberta e prova das infracções for, de per si considerada, suficientemente importante para o justificar.

Artigo 10.º
Cancelamento

1. Se, depois de passada a carta de segurança, a empresa ou o indivíduo que a receberem violarem os seus deveres legais ou os compromissos que para o efeito hajam assumido, será a segurança imediatamente cancelada, e comunicado o facto ao interessado.
2. Cancelada a segurança, os actos praticados pelo infractor no processo serão apreciados, nos termos comuns, como circunstâncias de efeito atenuante ou agravante.

Artigo 12.º
Redução da coima aplicável a empresas

1. As empresas que cooperarem na descoberta e na recolha de prova de infracções de concorrência e que não tiverem pedido carta de segurança, ou não satisfizerem os requisitos dela, beneficiarão de redução dos limites máximos das coimas previstas na Lei da Concorrência sempre que a contribuição prestada tenha tido grande valor para a decisão final do processo, quer do ponto de vista da fundamentação da decisão, quer do ponto de vista da economia de custos.
2. Os limites máximos das coimas aplicáveis a empresas serão reduzidos em três escalões, segundo o seguinte critério:
    a) metade, se a empresa tiver sido a primeira a cooperar com a Autoridade na descoberta e prova dos factos considerados na decisão;
    b) um quarto, se tiver sido a segunda;
    c) um décimo, nos restantes casos.
3. Se a empresa tiver violado, no âmbito da cooperação com a Autoridade, deveres legais ou compromissos voluntariamente assumidos, não beneficiará da redução do limite máximo da coima e terá a sua responsabilidade graduada nos termos comuns.

Artigo 13.º
Redução da coima aplicável a indivíduos

1. Os indivíduos que cooperarem na descoberta e na recolha de prova de infracções de concorrência e que não tiverem pedido carta de segurança, ou não satisfizerem os requisitos dela, beneficiarão de

redução dos limites máximos das coimas previstas na Lei da Concorrência sempre que a contribuição prestada tenha tido grande valor para a decisão final do processo, quer do ponto de vista da fundamentação da decisão, quer do ponto de vista da economia de custos.

2. Os limites máximos das coimas aplicáveis a empresas serão reduzidos em dois escalões, segundo o seguinte critério:

a) Dois terços, se não tiver havido cooperação de valor comparável de empresa ou de indivíduo;

b) Um terço, nos outros casos.

3. Se o infractor tiver violado, no âmbito da cooperação com a Autoridade, deveres legais ou compromissos voluntariamente assumidos, não beneficiará da redução do limite máximo da coima e terá a sua responsabilidade graduada nos termos comuns.

Como se disse supra, aprovada que seja uma lei deste género, o sistema de graduação judicial do projecto de regulamento ficará a ser demasiado generoso. Terão de ser limitadas as faculdades de atenuação mais radical. Não significa isso que se haja de excluir em absoluto que quem não satisfaça os critérios da *leniency* venha todavia a beneficiar de atenuações tão importantes como as que a futura lei determine, mormente quando existam *compliance programs* úteis. Mas as regras do regulamento terão de ser ajustadas em vários pontos.

Propusemos para o instituto, recuperando uso linguístico antigo, a designação *carta de segurança*. É certo que nem a "carta de seguro" nem a "carta de segurança" de que tratavam expressamente as Ordenações Afonsinas, Manuelinas e Filipinas tinham este fim de conceder impunidade a infractores cooperantes; e dava-se até a circunstância de as infracções económicas serem exceptuadas dos benefícios concedidos com essas cartas (o tratamento desfavorável das infracções económicas foi coisa corrente no Direito antigo; o que não surpreenderá quem atente nos múltiplos privilégios odiosos que ainda hoje admitimos para as infracções fiscais)[42]. Norma genérica de concessão de impunidade em

---

[42] Os institutos das Ordenações destinavam-se a proteger de perseguições e vinganças quem quisesse recorrer à Justiça do Rei: a protecção podia ser concedida a vítimas, contra represálias dos malfeitores, mas também a suspeitos que quisessem ilibar-se de acusações apresentando-se à Justiça e para isso carecessem de protecção contra a vingança das vítimas. Não tinham, porém, uma vez comprovada a culpa, efeito algum de imunidade substantiva relativamente às sanções da lei. Mais semelhante nos efeitos de imunidade a sanções, embora por outro lado sem relação necessária com

troca da denúncia de outros agentes e da colaboração na instrução e prova parece ter existido apenas (mas sem *nomen iuris* determinado) nos regulamentos da Inquisição. Em todo o caso, com ou sem definições legislativas gerais, a concessão de impunidade aos criminosos colaborantes foi praticada com frequência em todos os países europeus, e supomos que também entre nós. E porque nenhum dos termos do vocabulário mais familiar da doutrina das penas (inclusive "imunidade", que na nossa linguagem técnica não compreende o que, neste contexto, os anglo-saxónicos chamam "immunity"), se adoptado como designação deste regime, deixaria de propiciar equívocos com instituições muito diferentes, "carta de segurança" parece-nos uma boa escolha.

---

ilícitos, eram os privilégios concedidos aos mercadores, para estímulo ao desenvolvimento das suas actividades, e para os quais se usava a mesma terminologia: *seguranças* e *cartas de segurança*. Agradecemos ao Prof. Ruy de Albuquerque os esclarecimentos que amavelmente nos prestou sobre as cartas de seguro e de segurança do Direito antigo.

Breve análise do regime da concorrência desleal no novo Código da Propriedade Industrial

Dr. Jorge Patrício Paúl

> Sumário: *1. O enquadramento sistemático e a noção legal de concorrência desleal; 2. A qualificação do ilícito de concorrência desleal; 3. O montante legal da coima; 4. A supressão da referência ao dolo específico alternativo; 5. Os actos de confusão; 6. Os actos de descrédito; 7. As referências não autorizadas e as falsas indicações próprias; 8. A indução em erro através de falsas descrições dos produtos ou serviços ou de falsas indicações de proveniência; 9. A supressão da referência ao uso anómalo de denominação de fantasia ou de origem registadas; 10. O afastamento, pelo vendedor ou intermediário, da denominação de origem, indicação geográfica ou marca registada; 11. Os segredos de negócios e as informações não divulgadas; 12. Apreciação global do regime.*

1. O enquadramento sistemático e a noção legal de concorrência desleal

O novo Código da Propriedade Industrial (CPI), aprovado pelo Decreto-Lei n.º 36/2003, de 5 de Março, continua, na esteira dos CPI anteriores de 1940 e 1995, a tratar a matéria da concorrência desleal a propósito das infracções à propriedade industrial.

Mantém-se, assim, por parte do legislador, uma visão redutora deste instituto, sabido como é que o mesmo é independente da existência de qualquer direito de propriedade industrial, podendo verificar-se concorrência desleal sem violação de algum direito privativo ou, ao invés, ocorrer a violação de direitos privativos sem existir concorrência desleal.

Contrariamente ao que sucedia no artigo 260.º do CPI de 1995, o actual Código da Propriedade Industrial retoma, no seu artigo 317.º, a noção legal de concorrência desleal constante do artigo 212.º do CPI de 1940.

De acordo com essa noção, continuam a ser pressupostos do conceito de concorrência desleal: (i) a prática de um acto de concorrência; (ii) que esse acto seja contrário às normas e usos honestos; (iii) respeitantes a qualquer ramo de actividade económica.

A referência, agora feita na lei, ao carácter económico da actividade, repõe a redacção do CPI de 1940, como fora proposto pelo Dr. Jorge Cruz nos seus Comentários ao CPI de 1995[1].

Tal modificação não altera o âmbito da aplicação da concorrência desleal, pois, no CPI de 1995, a concorrência desleal que o mesmo disciplinava era já uma concorrência indiscutivelmente económica.

E mesmo com o actual qualificativo, continua a ser perfeitamente defensável a aplicabilidade do regime da concorrência desleal às profissões liberais, não só pelo manifesto carácter económico dessas actividades, como porque, não o fazendo, se isentariam, injustificadamente, alguns desses profissionais de responsabilidades a que estão sujeitos os demais agentes económicos, como sucederia, nomeadamente, com os actos de confusão, as referências não autorizadas e as falsas indicações próprias, modalidades de concorrência desleal contempladas no CPI, mas não previstas como ilícitos disciplinares designadamente no Estatuto da Ordem dos Advogados.

Continuamos, por outro lado, a considerar – como, aliás, sempre o fizemos no domínio dos dois Códigos anteriores[2] –, que o acto de concorrência, seja ela leal ou desleal, tem sempre como indispensável pressuposto o perigo de dano, ou seja, a idoneidade do acto praticado para causar prejuízos a terceiros, através da conquista de posições vantajosas no mercado, ainda que os danos possam efectivamente não ocorrer, não havendo, neste caso, lugar a responsabilidade civil.

---

[1] JORGE CRUZ, *Comentários ao Código da Propriedade Industrial*, 1995, pág. 12, a.
[2] Ver os nossos *Concorrência Desleal*, 1965, pág. 121 e *Os pressupostos da concorrência desleal*, in Concorrência Desleal (obra colectiva), 1997, pág. 44.

2. A qualificação do ilícito de concorrência desleal

A alteração mais significativa introduzida pelo actual CPI no regime da concorrência desleal diz respeito à qualificação do ilícito, que deixou de ser considerado um crime para passar a constituir um ilícito de mera ordenação social (artigo 331.º).

Pôs-se, assim, termo a uma tradição de sempre da lei portuguesa, que, desde o Decreto n.º 6, de 15 de Dezembro de 1894, disciplinava a concorrência desleal como um ilícito criminal. Como refere o Professor Oliveira Ascensão, Portugal era, aliás, ao que se saiba, o único país do mundo em que os preceitos reguladores da concorrência desleal eram exclusivamente penais[3].

Esta importante alteração de regime é francamente positiva, pois o sistema anterior, que atribuía à concorrência desleal a natureza de crime público, carecia de fundamento ético-social. Dele resultava que um acto de descrédito dos produtos de um concorrente implicava a dedução de acusação por parte do Ministério Público, mesmo que o ofendido contra ele não quisesse reagir. Se pensarmos que o procedimento criminal por ofensa contra a honra de uma pessoa, por mais grave que ela seja, depende pelo menos de queixa e, normalmente, de acusação particular por parte desta (artigo 188.º do Código Penal), fácil é constatar a aberração a que conduzia a anterior qualificação do ilícito de concorrência desleal.

Como salienta o Professor José de Faria Costa[4], o bem jurídico da lealdade concorrencial não é daqueles cuja densidade axiológica só por si imponha, sem mais, a tutela penal, mas sim, e bem ao contrário, daqueles cuja tutela se pode encontrar noutros ramos de Direito, manifestamente menos invasivos e limitadores dos direitos fundamentais.

Este regime iníquo levou a que fossem muito raras as condenações pelo crime de concorrência desleal, o que, como bem observa o Professor Oliveira Ascensão[5], se, por um lado, representava "uma auto-regene-

---

[3] OLIVEIRA ASCENSÃO, *Concorrência Desleal*, 2002, pág. 8.

[4] JOSÉ DE FARIA COSTA, *O direito penal e a tutela dos direitos da propriedade industrial e da concorrência (Algumas observações a partir da concorrência desleal)*, in Direito Industrial, III, 2003, pág. 39.

[5] OLIVEIRA ASCENSÃO, *ob. cit.*, pág. 278.

ração do sistema através da prática judiciária", por outro confirmava "a inadequação da lei e convidava a uma revisão".

Revisão esta a que louvavelmente procedeu o legislador em 2003.

Com esta nova qualificação do ilícito, cessam as dúvidas, justificadamente suscitadas na doutrina, quanto à constitucionalidade do proémio do artigo 260.º do CPI de 1995, para preencher, sozinho, a função de garantia, exigida a uma norma penal incriminadora.

3. O montante legal da coima

Esta apreciação da qualificação jurídica do ilícito de concorrência desleal não pode, no entanto, ser desligada da análise do montante da coima estabelecido no artigo 331.º do novo CPI, em óbvia conformidade com o fixado no artigo 7.º da Lei de autorização legislativa n.º 17/2002, de 15 de Julho: coima de 3.000 a 30.000 euros, caso se trate de pessoa colectiva, e de 750 a 7.500 euros, quando se tratar de pessoa singular.

A sanção imposta no artigo 331.º é igual à que o mesmo CPI prevê para direitos privativos tradicionalmente considerados como de menor relevância, como é o caso da recompensa (artigo 332.º), do nome e insígnia do estabelecimento (artigo 333.º) e do logótipo (artigo 334.º). É, inclusivamente, sanção igual à estabelecida no artigo 335.º para a prática de meros actos preparatórios da execução dos ilícitos criminais cometidos contra os direitos privativos mais importantes.

É uma equiparação inadequada, pois a indiscutível gravidade de que se reveste a concorrência desleal justificava que lhe tivesse sido atribuída uma protecção jurídica superior à concedida nos preceitos referidos.

Por outro lado, se compararmos a medida legal da coima aplicável à concorrência desleal com a estabelecida para a publicidade enganosa no artigo n.º 34.º, n.º 1, alínea a) do Código da Publicidade, verificamos que esta última é, inexplicavelmente, mais elevada: de 700 a 9.000 contos, correspondente a 3.491,59 a 44.891,81 euros, quando o infractor for uma pessoa colectiva e de 350 a 750 contos, equivalente a 1.745,79 a 3.740,98 euros, se for pessoa singular, a que, no caso de dolo, podem ainda acrescer as sanções acessórias do artigo 35.º do mesmo Código.

Daqui resulta que o limite máximo da coima aplicável a pessoas colectivas por publicidade enganosa excede, em cerca de 50%, o limite máximo da coima que as mesmas podem sofrer pela prática de concorrência desleal, o que é incompreensível e inaceitável, se atentarmos na estreita ligação existente entre o reclame doloso (considerado até ao actual CPI concorrência desleal) e a publicidade enganosa, tanto mais que a lei prevê, quanto a esta, que "possa prejudicar um concorrente" (parte final do artigo 11.º, n.º 1, do Código da Publicidade).

Se fizermos, por outro lado, o cotejo entre o montante da coima aplicável à concorrência desleal e o previsto no artigo 43.º, n.º 1, alínea *a*) da Lei n.º 18/2003, de 11 de Junho, que aprovou o novo regime jurídico da concorrência, observamos que o abuso de posição dominante ou o abuso de dependência económica são sancionados com coima que pode atingir dez por cento do volume de negócios, no último ano, da empresa infractora. Basta, pois, que essa empresa tenha um volume anual de negócios superior a 300.000 euros, para que o máximo da coima aplicável exceda o máximo da coima a que fica sujeita pela prática de concorrência desleal.

Esta disparidade de critérios não parece ter qualquer justificação. O montante máximo da coima com que o novo CPI sanciona a concorrência desleal é manifestamente diminuto e receamos que não constitua um desincentivo minimamente suficiente para prevenir a futura prática de actos de concorrência desleal.

4. A supressão da referência ao dolo específico alternativo

O artigo 317.º do novo CPI eliminou do seu proémio a referência ao dolo específico alternativo, que constava do proémio do artigo 260.º do CPI de 1995: o acto de concorrência desleal deveria ser praticado com a intenção de causar prejuízo a outrem ou de alcançar, para si ou para terceiro, um benefício ilegítimo.

Esta supressão está associada à diferente qualificação do ilícito de concorrência desleal acolhida no presente CPI: tratando-se agora de um ilícito de mera ordenação social, parece razoável que se atenuem os requisitos gerais da ilicitude, sem prejuízo de os mesmos serem exigidos relativamente a algumas modalidades de actos tipificados na lei, como sucede no caso das alíneas *b*) e *c*), adiante analisadas.

Na verdade, a existência, no anterior tipo penal de concorrência desleal, destes elementos subjectivos da ilicitude, agora suprimidos, resultava da necessidade de limitar, no âmbito do dolo do agente, a demasiada amplitude do preceito incriminador, "estreitando, assim, as margens da punibilidade que, doutro modo, seria intolerável"[6], razão esta que já não ocorre na actual qualificação do ilícito como contra--ordenação.

5. Os actos de confusão

Os actos de confusão estão previstos na alínea *a*) do artigo 317.º do actual CPI, em cuja redacção se acrescentou a referência a "empresa" e se eliminou a menção do "crédito" dos concorrentes.

São alterações correctas. Por um lado, o estabelecimento, os produtos e os serviços são apenas alguns dos componentes da empresa e podem existir actos susceptíveis de criar confusão com a empresa no seu todo que não incidam apenas sobre esses elementos, como sucede em alguns casos de concorrência parasitária, embora esta possa verificar-se mesmo que não haja perigo de confusão.

Por sua vez, a referência ao crédito, constante da lei anterior, levantava sérias dificuldades quanto à sua caracterização, pois seriam de ocorrência muito rara os actos que tivessem exclusivamente por objecto a susceptibilidade de criar confusão quanto a este elemento, puramente imaterial.

O critério para aferir da susceptibilidade de confusão continua a ser o olhar distraído do consumidor, ou seja, o homem comum, incidindo sobre a impressão do conjunto, e não analisando os diversos elementos isoladamente[7], como se infere do artigo 245.º, n.º 1, alínea *c*) do actual CPI[8].

6. Os actos de descrédito

A alínea *b*) do artigo 317.º tem por objecto "as falsas afirmações, feitas no exercício de uma actividade económica, com o fim de desacreditar os concorrentes".

---

[6] JOSÉ DE FARIA COSTA, *ob. cit.*, pág. 41.

[7] Neste sentido, OLIVEIRA ASCENSÃO, *ob.cit.*, pág. 422 e o nosso *Concorrência Desleal*, cit., pág. 161.

[8] Apesar de esta disposição ter por objecto o conceito de imitação da marca, é nela feito apelo à noção de confusão.

É adequada a referência agora feita ao "exercício de uma actividade económica" em vez do "exercício do comércio ou indústria", constante dos CPI anteriores e que constituía uma incompreensível limitação da regra geral do proémio e implicava a necessidade de uma interpretação extensiva, fora do tipo penal.

Mas, por outro lado, este preceito deixou de especificar os bens objecto de descrédito, limitando-se a referir "o fim de desacreditar os concorrentes".

Afastou-se, assim, da enumeração constante da Convenção da União de Paris (artigo 10.º-bis, n.º 3), 2.º), e aproximou-se mais da noção do crime de ofensa à reputação económica de outrem, previsto no artigo 41.º do Decreto-Lei n.º 28/84, de 20 de Janeiro, embora este possa ser praticado por não concorrentes.

7. As referências não autorizadas e as falsas indicações próprias

São diminutas e pouco relevantes as alterações introduzidas nas alíneas c) e d) do artigo 317.º do actual CPI relativamente às alíneas correspondentes do CPI de 1995.

Na alínea c), passou a impor-se que as invocações ou referências não autorizadas sejam feitas "com o fim de beneficiar do crédito ou da reputação de um nome, estabelecimento ou marca alheios".

Retomou-se, assim, a redacção do n.º 3 do artigo 212.º do CPI de 1940, que, à semelhança do actual CPI, não continha no proémio a menção a qualquer dolo específico alternativo.

A lei continua a não exigir a falsidade da invocação, pelo que as referências verdadeiras, desde que não autorizadas, poderão ser tidas como desleais, quando o agente se pretende apoderar das vantagens inerentes a prestações alheias, e não apenas caracterizar objectivamente a sua própria prestação.

Por sua vez, a alínea d), para além de meros aspectos formais, como, por exemplo, a substituição da expressão "extensão" por "âmbito" das actividades e negócios, incluiu a "empresa" entre os bens sobre os quais podem recair as falsas afirmações respeitantes ao capital ou à situação financeira, o que se justifica pelas razões já referidas a propósito dos actos de confusão.

Dado que todo o empresário tende a enaltecer as suas próprias qualidades, tem de existir um elemento concreto que leve ao engano do consumidor, continuando, por isso, a ser necessário aplicar os princípios da adequação social, que permitam distinguir o *dolus bonus* do *dolus malus*.

8. A indução em erro através de falsas descrições dos produtos ou serviços ou de falsas indicações de proveniência

A alínea *e)* do artigo 317.º do actual CPI aglutina numa só as alíneas *e)* e *f)* do artigo 260.º do CPI de 1995, introduzindo algumas pequenas alterações.

A mais significativa traduz-se na eliminação da referência aos "reclames dolosos", que no CPI de 95 configurava uma injustificada intromissão no domínio da publicidade enganosa, regulada no artigo 11.º do Código da Publicidade, agravada pela circunstância de esta última ser qualificada como ilícito de mera ordenação social e os reclames dolosos tipificados como crime.

Esta dupla previsão normativa suscitava sérias dificuldades na precisão dos dois conceitos e na delimitação de fronteiras entre os dois regimes, as quais cessaram com a feliz opção legislativa de excluir os reclames dolosos do domínio da concorrência desleal.

Outra alteração, esta muito menos relevante, é a substituição pela expressão "serviços" da referência a "mercadorias", que era redundante perante a menção já feita aos "produtos".

Tal como referimos a propósito da alínea anterior, têm igualmente de aplicar-se, quanto às falsas descrições sobre a natureza, qualidade ou utilidade dos produtos ou serviços, previstas na primeira parte desta alínea, os princípios da adequação social, pois o exagero enquadra-se, muitas vezes, no socialmente adequado e não induz, normalmente, em erro o consumidor.

No que respeita às falsas descrições de proveniência, constantes da segunda parte da mesma alínea, as mesmas só são relevantes quando contribuírem para valorizar o produto ou acreditar o produtor, pois só nestes casos é que conferem posições vantajosas no mercado.

9. A supressão da referência ao uso anómalo de denominação da fantasia ou de origem registadas

Foi omitida, no elenco das alíneas do artigo 317.º do actual CPI, a referência ao uso anómalo de denominação de fantasia ou de origem, registadas, constante da alínea g) do artigo 260.º do CPI de 1995.

A melhor doutrina[9] entendia já que esta alínea g) não respeitava à matéria da concorrência desleal. O que a mesma tutelava não era a lealdade da concorrência, mas sim direitos privativos colectivos (sendo difícil precisar a qual se referia a denominação de fantasia), como a exigência do registo claramente indiciava. A integração desta alínea no elenco do artigo 260.º do CPI de 95 visava apenas sujeitar as condutas nela previstas às penas impostas à concorrência desleal, poupando assim a elaboração de um tipo autónomo.

Foi, pois, correcta a opção do legislador de eliminar esta alínea do elenco do artigo 317.º do novo CPI.

10. O afastamento, pelo vendedor ou intermediário, da denominação de origem, indicação geográfica ou marca registada

Finalmente, a alínea f) do artigo 317.º do actual CPI reproduz a alínea h) do artigo 260.º do CPI de 1995, com o simples aditamento da referência à indicação geográfica.

Trata-se de um direito privativo de propriedade industrial já constante do artigo 249.º, n.º 3 do CPI de 95, mas que, inexplicavelmente, não se encontrava abrangido na previsão da referida alínea h) do artigo 260.º, omissão esta agora devidamente corrigida.

Na hipótese em apreço, omitem-se ou alteram-se elementos distintivos do produto que são negativos e que, por isso, o desacreditam.

A lei continua a exigir que não haja modificações no acondicionamento do produto, pelo que a substituição das embalagens, para assim se ocultar ou alterar a origem dos produtos ou a sua marca, não está especificamente contemplada nesta alínea, ainda que tal conduta, porque mais sofisticada, seja merecedora de um tratamento jurídico pelo menos igual.

---

[9] Ver, por todos, OLIVEIRA ASCENSÃO, *ob.cit.*, págs. 543 e segs.

As marcas "brancas" e as marcas das cadeias de distribuição, que suprimem ou substituem a marca do produtor, embora com o consentimento deste, seriam enquadráveis nesta alínea, mas o uso generalizado destas práticas e a sua crescente aceitação no mercado terão conduzido à sua desqualificação como desleais, por se entender que já não são contrárias às normas e usos honestos desses ramos de actividade económica.

11. Os segredos de negócios e as informações não divulgadas

O artigo 318.º do novo CPI consagra, em preceito autónomo, a protecção jurídica dos segredos de negócios e das informações não divulgadas.

Trata-se de matéria que, parcialmente e em termos formais distintos, estava prevista na alínea *i*) do artigo 260.º do CPI de 1995.

De um ponto de vista estritamente formal, não se vêem razões sérias para introduzir uma disposição específica, que remete, desde logo, para os "termos do artigo anterior", em vez de acrescentar uma simples alínea (e suas sub-alíneas, se necessário) ao precedente artigo 317.º, como sucedia nos preceitos correspondentes dos dois CPI anteriores.

Seja como for, nenhumas dúvidas existem de que o ilícito previsto no artigo 318.º está subordinado aos pressupostos gerais do proémio do artigo 317.º, designadamente a existência de um acto de concorrência e a sua contrariedade às normas e usos honestos[10].

A opção por um preceito autónomo terá sido, possivelmente, tomada para destacar que se estava a acolher no ordenamento português o artigo 39.º do Acordo ADPIC/TRIPS, cujo n.º 2 é, aliás, literalmente reproduzido nas alíneas *a*), *b*) e *c*) deste novo preceito.

Mas a obrigação de proteger as informações não divulgadas através de medidas que assegurem uma protecção específica contra a concorrência desleal, assumida pelo Estado português ao ratificar, em Dezembro de 1994, o Acordo que criou a Organização Mundial do Comércio e os respectivos Anexos (entre eles o Acordo ADPIC/TRIPS),

---

[10] Já era esse o nosso entendimento relativamente à alínea *i*) do artigo 260.º do CPI de 95, como desenvolvemos em *Concorrência desleal e segredos de negócio*, in Direito Industrial, II, 2002, págs. 150 e segs.

estava já concretizada, embora sem todas as especificações do Acordo, através da alínea *i*) do artigo 260.º do CPI de 1995.

Também a redacção do preceito nem sempre é a mais feliz.

Quando a lei está a enumerar os requisitos de uma conduta ilícita que especificamente autonomizou, não faz muito sentido referir que essa tipificação é meramente exemplificativa, como resulta da inserção do advérbio "nomeadamente". Repare-se que expressão idêntica não aparece em nenhuma das alíneas do artigo 317.º, nem constava dos preceitos correspondentes dos anteriores CPI.

Ficamos, assim, sem saber que outras modalidades de actos violadores da protecção dos segredos de negócios e das informações não divulgadas poderão existir e quais os respectivos requisitos.

Por sua vez, a referência à "aquisição" dos segredos (e melhor, por mais expressiva, teria sido usar a palavra "apropriação", como faziam os CPI de 40 e 95) deveria preceder a referência à "divulgação", pois só podem ser objecto de divulgação os segredos que se tenham previamente adquirido. Aliás, a ilicitude da aquisição do segredo inquina desde logo qualquer actuação que lhe seja subsequente, seja ela a divulgação ou a utilização.

A conjugação, neste mesmo preceito, da protecção dos segredos de negócios e das informações não divulgadas e a preocupação em transcrever as alíneas do n.º 2 do artigo 39.º do Acordo ADPIC/TRIPS explicará, mas não justifica, a redundante indicação, constante da alínea *a*) deste artigo 318.º, de que as informações protegidas devem ser secretas, com o sentido que nela é indicado. Na verdade, se o não fossem, é óbvio que não constituiriam segredos de negócios.

Também a alínea *c*) deste preceito, ao exigir diligências consideráveis, por parte do titular das informações, para as manter secretas, se adequa muito mais às informações não divulgadas do que aos normais segredos de negócios.

O artigo 331.º do actual CPI sanciona com coimas de montante igual as condutas previstas nos artigos 317.º e 318.º do mesmo Código.

Teria sido mais adequado aproveitar a autonomia formal do preceito do artigo 318.º, relativamente às restantes modalidades de concorrência desleal elencadas no artigo 317.º, para estabelecer, quanto àquele, uma coima de montante mais elevado.

Como atrás referimos, consideramos o montante legal da coima insuficiente para desincentivar a prática de actos de concorrência desleal.

Mas esta insuficiência acentua-se ainda mais na situação prevista neste artigo 318.º, pois a violação dos segredos de negócios é uma modalidade de concorrência desleal cuja importância económica é normalmente muito relevante.

12. Apreciação global do regime

Como resulta das observações anteriores, a disciplina da concorrência desleal constante do novo CPI, para além da importante e louvável alteração do regime sancionatório, manteve a estrutura básica que vinha dos Códigos anteriores, com meras alterações de pormenor, embora muitas delas de carácter positivo.

Perdeu-se, assim, a oportunidade de se proceder a uma reapreciação global e de raiz deste instituto, cuja regulamentação a generalidade da doutrina tem vindo a considerar obsoleta e pouco conforme com as actuais realidades económicas.

Já o legislador de 1995 desperdiçara igual oportunidade, com a enorme agravante de se estar então a rever um regime jurídico com mais de meio século de existência e que, afinal, se mantém inalterado, nas suas linhas fundamentais, pelo menos desde 1940.

Essa desejável revisão poderia, inclusive, ponderar as vantagens da exclusão da disciplina da concorrência desleal da matéria do CPI, passando a ser objecto de um diploma autónomo, como sucede, por exemplo, em Espanha, com a Lei n.º 03/91, de 10 de Janeiro, mesmo que não se adoptasse, ao contrário do que nela se fez, uma visão integrada, de raiz germanista, deste instituto.

Por outro lado, nas várias modalidades de concorrência desleal previstas nas alíneas do artigo 317.º, continuam a ser tidos em conta diversos tipos de interesses: antes de mais, os interesses dos concorrentes, nuns casos apenas os interesses individualizados de concorrentes determinados, noutros os interesses de todos os concorrentes que integram a mesma categoria profissional; mas também, e pelo menos de uma forma indirecta, os interesses dos consumidores, como sucede em todos os actos de indução em erro.

E no primeiro tipo referido, de que são exemplo os actos de descrédito, previstos na alínea *b*) do artigo 317.º, e em que estão em causa interesses exclusivamente privados de concorrentes determinados, podemos até reflectir se se justifica sancionar esta modalidade de concorrência desleal para além de um mero ilícito civil.

Na verdade, não pode deixar de causar perplexidade a aplicação, nestes casos, do processo contra-ordenacional, desencadeado sem previamente existir qualquer manifestação de vontade do concorrente atingido. Estranheza esta ainda mais acentuada, se tivermos em conta que o artigo 329.º do actual CPI estabelece, aliás correctamente, que o procedimento pelos crimes nele previstos depende sempre de queixa.

Teria sido, portanto, desejável que o novo CPI tivesse explicitado os tipos de interesses que a disciplina da concorrência desleal visa tutelar e tivesse fixado distintos regimes sancionatórios, adequados à respectiva protecção. No entanto, e à semelhança dos CPI anteriores, o actual Código é completamente omisso a tal respeito.

Mais grave, contudo, é a concorrência desleal continuar a ser regulada apenas no elenco das infracções à propriedade industrial (inserida, como está, no Título III do Código), quando a mesma não pressupõe, como referimos, a existência de qualquer direito privativo.

Aliás, onde a regulamentação jurídica da concorrência desleal assume maior relevância prática é, naturalmente, nas situações que estão fora da protecção dos direitos privativos.

Também o artigo 1.º do actual CPI veio praticamente repor a redacção do correspondente artigo do CPI de 1940, ao considerar que "a propriedade industrial desempenha a função (de que se omitiu, e bem, o qualificativo "social") de garantir a lealdade da concorrência, pela atribuição de direitos privativos sobre os diversos processos técnicos de produção e desenvolvimento da riqueza".

Retomam, assim, actualidade as observações críticas feitas no domínio desse antigo Código, de que tal redacção inculcaria a falsa ideia de que o direito industrial se integraria na disciplina da concorrência desleal e de que a simples violação de direitos privativos determinaria, por si só, a prática de concorrência desleal.

Houve, neste ponto, um manifesto retrocesso relativamente ao preceito homólogo do CPI de 1995, no qual se mencionava a "repressão da concorrência desleal" (agora não referida no presente CPI) e que permitia, coerentemente, relacionar essa mesma repressão com a função de garantia da lealdade da concorrência.

Por outro lado, o actual CPI, em vários dos seus preceitos – mais numerosos que os contidos no CPI de 95 –, condiciona diferentes aspectos do regime jurídico dos direitos privativos de propriedade industrial ao respeito pelas regras da lealdade da concorrência.

Nestes casos, a conduta do agente que se revele objectivamente desconforme com as regras da concorrência leal, ou simplesmente a mera possibilidade dessa conduta, pode ser fundamento da recusa de registo – artigos 24.º, n.º 1, alínea *d*) e 308.º, alínea *g*) –, limitar os direitos por este conferidos – artigos 204.º, alínea *c*), 260.º e 312.º, n.º 1, alínea *b*) –, ou ser motivo para a anulabilidade – artigos 266.º, n.º 1, alínea *b*) e 299.º, n.º 1, alínea *b*) –, ou caducidade – artigo 315.º, n.º 1 –, do registo efectuado.

Mais uma vez se estabelece aqui uma relação de estreita dependência entre o regime jurídico dos direitos privativos e a disciplina da concorrência desleal.

Contrariamente ao que se verificou, o novo Código deveria, tanto no plano sistemático como no do próprio conteúdo, ter consagrado a clara autonomia da concorrência desleal, afirmada pela doutrina desde a década de sessenta do século passado e hoje reconhecida em arestos cada vez mais numerosos dos nossos tribunais.

*Defesa da concorrência e direitos fundamentais
das empresas: da responsabilização da Autoridade
da Concorrência por danos ocasionados em actuações
de inspecção*

Prof. Doutor António Menezes Cordeiro

SUMÁRIO: *1. Introdução. I – Raízes histórico-económicas da defesa da concorrência: 2. Aspectos económicos; concorrência perfeita; 3. A concorrência operacional; 4. Modelos jurídicos; a) A concorrência-condição; 5. Segue; b) A concorrência-instrumento. II – A concorrência e a experiência portuguesa: 6. Evolução geral; 7. O Decreto-Lei n.º 422/83, de 3 de Dezembro; 8. O Decreto-Lei n.º 370/93, de 29 de Outubro; 9. A Lei n.º 18/2003, de 11 de Junho; 10. O Decreto-Lei n.º 10/2003, de 18 de Janeiro. III – Direitos fundamentais: 11. Direitos de personalidade, direitos do homem e direitos fundamentais; 12. Classificações e enunciado; 13. O regime básico; 14. A ressarcibilidade e a adopção de medidas adequadas de defesa; 15. O alargamento às pessoas colectivas. IV – Concorrência e direitos fundamentais das empresas: 16. Os direitos das empresas; 17. Direitos fundamentais e de personalidade; 18. A defesa da concorrência e os seus limites; 19. Consequências: a responsabilização da Autoridade da Concorrência.*

1. *Introdução*

I. Os artigos 81.º e 82.º do Tratado da Comunidade Europeia proíbem, respectivamente e *grosso modo*, os acordos e procedimentos limitadores da concorrência e o abuso de posições dominantes[1]. Em sua

---

[1] Thomas Eilmansberger, em Streinz/Ohler, *EUV/EGV* (2003), 925 ss. e 1010 ss., com indicações.

aplicação surgiram instrumentos comunitários, com relevo para o Regulamento (CE) n.º 1/2003, do Conselho, de 16 de Dezembro de 2002, relativo à execução das regras de concorrência estabelecidas nos artigos 81.º e 82.º do Tratado[2]. E surgiram, ainda, diplomas internos nos diversos Estados, com relevo para o nosso.

II. A defesa da concorrência tem raízes económicas e históricas que importa recordar: delas advêm os pré-entendimentos que irão, depois, condicionar e explicar a aplicação dos textos em vigor. Além disso, essa defesa provocou, particularmente entre nós, uma evolução legislativa recente, bastante pronunciada. Essa evolução apoia-se nas coordenadas histórico-económicas do instituto e em textos comunitários. O produto final tem uma legitimidade assente.

III. Todavia, a defesa da concorrência não deve ser tomada como um corpo estranho e estanque, no seio do ordenamento jurídico a que pertença. Ela deve ser articulada e harmonizada com os outros valores jurídico-normativos e, ainda, com os postulados próprios do Estado de Direito.

Impõe-se, ainda, o sentido das proporções. Uma defesa *à outrance* da concorrência, dentro do espaço português, logo obriga a perguntar se, a esse nível, se reúnem minimamente os pressupostos fácticos de qualquer concorrência. E a havê-los: a manutenção dessa pluralidade, a poder de regras e de injunções estaduais, não irá encarecer os produtos, naufragando perante concorrentes estrangeiros?

IV. Verifica-se, ainda que, segundo o Direito português vigente, importantes desempenhos no domínio da concorrência são confiados à Autoridade da Concorrência. Esta entidade, quando actue, deve pautar-se por regras de cuidado e de cautela. Perante sociedades abertas, um desempenho excessivo, com alarido público, pode atingir o bom nome e a reputação da empresa visada, propiciando boatos. As cotações podem ressentir-se, caindo. Os accionistas serão (gratuitamente) penalizados. Há, aqui, um elevado potencial de danos, que não pode deixar de ser tido em conta.

---

[2] JOCE n.º L 1/1 – L 1/25, de 4-Jan.-2003; podem, aqui, ser confrontadas indicações relativas a instrumentos anteriores.

V. O presente estudo pretende alertar contra fundamentalismos. Estes, em regra, acabam por, no terreno, pôr em crise os valores que é suposto defenderem. A concorrência deve ser tutelada: mas sempre no quadro do sistema e mercê da Ciência do Direito.

Vamos testar essa via reconstituindo os pressupostos básicos da defesa da concorrência. Posto isso, recordaremos a evolução legislativa portuguesa. Finalmente, equacionaremos os direitos fundamentais das empresas e a necessidade de conciliar a concorrência com os dados elementares deles advenientes.

I – **Raízes histórico-económicas da defesa da concorrência**

2. *Aspectos económicos; concorrência perfeita*

I. Em termos económicos – fundamentais, neste domínio, para se entender a conformação jurídica – a concorrência é a situação do mercado enformado por uma total liberdade de oferta e de procura. Nessas condições, os preços estabilizam ao nível óptimo para todos os intervenientes: produtores, vendedores e adquirentes finais.

Teríamos, aí, uma situação de concorrência perfeita, geradora de um máximo de eficiência económica[3].

II. A concretização de uma situação da concorrência perfeita exige um mercado com cinco características:

– homogéneo;
– atomizado;
– sem restrições à entrada ou à circulação de operadores;
– transparente;
– com mobilidade total dos factores de produção.

---

[3] Com diversos elementos cf., entre nós, MIGUEL GORJÃO-HENRIQUES, *Da restrição da concorrência na Comunidade Europeia: a franquia de distribuição* (1998), 46 ss.. Em geral, a já clássica obra de RICHARD A. POSNER, *Antitrust Law/An Economic Perspective* (1976) e a introdução de VOLKER EMMERICH, *Das Recht des unlauteren Wettbewerbs*, 5.ª ed. (1998), § 1.º.

O mercado deve ser homogéneo no sentido da inexistência de factores de preferência diversos do do preço. A publicidade, a moda ou outros elementos de apreciação subjectiva podem pôr em causa essa homogeneidade.

O mercado deve ser atomizado com o alcance de compreender um número praticamente ilimitado de vendedores e de compradores, de tal maneira que as decisões de um deles não possam repercutir-se nos restantes ou no próprio mercado. Essa mesma ideia é reforçada pela ausência de restrições à entrada de novos operadores: seja como produtores--vendedores, seja como consumidores ou adquirentes.

O mercado deve ser transparente na acepção de cada interveniente estar completa e exactamente informado de todos os factores relevantes para uma decisão ideal.

O mercado deve ser enformado pela mobilidade dos factores de produção: qualquer indústria poderia converter-se, evoluir ou desaparecer, de acordo com a evolução dos preços. O Estado abster-se-ia de interferir, ainda que sob invocação de "correcção política".

III. Como se calcula, a concorrência perfeita é apenas um modelo teórico de reflexão. Na prática, os mais diversos factores depõem de forma a impossibilitá-lo. Houve, pois, que procurar modelos mais realistas.

3. *A concorrência operacional*

I. A partir de meados do século XX, os economistas vieram substituir o modelo impraticável da concorrência perfeita por visões mais realistas ditas de "concorrência operacional" ou "imaginável". À partida, impôs-se a ideia de que, pelo facto de ser impossível um modelo de concorrência pura, nem por isso esta se tornaria impraticável ou desinteressante. Além disso, também se verificou que uma concorrência "demasiado" perfeita poderia conduzir à ruína do mercado, tolhendo qualquer progresso tecnológico: atingido o preço "óptimo", para quê investir nas áleas da investigação ou de progresso?

II. A concorrência operacional vem, assim, a ser definida pela negativa: ela implica modelos nos quais exista sempre uma certa alternativa para os consumidores, seja directa, seja por sucedâneo. Além disso, nos casos em que isso não seja possível, a entidade em posição de domínio ou de monopólio deveria abster-se de condutas abusivas, respeitando certos códigos de actuação[4]. Em suma: a concorrência deixa de ser uma situação (passiva) dos mercados para se tornar numa postura (activa) dos sujeitos. Iremos ponderar, de seguida, os modelos jurídicos utilizados para dar corpo a essas aspirações económicas.

4. Modelos jurídicos; a) A concorrência-condição

I. De acordo com a tradição comercialística, o problema da concorrência adveio do liberalismo. Nos ordenamentos corporativos do *Ancien Régime*, uma teia de organizações e de procedimentos tolheria a livre formação dos preços e dos mercados[5]. A situação alterou-se com a supressão das corporações e dos diversos factores que limitavam o mercado. Aí, o livre funcionamento do mercado poderia pôr cobro à concorrência do início, jogando em detrimento dos sujeitos, do mercado e dos próprios governos.

II. Nos Estados Unidos da América do Norte, espaço continental, economicamente unido e em rápida industrialização, cedo se verificou que o jogo da livre-concorrência tinha, em si, germes de autodestruição: as empresas entravam em processos de concentração acelerada, vindo as mais poderosas a absorver ou a arruinar as restantes.
O legislador reconheceu o perigo e reagiu: o conhecido *Sherman Act*, de 1890, veio ilegalizar, tendencialmente, todas as manifestações de concentração, de acordos entre empresas ou de práticas concertadas[6]. A concorrência era tomada como uma condição inultrapassável de uma

---

[4] Cf. JOÃO DA SILVA GAMA, *Da utilização de um critério de razoabilidade económica na apreciação da validade dos comportamentos restritivos da concorrência na CEE*, O Direito, 1995, 385-397.

[5] Uma análise mais cuidadosa revelaria, porventura, que nessa ocasião operavam modelos de concorrência imperfeita ou operacional. Basta ver que as "potências" europeias competiam no comércio e que operavam, seguramente, substituições por sucedâneo.

[6] Cf. RICHARD POSNER, *Antitrust Law* cit., 23 ss..

economia de mercado. Caberia à lei estabelecê-la ou restabelecê-la, quaisquer que fossem as consequências. A concorrência valeria por si. Trata-se do modelo da concorrência-condição, também dito norte-americano.

III. A concorrência-condição viria, depois, a ser atenuada, através de uma interpretação actualista e crescentemente moderada do *Sherman Act Anti-Trust*[7]. Assim, começou por se fazer apelo a uma "interpretação razoável" da lei, possibilitando concertações que não prejudicassem o mercado, antes surgindo benéficas, socialmente. Posto isso, admitiu-se a restrição acessória: um acordo lícito poderia dar lugar a certas limitações, então consideradas razoáveis. Seguiu-se a proscrição de certas condutas *pelo seu conteúdo*: boicotes, fixações de preços e discriminações.

No termo, a escola de Chicago, defendendo a natureza concorrencial de modelos imperfeitos, veio propugnar pela ideia de eficiência, com reflexos jurídicos. As restrições verticais, próprias dos acordos de distribuição, vêm a ser liberalizadas, num movimento que alcançaria as concentrações horizontais.

5. *Segue; b) A concorrência-instrumento*

I. Na Europa comunitária, desenvolveu-se, na segunda metade do século XX, um modelo diverso de concorrência: a concorrência-instrumento.

A formação da hoje chamada União Europeia visou estabelecer no Velho Continente um espaço de paz, de liberdade e de desenvolvimento. Para tanto, era essencial fazer cair as antigas barreiras sócio-económicas entre os Estados, pondo cobro a leis e a práticas proteccionistas e de excepção.

---

[7] Cf. as indicações de GORJÃO-HENRIQUES, *Da restrição da concorrência* cit., 69 ss., bem como de JOSÉ SÁ PEREIRA, *O "balanço concorrencial" como regra e método de verificação das condições de validade das práticas restritivas*, ROA 59 (1999), 123-215.

II. Neste quadro de pensamento convém situar os já referidos artigos 81.º e 82.º do Tratado de Roma. Passamos a recordar o seu teor:

Artigo 81.º

1. São incompatíveis com o mercado comum e proibidos todos os acordos entre empresas, todas as decisões de associações de empresas e todas as práticas concertadas que sejam susceptíveis de afectar o comércio entre os Estados-membros e que tenham por objectivo ou efeito impedir, restringir ou falsear a concorrência no mercado comum, designadamente as que consistam em:
   a) Fixar, de forma directa ou indirecta, os preços de compra ou de venda, ou quaisquer outras condições de transacção;
   b) Limitar ou controlar a produção, a distribuição, o desenvolvimento técnico ou os investimentos;
   c) Repartir os mercados ou as fontes de abastecimento;
   d) Aplicar, relativamente a parceiros comerciais, condições desiguais no caso de prestações equivalentes, colocando-os, por esse facto, em desvantagem na concorrência;
   e) Subordinar a celebração de contratos à aceitação por parte dos outros contraentes, de prestações suplementares que, pela sua natureza ou de acordo com os usos comerciais, não têm ligação com o objecto desses contratos.
2. São nulos os acordos ou decisões proibidos pelo presente artigo.
3. As disposições do n.º 1 podem, todavia, ser declaradas inaplicáveis:
   – a qualquer acordo, ou categoria de acordos, entre empresas;
   – a qualquer decisão, ou categoria de decisões, de associações de empresas; e
   – a qualquer prática concertada, ou categoria de práticas concertadas,
que contribuam para melhorar a produção ou a distribuição dos produtos ou para promover o progresso técnico ou económico, contanto que aos utilizadores se reserve uma parte equitativa do lucro daí resultante, e que:
   a) Não imponham às empresas em causa quaisquer restrições que não sejam indispensáveis à consecução desses objectivos;
   b) Nem dêem a essas empresas a possibilidade de eliminar a concorrência relativamente a uma parte substancial dos produtos em causa.

Artigo 82.º

É incompatível com o mercado comum e proibido, na medida em que tal seja susceptível de afectar o comércio entre os Estados--membros, o facto de uma ou mais empresas explorarem de forma abusiva uma posição dominante no mercado comum ou numa parte substancial deste.

Estas práticas abusivas podem, nomeadamente, consistir em:
 a) Impor, de forma directa ou indirecta, preços de compra ou de venda ou outras condições de transacção não equitativas;
 b) Limitar a produção, a distribuição ou o desenvolvimento técnico em prejuízo dos consumidores;
 c) Aplicar, relativamente a parceiros comerciais, condições desiguais no caso de prestações equivalentes, colocando-os, por esse facto, em desvantagem na concorrência;
 d) Subordinar a celebração de contratos à aceitação, por parte dos outros contraentes, de prestações suplementares que, pela sua natureza ou de acordo com os usos comerciais, não têm ligação com o objecto desses contratos.

III. A defesa da concorrência, de acordo com o modelo europeu, é tão-só um instrumento para efectivar a união económica, dentro dos parâmetros que norteiam a Europa Unida. Um espaço homogéneo e de nível elevado não se compadece com determinadas limitações. O combate a estas não é uma condição em si nem, muito menos, um objectivo: apenas um instrumento, entre outros.

Também a essa luz há que entender o artigo 3.º, g), do Tratado, na sua versão actual.

IV. A defesa da concorrência já não é feita à *outrance*, mesmo Além-Atlântico. Na Europa Comunitária, todavia, ainda menos o será. O próprio Tratado admite autorizações especiais para situações contrárias à concorrência, desde que justificadas. Além disso, apenas certas práticas são visadas, havendo ainda que atentar nos seus objectivos e nos seus efeitos.

Nenhuma situação pode ser julgada contrária à concorrência, sem se considerar a concreta conduta que a origine, no seu objectivo e nos seus efeitos. Em suma: a concorrência é apenas um meio ou um instrumento para a obtenção de escopos mais gerais que a transcendem. A esta luz, a lei dirige-se para eleger práticas, devidamente caracterizadas, contrárias à concorrência. E proíbe-as.

II – A concorrência e a experiência portuguesa

6. Evolução geral

I. Durante muito tempo, a concorrência foi disciplinada, em Portugal, através das corporações e dos seus regimentos. De súbito, os Decretos de Mouzinho da Silveira vieram estabelecer, em 1834, um sistema de tipo liberal. O Código Penal de 1852 reforçou a ideia considerando o crime de monopólio como um atentado à ordem pública.

Por fim, o regime do Estado Novo veio sufragar uma intervenção do Estado na economia, suprimindo a concorrência em vários sectores. Nasceu, por esta via, um capitalismo matizado pela intervenção pública, bem patente nas regras do condicionamento industrial[8]. Este regime seria, por último, regulado pelo Decreto-Lei n.º 46 666, de 29 de Novembro de 1965.

II. Na sequência da Revolução de 1974/75, foram tomadas algumas medidas de defesa do consumidor que tinham a ver com práticas de concorrência. Assim surgiu o Decreto-Lei n.º 533/75, de 26 de Setembro, quanto a preços[9]. Apesar de a Constituição de 1976 corresponder já a uma ordem diversa de preocupações, apenas o Decreto-Lei n.º 513-I//79, de 19 de Dezembro, veio abolir o condicionamento industrial[10]. De seguida, deu-se a recepção, entre nós, de concepções matizadas da concorrência e da sua defesa: primeiro por via doutrinária e, mais tarde, por via legislativa.

III. Na verdade, nos ordenamentos dominados pela liberdade de empresa e de iniciativa económica, as economias funcionam na base do mercado. Importantes representações político-sociais e a própria necessidade de assegurar um elevado nível nos diversos aspectos da produção e do consumo envolvidos requerem um mercado de tipo concorrencial[11].

---

[8] Cf. J. RODRIGUES DE MATTOS, *Condicionamento industrial* (1940).
[9] Cf. REv 22-Jun.-1985 (SARAIVA LIMA), CJ X (1985) 1, 325-328 (327/I).
[10] Sobre toda esta matéria, PEDRO DE ALBUQUERQUE, *Direito português da concorrência (Em torno do Decreto-Lei n.º 422/83)*, ROA (1990), 577-669 (595 ss.).
[11] Em livros de doutrina jurídica, as características clássicas do mercado concorrencial podem ser confrontadas em FIKENTSCHER, *Wirtschaftsrecht I – Weltwirtschaftsrecht*

Em termos puramente económicos, e como vimos, estamos conscientes de que a concorrência perfeita tem-se revelado impossível[12]; por isso, procuram-se elaborar noções juridicamente operacionais, que partindo embora de ideias de base económica, dela se têm vindo a destacar. E designadamente: em Direito procura-se, pela negativa, afirmar a concorrência, proibindo diversos comportamentos ou actuações tidos por contrários à própria concorrência. São visados actos de soberania e, ainda, a própria autonomia privada[13]: uns e outros podem limitar indevidamente a concorrência. O corpo de regras dirigido a assegurar essa concorrência atinge, naturalmente, as sociedades comerciais[14]. Como melhor veremos a propósito do Direito vigente, o pensamento jurídico português adoptaria, com naturalidade, a ideia de concorrência-instrumento, de tipo europeu.

7. *O Decreto-Lei n.º 422/83, de 3 de Dezembro*

I. A defesa legal da concorrência seria firmada tendo em vista a adesão ao Tratado de Roma[15]. E nesse percurso, foi publicado o importante Decreto-Lei n.º 422/83, de 3 de Dezembro[16], depois revogado pelo artigo 40.º do Decreto-Lei n.º 371/93, de 29 de Outubro[17], mas ainda relevante como referência ilustrativa. Dispunha o seu artigo 1.º:

> O presente diploma tem por objecto a defesa da concorrência no mercado nacional, a fim de salvaguardar os interesses dos consumidores, garantir a liberdade de acesso ao mercado, favorecer a realização

---

und Europäisches Wirtschaftsrecht (1983), 596 ss. Quanto à ideia ordenadora da economia de mercado, cf. HANS-JOACHIM MERTENS/CHRISTIAN KIRCHNER/ERICH SCHANZE, *Wirtschaftsrecht/Eine Problemorientierung*, 2.ª ed. (1982), 196 ss..

[12] Cf. ERNST-JOACHIM MESTMÄCKER, *Europäisches Wettbewerbsrecht* (1974), 172 ss..

[13] Cf. FRITZ RITTNER, *Einführung in das Wettbewerbs- und Kartellrecht*, 2.ª ed. (1985), 110 ss..

[14] Cf. FRIEDRICH KÜBLER, *Gesellschaftsrecht*, 5.ª ed. (1999), 353 ss. e VOLKER EMMERICH/ /JÜRGEN SONNENSCHEIN, *Konzernrecht*, 6.ª ed. (1997), 12 ss..

[15] Em geral, cf. J. SIMÕES PATRÍCIO, *Direito da concorrência (aspectos gerais)* (1982), 55 ss..

[16] *Diário da República*, I Série, n.º 278, de 3 de Dezembro de 1983, 3953-3958.

[17] *Diário da República*, I Série-A, n.º 254, de 29 de Outubro de 1993, 6096--6105.

dos objectivos gerais de desenvolvimento económico e social e reforçar a competitividade dos agentes económicos face à economia nacional.

No tocante às regras da concorrência, o Decreto-Lei n.º 422/83 sancionava práticas individuais restritivas de concorrência (artigos 3.º e seguintes) e acordos, decisões de associações, práticas concertadas e abusos de posição dominante (artigos 13.º e seguintes).

II. As práticas individuais contrárias à concorrência eram a imposição de preços mínimos (artigos 4.º e seguintes), a aplicação de preços ou de condições de venda discriminatórios (artigos 6.º e seguintes) e a recusa de venda de bens ou de prestação de serviços (artigos 11.º e seguintes). Quanto a acordos, decisões de associações, práticas concertadas e abusos de posições dominantes, a lei distingue, justamente, entre determinados acordos feitos pelas empresas (artigo 13.º) e os abusos de posição dominante (artigo 14.º).

III. Quanto a acordos entre empresas: o artigo 13.º/1 do Decreto-Lei n.º 422/83 considerava restritivos aqueles que se traduzissem em[18]:

a) Fixar ou recomendar, directa ou indirectamente, os preços de compra ou de venda e, bem assim, outras condições das transacções efectuadas no mesmo ou em diferentes estádios do processo económico;

b) Limitar ou controlar a produção, a distribuição, o desenvolvimento técnico ou os investimentos;

c) Repartir os mercados ou as fontes de abastecimento;

d) Aplicar, sistemática ou ocasionalmente, condições discriminatórias de preço ou outras em prestações equivalentes;

e) Recusar, directa ou indirectamente, sem justificação, a compra ou a venda de bens e a prestação de serviços, nomeadamente em virtude de discriminação em razão da pessoa do comprador ou do devedor;

---

[18] Sobre este assunto cf. MARIA BELMIRA MARTINS/MARIA JOSÉ BICHO/AZEEM REMTULA BANEY, *O Direito de concorrência em Portugal* (1986), 125 ss., J. CHAVES ROSA, em *Concorrência em Portugal nos anos 80* (1985), 67 e MARIA DO ROSÁRIO REBORDÃO SOBRAL/JOÃO EDUARDO FERREIRA, *Da livre concorrência à defesa da concorrência* (1985), 126 ss..

f) Subordinar a celebração de contratos à aceitação de obrigações suplementares que, pela sua natureza ou segundo os usos comerciais, não tenham ligação com o objecto desses contratos.

Os acordos e decisões que fossem considerados práticas restritivas da concorrência eram nulos, segundo o n.º 3 do mesmo artigo. No entanto, o artigo 15.º/1, do Decreto-Lei n.º 422/83, de 3 de Dezembro, permitia, em certas condições nele referenciadas, que fossem consideradas justificadas práticas restritivas da concorrência[19]. O n.º 3 desse mesmo artigo facultava que, em portaria do Governo, fossem estabelecidas as condições em que, a pedido das empresas e associações, o então Conselho da Concorrência poderia certificar a inaplicabilidade dos artigos 13.º e 14.º do mesmo diploma. Tal portaria veio, efectivamente, a ser publicada sob o n.º 820/84, de 23 de Outubro[20].

O sistema do Decreto-Lei n.º 422/83 aproxima-se, definitivamente, do esquema europeu[21].

8. *O Decreto-Lei n.º 370/93, de 29 de Outubro*

I. O Decreto-Lei n.º 422/83, de 3 de Dezembro, foi revogado: substituído pelo Decreto-Lei n.º 370/93, de 29 de Outubro, relativo às práticas individuais e pelo Decreto-Lei n.º 371/93, do mesmo dia, quanto a aspectos gerais da concorrência. O Decreto-Lei n.º 370/93 tem, em síntese, o seguinte conteúdo[22]:

Artigo 1.º – Proíbe a aplicação de preços ou de condições de venda discriminatórias;
Artigo 2.º – Obriga à afixação de tabelas de preços e de condições de venda;
Artigo 3.º – Proíbe o chamado *dumping* ou venda com prejuízo;
Artigo 4.º – Proíbe a recusa discriminatória da venda de bens ou de prestações de serviços;

---

[19] Cf. FILIPA ARANTES PEDROSO, *Análise do D.L. 428/88, de 19-2 – Concentrações*, ROA 1989, 545-558.
[20] *Diário da República*, I Série, n.º 246, de 23 de Outubro de 1984, 3275-3276.
[21] PEDRO DE ALBUQUERQUE, *Direito português da concorrência* cit., 663 ss..
[22] Na redacção dada pelo Decreto-Lei n.º 140/98, de 16 de Maio.

Artigo 4.°A – Proíbe práticas negociais abusivas, isto é, a obtenção, de um fornecedor, de cláusulas exorbitantes;
Artigos 5.° a 8.°– Fixam coimas e regras para a sua aplicação.

II. O Decreto-Lei n.° 370/93 parece-nos bastante claro. Trata-se de fixar práticas concretas que representem uma perversão em relação às regras do mercado: elas são proibidas por si com exemplo no campo dos preços artificialmente baixos[23].

III. O Decreto-Lei n.° 371/93, de 29 de Outubro, visava, como foi dito, a concorrência em geral. Tratava-se de um diploma de algum fôlego: 42 artigos, repartidos por cinco capítulos, nos termos seguintes:

Capítulo I – Das regras da concorrência:
Secção I – Disposições gerais (1.°);
Secção II – Práticas proibidas (2.° a 6.°);
Secção III – Concentração de empresas (7.° a 10.°);
Secção IV – Auxílios do Estado (11.°).
Capítulo II – Dos órgãos de defesa da concorrência (12.° a 20.°);
Capítulo III – Do processo:
Secção I – Processo em matéria de acordos, práticas concertadas, decisões de associações e abusos de poder económico (26.° a 28.°);
Secção II – Procedimento em matéria de controlo das concentrações de empresas (29.° a 36.°).
Capítulo IV – Das sanções (37.° a 39.°);
Capítulo V – Disposições finais (40.° a 42.°).

IV. O preceito decisivo é o artigo 2.°, que transcrevemos para facilidade de consulta:

Artigo 2.°
(Acordos, práticas concertadas e decisões de associações)

1 – São proibidos os acordos e práticas concertadas entre empresas e as decisões de associações de empresas, qualquer que seja a

---

[23] Cf. o caso decidido pela RLx 29-Nov.-1989, O Direito,1990, 812-815 e comentado por MÁRIO MARQUES MENDES, *Preços predatórios. A decisão do Conselho da Concorrência de 26 de Outubro de 1988*, O Direito, 1990, 783-805, ao abrigo do Direito anterior, mas semelhante ao actual.

forma que revistam, que tenham por objecto ou como efeito impedir, falsear ou restringir a concorrência no todo ou em parte do mercado nacional, nomeadamente os que se traduzam em:

    a) Fixar, de forma directa ou indirecta, os preços de compra ou de venda ou interferir na sua determinação pelo livre jogo do mercado, induzindo, artificialmente, quer a sua alta quer a sua baixa;

    b) Fixar, de forma directa ou indirecta, outras condições de transacção efectuadas no mesmo ou em diferentes estádios do processo económico;

    c) Limitar ou controlar a produção, a distribuição, o desenvolvimento técnico ou os investimentos;

    d) Repartir os mercados ou as fontes de abastecimento;

    e) Aplicar, de forma sistemática ou ocasional, condições discriminatórias de preço ou outras relativamente a prestações equivalentes;

    f) Recusar, directa ou indirectamente, a compra ou venda de bens e a prestação de serviços;

    g) Subordinar a celebração de contratos à aceitação de obrigações suplementares que, pela sua natureza ou segundo os usos comerciais, não tenham ligação com o objecto desses contratos.

2 – Excepto nos casos em que se considerem justificados, nos termos do artigo 5.º, os acordos ou decisões proibidos pelo presente artigo serão nulos.

Pois bem: os acordos visados por este preceito são, claramente, os que tenham uma certa finalidade: impedir, falsear ou restringir a concorrência. Este preceito acolhia a concepção da concorrência-instrumento, como era de esperar: corresponde à recepção do modelo europeu.

V. O artigo 3.º do Decreto-Lei n.º 371/93, merece, também, transcrição. Diz ele:

Artigo 3.º
(Abuso de posição dominante)

1 – É proibida a exploração abusiva, por uma ou mais empresas, de uma posição dominante no mercado nacional ou numa parte substancial deste, tendo por objecto ou como efeito impedir, falsear ou restringir a concorrência.

2 – Entende-se que dispõem de posição dominante relativamente ao mercado de determinado bem ou serviço:
   a) A empresa que actua num mercado no qual não sofre concorrência significativa ou assume preponderância relativamente aos seus concorrentes;
   b) Duas ou mais empresas que actuam concertadamente num mercado, no qual não sofrem concorrência significativa ou assumem preponderância relativamente a terceiros.

3 – Sem prejuízo da ponderação, em cada caso concreto, de outros factores relativos às empresas e ao mercado, presume-se que:
   a) Se encontra na situação prevista na alínea *a)* do número anterior uma empresa que detenha no mercado nacional de determinado bem ou serviço uma participação igual ou superior a 30%;
   b) Se encontram na situação prevista na alínea *b)* do número anterior as empresas que detenham no conjunto do mercado nacional de determinado bem ou serviço:
     i) Uma participação igual ou superior a 50%, tratando-se de três ou menos empresas;
     ii) Uma participação igual ou superior a 65%, tratando-se de cinco ou menos empresas.

4 – Poderá ser considerada abusiva, designadamente, a adopção de qualquer dos comportamentos referidos no n.º 1 do artigo 2.º.

De novo deparamos com um preceito teleologicamente orientado. O legislador preocupa-se com o objecto final da actuação dos envolvidos. Por isso, mesmo que se mostrem reunidos os indícios objectivos nele referenciados, as práticas em jogo podem ser consideradas justificadas nas circunstâncias do artigo 5.º.

VI. Por fim, queremos salientar o dispositivo atinente às concentrações de empresas. Diz-nos o artigo 7.º, sempre do Decreto-Lei n.º 371/93:

Artigo 7.º
(Notificação prévia)

1 – Estão sujeitas a notificação prévia as operações de concentração de empresas que preencham uma das seguintes condições:
   a) Criação ou reforço de uma quota superior a 30% no mercado nacional de determinado bem ou serviço, ou numa parte substancial deste, em consequência da operação de concentração;

b) Realização, pelo conjunto das empresas envolvidas na operação de concentração, de um volume de negócios superior a 30 milhões de contos, em Portugal, no último exercício, líquidos dos impostos directamente relacionados com o volume de negócios.

2 – O disposto na presente secção não se aplica às instituições de crédito, sociedades financeiras e empresas de seguros.

3 – A notificação prévia deve ser efectuada antes de concluídos os negócios jurídicos necessários à concentração e antes do anúncio de qualquer oferta pública de aquisição.

4 – São ineficazes, até autorização expressa ou tácita da concentração, os negócios jurídicos celebrados com o intuito de a realizar.

O preceito é claro: *a contrario sensu*, não há lugar a notificação prévia quando não sejam atingidos os patamares nele referenciados.

9. A Lei n.º 18/2003, de 11 de Junho

I. A turbulência legislativa própria do Direito português levou à aprovação, pela Lei n.º 18/2003, de 11 de Junho, de um novo regime da concorrência. Foi revogado o Decreto-Lei n.º 371/93, de 29 de Outubro. Em termos esquemáticos, a Lei n.º 18/2003 tem o seguinte conteúdo[24]:

Capítulo I – Das regras da concorrência:
    Secção I – Disposições gerais (1.º a 3.º);
    Secção II – Práticas proibidas (4.º a 7.º);
    Secção III – Concentração de empresas (8.º a 12.º);
    Secção IV – Auxílios do Estado (13.º).
Capítulo II – Autoridade da concorrência (14.º a 16.º);
Capítulo III – Do processo:
    Secção I – Disposições gerais (17.º a 21.º);
    Secção II – Processos relativos a práticas proibidas (22.º a 29.º);
    Secção III – Procedimento de controlo das operações de concentração de empresa (30.º a 41.º).
Capítulo IV – Das infracções e sanções (42.º a 48.º);

---

[24] Sobre o diploma, cf. ADALBERTO COSTA, *Regime legal da concorrência* (2004), 15 ss..

Capítulo V – Dos recursos:
    Secção I – Processos contra-ordenacionais (49.º a 52.º);
    Secção II – Procedimentos administrativos (53.º a 55.º).
Capítulo VI – Taxas (56.º);
Capítulo VII – Disposições finais e transitórias (57.º a 60.º).

II. O confronto entre a Lei n.º 18/2003 e o Decreto-Lei n.º 371/93 permite constatar que o cerne substantivo do regime da concorrência se mantém sem alterações significativas. De resto: ele advém do Tratado de Roma.

Assim, o elenco das práticas proibidas, antes consignado no artigo 2.º do Decreto-Lei n.º 371/93, surge agora no artigo 4.º da Lei n.º 18/ /2003. Esta, como novidade, apenas introduz a ideia de que as práticas proibidas só o serão quando, *de forma sensível*, restrinjam a concorrência. O abuso de posição dominante aparece no artigo 6.º e o de dependência económica no artigo 7.º. Antes aparecia nos artigos 5.º e 4.º, respectivamente.

III. A Lei n.º 18/2003 apresenta uma redacção mais cuidada e uma melhor arrumação da matéria. Também a matéria processual obteve uma regulação tecnicamente superior. A Autoridade da Concorrência, ora referida nos artigos 14.º a 16.º, recebe poder de inquérito e de inspecção de tipo policial: artigo 17.º, todos da Lei n.º 18/2003[25]. No âmbito de tais poderes, ela pode, designadamente:

– inquirir os representantes legais de empresas ou de associações;
– proceder à busca, exame, recolha e apreensão de cópias e extractos de escrita e demais documentação, precedendo despacho judicial;
– proceder à selagem de instalações.

Toda esta matéria deve ser conciliada com os direitos fundamentais, como adiante melhor será explicitado.

---

[25] Tais poderes eram atribuídos, pelo artigo 23.º do Decreto-Lei n.º 371/93, à Direcção-Geral de Concorrência e Preços.

10. O Decreto-Lei n.º 10/2003, de 18 de Janeiro

I. A Autoridade da Concorrência, referida na Lei n.º 18/2003, fora criada pelo Decreto-Lei n.º 10/2003, de 18 de Janeiro (1.º)[26]. Trata-se de uma "pessoa colectiva de direito público, de natureza institucional, dotada de órgãos, serviços, pessoal e património próprios e de autonomia administrativa e financeira" (2.º). Veio substituir o Conselho da Concorrência e, em parte, a Direcção-Geral do Comércio e da Concorrência (5.º).

II. Os Estatutos da Autoridade da Concorrência foram aprovados em anexo ao Decreto-Lei n.º 10/2003. Têm a seguinte arrumação:

Capítulo I – Disposições gerais (1.º a 9.º).
Capítulo II – Organização:
    Secção I – Órgãos (10.º);
    Secção II – Conselho (11.º a 22.º);
    Secção III – Fiscal único (23.º a 25.º);
    Secção IV – Serviços e pessoal (26.º a 28.º).
Capítulo III – Gestão financeira e patrimonial (29.º a 32.º).
Capítulo IV – Tutela e responsabilidade (33.º a 39.º).

III. Não oferece quaisquer dúvidas a submissão da Autoridade à lei. De resto, o artigo 35.º dos Estatutos dispõe, de modo expresso:

> 1 – Os titulares dos órgãos da Autoridade, bem como o seu pessoal, respondem financeira, civil e criminalmente pelos actos e omissões que pratiquem no exercício das suas funções, nos termos da Constituição e demais legislação aplicável, sem prejuízo da responsabilidade disciplinar a que houver lugar.

Significativamente, o controlo jurisdicional das decisões da Autoridade é assegurado pelo Tribunal de Comércio de Lisboa – artigo 38.º, dos Estatutos.

---

[26] No uso da autorização legislativa concedida pela Lei n.º 24/2002, de 31 de Outubro.

III – Direitos fundamentais

11. *Direitos de personalidade, direitos do homem e direitos fundamentais*

I. Prosseguindo na presente pesquisa, vamos ponderar os direitos fundamentais e as empresas. Impõe-se, preliminarmente, a clarificação terminológica dos termos envolvidos[27]. Surgem-nos, efectivamente, as figuras dos direitos de personalidade, dos direitos do homem e dos direitos fundamentais.

Direitos de personalidade são direitos subjectivos que recaem sobre elementos destacados da pessoa: os bens de personalidade. Podem reportar-se a realidades biológicas, a realidades morais e a realidades sociais. Historicamente, os direitos de personalidade integram-se numa tradição que remonta a Donellus e que foi aprofundada pela pandectística tardia.

II. Os direitos do homem traduzem uma noção de tipo racionalista. Destinavam-se a exprimir os círculos jurídico-positivos emanentes a cada pessoa e capazes de deter a actuação arbitrária do Estado. Lograram reconhecimento nas Constituições Norte-Americanas e correspondem a uma tradição anglo-saxónica, que sensibilizou ainda a experiência francesa.

Os direitos fundamentais equivalem a posições favoráveis das pessoas reconhecidas pelas Constituições modernas. Em regra, eles irão exprimir direitos muito importantes, que o Estado deve respeitar. Acolherão, em simultâneo, certos direitos de personalidade. Dispõem de um regime muito eficaz. Justifica-se que se lhes dê o maior relevo, embora diversos aspectos dogmáticos a eles atinentes devam ser procurados nos direitos de personalidade.

III. Os direitos fundamentais[28] correspondem ainda à juspositivação, nas ordens internas do tipo continental, dos direitos do ho-

---

[27] Outros elementos e as diversas fontes podem ser confrontados no nosso *Tratado de Direito civil* I/3 (2004), 29 ss. e 83 ss..

[28] Quanto à preferência por "direitos fundamentais" cf. JORGE MIRANDA, *Manual de Direito Constitucional*, tomo IV, *Direitos fundamentais*, 3.ª ed. (2000), 51-52, em termos convincentes.

mem[29]. Embora com antecedentes, a expressão "direitos fundamentais" ficou consignada na Constituição do *Reich* alemão de 11 de Agosto de 1919 – a Constituição de Weimar – que lhe dedicou os artigos 109 a 165[30], sob o título "direitos fundamentais".

A Constituição portuguesa de 1976, aproveitando toda uma série de experiências anteriores e assente no nível elevado do constitucionalismo português, acolheu e desenvolveu a matéria da melhor forma.

Podemos apresentar os direitos fundamentais como as posições jurídicas activas consagradas na Constituição. Serão formais quando se considere a Constituição formal – portanto: o diploma, aprovado com determinadas solenidades e a que se chame "Constituição" – e materiais quando resultem dos princípios e normas essenciais de determinado ordenamento[31]. Os direitos fundamentais apresentam-se, no essencial, como produto de um discurso jurídico-constitucional. Todavia, a realidade a que se reportam suporta reflexões filosóficas e comporta um posicionamento internacional[32].

IV. Em termos técnicos rigorosos, nem todos os "direitos fundamentais" são verdadeiros "direitos": eles acolhem posições activas de tipo genérico, como as "liberdades"[33]. Trata-se, todavia, de uma expressão consagrada.

A multiplicação de "direitos" fora de qualquer técnica jurídica pode provocar a sua desvalorização. Os próprios direitos fundamentais são exageradamente invocados. Assim, von Münch relata, na experiência alemã e até 1998, 117 528 queixas por pretensas violações da Constituição de 1949, das quais 114 512 por alegados atentados aos direitos fundamentais. Destas, apenas 3 000 (2,62%) obtiveram provimento, o que dá bem a ideia da empolada legitimidade constitucional[34].

---

[29] GERRIT MANSSEN, *Grundrechte* (2000), 5. Cf., entre nós, JORGE BACELAR GOUVEIA, *O estado de excepção no Direito constitucional*, II vol. (1998), 1463 ss..

[30] Cf. FRITZ POETZSCH-HEFFTER, *Handausgabe der Reichsverfassung vom 11. August 1919*, 2.ª ed. (1921), 163 ss. e *Handkommentar der Reichsverfassung vom 11. August 1919*, 3.ª ed. (1928), 392-501.

[31] Cf. JORGE MIRANDA, *Direitos fundamentais*, 3.ª ed. cit., 7 ss., com indicações.

[32] JOSÉ CARLOS VIEIRA DE ANDRADE, *Os direitos fundamentais na Constituição portuguesa de 1976* (1983), 11 ss., 16 ss. e 25 ss..

[33] Cf. a perspectiva de GREGORIO PECES-BARBA MARTINEZ, *Diritti e doveri fondamentali*, DDPubl V (1990), 139-159.

[34] INGO VON MÜNCH/PHILIP KUNIG, *Grundgesetz-Kommentar*, 5.ª ed. (2000), prenot. art. 1-19 (21 ss.).

Feita a prevenção, nenhum obstáculo existe em que se continue a falar de "direitos".

12. *Classificações e enunciado*

I. Os direitos fundamentais são susceptíveis de classificações diversas. Todas elas têm interesse para o melhor conhecimento da figura.

Sachs distingue os direitos fundamentais em função da fonte, do titular, do obrigado e da matéria regulada[35]. No tocante à fonte, teríamos direitos com assento na constituição federal, na constituição dos estados federados, nos textos europeus ou no Direito internacional. Quanto ao titular teríamos direitos comuns e direitos próprios de certas categorias: mães, crianças, minorias, refugiados, etc.. A ideia do obrigado permitiria distinguir direitos oponíveis ao Estado ou *erga omnes*. Finalmente, a matéria regulada atenderia ao tema neles em jogo: religião, cultura, economia, vida privada ou opção política.

Outras ordenações são possíveis, com relevo para o desenvolvimento de Jorge Miranda, que distingue direitos (fundamentais) individuais e institucionais, comuns e particulares, do homem, do cidadão e do trabalhador, pessoais, sociais e políticos, gerais e especiais, materiais e procedimentais[36] [37].

A prevalência – que seguramente se impõe, de um ponto de vista pragmático e, logo, científico – de critérios científicos levará a circunscrever os direitos fundamentais aos que resultem, directa ou proximamente, da Constituição.

II. Para efeitos do estudo material do tema, interessa distinguir os direitos fundamentais de acordo com categorias civis.

A contraposição básica distingue, nos direitos fundamentais, os direitos subjectivos *proprio sensu* dos restantes[38]. Apenas os primeiros são

---

[35] MICHAEL SACHS, *Verfassungsrecht* II – *Grundrechte* (2000), 30-31.

[36] JORGE MIRANDA, *Direitos fundamentais*, 3.ª ed. cit., 77 ss..

[37] Quanto ao universo jurídico-positivo dos direitos fundamentais, tem interesse confrontar o índice da recolha de JORGE BACELAR GOUVEIA, *Legislação de direitos fundamentais* (1991), 517 ss.: a própria LDC está aí incluída.

[38] Trata-se de uma distinção que apresenta contactos com as contraposições publicísticas entre "direitos", "liberdades" e "garantias", embora não se confunda com elas; cf. JORGE MIRANDA, *Direitos fundamentais*, 3.ª ed. cit., 95 ss..

"direitos subjectivos": os demais traduzem posições favoráveis que, por falta de especificidade do bem a que se reportem, se traduzem, no essencial, em permissões genéricas ou liberdades. A esta luz, não são direitos (subjectivos) a liberdade de religião, a liberdade de educação, a liberdade de constituir família ou a liberdade de imprensa: implicam permissões genéricas e não específicas.

Segue-se a distinção entre direitos (fundamentais) privados e os públicos: os primeiros correspondem a regras materialmente civis ou privadas, isto é: a regras que, embora constitucionalizadas, se podem considerar como de Direito privado, através dos critérios histórico-sistemáticos. Os direitos fundamentais públicos têm a ver com regras administrativas, pessoais ou processuais. Serão direitos fundamentais públicos o direito à tutela jurisdicional efectiva – 20.° –, o direito de resistência[39] – 21.° – o direito à contenção das medidas criminais – 28.° a 33.°, todos da Constituição e como exemplos[40].

III. Finalmente, os direitos fundamentais privados correspondem a direitos de personalidade quando se reportem a bens de personalidade. São eles[41]:

– o direito à vida – 24.°/1;
– o direito à integridade moral e física – 25.°/1;
– os "direitos pessoais" referidos no artigo 26.°/1:
– o direito à identidade pessoal;
– o direito ao desenvolvimento da personalidade;
– o direito à capacidade civil;
– o direito à cidadania;
– o direito ao bom nome e reputação;
– o direito à imagem;

---

[39] Haveria aqui que distinguir entre "direito geral de resistência", mera liberdade e o direito (específico) de resistência, que se consubstanciaria caso a caso, depois de verificados os pressupostos respectivos.

[40] Ocorre aqui recordar a classificação das posições jurídicas públicas, apresentada por JELLINEK, em *status libertatis, status civitatis* e *status activae civitatis* e que pode ser seguida em JORGE MIRANDA, *Direitos fundamentais*, 3.ª ed. cit., 87-89; cf. GEORG JELLINEK, *System der subjektiven öffentlichen Rechte*, 2.ª ed. (1905, reimp., 1963), 94 ss., 114 ss. e 136 ss..

[41] Os artigos citados são, todos eles, da Constituição.

– o direito à palavra;
– o direito à reserva da intimidade da vida privada e familiar;
– o direito à protecção legal contra quaisquer formas de discriminação.

IV. A grande base constitucional dos direitos fundamentais (civis) de personalidade reside, pois, nos artigos 24.º/1, 25.º/1 e 26.º/1, todos da Constituição. As figuras aí consignadas mereceram, depois, diversas concretizações. Assim:

– o direito à inviolabilidade do domicílio – 34.º/1;
– o direito ao sigilo da correspondência e de outros meios de comunicação privada – *idem*;
– o direito de acesso aos dados informáticos que digam respeito ao sujeito – 35.º/1;
– o direito de resposta, de rectificação e de indemnização por infracções cometidas ao "abrigo" da liberdade de expressão e de informação – 37.º/4[42];
– o direito moral de autor – 42.º/2.

Posições importantes como a liberdade de iniciativa económica privada ou liberdade de empresa – 61.º/1 – e o acesso à propriedade (ou apropriação) privada – 62.º/1 – não são direitos de personalidade nem, sequer, direitos subjectivos: apenas *in concreto* esta última figura poderá surgir.

13. *O regime básico*

I. Os direitos fundamentais têm um regime específico, dotado de esquemas que visam assegurar a sua efectivação. Compreende-se a sua importância: sempre que um direito de personalidade possa acolher-se a um "direito fundamental", a sua tutela ficará reforçada.

---

[42] As próprias liberdades de expressão e de informação não surgem como direitos subjectivos, dada a natureza genérica das permissões em que assentam.

Segundo o artigo 18.º/1 da Constituição,

Os preceitos constitucionais respeitantes aos direitos, liberdades e garantias são directamente aplicáveis e vinculam as entidades públicas e privadas.

Trata-se de um esquema retirado do artigo 1.º/3 da Lei Fundamental alemã[43], visando uma protecção alargada e efectiva[44]. No fundo, o preceito procura prevenir que, através de leis ordinárias, o Estado acabe por frustrar a mensagem normativa ínsita nos direitos fundamentais[45].

Na base deste preceito, os tribunais têm feito aplicações importantes: no campo do processo[46] e no domínio dos direitos substantivos[47].

II. Ainda a propósito do regime pôs-se a questão complexa da eficácia civil ou *erga omnes* dos direitos fundamentais. O problema ocorre porque, em princípio, os direitos fundamentais deveriam dirigir-se contra o Estado: apenas reflexamente se situariam no campo privado, obrigando outros particulares.

Neste momento, temos disponíveis elementos que permitem ir mais longe. Quando o artigo 18.º/1 da Constituição, superando o próprio artigo 1.º/3 da Lei Fundamental Alemã, afirma que os direitos fundamentais "... vinculam as entidades (...) privadas..."[48], fá-lo sob a lógica reserva de se tratar de direitos que, pela sua própria estrutura, possam atingir os outros particulares. Por exemplo, o "direito" fundamental à habitação não permite, ao arrendatário, bloquear a possibilidade de o senhorio despejar o prédio para obras: trata-se de um "direito" a acções ou prestações do Estado, de cariz programático[49], e não de um direito

---

[43] Cf. JÖRG IPSEN, *Staatsrecht Grundrechte*, 3.ª ed. (2000), 17 e JORGE MIRANDA, *Direitos fundamentais*, 3.ª ed. cit., 311 ss..

[44] HELMUT GOERLICH, *Grundrechte als Verfahrensgarantien* (1981), 137 ss..

[45] Cf. VIEIRA DE ANDRADE, *Os direitos fundamentais* cit., 254 ss..

[46] Assim, em RPt 20-Dez.-2000 (MANSO RAINHO), CJ XX (2000) 5, 235-236, a propósito da consulta do inquérito, em processo penal.

[47] Assim, RLx 15-Mar.-2000 (MARCOLINO DE JESUS), CJ XXV (2000) 2, 90-92 (91/I), num caso relativo ao bom nome.

[48] Cf., quanto a esse preceito, VIEIRA DE ANDRADE, *Os direitos fundamentais* cit., 270 ss., JOSÉ JOÃO ABRANTES, *A vinculação das entidades privadas aos direitos fundamentais* (1990), 87 ss. e JORGE MIRANDA, *Direitos fundamentais*, 3.ª ed. cit., 320 ss..

[49] TC n.º 333/99, de 8 de Junho (VÍTOR NUNES DE ALMEIDA; vencida: FERNANDA PALMA), BMJ 488 (1999), 94-102 (99, com indicações).

real que deva ser imposto ao senhorio, sob pena, aliás, de grave atentado ao princípio da igualdade.

Os direitos fundamentais que, estruturalmente, surgem oponíveis *erga omnes* são, precisamente, os direitos de personalidade.

III. A referência, em tal conjuntura, a "direitos fundamentais" teria um duplo papel: permitiria isolar o direito de personalidade concreto que, por ter sido constitucionalmente nominado, disporia de um suplemento de peso argumentativo e aplicativo; implicaria uma especial intensidade normativa, pondo-os ao abrigo de normas hierarquicamente inferiores.

Quanto ao resto, o regime dos direitos fundamentais de personalidade segue as regras civis. Abaixo explicitaremos as mais significativas.

14. *A ressarcibilidade e a adopção de medidas adequadas de defesa*

I. A violação dos direitos fundamentais que abriguem direitos de personalidade dá azo a responsabilidade civil e à adopção das "... providências adequadas às circunstâncias do caso, com o fim de evitar a consumação da ameaça ou atenuar os efeitos da ofensa já cometida" – artigo 70.º/2, 2.ª parte. Trata-se de aspectos importantes e que devem ser ponderados em separado.

II. A ressarcibilidade da violação de direitos de personalidade já levantou muitas dúvidas: dúvidas que, de resto, deixaram rastos na lei vigente, que interessa expurgar.

De facto, os artigos 2384.º a 2387.º do Código de Seabra dispunham sobre prejuízos ressarcíveis no caso de homicídio ou de ferimentos: só especificavam danos patrimoniais, abstraindo dos restantes. Os danos morais não seriam ressarcíveis, por falta de base legal. Além disso, veio sustentar-se que as obrigações insusceptíveis de avaliação pecuniária não poderiam, quando violadas, dar lugar a uma sanção[50]. Finalmente e nas palavras de Manuel de Andrade,

---

[50] Luiz da Cunha Gonçalves, *Tratado de Direito civil*, vol. 4.º (1931), 343.

O dinheiro e os danos morais são entidades absolutamente heterogéneas, não podendo, pois, existir qualquer equivalência entre elas. De resto, só numa concepção genericamente materialista da vida é que pode aceitar-se a ideia de saldar com dinheiro quaisquer valores morais sacrificados; de atribuir ao ofendido, no caso de danos morais, o direito de apresentar uma conta ao ofensor[51].

Estas asserções não são hoje admitidas. Desde logo surpreende que se venha invocar a intangibilidade da ofensa moral... para a deixar sem protecção. A indemnização pode ter uma função ressarcitiva, apagando o dano: assim será, em princípio, nos danos patrimoniais. Mas pode, também, ter uma função compensatória: ainda que se saiba ser impossível suprimir determinado dano, é preferível arbitrar uma indemnização que, de certo modo, compense o mal feito, do que nada fazer.

Além disso, sabe-se, hoje, que a responsabilidade civil tem um papel punitivo: visa ressarcir o mal feito e desincentivar, quer junto do agente, quer junto de outros elementos da comunidade, a repetição das práticas prevaricadoras.

Este último vector fica claro através de jurisprudência tendente a moralizar o comportamento dos órgãos de informação sensacionalistas. Sucedera o seguinte: um jornal desse tipo publica, reportando-se à Princesa Carolina do Mónaco e em primeira página: *Carolina, ela luta corajosamente contra o cancro no seio*; todavia, a leitura da notícia, no interior, mostrava que, muito simplesmente, a Princesa fizera uma doação a uma associação de combate ao cancro; o título da primeira página levava o leitor desprevenido a pensar que a própria Princesa teria adoecido, com cancro[52]. Num segundo caso, também relativo a Carolina do Mónaco: sem autorização e ignorando prévia injunção judicial, um jornal publica fotografias do filho da Princesa[53]. Em ambos os casos o Tribunal Federal Alemão condenou os jornais em jogo no pagamento de indemnizações à visada. Repare-se: não há danos patrimoniais e também não se vê que especial alegria a visada poderia obter com as indemnizações arbitradas.

---

[51] MANUEL DE ANDRADE, *Teoria geral das obrigações*, com a col. de RUI DE ALARCÃO, 3.ª ed. (1966), 165. O próprio ANDRADE acabava, depois, por admitir a indemnização por danos morais, quando correspondesse a uma cláusula penal.
[52] Caso decidido em BGH 5-Dez.-1995, NJW 1996, 984-985.
[53] Caso decidido em BGH 12-Dez.-1995, NJW 1996, 985-986.

Todavia, nada arbitrar equivaleria a deixar sem sanção uma conduta claramente condenável, que desrespeita os próprios direitos do público consumidor de jornais. As condenações proferidas pelo BGH tiveram, assim, o sentido de prevenir novas prevaricações[54].

III. Deu-se uma evolução doutrinária e jurisprudencial que, aos poucos, veio a consagrar a ressarcibilidade de danos morais. Esta foi admitida perante leis especiais que a consentissem[55] e, esporadicamente, sob a invocação de preceitos constitucionais retirados da Constituição de 1933[56]. Todavia, a prática anterior ao Código Civil vigente procurava, sempre, acolher-se a leis especiais[57]. Uma viragem favorável ao ressarcimento de danos morais, independentemente de tais constrangimentos, ocorreria já próxima da mudança de códigos[58].

Aquando da preparação do que viria a ser o Código Civil de 1966, o tema da ressarcibilidade dos danos morais foi aprofundado por Vaz Serra[59], que deu uma resposta positiva de princípio. Acabaria por, na parte agora em causa, formular a proposta seguinte[60]:

artigo 759.º (Satisfação do dano não patrimonial)

1 – O dano não patrimonial é objecto de satisfação pecuniária quando seja suficientemente grave e merecedor de protecção jurídica.

---

[54] Cf. MATHIAS PRINZ, *Der Schutz der Persönlichkeitsrechte vor Verletzung durch die Medien*, NJW 1995, 817-821 e *Geldentschädigung bei Persönlichkeitsrechtsverletzung durch Medien*, NJW 1996, 953-958.

[55] Tal o caso do artigo 34.º do Código de Processo Penal de 1927; cf. RCb 18-Nov.-1947 (CARLOS SAAVEDRA), BMJ 6 (1948), 252-257 (256-257) e STJ 13-Dez.-1947 (TAVARES DA COSTA), BMJ 4 (1948), 110-113 (111-112).

[56] STJ 20-Jul.-1951 (RAÚL DUQUE), BMJ 26 (1951), 235-238 (237); em concreto, não foi, aí, arbitrada uma indemnização por, segundo o Supremo, não se terem especificado os danos.

[57] STJ 22-Jul.-1952 (CAMPELO DE ANDRADE), BMJ 32 (1952), 250-252, STJ 13-Mar.-1962 (AMÍLCAR RIBEIRO), BMJ 115 (1962), 429-432 (431), STJ 24-Abr.-1962 (ALFREDO JOSÉ DA FONSECA), BMJ 116 (1962), 443-446 (444 e 445), STJ 22-Dez.-1964 (ALBUQUERQUE ROCHA), BMJ 142 (1965), 332-337 (337) e STJ 19-Jan.-1965 (GOMES DE ALMEIDA), BMJ 143 (1965), 204-207 (207).

[58] STJ 18-Nov.-1966 (GONÇALVES PEREIRA), BMJ 161 (1966), 389-392 (391).

[59] ADRIANO VAZ SERRA, *Reparação do dano não patrimonial*, BMJ 83 (1958), 69-111 (106). Esta matéria pode ser comodamente confrontada em JACINTO RODRIGUES BASTOS, *Das obrigações em geral*, II (1972), 116 ss..

[60] ADRIANO VAZ SERRA, *Direito das obrigações*, BMJ 101 (1960), 15-408 (137).

Tal acontece, em especial, nos casos de lesão de direitos de personalidade (...)

Como se vê, era uma fórmula cautelar, que dava ainda conta do ambiente pouco favorável, existente neste domínio. A 1.ª revisão ministerial manteve a restritividade; preconizava[61]:

> artigo 476.º (Dano não patrimonial)
> 1 – O dever de indemnizar compreende os danos de carácter não patrimonial que, pela sua gravidade, mereçam a tutela do direito.
> É objecto de satisfação pecuniária quando seja suficientemente grave e merecedor de protecção jurídica. Tal acontece, em especial, nos casos de lesão de direitos de personalidade (...)

Perdeu-se, sem justificação conhecida, a referência expressa aos direitos de personalidade. A fórmula definitiva, hoje patente na lei, adveio do projecto final.

O que entender pela "gravidade" geradora da tutela do Direito? Como ponto de partida, a "gravidade" não deve ter a ver com o montante: apenas com a seriedade – ou melhor: a juridicidade – da situação. Na presença de um direito de personalidade, tal "gravidade" tem-se como consubstanciada: a indemnização deve ser arbitrada. E de facto, como melhor veremos a propósito dos direitos de personalidade em especial, as indemnizações têm vindo a ser incrementadas. Trata-se de uma peça-chave na concretização social dos direitos de personalidade.

IV. O artigo 70.º/2, além da responsabilidade civil a que haja lugar, dispõe:

> (...) a pessoa ameaçada ou ofendida pode requerer as providências adequadas às circunstâncias do caso, com o fim de evitar a consumação da ameaça ou atenuar os efeitos da ofensa já cometida.

"Ameaça", aqui, não traduz o sentido comum do acto ou efeito de "ameaçar"; exprime, tão-só, a ofensa eminente ou em curso a um direito de personalidade, independentemente da intenção do agente. "Ofensa" exprime a violação consumada, mas independentemente, também, dos

---

[61] Cf. RODRIGUES BASTOS, *Das obrigações em geral*, II cit., 115.

juízos em que incorra o agente: trata-se de uma providência de protecção, que deve funcionar mesmo em situações puramente objectivas, independentemente da culpa do agente: esta deve ser tida em conta apenas no momento da responsabilidade civil, nos moldes gerais.

V. O Código de Processo Civil prevê, para o efeito do artigo 70.º/2, 2.ª parte, um processo especial, regulado nos seus artigos 1474.º e 1475.º. Trata-se do processo de fundo; em situações de urgência, verificados os requisitos exigíveis, pode recorrer-se a um procedimento cautelar, regulado nos artigos 381.º e seguintes, do mesmo Código.

O que entender por "providências adequadas"? O critério de adequação não pode deixar de ser constituído pela bitola necessária para fazer cessar a ameaça ou o atentado ao direito de personalidade visado. Normalmente, tais providências irão traduzir-se em deveres de omitir a conduta prevaricadora. Mas poderão ser determinadas actuações positivas. Assim:

– demolições de instalações ruidosas ou insalubres;
– encerramento de estabelecimentos ou fixação de horários limitativos;
– cessação de determinadas actividades, incluindo neutralização de máquinas ou reduções de actividades;
– obras de protecção ou de isolamento;
– colocação de avisos de perigo ou de vedações;
– difusão de desmentidos ou de pedidos de desculpa;
– destruição de documentos, de ficheiros ou de reproduções;
– prestação de caução;
– sanções pecuniárias compulsórias.

Caso a caso, o Tribunal deverá decidir: dá-lhe, a lei, os necessários poderes.

15. *O alargamento às pessoas colectivas*

I. Os direitos de personalidade foram histórica e dogmaticamente pensados para servir o ser humano: a pessoa singular. Transpô-los para além desse campo equivaleria a uma distorção da figura. A somar à inadequação de base: tal transposição poderia prejudicar os próprios direitos de personalidade, amputando-os da sua conexão humanística ontologicamente decisiva e banalizando os argumentos basilares em que assenta.

Em suma: à partida, teríamos um conjunto de razões sérias que limitariam, às pessoas singulares, a titularidade de direitos de personalidade. Esta argumentação funcionaria também perante os direitos fundamentais. As Constituições políticas, por todo um conjunto de razões históricas, políticas e sociais, congeminaram-nos para cidadãos individuais. Um alargamento *praeter legem* às pessoas colectivas poderia provocar distorções e desvirtuamentos.

II. Todavia, a tutela dos direitos de personalidade – e a dos direitos fundamentais[62] – veio, pela jurisprudência subsequente a 1945, a ser alargada às pessoas colectivas[63].

Na origem temos problemas práticos, a que os Tribunais não podiam deixar de dar resposta. O descrédito de uma sociedade, provocado por afirmações falsas, provoca danos a diversos níveis: a actuação que a tanto houvesse conduzido não poderia deixar de ser sancionada. Não obstante a razoabilidade desta asserção, mantêm-se dificuldades estruturais[64], que cumpre superar.

Parte das dificuldades dogmáticas existentes no tocante à transposição dos direitos de personalidade para as pessoas colectivas radicam numa má dogmatização do conceito destas últimas. A doutrina do "realismo jurídico", até há pouco dominante, sem contradita, no nosso panorama doutrinário, é disso um bom exemplo: entender que a pessoa colectiva é uma "realidade", perante o Direito, não explica como lhe aplicar figuras pensadas para verdadeiras realidades humanas. O problema poderá superar-se se desistirmos de ver realidades substantivas onde apenas há jogos de normas. A personalidade colectiva traduz um centro de imputação de normas jurídicas, diverso do implicado por uma pessoa singular. Mas as pessoas singulares são, sempre e em última

---

[62] Assim: Sachs, *Grundrechte* cit., 84 ss., Manssen, *Grundrechte* cit., 19 ss. e Ipsen, *Grundrechte*, 4.ª ed. cit., 20 ss..

[63] Frank Quante, *Das allgemeine Persönlichkeitsrecht juristischer Personen/Eine zivilrechtliche Studie* (1999), 20 ss.

[64] Cf. Rixecker, no *Münchener Kommentar*, 4.ª ed. (2000), anexo ao § 12, Nr. 18 ss. (231 ss.).

análise, as destinatárias de quaisquer deveres. Podem sê-lo em *modo singular*, altura em que as regras se lhes aplicam directamente, ou em *modo colectivo*, situação que implica novas normas jurídicas, antes de se chegar ao destinatário do comando.

A desonra de uma pessoa colectiva repercute-se sobre as pessoas que lhe sirvam de suporte ou que, para ela, trabalhem ou actuem. Reacções individuais seriam impensáveis; assim, há que reagir em *modo colectivo*. A pessoa colectiva ficará encartada nos dircitos competentes, sendo certo que os bens em jogo são, sempre, verdadeiros bens de personalidade, atingidos de modo mediato[65]. O artigo 484.º do Código Civil, sensível à problemática, tutela, com indemnização, a ofensa do crédito ou do bom nome das pessoas colectivas.

Naturalmente: qualquer transposição da tutela de personalidade para pessoas colectivas deve sempre ser feita tendo em conta os fins a que elas se destinem e a natureza da situação envolvida.

III. A transposição, para as pessoas colectivas, dos direitos de personalidade implica diversas especialidades. Alguns autores chegaram a sustentar que, às pessoas colectivas, apenas se aplicariam os "direitos especiais" de personalidade: não o "direito geral"[66]. Esta opção seria superada[67], numa saída que perde relevo com o abandono do próprio "direito geral", enquanto verdadeiro direito subjectivo. A jurisprudência do Tribunal Constitucional Alemão veio, de todo o modo, fazer adaptações: o direito geral de personalidade, nas sociedades comerciais, mais não seria do que a liberdade de iniciativa económica[68].

Particularmente aptos para defender interesses das pessoas colectivas seriam o direito ao nome[69], o direito à honra[70] e o direito à privacidade[71].

---

[65] LARENZ/CANARIS, *Lehrbuch des Schuldrechts*, II, 2, 13.ª ed. (1994), 520.
[66] Cf. HERBERT LESSMANN, *Persönlichkeitsschutz juristischer Personen*, AcP 170 (1970), 266-294 (268 e 271 ss.).
[67] ALFONS KRAFT, *Gedanken zum allgemeiner Persönlichkeitsrecht juristischer Personen*, FS Hubmann (1985), 201-219 (215 ss.).
[68] BVerfG 3-Mai.-1994, NJW 1994, 1784-1785.
[69] LESSMANN, *Persönlichkeitsschutz juristischer Personen*, cit., 287 ss..
[70] *Idem*, 288.
[71] MICHAEL MEISSNER, *Persönlichkeitsschutz juristischer Personen im deutschen und US-amerikanischen Recht/Eine rechtsvergleichende Untersuchung des allgemeinen Persönlichkeitsrechts juristischer Personen* (1998), 13, referindo um *corporate right of privacy*.

IV. A jurisprudência nacional tem reconhecido a protecção jurídica dos bens de personalidade das pessoas colectivas.

Desde logo havia uma tutela penal já antiga. O assento do STJ 24-Fev.-1960[72] reconhecia que as sociedades comerciais podem ser sujeitos passivos de crimes contra a honra, numa posição que tem sido mantida[73] e que está hoje expressa no artigo 187.º, do Código Penal.

Nem todos os direitos de personalidade, reportados a pessoas colectivas, teriam protecção[74]; haveria tutela em casos como no do direito ao nome[75] e no do direito à honra[76].

V. A determinação abstracta dos direitos fundamentais e de personalidade susceptíveis de assistir às pessoas colectivas coloca algumas dificuldades: mas não é insuperável.

Desde logo, haverá que excluir do âmbito da tutela os direitos relativos ao círculo biológico: vida e integridade física. Os problemas que surjam a esse nível reportar-se-ão às pessoas singulares subjacentes. Todavia, pode-se admitir que, *in concreto* e por exemplo, um atentado à saúde dos trabalhadores de uma empresa represente, para esta, uma violação do bom nome e da reputação: um mesmo acto pode violar vários direitos.

De seguida, temos os direitos que se prendem com a natureza da pessoa humana, tais como o direito à intimidade. A *privacy* dos entes colectivos, que vem sendo reconhecida, tem um sentido diverso.

Os direitos de personalidade patrimoniais teriam uma vocação de princípio para assistirem, também, às pessoas colectivas. Não podemos, todavia, fazer disso um princípio.

---

[72] STJ(P) 24-Fev.-1960 (F. TOSCANO PESSOA; vencidos: ALVES MONTEIRO e CAMPOS DE CARVALHO), BMJ 94 (1960), 107-110 (111).
[73] RLx 1-Abr.-1987 (COSTA FIGUEIRINHAS), CJ XII (1987) 2, 181-183.
[74] RPt 28-Mar.-1985 (ZEFERINO FARIA), CJ X (1985) 2, 229-232 (231/I).
[75] *Idem*, loc. cit. e 232.
[76] STJ 17-Out.-2000 (AZEVEDO RAMOS), CJ/Supremo VIII (2000) 3, 78-82: o caso *Partex*; uma estação televisiva divulgou que a *Partex* providenciara a instalação de um telefone escondido no gabinete do Procurador-Geral da República, de modo a realizar escutas ilícitas, o que resultou ser falso: foram arbitrados 10.000 c. de indemnização (82/II). Curiosa e acertadamente, o Supremo fez apelo ao artigo 70.º/2, fonte da tutela geral. Na verdade, o direito à honra não tem consagração civil expressa; trata-se de um direito inominado cuja juridicidade decorre, genericamente, do preceito em causa.

Em suma: caso a caso haverá que verificar que direitos de personalidade podem operar perante pessoas colectivas, com que adaptações e em que limites.

IV – Concorrência e direitos fundamentais das empresas

16. *Os direitos das empresas*

I. A Lei n.º 18/2003, de 11 de Junho, no seu artigo 2.º/1, define empresa como:

> (...) qualquer entidade que exerça uma actividade económica que consista na oferta de bens ou serviços num determinado mercado, independentemente do seu estatuto jurídico e de modo de funcionamento.

A noção é operacional. De facto, as realidades que relevam para a concorrência são todas as que surjam com capacidades produtivas. Encontram-se, nessa categoria, pessoas singulares, estabelecimentos diversos, sociedades, associações, cooperativas, fundações e, até, institutos públicos. A ideia de empresa, verdadeira noção-quadro[77], permite, de modo satisfatório e expressivo, traduzir todas as hipóteses a regular.

II. Perante essa diversidade, resta considerar que, subjacente à empresa, haverá um qualquer sujeito, singular ou colectivo. Assim, quando se fale em "direitos das empresas", temos em vista os direitos que assistam ao sujeito que encabece a empresa considerada. Com essa precisão, nenhum inconveniente existe em falarmos nos direitos das empresas.

III. As empresas têm os mais variados direitos. Estes podem-lhes ser individualizadamente atribuídos, por leis ou por instrumentos negociais específicos. E podem, ainda, advir de categorias gerais, fundando-se na mera existência da empresa como sujeito. Pense-se, por exemplo, nas várias faculdades de (livre) actuação económica, constitucionalmente

---

[77] Cf. o nosso *Manual de Direito comercial*, 1.º vol. (2001), 233 ss..

consignadas e que dão azo a diversas figuras jurídico-subjectivas. O próprio direito de propriedade privada consignado no artigo 62.º/1 da Constituição, a entender como princípios de tutela de todos os direitos patrimoniais privados faz, aqui, a sua aparição.

IV. O contraponto dos direitos das empresas reside nos deveres que a elas assistam. Tais deveres são múltiplos e constantes. Visando ordenar a vida económica da sociedade, o Direito dirige comandos aos agentes económicos, independentemente da sua natureza jurídica, o que é dizer: às empresas. Encontramos regras fiscais, regras administrativas, regras de procedimento e, em lugar significativo, as próprias normas de defesa da concorrência. Essa capacidade de encabeçar regras de conduta revela-se, também, na susceptibilidade de acolher direitos subjectivos.

17. *Direitos fundamentais e de personalidade*

I. Como foi dito, os direitos fundamentais e os de personalidade – categorias distintas mas, por vezes, em sobreposição, numa confluência com reflexos no regime – respeitavam, inicialmente, às pessoas singulares vindo, depois, a alargar-se às colectivas. Quer isso dizer que os direitos fundamentais e os de personalidade contemplam todos os sujeitos de Direito, independentemente da sua natureza.

Esses direitos não deixarão de estar presentes quando se joguem sujeitos de natureza económica. Torna-se, assim, indiscutível que as próprias empresas, na acepção técnica aqui utilizada, disfrutam de direitos fundamentais e de personalidade.

II. Se procurarmos mais concretamente que tipo de direitos, seremos obrigados a indagar qual a concreta natureza da empresa em jogo ou, melhor dizendo: do sujeito que lhe dê corpo. Eles variarão consoante se trate de uma pessoa singular – que terá direito à integridade física, por exemplo – ou uma pessoa colectiva.

Podemos, todavia, trabalhar num plano comum: quando se refiram os "direitos das empresas", temos em vista as correspondentes posições jurídico-subjectivas *enquanto empresas*, isto é: os direitos relevantes por estarem em jogo organizações produtivas. Tal não permite esquecer a necessidade de completar esse plano com o dos sujeitos comuns, singulares ou colectivos.

III. Sublinhamos, ainda, a interacção existente entre os diversos direitos e os interesses e valores que eles representam. O direito ao bom nome não será, à partida, "empresarial". Todavia, parece claro que ao denegrir o bom nome de uma empresa, se pode pôr em crise a sua capacidade produtiva. Além disso, podem-se atingir os bons nomes dos seus quadros e dos seus trabalhadores. O bom nome, mesmo num prisma puramente empresarial, deve ser tutelado.

18. *A defesa da concorrência e os seus limites*

I. E com isto chegamos à necessidade de apor limites à defesa da concorrência, em nome dos direitos fundamentais das empresas. Ou melhor: concluímos pela existência de restrições aos modos por que a concorrência seja tutelada, mormente através do Estado.

Na verdade, a defesa da concorrência pode, concretamente, conflituar com certos direitos fundamentais ou de personalidade. Quando isso suceda, há que proceder a ajustamentos, de modo a que seja possível conciliar os valores em presença, por forma a que cada um ceda o menos possível. E quando, de todo, se conclua pela necessidade de sacrificar um deles: ver-se-á qual deva prevalecer, dentro da lógica do artigo 335.º, do Código Civil.

II. Tomemos um exemplo esclarecedor. Por força dos poderes policiais atribuídos pelo artigo 17.º da Lei n.º 18/2003, a Autoridade da Concorrência pode inquirir os representantes das empresas e pode proceder, nas instalações destas, a buscas e a apreensões de cópias ou extractos de escrita e demais documentação. Quando, porém, tais prerrogativas sejam exercidas com alarido, com excesso de zelo ou extravasando os limites necessários, estar-se-á a atentar, sem cobertura, contra a *privacy* das empresas, contra o seu bom nome e reputação e, até, contra a sua propriedade privada, no sentido do artigo 62.º/1, da Constituição.

As violações desnecessariamente (em termos valorativos) perpetradas a esses direitos terão, para todos os efeitos, de ser havidas como ilícitas.

III. A conjugação entre a defesa da concorrência e os direitos das empresas torna-se mais fácil se tivermos em conta que, na Europa e de acordo com os parâmetros acima indagados, a concorrência não vale por si, nem pode ser absolutizada. Muito menos será possível prosseguir investigações sobre a concorrência por quaisquer meios. A nível de procedimento, torna-se fácil admitir a compressão derivada dos direitos das empresas. De outro modo, aliás, até se poderia chegar ao extremo de a própria concorrência vir a ser perturbada ou prejudicada pelas medidas supostamente destinadas a defendê-la.

IV. É importante sublinhar que as empresas, mormente quando estruturadas em sociedades abertas, têm um valor de mercado que é dado pelas cotações. Qualquer perturbação na imagem da empresa pode fazer cair o valor das acções, prejudicando os accionistas. Quando isso suceda, a Autoridade da Concorrência pode ser responsável. Há deveres de cuidado e de respeito, emanados dos direitos fundamentais, e que não devem ser ignorados. Buscas ou alaridos desnecessários são adequadamente causadores de danos. Devem ser evitados, sob pena de consubstanciarem ilícitos culposos.

19. *Consequências: a responsabilização da Autoridade da Concorrência*

I. *Quid iuris* quando o exercício da Autoridade da Concorrência se processe em termos que atentem contra os direitos fundamentais ou de personalidade das empresas?

A primeira constação é a de que, por força do artigo 18.º/1 da Constituição, as regras atinentes aos direitos fundamentais se impõem directamente à Autoridade da Concorrência, ela própria parte integrante do Estado. Além disso, também os direitos de personalidade, enquanto posições jurídico-subjectivas eficazes *erga omnes*, lhe são oponíveis.

II. A violação desses direitos dá azo à dupla acima anunciada:

– possibilidade de requerer medidas adequadas;
– responsabilidade civil por danos patrimoniais e por danos morais.

De facto, a reacção natural do ordenamento perante a violação de direitos subjectivos consiste, primeiramente, em fazer cessar o ilícito.

Podem ser requeridas ao tribunal – para o caso: ao Tribunal de Comércio de Lisboa – as injunções convenientes para prevenir ou para deter os eventuais excessos policiais ocorridos em nome de "inquéritos" ou "inspecções" desencadeados pela Autoridade da Concorrência.

III. Além disso, temos a responsabilidade civil, nas suas múltiplas dimensões: reparadora, compensatória e preventiva. A Autoridade da Concorrência responde pelos danos que provoque, nos patrimónios e na imagem das empresas, nos termos gerais. E os próprios titulares dos órgãos da Autoridade, visto o artigo 35.º/1, dos seus estatutos, podem responder civilmente por esses mesmos danos.

Assim conseguimos que o Direito da concorrência se integre, de modo harmónico, no sistema jurídico a que pertence, merecendo ainda um tratamento adequado e de alto nível, por parte da Ciência do Direito.

IV. Devemos ainda ponderar que os danos causados com desrespeito pelos direitos fundamentais das empresas podem surgir como atentados aos patrimónios dos próprios sócios. O espectro da baixa de cotações das sociedades abertas, por danos causados à imagem das empresas por actuações agressivas ou desnecessariamente agrestes é uma realidade. Tudo isso gera deveres de cuidado, que reforçam os direitos fundamentais envolvidos. À Autoridade da Concorrência, pela especial confiança nela depositada pelo Ordenamento, haverá que exigir um cuidado e uma ponderação acrescidos. Quando isso não suceda, a primeira e mais natural solução é a da responsabilidade civil. Todos os danos causados, à sociedade ou aos accionistas, deverão ser ressarcidos. A própria defesa da concorrência o exige.

A regulação pública como instituto jurídico de criação prudencial na resolução de litígios entre operadores económicos no início do século XXI

Prof. Doutor Eduardo Vera-Cruz Pinto

> Sumário: *1. O afastamento do tópico "privatização da Administração Pública"; 2. O Direito da Regulação como um Direito de criação prudencial; 3. Breve caracterização jurídica das "autoridades reguladoras independentes"; 4. A essência dos poderes entregues pelo Estado às autoridades reguladoras; 5. A responsabilidade dos titulares de cargos nas autoridades reguladoras; 6. Um modelo europeu de Regulação Pública para o nosso Direito; 7. As entidades sujeitas à actividade da autoridade reguladora; 8. Síntese conclusiva.*

1. O afastamento do tópico "privatização da Administração Pública"

Os Estados mais liberais, entendem que o seu modelo económico impõe um Estado abstencionista e, por isso, entregam áreas da Administração do Estado ao sector privado através de: concessões de domínio público; concessões de obras públicas; concessões de serviços públicos[1]. O Estado social assume a responsabilidade por um conjunto de prestações de bens e serviços destinadas à prossecução do bem-estar, que inscreve na sua Constituição, funcionando esta como expressão normativa de um imperativo programático, ao serviço do interesse público.

---

[1] Armando Marques Guedes, *A Concessão (Estudo de Direito, Ciência e Política Administrativa)*, I, Coimbra, 1954, pp. 26 e ss.; Pedro Gonçalves, *A concessão de Serviços Públicos*, Coimbra, 1999, pp. 45 e ss..

Portugal tem uma Constituição onde a Administração Pública não é meramente subsidiária mas onde é possível, após uma reflexão sobre a dimensão do papel económico e social do Estado adequada à defesa e promoção do bem comum e do interesse público, com reflexo na Lei Fundamental, diminuir progressivamente o peso do Estado na economia reduzindo também a sua intervenção noutros sectores. A solução encontrada para a reforma de um sector público denso e tentacular permite a privatização de certas áreas da actividade administrativa[2], dando mais liberdade à sociedade, às empresas e às pessoas, sem reduzir a tendência reformista à maior privatização possível dos poderes públicos.

São os modelos ideológicos prevalecentes em certas épocas e conjunturas que determinam o tipo de concretização normativa a seguir na regulação pública. Normalmente, a base do paradigma político em que assenta a difusão de autoridades reguladoras está nas concepções económicas neo-liberais e nas ideologias reducionistas do papel do Estado. No entanto, com o modelo de integração económica seguido na UE a regulação pública, com maior ou menor extensão, é um dos objectivos programáticos dos governos, independentemente da sua posição de princípio sobre a presença do Estado na vida económica[3]. De tal forma que a regulação é hoje um fenómeno jurídico incontornável[4].

Esta generalização de opções políticas no sentido da privatização de sectores tradicionais de intervenção do Estado tem como fim reduzir a intervenção dos poderes públicos, enquanto poderes administrativos na vida da sociedade e a esfera de influência directa do Direito Administrativo, com o consequente reforço do papel e da intervenção de entidades de Direito Privado em certas áreas com uma mudança do direito aplicado às relações entre sujeitos com natureza diversa da anterior.

É no contexto do *topoi* "privatização da Administração Pública" que surge, por exemplo, a regulação administrativa da sociedade por entidades privadas e a privatização: do direito regulador da Adminis-

---

[2] Sobre o conceito de privatização da Administração Pública ver, *v.g.*, PAULO OTERO, *Coordenadas Jurídicas da Privatização da Administração Pública*, separata do Boletim da Faculdade de Direito da Universidade de Coimbra, 60, Coimbra, pp. 36-47.

[3] Ver ANA ROQUE, *Regulação do Mercado. Novas tendências*, Lisboa, 2004, *passim*.

[4] Para usar as palavras de ANA ROQUE, *Regulação do Mercado. Novas tendências*, cit., p. 23.

tração Pública; da gestão ou exploração de tarefas e funções administrativas; do acesso a uma actividade económica; ou do capital de empresas públicas[5].

O Estado, ao reduzir ou até suprimir a sua intervenção reguladora, transfere (conceito preferível ao de "devolução") para a sociedade civil o poder de criar normas jurídicas reguladoras de certas actividades, "desestatizando" e, assim, "desregulando", no sentido de substituir a regulação estadual existente, expressa numa disciplina normativa pública, por uma auto-regulação[6].

Entre nós, das três modalidades auto-regulativas: privada, sem qualquer intervenção pública; privada com intervenção pública, certificativa ou concordante; e por entidades públicas infra-estaduais – o legislador seguiu, predominantemente, o modelo de uma regulação pública por autoridades independentes, numa forma que se aproxima desta última modalidade, pela natureza pública da entidade reguladora e pelos seus actos serem juridicamente qualificáveis no âmbito da gestão pública.

Por isso, não é no domínio do *topoi* "privatização da Administração Pública" que se deve obrigatoriamente inserir a problemática da Regulação Pública, até pelo facto de ser pública. Como afirma, com propriedade, Paulo Otero[7], a auto-regulação por entidades (independentes) com uma natureza jurídica pública, não-estaduais, não se pode integrar num processo de privatização da actividade administrativa.

Logo, o sistema de regulação pública por autoridades independentes, com natureza jurídica e exercício de funções ancorados no Direito Público, deve ser inserido no âmbito da reforma do sector público da economia e finanças, pois trata-se de uma forma pública, não estadual, de intervenção normativa, mais que auto-regulativa, hetero-regulativa.

Consequência deste enunciado é que não existe também, na regulação pública, um fenómeno de privatização do direito regulador do

---

[5] PAULO OTERO, *Privatizações, reprivatizações e transferências de Participações Sociais no interior do Sector Público*, Coimbra Editora, Coimbra, 1999, pp. 11 e ss.; *Coordenadas Jurídicas da Privatização da Administração Pública*, cit., p. 37.

[6] Ver VITAL MOREIRA, *Auto-regulação profissional e administração pública*, Coimbra, 1997, pp. 43 e ss. e 76 e ss.; PAULO OTERO, *Lições de Introdução ao Estudo do Direito*, vol. I, 2.º tomo, Lisboa, 1999, pp. 26 e ss..

[7] PAULO OTERO, *Coordenadas Jurídicas da Privatização da Administração Pública*, cit., p. 38.

Estado, com o rosário de questões colocadas pela "fuga para o direito privado" da Administração Pública[8], mas uma alteração na disciplina normativa da regulação que, continuando pública, já não é estadual.

Assim, a não inclusão da regulação na "privatização administrativa" e a sua inserção no âmbito alargado do Direito Público, tem permitido à doutrina administrativística falar num direito privado administrativizado e à doutrina privatística num direito privado publicizado, para referir o direito privado aplicado, em conjunto com o direito público, ou vice-versa, em matéria de regulação.

2. O Direito da Regulação como um Direito de criação prudencial

O grande tópico prudencial colocado pelo fenómeno hodierno de regulação pública, obrigatória por lei, de conflitos entre as entidades, públicas ou particulares, prestadoras de serviços públicos e os cidadãos utilizadores desses serviços, através de autoridades reguladoras independentes criadas pelo Estado[9], é o da compatibilização entre a garantia legislativa de funcionamento de uma economia de mercado num Estado Social de Direito protector dos consumidores e a defesa pelo Estado Administrador do interesse público e do bem comum[10].

---

[8] O tema tem sido muito tratado na doutrina especializada. Ver, a título de exemplo: ROGÉRIO SOARES, *Direito Administrativo. Lições proferidas ao Curso de Direito da Universidade Católica do Porto* (s.d.), Porto, 1993, pp. 57-58; SÉRVULO CORREIA, "Os contratos Económicos perante a Constituição", in *Nos Dez anos da Constituição*, Lisboa, 1987, pp. 103-104; MARIA JOÃO ESTORNINHO, *A fuga para o Direito Privado da Administração Pública*, Coimbra, 1996; PAULO OTERO, *Vinculação e Liberdade de Conformação Jurídica do Sector Empresarial do Estado*, Coimbra, 1998, pp. 263 e ss.; *Direito Administrativo. Relatório de uma disciplina no concurso para Professor Associado na Faculdade de Direito da Universidade de Lisboa*, 1998, pp. 302 e ss. e 445 e ss..

[9] Ficam além do nosso estudo os sistemas de regulação que estão fora do fenómeno económico, embora muitos deles (profissional, social) apresentem coincidências e complementaridades com a regulação da economia, numa secância que nos obriga a referi-los. Ver VITAL MOREIRA, *Auto-regulação profissional e administração pública*, Coimbra, 1997, pp. 40-41.

[10] VITAL MOREIRA, "Regulação económica, concorrência e serviços de interesse geral", in *Estudos de Regulação Pública*, org. Vital Moreira, Coimbra Editora, Coimbra, 2004, vol. I, pp. 547 e ss.; "Economia de mercado e interesse público", in *Idem*, pp. 711 e ss.; ANA ROQUE, *Regulação do mercado. Novas tendências,* cit., pp. 9 e ss..

A compatibilização referida recebeu uma primeira formulação na designada *Declaração de Condeixa,* texto relevante para o tratamento jurídico do nosso tema em Portugal[11], mas carecendo de um desenvolvimento sistemático por juristas, por forma a constituir o direito da regulação pública primeiramente como um "direito de juristas"[12].

Ora, o desenvolvimento jurídico da Regulação no pensamento tópico dos jurisprudentes visando uma categorização conceptual susceptível de um tratamento dogmático que construa um instituto jurídico com conteúdo substantivo válido e normação adjectiva eficaz, implica aceitar o desafio da criatividade integrada nos mecanismos próprios da *ars inveniendi,* como base de estruturação jurídica sistemática que guie, condicione, inspire e limite o legislador apressado[13].

Propomo-nos, por isso, adoptar uma concepção tópica moderada[14], que se destina a salientar mais o *processus* criador das soluções jurídicas que o *principium* do fenómeno de regulação pública da economia.

---

[11] Ver *Por uma regulação ao serviço da economia de mercado e do interesse público. Declaração de Condeixa,* 2002, Centro de Estudos de Direito Público e Regulação, em www.fd.uc.pt/cedipre/destaques/index.htm.

[12] Cfr. José de Oliveira Ascensão, "Direito de juristas e direito vivo", in *Revista da Ordem dos Advogados,* Janeiro-Abril, 1980, pp. 203-207; Ruy de Albuquerque, "Direito de Juristas e Direito do Estado", in RFDUL, vol. XLII-n.º 2, 2001; A. Castanheira Neves, *Curso de Introdução ao estudo do Direito (Extractos),* Coimbra, 1971--1972, pp. 138-142.

[13] Por isso, admitimos ser tarefa dos jurisprudentes construir um edifício jurídico que permita às pessoas e empresas lesadas pela forma pouco cautelosa como o legislador entregou aos membros das autoridades reguladoras poderes públicos que afectam direitos fundamentais daqueles que estão legalmente sujeitos à sua intervenção, ou pela forma pouco ou nada eficaz dos mecanismos de controlo e responsabilização pelos efeitos da sua actuação ao abrigo desses poderes, responsabilizar o Estado legislador por essa "leviandade". Ver Rui Medeiros, *Ensaio sobre a Responsabilidade Civil do Estado por Actos Legislativos,* Coimbra, 1992, *passim*; Maria Lúcia Conceição Abrantes Amaral Pinto Correia, *Responsabilidade do Estado e dever de indemnizar do legisla*dor, Coimbra, 1998, pp. 424 e ss.; Joaquim Gomes Canotilho, *O problema da responsabilidade do Estado por actos lícitos,* Coimbra, 1974, *passim*; Margarida Cortez, *Responsabilidade civil da administração por actos administrativos ilegais e concurso de omissão culposa do lesado,* Coimbra, 2000; Maria José Rangel, "Da responsabilidade civil extra-contratual da Administração no ordenamento jurídico constitucional vigente", in *Responsabilidade Civil Extracontratual da Administração Pública,* coord. Fausto de Quadros, 2.ª ed., Coimbra, 2004, pp. 39 e ss..

[14] Uma concepção tópica que não é oposta à sistemática, mas intermédia entre a dedução automática e rectilínea de um sistema axiomático e a desordem resultante de uma

O Direito da Regulação Pública deve ser sobretudo uma criação jurídica enraizada na História e pensada desde o começo a partir da diferença entre *ars* e *techné*[15]. Assim, os jurisprudentes dedicados ao estudo da Regulação Pública procuram construir e representar o *ius* a ela aplicado como um sistema de *regulae*[16].

Só esta via é compatível com a supremacia do Estado de Direito sobre o Estado de Leis[17]. A Regulação não se constrói como instituto jurídico a partir de uma exegese de propostas de lei ou de decreto-lei,

---

consideração só empírico-pragmática e autoritária do material jurídico. Cfr. T. Giaro, "Uber metodologische Werkmittel der Romanistik", in ZSS, 105, 1988, pp. 191 e ss.. Logo, uma concepção que permite conciliar a Tópica com a pluralidade de "pequenos sistemas" com que trabalham os *juris prudentes* actuais.

[15] Actualmente, após a desvalorização/fragilização da linguagem (Nietzsche e Freud) e da ausência de um qualquer modelo de transcendência, a única forma aceite de criação é a invenção. Neste contexto, a técnica aparece como acto de *poiesis* não dando hipótese à arte de rivalizar com ela. A tecnificação do Direito, com prejuízo dos mecanismos históricos de criação jurídica, é algo que transcende o universo dos juristas, pois mergulha as suas causas no modelo social panteísta.

[16] Cfr. J. Gaudemet, "Tentatives de sistematisation du Droit à Rome", in *Index*, 15, 1987, pp. 79 e ss.; Francisco Cuena Boy, *Sistema Jurídico y Derecho Romano. La idea de sistema jurídico y su proyección en la experiencia jurídica romana*, Santander, 1998, pp. 61 e ss.. Contra: E. Betti, "Diritto Romano e dogmatica odierna", in AG, 99, 1928, pp. 9 e ss. (da separata); F. Schulz, *Principios del Derecho Romano*, trad. cast. de Manuel Abbélan Velasco, Editorial Civitas S.A., Madrid, 1990, pp. 74 e ss.; Biondo Biondi, *La ciencia jurídica como arte de lo justo*, Valladolid, 1951, pp. 19 e ss.; "Obbietto e metodi della scienza iuridica romana", in *Scritti Ferrini*, Milão, 1946 = *Scritti giuridici*, Milão, 1965, pp. 141 e ss.; M. Kaser, *En torno al metodo de los juristas romanos*, Valladolid, 1964, pp. 39 e ss.; D. Norr, "Spruchregel und Generalisierung", in ZSS, 89, 1972, pp. 71 e ss.; F. Wieacker, *Romische Rechtsgeschichte*, I, Munique, 1988, pp. 618 e ss., loc. de ref., pp. 632 e ss.; Viehweg, *Tópica y jurisprudência*, Madrid, 1986, pp. 73 e ss.. Tratando-se de *ius publicum* e *ius commune*, importa operar com o conceito de *regula*, antes da emergência da noção de norma. Ver, *v.g.*, Cortese, *La norma giuridica. Spunti teorici nel diritto commune classico*, Milão, 1964; Orestano, "Norma statuita e norma statuente. Contributo alle semantiche di una metafora", in *Scritti*, IV, cit., pp. 2147-2186. O procedimento de passagem da "norma" a "sistema" é exposto por V. E. Orlando, "Diritto pubblico generale e diritto publico positivo" – introdução à trad. ital. de G. Jellinek, *La Dottrina generale dello stato*, Milão, 1921, p. 22.

[17] Ver, pela visão crítica da autora, Marie-Joelle Redor, *De L'Etat Legal a L'Etat de Droit. L'Evolution des Conceptions de la Doctrine Publiciste Française 1879-1914*, Paris, 1992.

mesmo quando elaboradas por jurisprudentes e de forma prudencial, com a exegese sucessiva do texto legislativo pela doutrina, mas do contributo dos jurisprudentes criativos e criadores, além e apesar das decisões do poder político positivadas pelo legislador.

O primeiro passo é o de verificar a sustentabilidade histórica dos alicerces dogmáticos e a juridicidade intrínseca à argumentação da doutrina, antes de nos precipitarmos no labor classificatório, qualificador e integrador da Regulação como instituto de Direito.

Quanto à historicidade da figura impõe-se uma depuração conceptual para que a mera aproximação terminológica ou identidade parcelar de conteúdos normativos de institutos que estiveram vigentes no Passado, em ordenamentos jurídicos paradigmáticos, como o Direito Romano, ou no desenvolvimento cronológico do Direito Português, possam ser inscritos num *iter* de continuidade que, parece não existir.

A transferência para particulares ou entidades privadas de funções de natureza administrativa ou o exercício de poderes públicos normalmente integrados na esfera das instituições do Estado tem uma base histórica indiscutível que remonta à Antiguidade Clássica[18]. Contudo, as especificidades do modelo de regulação pública seguido na Europa não permite uma filiação histórica clara ou uma regressão cronológica linear indicadora de um *continuum*, mas uma polissemia de conteúdos com Passado conhecido que lhe garante originalidade histórica[19].

Quanto à sustentação jurídica dos argumentos aduzidos pela doutrina no sentido de criar um instituto jurídico da regulação que possa depois ter tradução formal nas opções políticas vertidas em normas legais, importa inserir os critérios de juridicidade no universo actual da influência mútua dos direitos de matriz continental e anglo-saxónicos, no caso, com supremacia destes sobre aqueles[20].

---

[18] Ver PAULO OTERO, *Coordenadas Jurídicas da Privatização da Administração Pública*, cit., Coimbra, pp. 31-36.

[19] Numa perspectiva que parece diversa, sem problematizar, ver SALDANHA SANCHES, "A regulação: história breve de um conceito", sep. da Revista da Ordem dos Advogados, n.º 60, I, Janeiro, 2000, pp. 5 e ss..

[20] Sobre o processo de convergência entre Common Law e Direitos continentais ver: FERNANDO JOSÉ BRONZE, *"Continentalização do Direito Inglês ou "Insularização" do Direito Continental? (Proposta para uma reflexão macro-comparativa do problema)*, Suplemento do BFDUC, Coimbra, 1982; MÁRIO BIGOTTE CHORÃO, *Introdução ao Direito*,

Na doutrina anglo-saxónica, conduzida aqui pelos autores norte-americanos, a Regulação respeita a todas as formas de intervenção do Estado, vistas sempre como interferências, no jogo da oferta e da procura que caracteriza a economia de mercado[21]. Ora, a Regulação não se reduz a um conjunto de normas criadas pelos poderes públicos para disciplinar a actividade de agentes económicos privados ou para legitimar, através da sua aplicação pelos tribunais, a intervenção do poder público na vida económica.

Nem deve ser estruturada apenas com base numa intervenção minimalista do Estado destinada a prevenir e corrigir limitações e falhas do mercado, em geral[22]. A Regulação, entendida como mero instrumento de intervenção dos poderes públicos na actividade lucrativa de privados no âmbito de uma vida económica assente no mercado, não pode aspirar à dignidade de um instituto jurídico[23].

Por outro lado, a caracterização jurídica da regulação económica há muito que transcendeu a problemática da sua inserção disciplinar no Direito Público da Economia, obrigando o jurisconsulto a uma criati-

---

volume I, *O Conceito de Direito*, Almedina, Coimbra, 1988, pp. 189-192; JOSÉ DE OLIVEIRA ASCENSÃO, *O Direito. Introdução e Teoria Geral. Uma Perspectiva Luso-Brasileira*, 7.ª ed., 1993, pp. 140-147.

[21] Conceito amplo adoptado, com adaptações, por ANTÓNIO CARLOS SANTOS, MARIA EDUARDA GONÇALVES e MARIA LEITÃO MARQUES, *Direito Económico*, 3.ª ed. (existe uma reimpressão, 4.ª ed., 2002), Coimbra, 1993, pp. 191 e ss.. Não é, no entanto, o conceito adoptado pela nossa doutrina especializada, bastante crítica deste entendimento. Ver, por todos, ANTÓNIO DE SOUSA FRANCO, *Noções de Direito da Economia*, Lisboa, 1982-1983, pp. 295 e ss..

[22] Ver JORGE VASCONCELOS, "O Estado Regulador: principais características e perspectivas de evolução", in *A Regulação em Portugal*, cit., pp. 168 e ss..

[23] Seja qual for a tese que cubra esta ideia (a tese da captura, que centra a regulação como uma actividade do Estado destinada a proteger as margens de lucro das entidades privadas prestadoras de serviços públicos; a tese económica da regulação, mais propensa a ver na Regulação a forma de proteger benefícios de grupos de interesse; a tese concorrencial, que considera ser a defesa da concorrência a missão primordial da regulação; a tese da eficiência, que defende estar a regulação ao serviço da eficiência do mercado, regulando e gerindo interesses diferentes e, por vezes, contraditórios; a tese do risco, afirmando que o escopo da regulação é prevenir a intensificação do risco; a tese mercantilista, que entende ser a regulação destinada a corrigir falhas do mercado; a tese neutra, que define a regulação como mera fiscalização do cumprimento de normas de conduta privada de certos sectores económicos e financeiros).

vidade multidisciplinar na solução de problemas causados pela crescente introdução de formas variadas de regulação[24], surgidas na sequência de uma opção legislativa muito prolixa.

Em 1983, com o Decreto-Lei n.º 422/83, de 3 de Dezembro, através da defesa da concorrência, imposta pelo Tratado de Roma, o legislador começou a colocar a questão da Regulação[25]. A partir de 1993, com o Decreto-Lei n.º 372/93, de 29 de Outubro, aprovado com base numa autorização legislativa (Lei n.º 58/93, de 6 de Agosto), é permitido, ainda em termos limitados, o acesso de entidades privadas à exploração de serviços públicos municipais[26]. Estava beliscado o regime da designada "lei dos sectores", aprovado pela Lei n.º 46/77, de 8 de Julho, só substituído pela Lei n.º 88-A/97, de 25 de Julho. A Lei n.º 18/2003, de 11 de Junho, e o Decreto-Lei n.º 10/2003, de 18 de Janeiro, representam uma fase adiantada da criação de um modelo concorrencial e liberalizador do exercício de actividades económicas por privados no plano do fornecimento de bens e serviços públicos.

Os serviços normalmente designados como "públicos", correspondendo a uma responsabilidade pública, são, via de regra, prestados directamente aos cidadãos pelos poderes públicos; contudo, entre os efeitos de movimentos de opinião, que podem ser designados como "liberalizadores", nas opções do poder político[27], está o facto de o Estado ter pro-

---

[24] Além das muitas classificações e qualificações do fenómeno regulador propostas pela doutrina (ver, por todos, EDUARDO PAZ FERREIRA, *Direito da Economia*, Lisboa, 2001, pp. 393 e ss.) existe uma *summa divisio* entre o sistema da regulação integrada e o sistema da regulação por autoridades independentes. Cfr. OCTÁVIO DE ALMEIDA CABRAL, *Legalidade Administrativa e mensurabilidade dos poderes de regulação*, Lisboa, 2002, p. 47.

[25] Ver PEDRO DE ALBUQUERQUE, *Direito Português da Concorrência (Em torno do Decreto-Lei n.º 422/83, de 3 de Dezembro)*, separata da Revista da Ordem dos Advogados, 1990, pp. 577 e ss..

[26] Ver VITAL MOREIRA e FERNANDA PAULA OLIVEIRA, "Concessão de sistemas multimunicipais e municipais de Abastecimento de Água, de Recolha de efluentes e de resíduos sólidos", in *Estudos de Regulação Pública*, org. VITAL MOREIRA, Coimbra Editora, Coimbra, 2004, vol. I, pp. 9-96.

[27] Na maioria dos casos, os efeitos relevantes da actividade reguladora instituída em determinado sector da economia são equiparáveis com os das privatizações. Em contrário ver ANTÓNIO NOGUEIRA LEITE, "Funcionamento dos mercados e regulação", in *Regulação em Portugal*, Porto, 2000, pp. 135 e ss..

gressivamente passado de prestador a "regulador"[28] desses serviços, através de entidades que quer "independentes".

Assim sendo, a oferta aos cidadãos de serviços e actividades complementares ou com eles conexas passaram a ser da responsabilidade directa de agentes económicos não-públicos, reservando-se o Estado, nas figuras jurídicas que adopta para a sua intervenção, um papel de pretensa neutralidade, entregando funções de controlo e regulação a entidades "independentes", por ele criadas pela via legislativa, e que normalmente designa como "autoridades reguladoras"[29].

Esta desestatização/desregulação, iniciada e impulsionada pelo Estado através dos poderes executivo e legislativo impõe uma responsabilização dos jurisprudentes na criação de um Direito da Regulação Pública, apesar da lei e além dela.

O valor social dos jurisprudentes no mundo actual já não torna as suas *opiniones* comandos a obedecer e a função de validade da norma resultante da sua *interpretatio* só pode existir numa comunidade onde a força cultural do património jurídico é forte, não permitindo, por isso, a heterogeneidade disfuncional das opiniões contraditórias e dispersas, até pela fidelidade aos mecanismos de criação jurisprudencial do Direito. Ora, a nossa comunidade tem ainda a percorrer um longo caminho nesse sentido ...

---

[28] A crescente opção legislativa por uma desintervenção do Estado, passando a prestação de serviços públicos para particulares e a Regulação dos litígios para "autoridades indendentes", desencadeou processos de desregulação económica e desinstitucionalização burocrático-administrativa, irrecuperáveis, porque estruturais do fenómeno estadualizador, e, ainda por cima, com perda da designada "protecção forte" de direitos dos agentes económicos prestadores de serviços públicos e dos utentes desses serviços. Para situar a problemática ver: ANTÓNIO DE SOUSA FRANCO, *Noções de Direito da economia*, Lisboa, 1982-1983, pp. 295 e ss.; EDUARDO PAZ FERREIRA, *Direito da Economia*, Lisboa, 2001, pp. 397 e ss.; NAZARÉ COSTA CABRAL, "O princípio da desregulação e o sector bancário", in RFDUL, Vol. XXXVIII, n.º 2, 2001, pp. 411 e ss.; EDUARDO ROCHA DIAS, *A Responsabilidade civil extracontratual do Estado decorrente da regulação administrativa da economia*, Lisboa, 2002, pp. 6 e ss.; OCTÁVIO DE ALMEIDA CABRAL, *Legalidade Administrativa e mensurabilidade dos poderes de regulação*, cit., pp. 29 e ss..

[29] Ver, por exemplo, VITAL MOREIRA, *Autoridades reguladoras independentes (ARI) nos domínios económico e financeiro. Estudo e Projecto de Lei-Quadro* (colab. de MARIA FERNANDA MAÇÃS), Coimbra, 2002, pp. 3 e ss.; VITAL MOREIRA e MARIA FERNANDA MAÇÃS, *Autoridades reguladoras independentes. Estudo e Projecto de Lei-Quadro*, Coimbra, 2003, pp. 9 e ss.; PAULO OTERO, *Legalidade e Administração Pública. O sentido da vinculação administrativa à juridicidade*, Coimbra, 2003, pp. 298 e ss.;

Assim, devemos começar por superar as falhas do normativismo formalista, que tende a ignorar o "plano de facto"[30], e do empirismo factual, que esquece o "plano jurídico"[31], com uma construção dogmática que assenta na dialéctica facto-direito para estudar as fontes da regulação na nossa experiência jurídica, partindo do paradigma de uma sociedade que toma o direito como modo de formular e efectivar um conjunto de valores comuns[32].

A imposição legislativa de uma regulação pública de sectores da vida económica, criando situações de facto como fonte do trabalho prudencial, obriga-nos a colocar a problemática do "facto normativo" como "fonte do direito da regulação".

A perspectiva que substitui, na terminologia jurídica, "fonte de direito" por "facto normativo" procura conciliar tal perspectiva com a ideia de que só há Direito quando, por exigência do dever-ser, este transcende normativamente o facto. Daí a expressão "facto normativo"[33]. O facto, que corresponde a um comportamento normalizado inserido numa constância social, precisa do regulativo de uma norma para, como "facto normativo", transcender o sociológico e tornar-se jurídico.

A passagem do factual para o normativo requer, então, a verificação de uma factualidade e a assunção de uma regra, através da junção

---

[30] Como lembra MANUEL CAVALEIRO DE FERREIRA, "Filosofia do Direito", in RFDUL, XLII, n.º 1, 2001, pp. 609-617, loc. de ref. p. 610, uma coisa é a acepção normativa do Direito, outra um entendimento normativista de todo o Direito. Ver também CASTANHEIRA NEVES, *Questão de facto – Questão de Direito ou O Problema metodológico da Juridicidade (Ensaio de uma reposição crítica)*, I, A Crise, Coimbra, 1967, pp. 589-597.

[31] Ver os ensaios de G. MORIN sobre a "revolta dos factos contra o código" como "revolta do direito contra o código", recordados por A. CASTANHEIRA NEVES, *Curso de Introdução ao Estudo do Direito (Extractos)*, cit., p. 23.

[32] Ver ANTONIO GUARINO, "Ius est factum", in *Pagine di Diritto Romano*, I, Jovene, Nápoles, 1993, pp. 142-146, nomeadamente, quando propõe a substituição da máxima normativista "ex facto oritur ius", por outra, de maior alcance prático: "ius est factum".

[33] ALESSANDRO PIZZORUSSO, "Fonti (sistema costituzionale delle)", in *Digesto delle Discipline Pubblistiche*, VI, 4.ª ed, UTET, Turim, 1991, pp. 409-433, loc. de ref. p. 410, escreve: "Nel suo significato più proprio, il termine fonte del diritto ha dunque lo stesso significato del termine "fatto (o atto) normativo" (…)". Ver Também R. DAVID, "Sources of Law", in *International Encyclopedia of Comparative Law*, II, 3, 1984, pp. 14 e ss.; SORRENTINO, *Le fonti del diritto*, Genova, 1985, G. ZAGREBELSKY, *Il sistema costituzionale delle fonti del diritto*, Turim, 1984.

de uma consideração empírica com uma fundamentação axiológica que dê validade à norma eficaz[34]. Por isso, não se pode absolutizar nenhuma das máximas: o direito deriva do facto/o facto deriva do direito[35].

O dualismo constitutivo ínsito na expressão "facto normativo", necessariamente aplicado às fontes da normação jurídica da regulação pública, acaba por reconduzir a fonte ao *actus* constituinte e o fundamento à validade-vigência, empobrecendo o discurso legitimador do Jurídico[36]. O reconhecimento pela comunidade das normas e soluções, como jurídicas, não pode resultar apenas do reconhecimento de facto da sua compatibilidade com a "cultura sedimentada" (*mores maiorum*), mas também de uma validade dos valores que fundamentavam a convicção criada e da legitimidade da fonte formalizadora para criar Direito[37].

A designação "facto normativo" aplicado às fontes de um direito da regulação pública criado por prudentes é a mais adequada à perspectiva hermenêutica-positiva: a juridicidade da solução resultaria de ter sido dada por um poder politicamente legitimado, que a criou como tal, isto é, como "facto normativo"[38].

Finalmente, a nossa tentativa de identificar as fontes como factores de estabilidade, condiciona o conteúdo das regras (já que a forma está mais ligada ao apuro técnico preso às circunstâncias[39]), colocando

---

[34] Ver ZAMPETTI, "Considerazione metodologiche sui problemi dei rapporti tra norma e fatto", in Jus, 1959, pp. 216 e ss..

[35] A. CASTANHEIRA NEVES, *Curso de Introdução ao estudo do Direito (Extractos)*, cit., p. 122, ensina que o direito não se esgota num *normatum*, num simplesmente *ordinatum*, porque tem um dinamismo constitutivo de um *normans* e de um *ordinans*, que o torna um *transcendens*.

[36] Ver BAPTISTA MACHADO, *Introdução ao Direito e ao Discurso Legitimador*, Almedina, Coimbra, 1990, pp. 44 e ss.; 264 e ss.; 274 e ss.; 339 e ss.. Ver, nomeadamente, a teoria da força normativa dos factos concretizada nas fontes do direito estadual, pp. 44 e ss. e 79 e ss..

[37] Continuamos a seguir, sobre a criação do Direito e a eficácia primária ou derivada de normas jurídicas, as críticas à perspectiva kelseniana de uma norma fundamental, o que escreveu SPERDUTI, *La Fonte Suprema dell'ordinamento internazionale*, Milão, 1946, pp. 13 e ss..

[38] Foi vã a tentativa de inverter o processo "tecnificador" da codificação feito por MORTATI, "Valore giuridico delle disposizioni generali sulle fonti del diritto nel nuovo codice civile (1947)", in *Raccolta dei Scritti*, Milão, 1972, II, pp. 689 e ss..

[39] Como escreve P. W. A. IMMINK, *La Liberté et la peine. Étude sur la transformation de la liberté et sur le développment du droit pénal public en Occident avant le XIIe siècle*, Van Gorcum & Comp., Assen, 1973, p. 7: " Tout concept qui entre dans

o acento tónico da criação prudencial no fenómeno do Direito e da sua historicidade[40], não na inserção do Direito na História[41].

3. Breve caracterização jurídica das "autoridades reguladoras independentes"

As autoridades reguladoras independentes são, no direito positivo português, normalmente caracterizadas como pessoas colectivas de direito público dotadas de autonomia administrativa, financeira e patrimonial. Por vezes, quando o legislador opta por instituir uma autoridade reguladora com a natureza jurídica de Instituto Público personalizado[42], pelos vínculos a que está sujeito, não se pode caracterizar essa entidade como "independente"[43].

Mesmo o elevado grau de autonomia institucional e a prerrogativa de uma vida disciplinada prioritariamente, não supletivamente, pelos ins-

---

l'horizon de l'historien a un visage double en ce sens qu'il se présente comme quelque chose de stable et de changeant à la fois".

[40] A cedência à terminologia filosófica alemã (*Geschichtlichkeit*) não significa aqui adesão às propostas jushistoriográficas da reacção do pensamento germânico (FRIEDRICH VON SCHLEGEL; JOHANN GOTTFRIED HERDER; WILHELM DILTHEY, MARTIN HEIDEGGER) à filosofia francesa das luzes; ou às diferentes concepções de KANT, HEGEL, SCHILLER, FICHTE, HUMBOLDT, MARX, RANKE, HUSSERL, MAX SCHELER, HARTMANN, KIERKEGARD, JASPERS, PAUL RICOEUR, sobre o conhecimento histórico do Direito – mas tão só aludir ao processo de consciencialização da sua própria situação histórica, ou simplesmente o facto de ser histórico e ter consciência disso. Ver H. G. GADAMER, "Historicidade", in *História e Historicidade*, trad. port. Geminiano Cascais Franco e Ana Isabel Buescu, Lisboa, Gradiva, 1998, pp. 99-114.

[41] Ver RUY DE ALBUQUERQUE, *História do Direito Português. Relatório*, Lisboa, pp. 196-199; J. M. PEREZ, "Acerca del sentido de la história del derecho como história (História como narración)", in AHDE, 1997; RUY DE ALBUQUERQUE e MARTIM DE ALBUQUERQUE, *História do Direito*, I volume, 1.ª Parte, 10.ª ed., Lisboa, 1999, pp. 79-80 ("História do Direito – História ou direito?").

[42] Ver MARIA FERNANDA MAÇÃS, LUÍS GUILHERME CATARINO e JOAQUIM PEDRO COSTA, "O contencioso das decisões das entidades reguladoras do sector económico-financeiro", in *Estudos de Regulação Pública*, I, cit., pp. 340 e ss.; VITAL MOREIRA, "Regulação económica, concorrência e serviços de interesse geral", in *Estudos de Regulação Pública*, I, cit., pp.558 e ss.; "Entidades reguladoras e institutos públicos", in *A Mão Visível, Mercado e Regulação*, cit., pp. 29 e ss..

[43] Ver VITAL MOREIRA, "A independência da autoridade da concorrência", in *A Mão Visível, Mercado e Regulação*, cit., pp. 219 e ss..

titutos próprios do Direito Privado, de uma autoridade reguladora, se esta estiver sujeita a mecanismos de tutela, supervisão, coordenação e hierarquia no âmbito da Administração Pública, por mais anómala que seja, está integrada na função administrativa (que é, por natureza, dependente) e não pode considerar-se não-administrativa[44] e semi-independente[45].

Os órgãos autónomos da Administração Pública, as autoridades administrativas independentes e as entidades públicas empresariais[46], com competência de regulação, por razões terminológicas, conceptuais, institucionais, orgânicas e de regime jurídico não podem ser qualificadas como "autoridades reguladores independentes". Por mais que o legislador faça profissões de fé na imparcialidade e autonomia decisórias das entidades que cria, quem as afere e certifica é o prudente.

A qualificação jurídica de uma entidade como autoridade reguladora independente é tarefa do prudente, não do legislador. É a natureza dogmática da figura que permite o trabalho de concretização qualificativa pelo prudente. A imposição pelo legislador de um regime jurídico de dependência a uma entidade que é legalmente qualificada como independente, corresponde a um "desvio de poder" que descredibiliza o legislador e invalida a normação assim imposta[47].

Aqui, apesar da forte matriz legislativa (regulação *ope legis*) e da tendência dos prudentes em recorrer ao texto legal na fundamentação das suas asserções, é preciso resistir à politicidade do Jurídico[48] na construção do Direito da Regulação.

---

[44] Ver CARLOS BLANCO DE MORAIS, "As autoridades administrativas independentes na ordem jurídica portugues", in Revista da Ordem dos Advogados, Janeiro de 2001, ano 61.

[45] Recusando uma transposição para a doutrina nacional das imprecisões do consensualismo conceptual da doutrina italiana.

[46] Ver PAULO OTERO, "Alguns problemas de direito administrativo do mercado de valores mobiliários", in *Direito dos Valores Mobiliários*, 1999, I, pp. 292 e ss..

[47] A não ser que com a caracterização feita o legislador queira remeter para um determinado regime jurídico a aplicar à entidade caracterizada.

[48] Cfr. CASTANHEIRA NEVES, *Metodologia jurídica. Problemas fundamentais.* Coimbra, *passim*; *O direito hoje e com que sentido. O problema actual da autonomia do direito*, Lisboa, 2002.

4. A essência dos poderes entregues pelo Estado às autoridades reguladoras

As funções entregues pelo Estado às autoridades reguladoras correspondem a um conjunto de poderes públicos normalmente exercidos pelas entidades administrativas estaduais, também elas com natureza jurídica caracterizada pela "independência"[49].

As situações de conflito surgidas no exercício desses poderes (fiscalização, investigação, supervisão, superintendência, coordenação, busca e apreensão de documentos, inquirições, ...) com direitos fundamentais subjectivos de sociedades, sócios e consumidores/administrados, impõem à doutrina apresentar propostas de soluções que não podem partir da constatação da situação criada pelo legislador, pois seriam sempre efémeras, atomísticas e circunstanciais, mas da crítica às suas opções, possibilitando um conjunto de soluções estruturais.

Por isso, não basta, além dos limites internos fixados na lei, limitar a actuação das autoridades reguladoras dotadas destes poderes públicos com a observância de princípios genéricos, necessariamente de aferição casuística na busca da solução adequada, como os da boa-fé, proporcionalidade, razoabilidade, necessidade, ou outros de idêntica natureza. Antes de aceitar que assim é, porque só assim pode ser, procurando encontrar as soluções possíveis, é preciso mostrar que pode ser diferente, e deve sê-lo, por imperativo de Direito, que limita o legislador, não lhe permitindo ousar tanto nesta matéria.

Comecemos por afastar a explicação da passagem de poderes públicos para "autoridades independentes", decidida pelo poder político e legitimada em lei, a partir da "devolução de poderes". Só há devolução quando aquilo que se entrega pertencia originariamente à entidade que recebe, ou àquela que esta substitui. Na actividade de regulação económica e financeira, as funções e poderes que preenchem o conceito jurídico de regulação pertencem originariamente ao poder público e este, na formulação jurídico-constitucional em que vivemos, é exercido, no caso, pelo Estado administrador. Logo, do que se trata é de uma verdadeira transferência de poderes.

---

[49] Ver JOSÉ LUCAS CARDOSO, *Autoridades administrativas in*dependentes, Coimbra, 2002, *passim*. Não é aqui o lugar para comentar os aspectos relevantes, neste domínio, da Lei n.º 3/2004, de 15 de Janeiro.

Na regressão histórica necessária não se encontra o poder originário de regular aspectos da economia ou das finanças em entidades "independentes" do poder político e dos operadores económicos, com a credibilidade e o prestígio social conferidos pela criação legislativa e pelo exercício de poderes "em vez do Estado".

Além disso, as "obrigações de serviço público", nomeadamente, garantir a universalidade e a igualdade de acesso, a continuidade e qualidade do fornecimento dos bens ou serviços e a eficiência e equidade dos preços, não são transferíveis, sem mais, por voluntarismo legislativo, sem um denso quadro jurídico a sustentar os processos, as formas e as consequências de tal transferência.

Uma das bases que legitima a ampla passagem de poderes públicos, de exercício melindroso, por envolver a possibilidade de violação de direitos fundamentais subjectivos tão delicados como os direitos de personalidade, implicando, por isso, a necessidade de uma legitimidade reforçada de quem os exerce, é a sua independência[50].

Ora, apesar das finalidades e meios tão diversos das várias autoridades reguladoras[51] é necessário procurar uma perspectiva unitária que todas englobe na enunciação de uma teoria geral da independência da actividade reguladora.

A independência de uma entidade afere-se a partir da garantia normativa de uma ausência de vínculos de subordinação e dependência face a instituições e órgãos da Administração Pública e do poder político executivo, não a partir de um juízo resultante da natureza da função por elas exercida.

Esta independência não pode resultar também, apenas do facto de se outorgar a estas entidades uma função exclusivamente técnica, destinada a prevenir riscos, colmatar lacunas e corrigir defeitos resultantes do livre funcionamento do mercado num determinado sector da economia, cumprida por profissionais prestigiados e competentes. Desde sempre, os estudos de ciência política sobre a governação concluíram que o exercício de poderes públicos por tecnocratas não reduz, e muito menos

---

[50] Ver, numa perspectiva algo diversa, VITAL MOREIRA, "A independência da autoridade da concorrência", in *A Mão Visível, Mercado e Regulação*, cit., pp. 219 e ss..

[51] As finalidades e os meios de actuação das autoridades reguladoras são diversos consoante a actividade submetida a regulação, mas existe, no caso da regulação pública, uma finalidade comum: o cumprimento das obrigações do serviço público.

elimina, a intervenção de critérios de oportunidade política e os condicionamentos ideológicos das decisões tomadas.

A possibilidade de alteração das regras que regem as próprias autoridades reguladoras e da composição pelo legislador, bem como as formas de nomeação dos titulares dos cargos, não são garantes de neutralidade, de imparcialidade e de independência, nem colocam as suas intervenções, no tempo e na forma, ao abrigo das mudanças políticas impostas pelos ciclos eleitorais.

O discurso "jurídico" que pretende uma funcionalidade da vida económica, no que respeita à prestação de bens e serviços públicos, sustentada e garantida apenas pelos agentes económicos sem qualquer interferência do Estado, isto é da Política, como única forma de garantia de independência e imparcialidade, deve ser denunciado como um dos discursos políticos que mais afasta, como nociva, a regulação pelo Direito, destas actividades. Além de ser uma forma de exercício ideológico da premissa materialista que a Economia, como superestrutura, determina a infraestrura jurídica, neste caso, em versão minimalista.

5. A responsabilidade dos titulares de cargos nas autoridades reguladoras

Os titulares do direito a ser indemnizados por comportamentos de titulares de cargos nas autoridades reguladoras, como, v.g., com as suas atitudes ou ausência delas no exercício de funções, terem provocado a difusão pública de factos parciais e inexactos ou de juízos de valor sem base ou fundamento, ameaçando ou violando a credibilidade, o bom nome e a reputação de pessoas, seja qual for a qualidade em que estejam, são as sociedades[52], os sócios[53] e os consumidores/administrados.

---

[52] Sobre o alargamento dos direitos de personalidade às pessoas colectivas, apenas com algumas adaptações, exceptuando-se naturalmente aqueles que sejam inseparáveis da personalidade humana, ver MANUEL DE ANDRADE, *Capacidade civil das pessoas colectivas*, in *Revista de Legislação e de Jurisprudência*, 83, p. 226 e ss.; CAPELO DE SOUSA, *O direito...*, pp. 596 e ss.; ANTUNES VARELA, *Das obrigações em geral*, I, 9.ª ed., Coimbra, 1996, p. 567, sobre a alcance da previsão da norma do artigo 484..º do Código Civil; MENEZES CORDEIRO, *Tratado de Direito Civil Português*, I, III, 2004, pp. 103 e ss.; e *Acórdão da RP de 28 de Março de 1985* (ZEFERINO FARIA), in CJ, 1985, X, II,

A actividade de regulação pública insere-se, de forma imprópria, na categoria jurídica da gestão pública, no âmbito de uma relação género-espécie (*genus-species*)[54], devendo os seus efeitos face a terceiros ser determinados em função do regime jurídico regra dessa categoria "gestão pública"[55], só depois descendo para a especialidade própria da função reguladora, tal como é conformada pelo legislador.

Nessa especialidade, determinada pela natureza dos poderes e pelos valores e bens cuja defesa está entregue às autoridades reguladoras, se insere a excepção, no caso da prática de actos de gestão pública como são, via de regra, os dos titulares de cargos dessas "autoridades"[56], à aplicação do princípio da não ressarcibilidade de danos patrimoniais[57] em sede de responsabilidade delitual. Exactamente porque os

---

pp. 230 e ss.. Não podemos aqui tratar da dicotomia ofensa ao bom nome/ofensa ao crédito da pessoa. Ver PEDRO DE ALBUQUERQUE e MARIA DE LURDES PEREIRA, *A responsabilidade civil das autoridades reguladoras e de supervisão por danos causados a agentes económicos e investidores no exercício de actividades de fiscalização ou investigação*, Lisboa, 2003, policopiado, p. 31 e ss..

[53] Os interesses dos sócios das sociedades reguladas são também abrangidos nos deveres acessórios da autoridade reguladora, nomeadamente a exigência de actuação de acordo com os princípios gerais de direito e nos termos fixadas para a acção administrativa em geral, por forma a não lhes causarem dano ou, com a sua actuação legítima, provocarem o mínimo de prejuízo.

[54] Uso aqui o termo "*genus*" com o sentido que tem na linguagem científica latina das *conceptiones verborum* dos jurisconsultos romanos, para indicar "classe". Ver P. MADDALENA, "«*Genus*» (diritto romano)", in NNDI, VI, Turim, 1961, pp. 797 e ss.; MARIO TALAMANCA, *Lo schema genus-species nelle sistematiche dei giuristi romani*, Roma., pp. 11-112.

[55] O que significa aplicar-se, mas com adaptações que deveriam ser feitas pelo legislador, em matéria de responsabilidade civil extracontratual, o regime jurídico regra previsto no Decreto-Lei n.º 48051, de 21 de Novembro de 1967.

[56] Cfr. FREITAS DO AMARAL, "Natureza da responsabilidade civil por actos médicos praticados em estabelecimentos públicos de saúde", in *Direito da Saúde e Bioética*, Lisboa, 1991, pp. 126 e ss.; MARCELO REBELO DE SOUSA, "Responsabilidade dos estabelecimentos públicos de saúde: culpa do agente ou culpa da organização", in *Direito da Saúde e Bioética*, Lisboa, 1996, pp. 181 e ss..

[57] Não apenas danos provocados aos accionistas da sociedade supervisionada, por terem de, como investidores, alienar os seus títulos (acções, obrigações) em condições desvantajosas, pelos estragos provocados à sua cotação no mercado. São também os danos resultantes de uma eventual influência lesiva dos interesses de uma sociedade sujeita aos amplos poderes da autoridade reguladora, pela difusão pouca cuidada de informações sobre ela que provocam fenómenos de desinvestimento dos titulares de

fundamentos que alicerçam a solução não se adaptam a uma actividade reguladora que envolve poderes públicos, ou prerrogativas de Direito Público.

Ora, comecemos por aceitar que são vários os interesses pessoais que integram uma sociedade anónima sujeita às ingerências de uma autoridade reguladora[58], que podem ser afectados pela actuação da entidade em geral, e dos seus membros em particular. Assim, existem prejuízos e danos para estas pessoas, nomeadamente os sócios[59], resultantes de forma

---

valores mobiliários. Daí a regulação apertada sobre a responsabilidade da "Autoridade reguladora" do Código dos Valores Mobiliários". Ver FREDERICO COSTA PINTO, "A supervisão no Novo Código dos Valores Mobiliários", in *Cadernos do Mercado de Valores Mobiliários (Edição Especial sobre o Código de Valores Mobiliários)*, n.º 7, 2000 (Abril), pp. 94 e ss..

[58] Os membros dos corpos sociais que são titulares de *stocks options* ou de participação nos lucros; os funcionários que têm o seu salário em causa ou melhorias salariais e profissionais ameaçadas; os sócios prejudicados por uma descida das cotações na bolsa de valores; os credores da sociedade regulada que vêm diminuídas as suas garantias, etc.

[59] Embora a violação da regra de protecção pela autoridade reguladora não cause ao sócio um dano autónomo, no sentido de diferente do causado à sociedade regulada, porque a norma não se destina, em primeira linha, a proteger os sócios das sociedades sujeitas à sua intervenção, existe um prejuízo reflexo não despiciendo dos titulares de participações sociais. O trabalho dos jurisprudentes está precisamente na tentativa de construir a autonomia do dano colateral, de natureza extracontratual, como próprio do sócio, e não apenas como prejuízo reflexo do dano causado à sociedade regulada de que o prejudicado é sócio, com as devidas cautelas e limites para não haver extensão desmedida da responsabilidade da autoridade reguladora nem enriquecimento indevido do sócio por dupla compensação. São apenas considerados na tutela os interesses legalmente protegidos e ameaçados pela actuação da autoridade reguladora e os interesses concretos típicos do sector económico em causa, que estejam em risco, não quaisquer vantagens ou expectativas dos particulares eventual e remotamente ameaçadas. Hoje, a presença dos sócios na actuação das autoridades reguladoras, em termos de imputação de responsabilidade, passa sobretudo pela aplicação forçada do disposto nos artigos 266.º, n.ᵒˢ 1 e 4 do Código do Procedimento Administrativo. Um dos caminhos para iniciar a superação de categorias dogmáticas fechadas que condicionam as adptações legislativas impostas pela realidade da Regulação é aceitar que uma norma legal pode ter como escopo a defesa simultânea do interesse público e de interesses patrimoniais particulares com ele não conflituantes ou contraditórios. Para tanto, importa compreender que o interesse público é, por vezes, consoante as condições, as circunstâncias, as finalidades e as áreas, melhor prosseguido através da defesa dos particulares que exercem a actividade de serviço público. Assim, querendo o fim, aceita e promove os meios que melhor se adequam à sua prossecução.

causal adequada do comportamento funcional de um membro de uma autoridade reguladora. Exceptua-se, obviamente, da ideia de dano patrimonial[60] o conjunto de menos valias resultantes do risco normal do negócio[61].

Por outras palavras, no domínio da regulação pública não é aceitável um princípio geral de exclusão de indemnização quando uma pessoa sujeita à ingerência da autoridade reguladora, sofra um prejuízo patrimonial global ainda que nenhum dos seus direitos subjectivos tenha sido atingido[62].

Assim, no plano da ressarcibilidade de danos puramente patrimoniais em sede delitual[63], podemos atender à globalidade do património visado a partir do conceito de "dano económico"[64], sem ser necessária a verificação de um comportamento que viole uma norma protectora de um direito absoluto ou de um bem absolutamente protegido.

---

[60] Seja na forma de dano patrimonial isolado (porque se concretiza pela privação, destruição ou deterioração de bem patrimonial isolado), quer como dano patrimonial global (porque redunda numa diminuição da globalidade do património ou no impedimento do seu acréscimo).

[61] É normal e equitativo que uma pessoa, recebendo as vantagens patrimoniais decorrentes de decisões de terceiros, também suporte os riscos de perda fundados nas mesmas decisões. Mas, não são essas considerações genéricas que aqui importam. Nós fundamos, em concreto, a imputação objectiva de um prejuízo patrimonial que desencadeie responsabilidade do lesante e consequente indemnização ao lesado de: causalidade adequada; e particular justificação. Neste domínio, não pode haver qualquer invocação que a crítica à tese tradicional comporta um risco de extensão desmedida da responsabilidade.

[62] Sobre a problemática do fundamento principal da imputação objectiva de danos estar necessariamente no requisito da causalidade adequada VER PEDRO FERREIRA MÚRIAS, *A responsabilidade por actos de auxiliares e o entendimento dualista da responsabilidade civil*, separata da RFDUL, 1996, XXXVII, p. 183; MARGARIDA AZEVEDO DE ALMEIDA, *A responsabilidade civil do banqueiro perante os credores da empresa financiada*, Coimbra, 2003, pp. 54 e 55 ss.; CARNEIRO DA FRADA, *Teoria da confiança...*, cit., p. 241, nota 204 e 245, nota 212.

[63] Foi a partir da obra de SINDE MONTEIRO, *A responsabilidade por conselhos, recomendações ou informações*, Coimbra, 1989, 187 e ss., que passou a ser discutido com frequência, entre nós, o problema da indemnizabilidade dos danos puramente patrimoniais.

[64] Ver ADELAIDE MENEZES LEITÃO, *Os danos puramente económicos nos sistemas de common law – I*, in *Estudos em homenagem à Professora Doutora Isabel de Magalhães Collaço*, Coimbra, 2002, 216.

A aceitação deste tópico implica que consideremos parcialmente derrogada a doutrina tradicional que sustenta a não indemnizabilidade dos danos puramente patrimoniais em sede delitual[65]. A tese que nega tutela delitual geral aos danos puramente patrimoniais/prejuízos meramente económicos, assente na maximização da ideia de um repúdio do nosso legislador a um sistema de responsabilidade civil delitual de grande cláusula geral, aceita, no entanto, três excepções: a violação de um direito absoluto; a inobservância ou incumprimento de uma norma de protecção; uma actuação contrária ao princípio geral dos bons costumes[66].

A insuficiência das excepções, na sua aplicação à responsabilidade das autoridades reguladoras e dos seus membros, está não só na natureza de gestão pública que cobre os actos praticados e lesivos mas também na instabilidade/incerteza resultante da necessária integração/ /densificação hermenêutica das excepções aceites, para serem efectivamente aplicadas.

Além disso, as premissas em que assenta a doutrina tradicional (negação de um direito subjectivo que tenha como objecto o património de pessoa globalmente considerado; restrições profundas em atribuir a natureza de "normas de protecção" às regras violadas pelo lesante[67]; impedimento de um desenvolvimento legislativo da responsabilidade na

---

[65] O pensamento subjacente é de simples enunciação: se for violado um direito absoluto (só os direitos das pessoas são absolutos, não os direitos sobre o património) há lugar a responsabilidade e a indemnização, verificados os demais pressupostos da responsabilidade civil; se houver apenas um dano patrimonial global, não se ofende qualquer direito absoluto, logo, independentemente de se verificarem os outros pressupostos da responsabilidade civil, não há lugar a responsabilidade nem a indemnização, salvo se, com o comportamento lesante se violar uma norma que protege direitos absolutos, ou a actuação lesiva for contrária aos bons costumes.

[66] Ver CARNEIRO DA FRADA, Uma «terceira via» no direito da responsabilidade civil? O problema da imputação dos danos causados a terceiros por auditores de sociedades, cit. pp. 61 e ss.; Teoria da confiança..., p.164 e ss., n. 121.

[67] A identificação de uma norma legal específica que proíba ou imponha certo comportamento não é suficiente. É necessário que ela seja qualificada como "norma de protecção", o que implica: visar directamente a tutela de interesses particulares; que o património global da pessoa titular do direito de indemnização seja o bem primeira e directamente protegido pela norma; e que a indemnização, face à violação que a justifica, não conduza a uma contradição valorativa.

tutela do património em geral) não são hoje, nomeadamente no plano da Regulação Pública, defensáveis como dogmas dispositivos[68].

Por isso, importa trabalhar, numa perspectiva *de jure condendo*, no sentido de uma crítica sustentada da tese restritiva clássica que dê ao legislador abertura para, superando a influência de Larenz e Canaris na nossa doutrina especializada, encontrar rumos de responsabilização mais adequados aos tipos de lesão e mais justos para as vítimas de comportamentos prejudiciais e danosos, praticados pelas autoridades reguladoras.

Comecemos, no trabalho prudencial reconstrutivo da tópica jurídica aplicada à responsabilidade das autoridades independentes de regulação, seguindo o método lógico-crítico, por fixar duas premissas: a cláusula geral de não-ressarcibilidade da tese clássica não é de aplicação absoluta e universal[69]; os argumentos desta tese não são harmonizáveis com a natureza de gestão pública dos actos das autoridades reguladoras[70].

Por outro lado, os pressupostos de qualquer revisão crítico-reconstrutiva da tese tradicional visando responsabilizar, no plano delitual, as autoridades reguladoras pelos danos patrimoniais puros sofridos pelas pessoas reguladas, são: delimitação rigorosa da categoria de pessoas abrangidas na tutela jurídica; identificação prévia por critérios estritamente prudenciais, do bem jurídico protegido; tipologia dos riscos de lesão contra os quais a norma legal dá protecção.

---

[68] A resistência da nossa doutrina em abandonar, mesmo que de forma parcial, este dogma da não ressarcibilidade dos danos patrimoniais puros em sede delitual, pode ser aferida em: SINDE MONTEIRO, *loc. ult. cit.*; CALVÃO DA SILVA, *Responsabilidade civil do produtor*, Coimbra, 1990, 706, n. 2; CARNEIRO DA FRADA, *Teoria da confiança...*, 238 e ss., ANTUNES VARELA, *Das obrigações...*, I, 644-5, LUÍS MENEZES LEITÃO, *Direito das obrigações*, 2..ª ed., Coimbra, 2000, p. 276; e MARGARIDA AZEVEDO DE ALMEIDA, *A responsabilidade civil do banqueiro perante os credores da empresa financiada*, cit., 36 e ss.. As impugnações mais ousadas, ainda que por motivos diversos, encontram-se em: PEDRO FERREIRA MÚRIAS, *A responsabilidade...*, cit., p. 183: e RITA AMARAL CABRAL, *Tutela delitual do direito de crédito*, in *Estudos de homenagem ao Professor Gomes da Silva*, Coimbra, 2001, pp. 1031 e 1041-42.

[69] Cfr. CARNEIRO DA FRADA, *Teoria da confiança...*, cit., p. 241.

[70] Cfr. PEDRO DE ALBUQUERQUE e MARIA DE LURDES PEREIRA, *A responsabilidade civil das autoridades reguladoras e de supervisão por danos causados a agentes económicos e investidores no exercício de actividades de fiscalização ou investigação*, cit., p. 46 e ss..

Embora não seja aqui o lugar para desenvolver o tema, idênticas considerações podem ser feitas a respeito do dano moral causado pelas autoridades reguladoras às entidades reguladas e a terceiros.

Para nós, a susceptibilidade da actuação dos membros da autoridade reguladora, no exercício das suas funções e de forma prevista na lei, ofender direitos fundamentais privados ou lesar situações jurídicas subjectivas de terceiros impõe a ressarcibilidade dos danos morais causados. Cruzando os regimes jurídicos das normas dos artigos 18.º e 266.º da Constituição com as dos artigos 70.º e n.º 1 do artigo 496.º, encontramos fundamento suficiente para indemnizar as vítimas pelo prejuízo sofrido[71].

Devem aqui os jurisprudentes explorar todas as potencialidades da responsabilidade civil aquiliana para proteger as pessoas ameaçadas ou já prejudicadas pela actuação da autoridade reguladora independente e dos respectivos membros em virtude do carácter nuclear dos direitos visados. Ao fazê-lo, é imperativo que recorram à primazia dos dados estabilizados na teoria geral da responsabilidade civil, sem qualquer espécie de concessão às teses limitadoras da sua aplicação em virtude de se tratar de matéria inserida no Direito Público da Economia ou qualquer outro critério classificatório ou argumento restritivo.

Sendo hoje frequente, por descrédito crescente dos administrados no funcionamento adequado das instituições judiciárias, um abandono do exercício de direitos pessoais para ressarcimento de danos morais junto dos tribunais quando o ofensor é uma entidade pública ou "equiparada", importa colocar os meios de protecção jurídica mais eficazes, como a imputação aquiliana, ao serviço da credibilização do papel do juiz para defender e compensar as vítimas.

Por hesitação ou inércia do legislador, que não estatui de forma clara e concisa, é preciso procurar a responsabilidade do membro da autoridade reguladora na sua actuação profissional, numa simbiose do disposto nas normas do n.º 2 do artigo 12.º da Constituição, dos artigos 2.º e 6.º do Decreto-Lei n.º 48051, e do n.º 1 do artigo 483.º e do artigo 484.º do Código Civil, com dificuldades várias, como por exemplo, a de articular o pedido de indemnização e o recurso contencioso[72].

---

[71] Ver: GOMES DA SILVA, *O dever de prestar e o dever de indemnizar*, Lisboa, 1944, I, pp. 123 e sss.; CASTRO MENDES, *Do conceito jurídico de prejuízo*, separata de Jornal do Fôro, Lisboa, 1953, pp. 24 e ss..

[72] Ver, por exemplo: MARGARIDA CORTEZ, *Responsabilidade civil da administração por actos administrativos ilegais e concurso de omissão dolosa do lesado*, cit., pp. 159

Aliás, no plano da tutela dos direitos dos sócios das sociedade reguladas sujeitas à ingerência da autoridade reguladora, responsabilizando-a pelos danos causados, é necessário mergulhar nas classificações da doutrina administrativística quanto às situações jurídicas relativas que os particulares têm perante a Administração, para conjugar, distinguindo direitos subjectivos da pessoa e interesses legítimos dos administrados[73].

Tem-se entendido ser necessária a violação efectiva de uma norma legal ou regulamentar, mesmo que não específica, que proteja os interesses ou os direitos de uma pessoa que se encontra na álea de intervenção do membro da autoridade reguladora, causador do dano, em acto ilícito e culposo praticado no exercício da função.

O parecer da doutrina é que a norma de protecção violada ou preterida pela autoridade reguladora, não tem de ser expressa, basta que seja construída com recurso a critérios legítimos de interpretação e aplicação, dispensando uma disposição legal específica que fixe de forma concreta, particularizando, a acção ou a omissão, tipificando-a. Isto é, se uma norma definir, ainda que em termos indeterminados, formas genéricas de actuação da Administração Pública ou da entidade que exerce poderes públicos bem como um universo, não enumerado, de interesses dos particulares que quer proteger, já é suficiente para, numa operação de hermenêutica integradora, concretizar uma natureza protectora de um direito específico que é violado por acção contrária ou omissão de um comportamento inserido numa conduta genericamente exigida à Administração.

Assim, é necessário recorrer aos critérios vagos e indeterminados para a actuação da Administração, porque enunciados apenas com referência a princípios gerais de direito, como a proporcionalidade, positi-

---

e ss.; PEDRO DE ALBUQUERQUE e MARIA DE LURDES PEREIRA, *A responsabilidade civil das autoridades reguladoras e de supervisão por danos causados a agentes económicos e investidores no exercício de actividades de fiscalização ou investigação*, cit., p. 19.

[73] Como já foi referido, a previsão das normas do n.º 1 do artigo 266.º da Constituição e do artigo 4.º do Código do Procedimento Administrativo tem servido para proteger direitos absolutos e interesses directamente protegidos, no âmbito reflexo da previsão do n.º 1 do artigo 483.º do Código Civil. Ver PEDRO DE ALBUQUERQUE e MARIA DE LURDES PEREIRA, *A responsabilidade civil das autoridades reguladoras e de supervisão por danos causados a agentes económicos e investidores no exercício de actividades de fiscalização ou investigação*, cit., pp. 54 e ss..

vados nas normas dos artigos 266.º, n.º 1, da Constituição e 5.º, n.º 2, do Código do Procedimento Administrativo.

Estas normas, gerais e programáticas, destinadas a um desenvolvimento normativo adaptado à casuística dos vários sectores e modos da acção administrativa são utilizados como normas de protecção e defesa de direitos absolutos de pessoas e de interesses patrimoniais das entidades reguladas e de terceiros, afectados pela acção da autoridade reguladora, numa tipificação concretizada pela via prudencial.

Ora, entendemos que o labor prudencial deveria centrar-se na construção dogmática de um instituto jurídico denso e bem estruturado de Regulação Pública que permitisse ao legislador a segurança de avançar com normas específicas de protecção, diminuindo as zonas em branco de responsabilização das autoridades reguladoras e a insegurança e instabilidade decisórias. As operações hermenêuticas e a integração prudencial de normas genéricas, com este fim, são importantes, mas sempre complementares da criação por jurisprudentes que se impõe na área da regulação pública.

Pensamos, também, que o recurso aos princípios da tutela da confiança das entidades reguladas e dos administrados em geral, da boa-fé na actuação da autoridade reguladora e o apelo à figura do abuso do direito em caso de excesso[74], implica que sejam objecto de tutela jurídica, não apenas os direitos dos visados, legalmente previstos, mas o exercício de qualquer posição jurídica, de todas as suas situações subjectivas, dos poderes, das faculdades, das liberdades, na forma mais ampla do seu entendimento.

Ao cruzar os elementos concretizadores do direito da responsabilidade civil delitual com a regra geral de responsabilidade por violação de direitos subjectivos absolutos, facilmente concluímos que basta um comportamento meramente culposo e objectivamente adequado (como, por exemplo, a exteriorização tácita de um juízo de valor), por parte da autoridade reguladora para ofender um qualquer direito fundamental subjectivo da pessoa regulada, dificilmente coberto por uma cláusula de justificação ou exclusão, para haver lugar a um pedido de indemnização, se houver concurso dos demais pressupostos da responsabilidade civil.

---

[74] Não cabem aqui considerações que precisem a distinção entre as figuras do abuso de direito, da colisão de direitos e do desvio de poder.

Finalmente, importa sublinhar que esta é também uma perspectiva de resistência: à "transformação duguitiana" dos direitos subjectivos em funções sociais[75], só ocasionalmente protegidos e segundo critérios de oportunidade, com argumentos mais consistentes que os de Calamandrei; e à tese do relativismo dos direitos de Josseroud[76] com razões complementares às de Ripert[77]. A postura habitual da doutrina é conformista e as raras excepções são insuficientes para garantir uma tutela jurídica adequada da pessoa humana e da empresa, como administrada e como consumidor/prestador, face ao Estado que é o legislador.

As mudanças sociais implicam alterações do direito positivo que acompanhem e disciplinem os novos e cambiantes tipos de relações surgidas[78], o que, num Estado de Direito, pressupõe primeiro a formulação por prudentes e só depois a opção política. Hoje, a alteração constante do direito positivo e a decadência da lei[79] impõem aos prudentes que não se limitem a elaborar textos doutrinários dirigidos à aplicação judicial de leis e à exegese legislativa.

6. Um modelo europeu de Regulação Pública para o nosso Direito

A designada Regulação Pública tem origem num modelo de organização dos serviços públicos[80] que utiliza a figura clássica típica da

---

[75] Sobretudo quando a sua construção histórica, fundada no primado da vontade da pessoa livre, continua a desenvolver-se assente nas bases sólidas colocadas por Ockham. Ver LUCA PARISOLI, *Volontarismo e Diritto soggetivo. La nascita medievale di una teoria dei diritti nella scolastica francescana*, Istituto storico dei cappuccini, Roma, 1999, pp. 31 e ss..

[76] V. JOSSEROUD, *De l'esprit des droits et de leurs relativité*, 2.ª ed., Paris, 1935.

[77] G. RIPERT, "Abus et relativité des droits", in *Revue Critique*, 1928, pp. 33 e ss.; *Les forces criatrice du droit*, LGDJ, 1955, pp. 233 e ss..

[78] Hoje, como na época antiga, as mudanças sociais impõem alterações profundas do Direito constituído. Ver MAX WEBER, *Économie et société dans l'Antiquité*, La Decouverte, Paris, 2001, pp. 6 e ss. e 63 e ss..

[79] Sobre a decadência da lei ver, *v.g.*, LUIS PRIETO SANCHÍS, *Ley, Princípios, Derechos*, Dykinson, Madrid, 1998, pp. 17 e ss..

[80] Ver, para os vários modelos organizativos, VITAL MOREIRA e MARIA MANUEL LEITÃO MARQUES, "Desintervenção do Estado, privatização e regulação dos serviços públicos", in Economia & Prospectiva, vol. 8.º, n.º 3, Março, 1999, pp. 133-158.

concessão por contrato administrativo[81] para confiar a entidades privadas, por tempo determinado, a função/tarefa de criar e explorar um serviço público até aí a funcionar em "régie directa" (caracterizada por ser a própria entidade pública a prestar o serviço), integrado por um elemento típico binário: a entidade privada recebe os montantes das tarifas pagas pelos utentes como remuneração dos serviços prestados; o serviço prestado reverte para a entidade pública no termo da concessão.

Correspondendo a uma distorção do modelo principal surgiram experiências de gestão pública indirecta, em que a entidade pública titular do serviço público passa a sua prestação para outras entidades públicas inseridas na administração indirecta do Estado, muitas delas criadas como meros instrumentos desta política de "passa-competências", como acontece com as empresas públicas de direito privado prestadoras de serviços públicos[82].

Se a finalidade última da regulação for a de conseguir, em situação de monopólio natural[83], resultados para o consumidor/utente idênticos a uma situação de concorrência natural, caímos numa contradição ideológica ou de paradigma. A concorrência inexistente em condições normais ou naturais tem de ser criada e mantida artificialmente através de uma intervenção do Estado, no plano legislativo, criando uma autoridade reguladora "independente", com esse fim que é seu (dele Estado).

Por outro lado, a defesa da lealdade de concorrência tem a servi-la uma panóplia de mecanismos legais, visando não apenas defender concorrentes, investidores e consumidores, mas também, e sobretudo, o interesse público. Não pode, por isso, dizer-se que só com a regulação pública se consegue garantir juridicamente a lealdade da concorrência[84].

A ideia de promover uma coordenação europeia que integre as instâncias de regulação dos Estados Membros, no sentido de uma har-

---

[81] Ver PEDRO GONÇALVES e LICÍNIO LOPES MARTINS (colab. de DULCE LOPES), "Os serviços públicos económicos e a concessão no Estado regulador", in *Estudos de Regulação Pública*, vol. I, org. VITAL MOREIRA, Coimbra, 2004, pp. 173 e ss..

[82] Quanto ao regime das empresas municipais, intermunicipais e regionais, ver a Lei n.º 58/98, de 18 de Agosto (Lei-quadro das empresas municipais).

[83] Seja na modalidade assente em redes não partilháveis, seja na outra que se baseia na partilha de redes partilhadas.

[84] Cfr. OLIVEIRA ASCENSÃO, *Concorrência desleal. Parte geral*, Lisboa, 2000, pp. 185 e ss. e 299 e ss..

monização de procedimentos feita a partir de uma instância europeia especializada, possivelmente designada autoridade europeia de regulação, só pode ter na sua base um conjunto de conceitos e institutos jurídicos comuns de onde parta a uniformização pelo Direito e a aplicação do princípio da subsidiariedade.

Assentar os sentidos da terminologia utilizada, os conteúdos comuns dos conceitos jurídicos e os elementos da caracterização pelo Direito dos regimes normativos vigentes é a única forma de aproximar os discursos e iniciar um diálogo estruturado e sistemático que seja produtivo e conclusivo.

O primeiro passo para reduzir as imprecisões e contrasensos é o de criar um conceito jurídico europeu comum de serviço público e um regime jurídico nuclear que o caracterize. Qualquer integração normativa deve partir daqui, em virtude do modelo económico e social adoptado para a modernização das instituições dos Estados europeus no século XXI.

Outra premissa a generalizar é a da relação tripartida que este sistema impõe: regras jurídicas comuns a disciplinar a actividade sujeita a regulação; uma instância, dotada de poderes públicos, que imponha o respeito por estas regras; a existência de entidades reguladas com naturezas jurídicas adequadas ao serviço prestado, às finalidades visadas e à tutela do interesse público.

7. As entidades sujeitas à actividade da autoridade reguladora

Só estão sujeitos à actividade de regulação pública os serviços que produzam bens ou serviços inseríveis no mercado (diferente dos serviços públicos não-mercantis, que são produzidos pela Administração) que a comunidade política decide, através do legislador, submeter a regras gerais da actividade concorrencial do respectivo sector, para melhor servir o interesse público. Como está envolvida a prossecução do interesse público as entidades que prestam esses serviços estão sujeitas a obrigações e limites mais severos que aquelas que se aplicam à actividade comercial, industrial ou financeira normal.

Tomando à letra o conceito de "desregulação" a partir do conceito norte-americano de *deregulation*, ao contrário do que pretendem alguns autores[85], não existe nenhum paradoxo semântico, pois a desregulação não representa nenhuma reregulação. A trilogia da regulação: regras, regulador, regulados, não é a única via para harmonizar, pelo Direito, a liberdade económica (expressa nas liberdades de estabelecimento e de empresa, de comércio, de fixação de preços, etc.) com um regime de exclusividade ou de restrições (contratos de concessão, licenciamentos, taxas, etc.) para salvaguarda do interesse público.

Mesmo o argumento que em zonas de monopólio natural é importante introduzir normas correctoras que permitam o exercício de regras de concorrência, não disfarça o carácter forçado e a natureza artificial, logo nada livre ou natural, das regras e da actuação das autoridades reguladoras. A necessidade de intervenção administrativa em certas zonas da economia, onde não funcionam naturalmente as regras da concorrência, deriva do facto de ser a Administração Pública a forma de intervenção do Estado que melhores garantias dá aos particulares e aos agentes económicos.

Este fenómeno nada tem a ver com o Estado empresário, ou economias administrativizadas, ou desvios planificadores das economias de mercado, porque a intervenção do Estado se destina a sustentar o interesse público e a fazê-lo da melhor forma possível, isto é, através de uma Administração Pública especializada, competente, moderna, eficaz e racional. Não é necessário, como recurso único, de forma monopolística, recorrer às autoridades reguladoras independentes.

As deficiências e preconceitos do modelo anterior em relação à abertura de certos sectores da economia aos privados, bem como os novos mitos da perfídia e ineficiência da Administração Pública face à eficácia, qualidade e celeridade dos bens e serviços fornecidos por privados, não devem entrar nas escolhas do modelo que melhor garante a prossecução do interesse público. Neste plano, só a adequabilidade dos meios às finalidades interessa.

Muitos "operadores históricos" prestam excelentes serviços públicos e são substituídos por modas políticas ligadas à *governance*, sem qualquer racionalidade ou fundamentação, porque os defensores da

---

[85] CHRISTIAN STOFFAES, "De la dérégulation des services publics en Europe à la régulation européenne des services publics", in *La Regulations des services publics en Europe*, dir. Jaques Vandamme e François van der Mensbrugghe, Paris, 1998, pp. 17--49, loc. de ref. p. 18.

universalização da regulação pública a ligam à substituição do paradigma de monopólio pelo Estado de certos sectores da economia, pela exclusividade que os caracteriza, por um modelo de liberdade de concorrência que, para ser durável, carece de uma intervenção meramente reguladora dos poderes públicos e exercidos por autoridades independentes.

Mas o que se passa de facto é a transferência de poderes públicos do Estado para outras entidades que, no seu exercício, dão menos garantias, são menos independentes e conhecem limites mais ténues que o próprio Estado. São uma imitação do Estado, sujeita a um conjunto de normas de criação autista[86] e com margens de discricionariedade e opacidade eventualmente superiores às instituições e organismos especializados, integrados na Administração Pública. As imitações são sempre piores que os modelos imitados.

Não é só a atribuição de amplos poderes normativos e do poder de auto-normação, ou no caso da Regulação Pública, em Portugal, de hetero-normação[87], que preocupa o jurista quando procura o Direito por entre as regras legais, regulamentares e de iniciativa própria das entidades reguladoras, é também a extensão quantitativa e dos conteúdos substantivos heterogéneos das actividades compreendidas na supervisão das entidades reguladas, que lhes é entregue pelo legislador.

Se a supervisão consiste no poder de exercer um controlo sobre as entidades que intervêm em determinado sector da vida económica e financeira, com o fim de assegurar o respeito ou observância das regras

---

[86] Pelo princípio de auto-normação, sem as garantias de pluralismo, de propositura e de audição dos interessados a observar, por obrigação constitucional, pelos legisladores e decisores políticos. Aliás nada inovadoras já que são, na sua maioria, regras derivadas do procedimento administrativo e do processo judicial comum. A atribuição de poderes normativos, uma das constantes mais salientes no conjunto de Estatutos de autoridades reguladoras independentes que analisámos, além da competência para emitir recomendações e faculdade de, por sua iniciativa, dar pareceres genéricos sobre a interpretação de normas jurídicas e procedimentos administrativos, é extensa e, pela falta de controlo judiciário eficaz, potenciador de violações graves, "normativamente legitimadas", aos direitos das empresas e das pessoas.

[87] Porque se trata de um poder normativo dado à autoridade reguladora, que é um poder exterior ao mercado que institui um conjunto de normas a que os operadores económicos do sector em causa devem obedecer. Logo, a regulação económica não é uma auto-regulação mas uma hetero-regulação. Cfr. PAZ FERREIRA, *Direito*..., cit., pp. 396 e ss.; VITAL MOREIRA, *Auto-regulação*..., cit., *passim*.

vigentes aplicáveis, a legislação portuguesa tem passado para as autoridades reguladoras um conjunto de competências próprias, e no entendimento de muitos exclusivas, do Estado, isto é, dos poderes públicos, sem as cautelas que se impunham.

Entendemos que o princípio da eficácia prática dos poderes de supervisão entregues a autoridades reguladoras independentes não pode, nas preocupações do legislador, adquirir primazia sobre o valor de tutela e garantia do respeito pelos direitos fundamentais de personalidade de pessoas e de empresas.

Refiro-me, nomeadamente, à entrega do benefício da execução prévia à entidade reguladora, princípio jurídico nascido e estruturado no âmbito de uma perspectiva de defesa pelo Estado do interesse público e do bem comum que só pode ser exercida por quem tem poderes legitimados para os definir e conformar, ou, no caso de uma transferência, sempre com garantias institucionais e burocráticas de estruturas blindadas a outros interesses[88]. Trata-se de uma decisão essencialmente jurídico-política, não técnica ou tecnocrática.

Da mesma forma, os amplos poderes das entidades reguladoras para exigirem a pessoas e entidades submetidas à sua supervisão o cumprimento de deveres de informação e colaboração, não está suficientemente estruturado com obrigações similares ou correspondentes de garantia do dever de sigilo, ou de limitações precisas à decisão de revelar informação colhida ao abrigo desses poderes, nem com um sistema de responsabilização dos prevaricadores.

Como sempre, a ampla liberdade de decisão e até uma certa "discricionariedade técnica" na forma de exercício de poderes pelas autoridades reguladoras[89] que atingem direitos, liberdades e garantias dos administrados, reduzidos, como administrados, ao papel de consumidores/utentes/clientes, com tutela constitucional de 1.º grau[90] e oponíveis

---

[88] Quanto ao Banco de Portugal ver MENEZES CORDEIRO, *Manual de Direito bancário*, 2.ª ed., Coimbra, 2001, pp. 158 e ss..

[89] Entendido o poder discricionário como um poder vinculado quanto ao fim, logo com limites, internos e externos, a condicionar o seu exercício, no sentido de garantir a sua adequabilidade, proporcionalidade, igualdade, justiça, imparcialidade, eficacidade, etc.

[90] Nos termos do disposto no n.º 1 do artigo 18.º da Constituição, os direitos da personalidade que constituem também direitos fundamentais, têm uma protecção reforçada, como direitos fundamentais privados. Cfr. MENEZES CORDEIRO, *Tratado de Direito*

erga omnes, ou de direitos fundamentais da empresa, vista como um grupo de pessoas que só quer negócio e lucro, impunham, ao legislador, maior precisão nos mecanismos de controlo do controlador e de responsabilização pessoal dos aproveitadores desses poderes.

Também a doutrina que cria Direito e constrói normas-quadro para o exercício de funções reguladoras por estas autoridades não se pode ficar pela afirmação de lugares comuns como a submissão das autoridades e dos titulares dos seus cargos a um conjunto de princípios gerais de Direito. Sobretudo quando, procurando adaptar regras gizadas para serem aplicadas à actividade administrativa do Estado e às funções das autoridades reguladoras, está apenas a reconhecer que a regulação pública não passa de uma operação política de "reengenharia administrativa", onde, cambiando instituições e instrumentos, a essência da função e a finalidade visada não mudam. Aplicar-se-ia, então, o velho brocardo latino *ubi eadem est ratio, idem ius*.

Neste domínio, a contrapartida das amplas possibilidades de intervenção das autoridades reguladoras na vida de pessoas e de empresas, com os riscos inerentes de violação de direitos fundamentais daqueles que estão sujeitos a tais ingerências[91], não pode ser apenas a indicação de limites fundados em princípios constitucionais que vinculam a Administração Pública, como, v.g., o que está positivado no artigo 266.º da Constituição.

Civil Português, 2.ª ed., Coimbra, 2004, I, III, pp. 91 e ss.; RABINDRANATH CAPELO DE SOUSA, "A Constituição e os direitos de personalidade", in *Estudos sobre a Constituição*, org. JORGE MIRANDA, vol. II, 1978, pp. 93 e ss.; *O direito geral de personalidade*, Coimbra, 1995, pp. 578 e ss.; LUÍS MIGUEL PAIS ANTUNES, *Direito da concorrência. Os poderes de investigação da comissão europeia e a protecção dos direitos fundamentais*, Coimbra, 1995; OLIVEIRA ASCENSÃO, *Direito civil. Teoria geral*, 2.ª ed., I, pp. 75 e ss e 103 e ss.; PEDRO PAIS DE VASCONCELOS, *Teoria geral do direito civil*, Coimbra, 2003, pp. 35 e ss..

[91] Aumentados exponencialmente com a posição especial em que se encontram estas autoridades para, em virtude do seu prestígio social e da credibilidade de que gozam no respectivo sector, aumentado pela cobertura legislativa da sua forma de actuar, causarem prejuízos sérios às entidades reguladas pelo tipo de informação que difundem e de intervenção no mercado que queiram ter. A conjugação da credibilidade acrescida e da extensão dos poderes de intervir da autoridade reguladora pública independente do Estado/Administração, obriga a uma responsabilidade diferente, embora próxima, da que é exigida à Administração Pública, e dos particulares em geral, porque está em melhores condições de causar prejuízos graves às pessoas ou entidades, que a generalidade dos particulares (logo tem deveres e responsabilidades mais exigentes).

Nem os instrumentos legais que fiscalizam e controlam o exercício das actividades de ingerência, ao abrigo de poderes públicos, conferidas às autoridades reguladoras a exercer pelos seus membros, podem reduzir-se àqueles que se aplicam à Administração Pública.

É certo que as autoridades reguladoras têm deveres acrescidos de cuidado, normalmente apontados como contrapartida das prerrogativas de ingerência nas entidades reguladas e de poder afectar os direitos e situações jurídicas das pessoas, que a lei lhe confere. Mas, como se aceita que a eficácia da actuação da autoridade ao abrigo dos poderes concedidos implica necessariamente o sacrifício de direitos e interesses das entidades sujeitas à intervenção, conclui-se que, desde que obedeça às regras estabelecidas, a ocorrência de danos não funda responsabilidade.

Se o poder político criou estas autoridades independentes de regulação para substituir as autoridades administrativas independentes nessa função[92], apontando as vantagens da substituição e reconhecendo um conjunto de deficiências destas últimas na prossecução do interesse público e do bem comum, é preciso também assumir as diferenças que as separam com vantagens, face aos fins visados, das autoridades de regulação independentes.

Assumir essa diferença impõe ao legislador sujeitar as autoridades reguladoras e os seus membros, no que respeita à garantia dos direitos das pessoas, individuais ou colectivas, a elas sujeitas[93], a regimes jurídi-

---

[92] A revisão constitucional de 1997 introduziu na norma do n.º 3 do artrigo 267.º da Constituição a possibilidade de o legislador ordinário criar entidades administrativas independentes. Ver, v.g., MARCELO REBELO DE SOUSA, Lições de Direito Administrativo, Lisboa, 1999, I, pp. 273 e ss.; PAULO OTERO, Legalidade..., cit. pp. 317 e ss.; O poder de substituição em direito administrativo. Enquadramento Dogmático-Constitucional, Lisboa, 1995, II, pp. 722 e ss.; BLANCO DE MORAIS, As Autoridades..., cit., pp. 102 e ss.; VITAL MOREIRA, Autoridades reguladoras independentes, cit., pp. 14 e ss.; MARIA FERNANDA MAÇÃS e outros, O contencioso..., cit., pp. 341 e ss.; JOSÉ LUCAS CARDOSO, Autoridades administrativas independentes, Coimbra, 2002, pp. 407 e ss.. No entanto, a quebra na unidade do sistema administrativo e a pulverização da organização administrativa com crise de identidade do Direito administrativo, tem levado a resistências da doutrina a que o legislador tem sido sensível.

[93] As entidades submetidas às autoridades reguladoras podem não ser pessoas colectivas. Atente-se, por exemplo, nas normas dos artigos 1..º e 2..º do Decreto-Lei n.º 18//2003 – regime jurídico da concorrência. Também a doutrina o admite. Ver OLIVEIRA ASCENSÃO, Direito comercial, Lisboa, 1998-1999, I, pp. 405 e ss.; MENEZES CORDEIRO,

cos diferentes, no sentido de mais apertados, que o da Administração Pública. Não se pode querer o melhor dos mundos, ou, como diziam os romanos, *ubi commodum ibi incommodum*...

O exercício de poderes públicos por entidades não-públicas não pode ter, no plano das garantias dos administrados e da responsabilidade dos prevaricadores, um regime jurídico que ignore a situação especial e a fragilização jurídica criadas com a transferência operada. A sujeição ao controlo judicial dos actos dos titulares dos órgãos e os critérios para a sua responsabilização penal, civil e disciplinar, deve obedecer a um regime jurídico especificamente criado para tal, não resultante de uma mera adaptação daquele que existe para os titulares de cargos públicos.

O mesmo se diga da insuficiência de uma intervenção doutrinal para preencher o pressuposto de amplo exercício discricionário e livre interpretação: "visar a tutela do interesse público" – para a divulgação, pelas autoridades reguladores, da identidade de pessoas e empresas e de factos conhecidos a partir de investigações, buscas e inquéritos, só possíveis ao abrigo do exercício de poderes públicos.

É que, normalmente, a doutrina sujeita a decisão do membro da autoridade reguladora, prevista na lei, a critérios gerais de boa-fé, ponderabilidade, proporcionalidade e adequação em vista do fim visado: a defesa do interesse público. Estes conceitos gerais e relativamente indeterminados são de difícil aferição pelo julgador na ampla subjectividade que comporta a sua concretização. Se a isto somarmos a natureza de "exclusão da ilicitude" das normas que legitimam, em nome da eficácia dos poderes fiscalizadores de infracções às regras, a actuação das autoridades reguladoras, as ingerências em posições jurídicas, com tutela de 1.º grau, de pessoas e empresas, concluímos pela fragilização jurídica da situação dos regulados[94].

Manual de Direito comercial, Coimbra, 2001, I, pp. 233 e ss.; PEDRO DE ALBUQUERQUE, *Direito Português da concorrência*, cit., pp. 577 e ss.; COUTINHO DE ABREU, *Da empresarialidade. As empresas no direito*, reimpressão, Coimbra, 1999, pp. 286 e ss.

[94] Um comportamento que, na previsão normativa de uma regra geral, seria ilícito, torna-se lícito por intervenção de uma norma especial, que exclui a ilicitude. O acto ilícito torna-se lícito porque o poder político cria uma norma de exclusão de ilicitude, invocando que a tanto obriga a defesa do interesse público. Combinam aqui considerações da doutrina privatística na área do direito das obrigações (MENEZES CORDEIRO, *Direito das Obrigações*, reimpr. da edição de 1980, Lisboa, 1986, pp. 355 e ss.) com outras da dogmática publicística, no âmbito do direito constitucional (JORGE REIS

Não por causa de discordarmos da imposição de causas de justificação e de escusa em normas permissivas concretas, destinadas a permitir uma actuação eficaz das autoridades reguladoras, aplicadas no processo de imputação delitual aos seus membros, mas pela forma como não se defende a posição dos visados no inevitável conflito entre o exercício dos poderes públicos (pelos membros da autoridade reguladora) e os direitos subjectivos alheios (dos visados).

Insistimos que o apelo às regras da confiança e da boa-fé[95] na prevenção das patologias resultantes da actuação das autoridades reguladoras e o recurso à figura do abuso de direito[96] como terapia ou solução para explicar excessos e exageros, constitui labor doutrinário imprescindível mas insuficiente.

Por aplicação de princípios constitucionais e de regras gerais de direito à operação hermenêutica dos preceitos legais que disciplinam a actividade das autoridades reguladoras[97], sabemos que a doutrina considera ser a responsabilidade civil que as onera, objectiva e por facto de outrem. Tal qualificação resulta de uma analogia estrita com a respon-

---

Novais, *As restrições aos direitos fundamentais não expressamente autorizadas pela Constituição*, Coimbra, 2003, pp. 379 e ss.) e do direito penal (Eduardo Correia, *Direito criminal*, Coimbra, 1971, II, pp. 3 e ss.).

[95] Ver Carneiro da Frada, *Teoria da confiança e responsabilidade civil*, cit, pp. 164 e ss..

[96] Ver Coutinho de Abreu, *Do abuso de Direito*, reimpr., Coimbra, 1999, pp. 68 e ss..

[97] Sobre o valor normativo colocado pelas operações hermenêuticas ver: Castanheira Neves, "O princípio da legalidade criminal", in *Digesta. Escritos acerca do direito, do pensamento jurídico, da sua metodologia e outros*, Coimbra, 1995, pp. 428 e ss.; "O actual problema metodológico da realização do direito", in *Idem*, II, pp. 249 e ss.; "O método jurídico", in *Idem*, II, pp. 283 e ss.; "Interpretação jurídica", in *Idem*, II, pp. 337 e ss.; *Metodologia jurídica. Problemas fundamentais*, Coimbra, 1993, *passim*, e pp. 83 e ss., e 115 e ss.; *O actual problema metodológico da interpretação jurídica*, Coimbra, 2003, I, *per totum*; "O sentido actual da metodologia jurídica", in *Boletim da Faculdade de Direito de Coimbra. Volume Comemorativo*, 2003, pp. 115 e ss.; Paulo Mota Pinto, *Aparência de poderes de representação e tutela de terceiros, reflexão a propósito do artigo 23..º do Decreto-Lei n..º 178/86, de 3 de Julho*, in *Boletim da Faculdade de Direito*, 1993, vol. LXIX, p. 614; Fernando José Bronze, *Lições de introdução ao direito*, Coimbra, 2002, pp. 809 e ss.; Pedro de Albuquerque, *A representação voluntária em direito civil (Ensaio de reconstrução dogmática)*, Coimbra, 2004, Parte II, Cap. IV, § II.

sabilidade do Estado e das pessoas colectivas públicas. Ora, na actuação dos membros da autoridade reguladora, exactamente pela sua natureza não-pública, não se pode considerar apenas a compensação ao lesado do prejuízo acontecido, mas também, e sobretudo, penalizar o prevaricador, com o pagamento da indemnização, e exercer uma pedagogia preventiva, dissuadindo outros, no exercício das mesmas funções, de adoptarem práticas e comportamentos idênticos.

A responsabilidade pessoal dos membros das autoridades reguladoras independentes, com algumas restrições pontuais, não pode deixar de ser considerada também, embora não seja imposta ou construída nem se destine a tal, como uma forma de controlo do exercício dos amplos poderes públicos de que dispõem. A responsabilidade, não apenas da entidade colectiva não-pública "autoridade reguladora", mas pessoal dos seus membros, não põe em causa a sua "independência" de actuação, pois é a própria natureza da entidade que afasta os argumentos da construção dogmática, com reflexo na lei, de que a independência na actuação de certas entidades estaduais é garantida pela desresponsabilização dos seus membros.

Não se pode, por isso, usar o conceito de independência das entidades estaduais estruturado com base na garantia dada aos seus membros de que não são pessoalmente responsabilizados pela sua actuação no exercício das competências legais que lhes estão cometidas, como argumento para não responsabilizar pessoalmente os membros de uma entidade não-pública e independente, no âmbito dessa natureza jurídica, pelo exercício de forma ilícita de poderes públicos que lhe foram conferidos.

O carácter preventivo e acessório ou complementar das formas de responsabilização pessoal por actos ilícitos destes membros das autoridades reguladoras independentes é, não apenas uma forma de controlo da sua actuação, necessária pela amplitude dos poderes públicos de que dispõem, mas também uma forma de aferir a bondade dos argumentos aduzidos pelos defensores da ideia de que a regulação económica e financeira por entidades como as autoridades reguladoras é mais eficaz na defesa do interesse público e do bem comum, face às entidades reguladas e aos administrados.

Os conceitos de "dano anónimo" e "culpa de serviço", operativos na doutrina administrativa, para construir o modelo de responsabilidade civil extracontratual da Administração Pública, são também aqui muito úteis[98], mas sempre insuficientes. É necessário ir mais longe e procurar, pela proximidade conceptual e pela substância jurídica envolvida, uma maior amplitude na responsabilização da autoridade reguladora e dos seus membros, também no âmbito da actuação dos administradores das sociedades anónimas[99].

Se, nestas matérias, se invoca a possibilidade de existirem riscos de politização das decisões em virtude do exercício da tutela administrativa, é porque não se acredita no modelo de Estado Social de Direito que caracteriza o Estado Português na sua actual configuração jurídico--constitucional. O conflito de interesses, resultante da actuação de empresas públicas num sector em que a Administração tem de intervir, pode verificar-se, com risco idêntico, com a subjectividade/discricionariedade de meios e actuações conferidas aos titulares de cargos nas autoridades reguladoras.

As autoridades reguladoras, por si só, não separam o Estado regulador do Estado-accionista ou empresário. O Estado é o último garante do interesse público, aceitando ele que nem sempre é aquele que melhor o prossegue, nomeadamente na vida económica e financeira.

Fazem parte do Estado os poderes legislativo e judicial. Criar regras para o exercício de uma certa actividade de fornecimento de bens e serviços no âmbito da prossecução do interesse público, fixar condições para a actuação-intervenção do poder executivo e sujeitar as entidades que aí actuam e os poderes executivos do Estado aos tribunais, em caso de prevaricação, é muitas vezes suficiente.

Isto porque não é aceitável dizer que a natureza da actuação da autoridade reguladora corresponde a uma actividade "parajudicial" ou "quase-judicial", afirmação muitas vezes apenas sustentada na exterioridade, independência e imparcialidade da entidade que exerce o poder

---

[98] Ver MARIA JOSÉ MESQUITA, "Da responsabilidade civil extracontratual da administração no ordenamento jurídico-constitucional vigente", in *Responsabilidade civil extracontratual da Administração pública*, coord. de FAUSTO DE QUADROS, Coimbra, 1995, pp. 66 e ss.; MARGARIDA CORTEZ, *Responsabilidade civil da Administração por actos administrativos ilegais e concurso de omissão dolosa do lesado*, cit., pp. 21 e ss.; PEDRO DE ALBUQUERQUE e MARIA DE LURDES PEREIRA, *A responsabilidade civil das autoridades reguladoras e de supervisão por danos causados a agentes económicos e investidores no exercício de actividades de fiscalização ou investigação*, cit., passim.

[99] Ver, por todos, MENEZES CORDEIRO, *Da responsabilidade civil dos administradores das sociedades comerciais*, Lisboa, 1996, pp. 471 e ss..

público regulador. Neste plano, nenhuma concessão pode ser feita a tentativas de administrativização de poderes judiciais, mesmo que através das autoridades reguladoras e a partir do tópico dos meios alternativos de resolução de litígios, sem ofensa do princípio constitucional da reserva do poder judicial aos tribunais[100].

Os modelos de segmentação vertical que dissociam, de forma casuística e atendendo à sua operatividade e funcionalidade, o infra-estrutural do gestionário e dos prestadores de bens e serviços, permitem manter a base de actuação do Estado e garantir o pluralismo económico estruturante da concorrência[101].

A criação de autoridades reguladoras na vida económica e financeira, por si só, não operou uma transferência dos poderes executivos para os poderes judiciários, porque as autoridades reguladoras não substituem e, por isso, não podem diminuir, a actuação do Estado, quando a sua intervenção é necessária para defesa do interesse público. Nem podem tornar judiciário o que é administrativo, porque os poderes do Estado na tripartição montesquiana constitucionalmente formulada não se alterou[102], nem mudaram os conteúdos substantivos económicos e financeiros em causa, por toque mágico resultante da criação de autoridades reguladoras.

Daí a importância de tornar extenso e efectivo o controlo judicial da actividade das autoridades reguladoras e dos actos dos seus membros. Os actos administrativos, praticados pelas autoridades reguladoras, produtores de efeitos externos concretos e individuais, quando consubstanciam actos lesivos de direitos e interesses legalmente prote-

---

[100] Cfr. CARLOS BLANCO DE MORAIS, *As autoridades...*, cit., p. 146, defendendo que a actividade prosseguida pelas entidades reguladoras não constitui um poder parajudicial nem uma quarta função do Estado soberano.

[101] Com óbvia vantagem sobre os modelos verticais puros que mantêm os monopólios de facto ou os agentes económicos com direitos exclusivos e sobre os modelos de fragmentação horizontal com concorrência totalmente livre, independentemente dos efeitos na salvaguarda do interesse público.

[102] Não ignoramos a necessidade de algumas adaptações à compreensão tradicional da teoria das fontes a partir da tricotomia constitucional clássica, como propõem CASTANHEIRA NEVES, "Fontes do Direito", in *Digesta*, cit., pp. 7 e ss.; JOSÉ BRONZE, *Introdução ao Estudo do Direito*, Coimbra, 2001, *passim*. Contudo, a separação de poderes na sua consagração constitucional continua a ser um referente imprescindível na definição do estado e da definição do exercício dos poderes públicos.

gidos, podem ser objecto de recurso contencioso, visando a sua anulação através de uma impugnação vertida em acção administrativa especial.

Muitos outros são os meios de defesa e reacção contra a actividade lesiva das autoridades reguladoras e os meios processuais acessórios a que podem recorrer os visados[103], mas aquelas que mais importa salientar são as providências cautelares de Direito administrativo, no âmbito do disposto no artigo 112.º do CPTA e para a produção antecipada de prova. De todas as acções, a que mais nos interessa aqui é a acção para efectivar a responsabilidade civil extracontratual por actos de gestão pública da autoridade reguladora[104], pois é esta a principal garantia contenciosa[105].

8. Síntese conclusiva

1. O sistema de regulação pública por autoridades independentes, com natureza jurídica e exercício de funções ancorados no Direito Público, deve ser inserido no âmbito da reforma do sector público da economia e finanças, pois trata-se de uma forma pública, não estadual, de intervenção normativa hetero-regulativa.

2. O Direito da Regulação Pública deve ser sobretudo uma criação jurídica pensada desde o começo a partir da diferença entre *ars* e *techné*, por forma a apresentar o *ius* a ela aplicado como um sistema de *regulae*.

---

[103] Acções de impugnação de normas, acções para reconhecimento de um direito, acções relativas a contratos, acções sobre execução de julgados e acções de responsabilidade civil, suspensão de eficácia do acto recorrido, intimação para um comportamento, intimação para a consulta de documentos ou para a passagem de certidões.

[104] Os pressupostos e a similitude de regimes jurídicos aproximam a responsabilidade civil extracontratual no Direito Privado e no Direito Público. Não podemos aqui discutir a problemática da aplicação ou não, e dependendo dos casos, do regime de ónus da prova do artigo 487.º do Código Civil, e da permeabilidade de regimes de um e de outro direito quanto ao conceito de culpa a aceitar no âmbito do direito probatório material, mas importa salientar a insuficiência do princípio da culpa face às exigências económico-sociais impostas pela evolução técnica e tecnológica. Cfr. CALVÃO DA SILVA, *Responsabilidade civil do produtor*, Coimbra, 1990, pp. 383 e ss..

[105] Cfr. MARCELO REBELO DE SOUSA, *Lições de Direito Administrativo*, cit., I, p. 479.

3. As especificidades do modelo de regulação pública seguida na Europa não permite uma filiação histórica clara ou uma regressão cronológica linear indicadora de um *continuum*, mas uma polissemia de conteúdos com passado conhecido que lhe garante originalidade histórica.

4. A Regulação, entendida como mero instrumento de intervenção dos poderes públicos na actividade lucrativa de privados no âmbito de uma vida económica assente no mercado, não pode aspirar à dignidade de um instituto jurídico.

5. As autoridades reguladoras independentes são normalmente caracterizadas como pessoas colectivas de direito público dotadas de autonomia administrativa, financeira e patrimonial. A qualificação jurídica de uma entidade como autoridade reguladora independente é tarefa do prudente, não do legislador.

6. Não se pode explicar a passagem de poderes públicos para "autoridades independentes", decidida pelo poder político e legitimada em lei, a partir da "devolução de poderes", pois é de verdadeira transferência que se trata.

6. Não basta, além dos limites internos fixados na lei, limitar a actuação das autoridades reguladoras dotadas de poderes públicos com a observância de princípios genéricos, de aferição casuística, como os da boa-fé, proporcionalidade, razoabilidade, necessidade, ou outros de idêntica natureza.

7. Uma das bases que legitima a ampla passagem de poderes públicos, de exercício melindroso, por envolver a possibilidade de violação de direitos fundamentais subjectivos tão delicados como os direitos de personalidade, implicando, por isso, a necessidade de uma legitimidade reforçada de quem os exerce, é a independência da autoridade reguladora.

8. A independência de uma entidade afere-se sobretudo a partir da garantia normativa de uma ausência de vínculos de subordinação e dependência face a instituições e órgãos da Administração Pública e do poder político executivo, não a partir de um juízo resultante da natureza da função por elas exercida.

9. A actividade de regulação pública insere-se, de forma imprópria, na categoria jurídica da gestão pública, no âmbito de uma relação género-espécie, devendo os seus efeitos face a terceiros ser determinados em função do regime jurídico regra dessa categoria "gestão pública", só depois descendo para a especialidade própria da função reguladora, tal como é conformada pelo legislador.

10. No caso da prática de actos de gestão pública como são, via de regra, os dos titulares de cargos das "autoridades reguladoras independentes", excepciona-se a aplicação do princípio da não ressarcibilidade de danos patrimoniais em sede de responsabilidade delitual.

11. No domínio da regulação pública não é aceitável um princípio geral de exclusão de indemnização quando uma pessoa, sujeita à ingerência da autoridade reguladora, sofra um prejuízo patrimonial global ainda que nenhum dos seus direitos subjectivos tenha sido atingido.

12. Está hoje parcialmente derrogada a doutrina tradicional que sustenta a não indemnizabilidade dos danos puramente patrimoniais em sede delitual, o que implica trabalhar prudencialmente com base em duas premissas: a cláusula geral de não-ressarcibilidade da tese clássica não é de aplicação absoluta e universal; e os argumentos desta tese não são harmonizáveis com a natureza de gestão pública dos actos das autoridades reguladoras.

13. A revisão crítico-reconstrutiva da tese tradicional visando responsabilizar, no plano delitual, as autoridades reguladoras pelos danos patrimoniais sofridos pelas pessoas reguladas, são: delimitação rigorosa da categoria de pessoas abrangidas na tutela jurídica; identificação prévia por critérios estritamente prudenciais, do bem jurídico protegido; tipologia dos riscos de lesão contra os quais a norma legal dá protecção.

14. A responsabilidade do membro da autoridade reguladora na sua actuação profissional pode ser encontrada numa simbiose do disposto nas normas do n.º 2 do artigo 12.º da Constituição, dos artigos 2.º e 6.º do Decreto-Lei n.º 48 051, e do n.º 1 do artigo 483.º e do artigo 484.º do Código Civil, com dificuldades várias, como por exemplo, a de articular o pedido de indemnização e o recurso contencioso.

15. A norma de protecção violada ou preterida pela autoridade reguladora não tem de ser expressa, basta que seja construída com recurso a critérios legítimos de interpretação e aplicação, dispensando uma disposição legal específica que fixe de forma concreta, particularizando, a acção ou a omissão, tipificando-a. Se a norma definir, ainda que em termos indeterminados, formas genéricas de actuação da Administração Pública ou da entidade que exerce poderes públicos bem como um universo, não enumerado, de interesses dos particulares que quer proteger, já é suficiente.

16. Basta um comportamento meramente culposo e objectivamente adequado (como, por exemplo, a exteriorização tácita de um juízo de

valor), por parte da autoridade reguladora para ofender um direito fundamental subjectivo da pessoa regulada, dificilmente coberto por uma cláusula de justificação ou exclusão da ilicitude, para haver lugar a um pedido de indemnização, se houver concurso dos demais pressupostos da responsabilidade civil.

17. O recurso aos princípios da tutela da confiança das entidades reguladas e dos administrados em geral, da boa-fé na actuação da autoridade reguladora e o apelo à figura do abuso do direito em caso de excesso[106], implicam que sejam objecto de tutela jurídica, não apenas os direitos dos visados, legalmente previstos, mas o exercício de qualquer posição jurídica, de todas as suas situações subjectivas, os poderes, as faculdades, as liberdades, na forma mais ampla do seu entendimento.

18. O princípio da eficácia prática dos poderes de supervisão entregues a autoridades reguladores independentes não pode, nas preocupações do legislador, adquirir primazia sobre o valor de tutela e garantia do respeito pelos direitos fundamentais de personalidade de pessoas e de empresas. O exercício de poderes públicos por entidades não-públicas, não pode ter, no plano das garantias dos administrados e da responsabilidade dos prevaricadores, um regime jurídico que ignore a situação especial e a fragilização jurídica criadas com a transferência operada.

19. A responsabilidade, não apenas da "autoridade reguladora", mas pessoal dos seus membros, não põe em causa a sua "independência" de actuação, pois é a própria natureza da entidade que afasta os argumentos da construção dogmática, com reflexo na lei, de que a independência na actuação de certas entidades estaduais é garantida pela desresponsabilização dos seus membros.

20. Não é aceitável dizer que a natureza da actuação da autoridade reguladora corresponde a uma actividade "parajudicial" ou "quase-judicial", com base na exterioridade, independência e imparcialidade da entidade que exerce o poder público regulador. Neste plano, nenhuma concessão pode ser feita a tentativas de administrativização de poderes judiciais, mesmo que através das autoridades reguladoras e a partir do tópico dos meios alternativos de resolução de litígios, sem ofensa do princípio constitucional da reserva do poder judicial aos tribunais.

---

[106] Não cabem aqui considerações que precisem a distinção entre as figuras do abuso de direito, da colisão de direitos e do desvio de poder.

21. Os actos administrativos, praticados pelas autoridades reguladoras, produtores de efeitos externos concretos e individuais, quando consubstanciam actos lesivos de direitos e interesses legalmente protegidos, podem ser objecto de recurso contencioso, visando a sua anulação através de uma impugnação vertida em acção administrativa especial.

22. Entre os meios de defesa e reacção contra a actividade lesiva das autoridades reguladoras e os meios processuais acessórios a que podem recorrer os visados, os que mais importância adquirem são as providências cautelares de Direito Administrativo, no âmbito do disposto no artigo 112.º do CPTA, e as acções para a produção antecipada de prova.

A responsabilidade civil das autoridades reguladoras e de supervisão por danos causados a agentes económicos e investidores no exercício de actividades de fiscalização ou investigação

PROF. DOUTOR PEDRO DE ALBUQUERQUE / DR.ª MARIA DE LURDES PEREIRA

SUMÁRIO: *§ 1.º – Introdução: 1. Apresentação do problema e das linhas gerais da sua solução;* 2. *As autoridades reguladoras independentes: fins da regulação, independência, poderes de regulação e de supervisão, limites à actuação e formas de controlo. § 2.º – A responsabilidade civil das autoridades reguladoras por danos causados às entidades sujeitas a supervisão e aos titulares de valores mobiliários emitidos por essas entidades. § 3.º – A responsabilidade civil das autoridades reguladoras por danos causados aos titulares de valores mobiliários emitidos pelas entidades supervisionadas. § 4.º – Síntese conclusiva.*

§ 1.º Introdução

1. *Apresentação do problema e das linhas gerais da sua solução*

I. Com o presente estudo visa-se aprofundar o tema da responsabilidade civil das autoridades reguladoras. Veremos que a natureza das prerrogativas conferidas a estas entidades, a especificidade da sua actividade e a credibilidade de que gozam conjugadas com a dinâmica da economia actual colocam, em sede de responsabilidade delitual, problemas essencialmente distintos daqueles que surgem no exercício de poderes administrativos "clássicos". Entre outras particularidades, sublinhe-se a acuidade na necessidade de determinar quais os limites que devem ser observados pelos referidos entes reguladores, que aqui assume contornos particularmente significativos em razão do conflito que eventuais fiscalizações, investigações ou actos de outra natureza possam provocar com os comuns direitos subjectivos de empresas, sócios ou investidores. A actividade de supervisão colide de facto, frequentemente, com direitos fundamentais ou de personalidade das empresas e sociedades supervisionadas. Por isso, elas devem ajustar-se e modelar-se a regras de prudência, cuidado, cautela e, com frequência, adoptarem uma atitude de resguardo, sob pena de poderem atingir a credibilidade, bom nome, honra e reputação das entidades em causa, através do propiciar da ampliação pública ou de boatos acerca dos factos sob suspeita ou ocorridos durante a fiscalização ou indagação.

Quando, em concreto, a actividade destas autoridades implique alarido desnecessário, com difusão e repercussão pública de factos inexactos ou de juízos de valor infundados relativos às entidades sujeitas a supervisão, essas mesmas autoridades podem ser obrigadas a indemnizar não apenas os operadores económicos em causa, mas também, sempre que estes sejam sociedades que recorram a financiamento junto do público, os correspondentes investidores, *i.e.*, os titulares de valores mobiliários por elas emitidos. O mesmo sucederá na eventualidade de as autoridades reguladoras ou de supervisão, que se encontram munidas de poderes para indagar e inquirir membros das empresas e efectuar buscas ou apreensões de documentos, o fazerem com excesso de aparato, alvoroço ultrapassando os limites do razoável, da proporcionalidade ou do necessário[1]. Em todas estas circunstâncias, eventuais oscilações de cotações produzirão penalizações absolutamente gratuitas e facilmente evitáveis.

II. Nas constelações de casos acabadas de referir, e deixando por momentos de lado as perdas e ofensas eventualmente infligidas à pró-

---

[1] A necessidade de manter a actividade de investigação ou fiscalização dentro de parâmetros de descrição, sem alarme social e dentro da própria empresa, com um mínimo de perturbação da actividade aí desenvolvida e do bem estar profissional, social e psicológico dos diversos membros da empresa e nomeadamente dos trabalhadores assume particular importância sempre que em causa estejam meras e hipotéticas contra-ordenações ou ilícitos de mera ordenação social.

pria entidade supervisionada, o dano tipicamente sofrido pelos investidores resulta de alienarem os seus títulos em condições desvantajosas e é um dano puramente patrimonial, conforme se procurará demonstrar. Para a sua indemnizabilidade, neste contexto, são fundamentais três ordens considerações que se afigura útil desde já enunciar. Desde logo, a razão essencial que dá fundamento material à defesa do princípio da não ressarcibilidade destes danos em sede delitual – a ideia de garantia de um livre desenvolvimento da personalidade e de um sistema baseado na concorrência – não procede em relação à prática de actos de gestão pública. Aliás, o entendimento contrário permitiria justamente às entidades reguladoras subverter e colocar em crise os valores e bens cuja defesa lhes foi confiada. Depois, as autoridades reguladoras, já pelos extensos poderes de ingerência que detêm, já pela credibilidade de que, em regra, gozam, encontram-se em melhores condições que a generalidade dos sujeitos para influenciar as decisões de investimento ou de desinvestimento dos titulares de valores mobiliários emitidos por sociedades supervisionadas. Finalmente, é de extrema importância a ampla protecção que o Código dos Valores Mobiliários vigente dispensa à informação (verdadeira, completa, actual, clara, objectiva e lícita) dos investidores, o que, na nossa perspectiva, confirma que a admissão de uma responsabilidade das autoridades reguladoras por danos puramente patrimoniais se encontra em plena conformidade com as principais opções do legislador português.

2. **As autoridades reguladoras independentes: fins da regulação, independência, poderes de regulação e de supervisão, limites à actuação e formas de controlo**

I. Nas últimas décadas, a intensificação da *actividade de regulação* económica e financeira tem sido acompanhada por uma progressiva devolução das correspondentes atribuições para *entidades independentes* do poder político e dos operadores económicos do sector regulado: *as autoridades reguladoras independentes*. Importa conhecer o fenómeno e fixar-lhe os contornos, proporcionando uma visão tanto quanto possível unitária das várias autoridades reguladoras. Não menos relevante é identificar, insista-se, os limites dessa mesma actividade e as formas de controlo a que está sujeita.

Impõe-se uma passagem, ainda que inevitavelmente breve, pelos pontos acima enunciados, para depois nos concentrarmos no objecto principal do presente estudo.

II. A regulação económica, numa acepção ampla, traduz-se na definição, aplicação e fiscalização do cumprimento de normas de conduta privativas de certos sectores económicos e financeiros[2]. Mas só se lhe capta a essência quando se têm presentes as *finalidades* que *actualmente* são, por intermédio dela, prosseguidas, marcadamente distintas consoante a área de actividade em causa.

Em certos domínios, é missão primordial da regulação económica a promoção e defesa da concorrência[3]. Com alguns antecedentes mais ou menos remotos e embrionários a defesa da concorrência viria a ser assumida tendo fundamentalmente em vista a adesão ao Tratado de Roma. O processo iniciar-se-ia com o fundamental Decreto-Lei n.º 422/83, de 3 de Dezembro[4], depois seguido pelo Decreto-Lei n.º 370/93, de 29 de Outubro, pelo Decreto-Lei n.º 10/2003, de 18 de Janeiro e pela Lei n.º 18/2003, de 11 de Junho. Nos sectores de actividade em que existiu um monopólio público, trata-se, antes do mais, de criar um mercado concorrencial e de promover a progressiva liberalização do exercício da correspondente actividade (*v.g.*, ICP-ANACOM, ERSE[5]).

As particularidades das denominadas indústrias de rede que, por força da específica estrutura de custos da actividade em causa, gerem monopólios naturais, impõem e, em determinados casos, acrescentam à intervenção reguladora um outro conteúdo. Os monopólios naturais apresentam duas modalidades: assentes em redes não partilháveis (*v.g.*,

---

[2] Cf. VITAL MOREIRA e FERNANDA MAÇÃS, *Autoridades reguladoras independentes. Estudo e projecto de lei-quadro*, Coimbra, 2003, p. 14.

[3] A este respeito cfr. a título exemplificativo PEDRO DE ALBUQUERQUE, *Direito Português da concorrência (Em torno do Decreto-Lei n.º 422/83)*, separata da *ROA*, 1990, pp. 577 e ss..

[4] A este respeito v., novamente, PEDRO DE ALBUQUERQUE, *Direito Português da concorrência...*, pp. 577 e ss.

[5] Na designação das autoridades reguladoras, usaremos as seguintes siglas (algumas com consagração legal): AC (Autoridade da Concorrência); BP (Banco de Portugal); CMVM (Comissão do Mercado dos Valores Mobiliários); ERSE (Entidade Reguladora dos Serviços Energéticos); ICP-ANACOM (ICP – Autoridade Nacional de Comunicações); IRAR (Instituto Regulador de Águas e Resíduos).

infra-estruturas de distribuição de água e de saneamento de águas residuais), em que o acesso de novos operadores económicos ao sector não é viável em termos práticos e existe um único operador em cada área geográfica; fundados em redes partilháveis (*v.g.*, electricidade, telecomunicações), sendo o acesso de novos operadores ao sector economicamente viável apenas através da utilização da infra-estrutura já existente e (em regra) pertencente a um operador. No primeiro caso, a actividade reguladora resumir-se-á fundamentalmente ao estabelecimento de mecanismos que reproduzam os resultados de eficiência para o consumidor/ /utente que tendencialmente se obteriam num mercado concorrencial (*v.g.*, IRAR). Na segunda modalidade, propõe-se garantir a todos os operadores um acesso à rede em igualdade de circunstâncias (*v.g.*, ICP- -ANACOM, ERSE).

Na área dos serviços públicos básicos, surge a tarefa adicional de assegurar o cumprimento das correspondentes "obrigações de serviço público", garantindo a universalidade e igualdade de acesso, continuidade e qualidade do fornecimento e a eficiência e equidade dos preços (*v.g.*, IRAR, ERSE).

A regulação do sector financeiro apresenta, neste quadro, significativa autonomia: em termos gerais, visa-se a promoção dos respectivos mercados financeiros e a (ou através da) tutela do público que a eles aflui (BP, CMVM, ISP)[6].

III. O movimento, a que hoje se assiste, de *devolução* das atribuições de regulação económica para pessoas colectivas públicas constituídas para o efeito e com características de *independência* tem a sua raiz

---

[6] Sobre a matéria, podem consultar-se *Por uma regulação ao serviço da economia de mercado e do interesse público. Declaração de Condeixa*, 2002, Centro de Estudos de Direito Público e Regulação, em *www.fd.uc.pt/cedipre/destaques/index.htm*, JOSÉ LUCAS CARDOSO, *Autoridades administrativas independentes*, Coimbra, 2002, pp. 407 e ss., *As linhas estratégicas do modelo de regulação a implementar pelo Instituto Regulador de Águas e Resíduos (IRAR)*, Ministério das Cidades, Ordenamento do Território e Ambiente, 2003, em *www.apda.pt/pdf/relatório irar 1.pdf* e VITAL MOREIRA e FERNANDA MAÇÃS, *Autoridades reguladoras...*, pp. 9 e ss.. Para o sentido específico da regulação no mercado dos valores mobiliários, salientando o escopo de prevenção da intensificação de riscos, veja-se FREDERICO DA COSTA PINTO, *A supervisão no novo Código dos Valores Mobiliários*, in *Cadernos do Mercado de Valores Mobiliários (Edição especial sobre o Código dos Valores Mobiliários)*, n.º 7, 2000 (Abril), p. 94.

mais profunda no abandono do modelo de economia intervencionista. Numa economia de mercado, a regulação económica ganha um novo sentido: intenta, no essencial, corrigir os defeitos e colmatar as falhas inevitavelmente coligados com o livre funcionamento do mercado[7]. Torna-se, por isso, uma actividade essencialmente técnica, que deve ser desempenhada por reputados profissionais do sector e estar ao abrigo de critérios de oportunidade política. A isto se soma que o funcionamento eficiente do mercado postula um quadro normativo estável, insensível aos ciclos eleitorais. Finalmente, uma regulação efectiva reclama heteronomia e imparcialidade, o que só pode ser perfeitamente logrado com a criação de entes independentes. Basta recordar que, em muitos sectores, o próprio Estado continua a surgir como empresário (designadamente através da detenção de participações privilegiadas em empresas privatizadas) e que, além disso, uma ligação estreita às estruturas partidárias comporta o risco de dependência de certas entidades reguladas.

A criação de autoridades reguladoras nem sempre tem sido fiel a um modelo ideal de autonomia em relação ao governo e aos operadores regulados. Para que seja real, ela reclama um conjunto apertado de mecanismos. Tenham-se em mente, designadamente, a não sujeição a superintendência e tutela do Governo, o estabelecimento de autonomia financeira, a cominação de restrições à nomeação dos seus membros, a garantia da sua inamovibilidade, a identificação de incompatibilidades, inelegibilidades e impedimentos e a previsão de participação institucional dos consumidores nas actividades de regulação[8].

---

[7] Cf. VITAL MOREIRA e FERNANDA MAÇÃS, *Autoridades reguladoras...*, p. 22.

[8] Num estudo publicado em Janeiro de 2003, VITAL MOREIRA e FERNANDA MAÇÃS, *Autoridades reguladoras...*, pp. 213-5 e 244-8, concluíam que, das entidades reguladoras portuguesas do sector económico e financeiro, só algumas obedeciam ao modelo de independência. Há, no entanto, que assinalar alterações entretanto ocorridas no quadro legal, com destaque para a criação da Autoridade da Concorrência (que substitui o Conselho da Concorrência) e para a redenominação da ERSE (antes Entidade Reguladora do Sector Eléctrico e agora dos Serviços Energéticos) acompanhada de aprovação de novos estatutos. Anote-se que a recente lei-quadro dos institutos públicos estabeleceu como princípio a aplicação às "autoridades administrativas independentes" de "um regime especial, com derrogação do regime geral na estrita medida necessária à sua especificidade" (cf. artigo 48.º/1/*f*) da Lei 3/2004 de 15 de Janeiro).

IV. Características destas entidades são as actividades de *regulação em sentido estrito* e de *supervisão* do respectivo sector.

A atribuição de poderes normativos é uma constante nos estatutos da generalidade das autoridades. Por vezes, acrescenta-se-lhe a faculdade de emitir recomendações e pareceres genéricos. Assim, a título meramente exemplificativo, refiram-se: a fixação, pelo BP, de regras de conduta às instituições de crédito, bem como a aprovação de códigos de conduta elaborados pelas associações representativas dessas instituições (cf. o artigo 77.º do RGIC[9]); a emissão de regulamentos e de recomendações e pareceres genéricos pela CMVM relativamente a inúmeros aspectos do mercado dos valores mobiliários (cf. os artigos 369.º e ss., 11.º, 60.º, 155.º e outros do CodVM); a aprovação, pela ERSE, do regulamento tarifário do sistema eléctrico público, das regras de acesso ao sistema eléctrico não vinculado e de muitas outras normas (cf. os artigos 8.º, *a*), 9.º, *a*) e 23.º dos Estatutos da ERSE); a aprovação de regulamentos, a emissão de recomendações e directivas genéricas e a homologação de códigos de conduta e manuais de boas práticas de empresas ou associações de empresas pela AC (cf. o artigo 7.º, n.º 4 dos Estatutos da AC); a elaboração de regulamentos pelo ICP-ANACOM nos casos previstos na lei e sempre que tal seja necessário ao exercício das suas atribuições (cf. os artigos 9.º, *a*) e 11.º dos Estatutos do ICP-ANACOM).

A supervisão, por seu turno, consiste sempre num controlo exercido sobre o sector económico ou financeiro em causa e sobre as entidades que nele intervêm, com o objectivo de assegurar a observância das regras aí aplicáveis. O teor desse controlo espelha evidentemente os fins da intervenção reguladora no sector em causa. Se a supervisão do Banco de Portugal é de conteúdo preponderantemente prudencial, *i.e.*, visa garantir a observância de regras de prudência na actuação bancária e a confiança do público, outro é o sentido da supervisão a cargo do ICP-ANACOM, onde está em causa velar pelo cumprimento das regras aplicáveis à gestão e exploração de redes de telecomunicações e à respectiva prestação de serviço[10], destinadas a assegurar, entre outros aspectos, a existência

---

[9] Abreviatura de Regime Geral das Instituições de Crédito. Na referência a legislação, usaremos ainda as seguintes abreviaturas: CodVM (Código dos Valores Mobiliários).

[10] As atribuições do ICP-ANACOM abrangem ainda o estabelecimento, exploração e prestação de serviços postais

de um serviço universal de telecomunicações, o acesso dos operadores às redes em condições de igualdade e transparência e a qualidade dos serviços prestados aos consumidores[11].

É bastante heterogéneo o conteúdo das actividades compreendidas na supervisão:

1) a realização de actos de registo ou de outros actos de autorização, destinados a controlar a legalidade – estão nestas condições, nomeadamente, o registo de auditores, de emissões de valores mobiliários e outros da competência da CMVM (cf. os artigos 9.º, 44.º e 365.º do CodVM), a instrução e decisão de procedimentos administrativos relativos a acordos entre empresas e operações de concentração pela AC (cf. o artigo 7.º, n.º 3, b) e c) dos Estatutos da AC) e os registos cometidos ao ICP-ANACOM (cf. o artigo 9.º, d) e e) dos Estatutos do ICP-ANACOM);

2) a instauração, instrução e decisão de processos sancionatórios (cf. os artigos 116.º, e) do RGIC, 9.º, f) e 10.º dos Estatutos do ICP-ANACOM, 360.º, n.º 1, e), 364.º, n.º 1, b) e 383.º e ss. do CodVM, 7.º, n.º 2 dos Estatutos da AC e 11.º e 18.º dos Estatutos da ERSE);

3) a realização de inspecções ou auditorias às entidades supervisionadas (cf. os artigos 120.º, n.º 2 do RGIC, 24.º da Lei orgânica do BP, 9.º, b) e c), 12.º e 16.º, n.º 1 dos Estatutos do ICP-ANACOM, 364.º, n.º 1, a) do CodVM, 7.º, n.º 3, a) dos Estatutos da AC e 20.º, n.º 1 e 2 e 22.º dos Estatutos da ERSE);

4) a atribuição de poderes de inquérito e de inspecção de tipo policial à AC (v. o artigo 17.º, n.º 1 da Lei n.º 18/2003, de 11 de Junho, que aprovou o regime jurídico da concorrência);

5) a emissão de ordens e de recomendações concretas (cf. designadamente os artigos 116.º, c), 118.º e 119.º do RGIC, 9.º, g), 16.º, n.º 3 e 17.º, n.º 1 dos Estatutos do ICP-ANACOM, 360.º, f) e 366.º, n.º 2, a) e b) do CodVM, e 8.º, s), t), u) e v), 20.º, n.º 3 e 21.º dos Estatutos da ERSE);

---

[11] Já a supervisão da CMVM "consiste genericamente no controlo exercido sobre a organização e funcionamento dos mercados desta natureza e sobre alguns aspectos essenciais da organização e da actividade dos agentes que neles intervêm": FREDERICO DA COSTA PINTO, *A supervisão...*, in *Cadernos...*, 7, p. 94.

6) a elaboração e publicação de estudos (cf. os artigos 9.º, *h*) dos Estatutos do ICP-ANACOM, 360.º, *h*) do CodVM, e 7.º, n.º 3, *a*) dos Estatutos da AC);
7) a difusão de informações (cf. os artigos 9.º, *i*) dos Estatutos do ICP-ANACOM, e 360.º, *g*) do CodVM); e
8) a prática de outros actos de intervenção directa no funcionamento das entidades supervisionadas ou no mercado – encontram-se nestas condições as providências extraordinárias de saneamento a cargo do BP (cf. os artigos 116.º, *d*) e 139.º e ss. do RGIC), bem como a faculdade da CMVM de ordenar a suspensão de negociação, substituir--se às entidades gestoras de mercados na regularização de situações anómalas e às entidades sujeitas a supervisão no cumprimento de deveres de informação (cf. os artigos 206.º, *b*), 208.º e 361.º, *e*) e *f*) do CodVM).
Para garantir a eficácia prática do exercício de alguns dos poderes de supervisão, a lei estabelece, em certos casos, um privilégio de execução prévia (cf. os artigos 129.º do RGIC e 361.º, n.º 3 do CodVM)[12]. Com a mesma finalidade, impõe às entidades sujeitas a supervisão amplos deveres de informação e de colaboração (cf. os artigos 120.º do RGIC, 13.º, n.º 1 dos Estatutos do ICP-ANACOM, 361.º do CodVM, 8.º dos Estatutos da AC e 6.º dos Estatutos da ERSE). Como contrapartida, os estatutos prevêem deveres de sigilo, embora temperados, aqui e ali, com a possibilidade de divulgação de determinadas informações (cf. os artigos 70.º da Lei orgânica do BP, 13.º, n.ºs 2 e 3 e 14.º dos Estatutos do ICP-ANACOM, 354.º, 355.º e 356.º do CodVM, 36.º dos Estatutos da AC e 6.º, n.º 4 dos Estatutos da ERSE).

V. Mas compete sublinhar e evidenciar a submissão das autoridades independentes aos princípios gerais, aplicáveis a toda a actividade da administração pública, com relevo para os contemplados no artigo 266.º da Constituição que dispõe de modo expresso:

1. A Administração Pública visa a prossecução do interesse público, no respeito pelos direitos e interesses legalmente protegidos.
2. Os órgãos e agentes administrativos estão subordinados à Constituição e à lei e devem actuar, no exercício das suas funções,

---

[12] Em relação a privilégio atribuído ao BP, veja-se, desenvolvidamente, MENEZES CORDEIRO, *Manual de Direito bancário*, 2.ª ed., Coimbra, 2001, pp. 158 e ss..

com respeito pelos princípios da igualdade, da proporcionalidade, da justiça, da imparcialidade e da boa-fé.

A esta estatuição devem juntar-se ainda as regras que sejam especificamente dirigidas às várias entidades reguladoras, integradas ou não nos respectivos estatutos. As vastas faculdades de ingerência de que dispõem são limitadas, em termos efectivos, por princípios e regras que não podem ser ignorados ou esquecidos.

Os modos de controlo que incidem sobre a sua actividade e os seus membros correspondem também aos próprios de toda a administração pública, expressos no controlo judicial dos seus actos e na responsabilidade penal e disciplinar dos titulares dos órgãos. Como traço particular, destaque-se apenas a exigência de prestação de contas públicas a que algumas destas entidades estão sujeitas, concretizada na necessidade de elaborarem um relatório regular das suas actividades a apresentar ao Governo e à Assembleia da República (cf. os artigos 59.º dos Estatutos da ERSE, 51.º dos Estatutos do ICP-ANACOM e 37.º dos Estatutos da AC).

§ 2.º A responsabilidade civil das autoridades reguladoras por danos causados às entidades sujeitas a supervisão e aos titulares de valores mobiliários emitidos por essas entidades

I. Por serem pessoas colectivas, a responsabilidade civil das autoridades reguladoras é objectiva, por facto de outrem[13]. Não tem, conse-

---

[13] Na doutrina administrativa, o aspecto nem sempre é devidamente explicitado, sendo comum a repartição da responsabilidade do *Estado* e das demais *pessoas colectivas públicas* em responsabilidade por factos ilícitos e culposos, pelo risco e por actos lícitos, sem se evidenciar que a primeira é uma responsabilidade objectiva, por facto de outrem (apresentando a dita classificação, vejam-se MARIA JOSÉ MESQUITA, *Da responsabilidade civil extracontratual da administração no ordenamento jurídico-constitucional vigente*, in *Responsabilidade civil extracontratual da administração pública*, Coord. FAUSTO DE QUADROS, Coimbra, 1995, pp. 66 e ss.; e MARGARIDA CORTEZ, *Responsabilidade civil da administração por actos administrativos ilegais e concurso de omissão dolosa do lesado*, Coimbra, 2000, p. 21). Nesta última obra, encontramos a afirmação de que a responsabilidade do Estado não seria afinal por facto de outrem (*idem*, pp. 45 e ss.). Mas trata-se de um uso pouco rigoroso da expressão, pois não se pretende dizer que a responsabilidade do Estado é *por facto próprio*; antes se visa pôr em relevo a circuns-

quentemente, o estatuto de um modo de controlo entre os demais a que estas entidades estão sujeitas. A função por intermédio dela prosseguida não gera dúvidas: trata-se apenas de compensar o prejuízo eventualmente ocorrido e não de penalizar o obrigado à indemnização ou a de dissuadi-lo de um ulterior ilícito[14].

Nenhum argumento sério contra a admissão da responsabilidade civil destas autoridades se pode retirar do escopo legal de preservação da sua autonomia em relação às entidades reguladas. A independência, caso devesse ser garantida em termos estritos, implicaria restrições à responsabilização dos titulares dos órgãos, mas não à das pessoas colectivas (o que é patente no estatuto dos juízes: cf. o artigo 216.º, n.º 2 da Constituição[15]). Ora, nem isso se assegurou nos estatutos das diversas autoridades reguladoras, que não excluem a possibilidade de os titulares dos órgãos serem obrigados a indemnizar nos termos gerais, antes, nalguns casos, a prevêem expressamente. São disso bons exemplos os artigos 52.º dos Estatutos do ICP-ANACOM e 35.º, n.º 1 dos Estatutos da AC. Vale nomeadamente a pena recordar aqui, a título ilustrativo, o teor deste último preceito:

1 – Os titulares dos órgãos da Autoridade [da Concorrência], *bem como o seu pessoal, respondem financeira, civil e criminalmente pelos actos e omissões que pratiquem no exercício das suas funções, nos termos da Constituição e demais legislação aplicável, sem prejuízo da responsabilidade disciplinar a que houver lugar.*

---

tância de, em certos casos, ela resultar de um "dano anónimo" (culpa de serviço) ou de ser exclusiva (cf. o artigo 2.º/1 do Decreto-Lei n.º 48 051, cuja conformidade com o artigo 22.º da CRP, na parte em que exclui a solidariedade nas relações externas, é controvertida).

[14] É corrente a afirmação de que a responsabilidade por *factos ilícitos* teria deliberadamente uma função preventiva, mas meramente *acessória*, daí se deduzindo a solução de certos problemas (cf. LANGE e SCHIEMANN, *Schadenersatz*, 3.ª ed., Tubinga, 2003, pp. 9 e ss. e CESARE SALVI, *Danno*, in Digesto delle Discipline Privatische/Sezione civil, vol. V, 1990, pp. 67 e 68, num fenómeno que tem vindo a ser documentado nomeadamente através da responsabilidade civil por danos ecológicos. V. ainda, na nossa doutrina, PEREIRA COELHO, *A causalidade na responsabilidade civil em direito português*, in *RDES*, ano 12, pp. 71 e 72; Id., *O enriquecimento e o dano*, separata de *RDES*, Coimbra, 1970, p. 22 nota 33 e MENEZES CORDEIRO, *Da responsabilidade civil dos administradores das sociedades comerciais*, Lisboa, 1996, pp. 471 e ss., *maxime* pp. 481 a 483).

[15] Para uma apreciação de conjunto sobre a responsabilização do julgador v., nomeadamente, e entre tantos outros, NÉLIA DANIEL DIAS, *A responsabilidade civil do juiz*, Lisboa, sem data, mas de 2004.

A responsabilidade civil dos entes públicos é, além disso, um dado adquirido, com dimensão constitucional (cf. o artigo 22.º da Constituição)[16].

As autoridades reguladoras desenvolvem uma actividade tipicamente de gestão pública[17]. Em matéria de responsabilidade civil extra-contratual aplica-se-lhes, por isso, o Decreto-Lei n.º 48 051, de 21/11. O diploma contempla a responsabilidade do Estado e das demais pessoas colectivas públicas fundada em acto ilícito e culposo dos titulares dos seus órgãos ou dos seus agentes praticado no exercício das suas funções e por causa desse exercício[18]. Para o efeito, não basta que esse acto se traduza na inobservância de "normas legais e regulamentares" ou de "princípios gerais", sendo necessário que viole um direito de terceiro ou uma disposição legal destinada a proteger os seus interesses (cf. os artigos 2.º e 6.º do Decreto-Lei n.º 48 051). A semelhança com o artigo 483.º, n.º 1 do Código Civil é manifesta. A existir, o dever de indemnizar das autoridades reguladoras resultará de um acto humano, "funcional", ilícito (nos termos assinalados) e culposo. É sobre esse facto originador da responsabilidade que temos de nos concentrar.

II. Tomaremos como base três situações hipotéticas que cremos serem suficientemente representativas de um conjunto de *novos problemas* que a actuação das autoridades reguladoras pode colocar, pois em tais exemplos não se trata do exercício de poderes administrativos clás-

---

[16] São muitíssimo controvertidos o sentido e a extensão da consagração da responsabilidade civil do Estado e das pessoas colectivas públicas no artigo 22.º CRP: cf., nomeadamente, MARIA LÚCIA CONCEIÇÃO ABRANTES AMARAL PINTO CORREIA, *Responsabilidade do Estado e dever de indemnizar do legislador*, Coimbra, 1998, especialmente pp. 424 e ss..

[17] Os actos das autoridades reguladoras são indubitavelmente de gestão pública, qualquer que seja o critério de repartição que se acolha. Eles desenvolvem-se sob a égide do direito público (cf. FREITAS DO AMARAL, *Natureza da responsabilidade civil por actos médicos praticados em estabelecimentos públicos de saúde*, in Direito da saúde e bioética, Lisboa, 1991, pp. 126 e ss.). Ao seu regime não está subjacente qualquer desígnio de concorrência (cf. MARCELO REBELO DE SOUSA, *Responsabilidade dos estabelecimentos públicos de saúde: culpa do agente ou culpa da organização?*, in Direito da saúde e bioética, Lisboa, 1996, pp. 181 e ss.).

[18] O Decreto-Lei n.º 48 051 prevê igualmente a responsabilidade do Estado por coisas ou actividades perigosas e por acto lícito (cf. os artigos 8.º e 9.º) que, neste contexto, não têm interesse.

sicos, como sucede, *v.g.*, com o registo de uma oferta pública de valores mobiliários. É claro que a recusa (ilegal) do registo de uma oferta pública que obedeça aos requisitos exigidos (cf. o artigo 119.º do CodVM) pode gerar a responsabilidade civil da autoridade reguladora, verificados os demais pressupostos. A única particularidade a apontar neste tipo de hipóteses é a dificuldade de articulação entre um pedido de indemnização e o recurso contencioso (cf. o artigo 7.º do Decreto-Lei n.º 48 051)[19].

Considerem-se então os seguintes casos, repise-se, figurados:

1. Tendo dado início a uma investigação relativa a um conjunto de queixas de utentes de um operador de telecomunicações licenciado, o ICP-ANACOM, sem precedência de quaisquer averiguações relativamente ao fundamento das queixas, torna imediatamente pública a abertura do correspondente processo, identificando a entidade investigada bem como a matéria a investigar (cf. os artigos 13.º, n.º 3 e 16.º, n.º 2 dos Estatutos do ICP-ANACOM). Vem posteriormente a verificar-se que se tratava de queixas manifestamente infundadas. Dado que o operador em causa era uma sociedade emitente de acções admitidas à negociação, a divulgação feita pelo ICP-ANACOM conduziu a uma descida abrupta das cotações das acções do operador investigado.

2. O ICP-ANACOM, no uso dos poderes que lhe são conferidos pelos artigos 9.º, *g*) e 16.º, n.º 3 dos Estatutos do ICP-ANACOM, emite uma ordem a uma entidade licenciada para que esta indemnize um conjunto de utentes que apresentaram queixas relativas à qualidade dos serviços. A indemnização supostamente devida atinge proporções consideráveis. Nos termos do artigo 9.º, *h*) dos Estatutos do ICP-ANACOM, é tornada pública a ordem, o que conduz a uma descida abrupta das cotações das acções do operador admoestado, já que se trata de uma sociedade emitente de acções admitidas à negociação em bolsa. Vem a apurar-se que a decisão da autoridade reguladora não foi precedida da necessária investigação e que as queixas dos utentes eram manifestamente infundadas.

---

[19] Sobre o tema podem consultar-se MARGARIDA CORTEZ, *Responsabilidade...*, pp. 159 e ss.; e *Contributo*, pp. 261-2 e CARLOS CADILHA, *Responsabilidade da administração pública*, in *Responsabilidade civil extracontratual do Estado. Trabalhos preparatórios da reforma*, Coimbra, 2002, pp. 245 e ss..

3. No uso dos poderes que lhe são conferidos pelos artigos 361.º e 364.º, n.º 1, *b*), a CMVM procede a um inquérito, destinado a averiguar a existência de uma infracção de uma entidade supervisionada. Usa, contudo, meios desproporcionados à gravidade da possível infracção que investiga e ao grau de probabilidade de ela ter sido praticada (p. ex., recorrendo à colaboração de autoridades policiais nas instalações da entidade supervisionada – artigo 361.º, n.º 2, *d*) e/ou fazendo esta uso de pouca cautela, prudência). O facto torna-se de conhecimento público e os rumores que daí resultam repercutem-se sobre o bom nome, clientela e valor das acções da sociedade investigada. Idêntico cenário poderia nomeadamente ocorrer se, em vez da CMVM, fosse a AC que, no uso dos poderes de inquérito e inspecção conferidos pelo artigo 17.º, n.º 1 da Lei n.º 18/2003, fizesse um uso irregular ou não proporcionado das faculdades conferidas nesse preceito ou suscitasse de forma pouco prudente e adequada (ou se se preferir, e para nos mantermos no terreno da terminologia empregue pelo legislador no n.º 4 do artigo 17.º do Regime Jurídico da Concorrência, desnecessária) face à potencial infracção e à plausibilidade de ausência de resistência por parte dos representantes e colaboradores da empresa visada.

III. No segundo caso é preterido um requisito legal da decisão da autoridade reguladora: o de serem "justas" as queixas dos consumidores (artigo 16.º, n.º 3 dos Estatutos do ICP-ANACOM). Na primeira e na terceira hipóteses é violado o princípio da proporcionalidade, cuja observância é imposta designadamente por imperativo constitucional. Esta última afirmação não dispensa, no entanto, uma justificação mais aprofundada.

Quanto ao primeiro caso, diremos que a faculdade de divulgar publicamente a existência de investigações em curso bem como a identidade da entidade e a matéria investigada, conferida pelo artigo 13.º, n.º 3 dos Estatutos do ICP-ANACOM à autoridade reguladora, visa a tutela do interesse (público) no bom funcionamento do mercado: promovendo uma maior transparência, pondo cobro a rumores e dúvidas perturbadores e sedimentando a convicção de que o cumprimento das regras é efectivamente vigiado e sancionado. Aqui, porém, como nas demais actuações da administração pública, não podem ser descurados os direitos e interesses dos particulares que possam ser afectados pela decisão, impondo-se necessariamente uma ponderação: essas posições só podem ser atingidas na medida em que tal seja adequado, necessário e proporcional ao interesse público em causa (cf. o artigo 266.º, n.º 2 da Constituição e o artigo 5.º, n.º 2 do CPA). Na situação figurada atingiu-se o vector da proporcionalidade em sentido estrito: desconhecendo-se o grau de probabilidade de as queixas serem improcedentes, o risco de prejuízo para a entidade supervisionada e para os investidores excede claramente o benefício de uma comunicação imediata ao mercado. Impõe-se, por isso, um exame prévio, ainda que perfunctório, da viabilidade jurídica das reclamações que estão na base da investigação.

No terceiro caso é o próprio processo de inquérito que surge viciado. Deve começar-se por assinalar que a realização de inspecções e de inquéritos[20] contende inevitavelmente com direitos e interesses dos particulares. A norma que confere o correspondente poder *torna lícita* a respectiva lesão e isto mesmo quando, estando em causa a suspeita de uma infracção, se provar no termo do procedimento que aquela era infundada. Um certo nível de ingerência nas posições jurídicas dos particulares está pois implícito na atribuição de poderes de fiscalização e de perseguição de infracções, dado que é condição de um exercício minimamente eficiente destes poderes. Nem por isso escapa (*e precisamente por isso sujeita-se*) à sindicância do princípio da proporcionalidade.

O primeiro e o último caso revelam-nos, portanto, um problema de delimitação negativa do delito: uma atitude *prima facie* delitual, por integrar uma previsão normativa adequada, torna-se naturalmente lícita pelo concurso de uma norma que exclua a ilicitude[21]. Aparentemente, a delimitação negativa de um delito resultaria da identificação, num primeiro momento, de um preceito no qual se definiria um delito o qual, supervenientemente, pela incidência de uma nova norma se transformaria em acto lícito[22]. Não é, porém, assim. A delimitação positiva e a delimitação negativa operam de forma unitária e insusceptível de cisão. O complexo normativo positivo e negativo interpenetram-se de modo tal que, em rigor, apenas se verifica uma única norma que no conjunto dos seus

---

[20] Estes dois procedimentos previstos no CodVM não se confundem: a inspecção é uma fiscalização de rotina; o inquérito supõe a suspeita de uma infracção (cf. FREDERICO DA COSTA PINTO, *A supervisão...*, in *Cadernos...*, pp. 100-1).

[21] MENEZES CORDEIRO, *Direito das obrigações*, reimpressão da edição de 1980, Lisboa, 1986, p. 355.

[22] *Idem*.

vários aspectos resultará delitual ou não delitual[23]. Trata-se, aliás, de uma matéria que foi sobretudo trabalhada entre nós, e de há já longa data, em Direito Penal[24]. Aliás, refira-se, com interesse para a matéria que nos ocupa mas com carácter simplesmente ilustrativo, que o artigo 44.º do Código Penal de 1886 estabelecia já:

> *Justificam o facto:*
> *(...)*
> *4. Os que praticam o facto em virtude de autorização legal no exercício de um direito ou no cumprimento de uma obrigação, se tiverem procedido com a diligência devida ou o acto for um resultado meramente casual.*

E não pode ser outro o sentido do artigo 31.º do Código Penal tanto mais quando se remete, no n.º 1, a exclusão da ilicitude para a ordem jurídica considerada na sua totalidade[25].

IV. O esquema de delimitação negativa do delito foi há muito transferido para o domínio da responsabilidade civil através das tradicionalmente chamadas causas de justificação e causas de escusa. Com base na clarificação realizada, entre nós, por Pessoa Jorge[26], Menezes Cordeiro procederia a uma delimitação negativa da imputação delitual sempre que o agente: a) se mova no âmbito de normas permis-

---

[23] *Idem.*
[24] EDUARDO CORREIA, *Direito Criminal*, com colaboração de FIGUEIREDO DIAS, Coimbra, 1971, II, pp. 3 e ss.; num fenómeno igualmente recenseado por MENEZES CORDEIRO, *Direito...*, II, p. 335.
[25] Recorde-se, ainda aqui, a circunstância de o artigo 18.º, n.º 2 da CRP estabelecer só poder a lei "(...) *restringir os direitos liberdades e garantias nos casos expressamente previstos na Constituição, devendo as restrições limitar-se ao necessário para salvaguardar outros direitos ou interesses constitucionalmente protegidos*". Para uma panorâmica alargada acerca desta matéria v. JORGE REIS NOVAIS, *As restrições aos direitos fundamentais não expressamente autorizadas pela Constituição*, Coimbra, 2003, especialmente pp. 379 e ss., relativamente à concorrência de direitos fundamentais com limites divergentes, pp. 449 e ss., no tocante aos limites aos direitos fundamentais fundados nos direitos dos outros, pp. 752 e ss., a propósito do princípio da proporcionalidade, da razoabilidade, da determinabilidade e proibição de excesso.
[26] *Ensaio sobre os pressupostos da responsabilidade civil*, Cadernos de Ciência e Técnica Fiscal, Lisboa, 1968, pp. 158 e ss..

sivas[27]; b) actue na base de normas de obrigação[28]. Desta forma, alcança-se uma uniformidade da matéria, a nível normativo, evitando as dificuldades e escolhos, presentes noutras construções ou perspectivas de abordagem, de certas causas justificativas que, habilitando o agente a adoptar o comportamento que sem a delimitação seria delituoso, não integram, contudo, o conteúdo de direitos subjectivos[29].

V. Um dos problemas fundamentais, no âmbito do direito privado, da delimitação negativa da imputação delitual coloca-se quando a actuação permitida, autorizada ou tornada obrigatória colide com direitos alheios. O Código Civil procura definir os princípios gerais para a superação do conflito de direitos. Trata-se de uma orientação geral que não parece susceptível de causar dúvidas. Em qualquer caso o exercício de uma situação jurídica deve passar sempre pelo crivo da boa fé, sem o que ocorrerá um delito, não já por desrespeito do artigo 266.º, n.º 2 da Constituição, aplicável à actividade administrativa pública, mas em termos mais gerais por abuso de direito – artigo 334.º do Código Civil[30][31][32].

---

[27] Estas normas permissivas distinguem-se, depois, em concretas, de um lado, e abstractas, do outro, consoante se dirijam especialmente a um agente ou advenham genericamente do Direito para todas as pessoas.

[28] MENEZES CORDEIRO, *Direito...*, II, p. 357.

[29] *Idem*.

[30] *Idem*, p. 359. No sentido de que o abuso de direito é uma forma de antijuridicidade ou ilicitude v. também COUTINHO DE ABREU, *Do abuso de direito*, reimpressão, Coimbra, 1999, pp. 68 e 76; e embora numa perspectiva diferente e com expressa rejeição de alguns dos pontos de vista expressos por COUTINHO DE ABREU, CARNEIRO DA FRADA, *Teoria da confiança e responsabilidade civil*, Coimbra, 2004, pp. 164 e ss., nota 121, e p. 250, nota 223. Ao nível da jurisprudência cfr. *Acórdão do Supremo Tribunal de Justiça de 14 de Fevereiro de 2002* (OLIVEIRA BARROS), in *CJ/Acórdãos do Supremo Tribunal de Justiça*, Ano X (2002), T. 1, p. 94, onde se sublinha a necessidade de regularidade no exercício de um direito ou no cumprimento de um dever como forma de justificação da lesão de um direito e, destarte, arredar a sua ilicitude, devendo a questão colocar-se com referência ao artigo 334.º do Código Civil. Idêntica exigência de regularidade no cumprimento de um dever ou exercício de um direito era já formulada pelo *Acórdão do Supremo Tribunal de Justiça de 3 de Outubro de 1995* (TORRES PAULO), in *BMJ*, 450, p. 429. Cfr. também *Acórdão do Supremo Tribunal de Justiça de 18 de Dezembro de 2002* (ALVES VELHO), in *www.dgsi.pt* (direito ao bom nome, instituto público, obrigação de indemnizar, ilicitude) onde se sublinha a necessidade de, perante conflitos de posições jurídicas (no caso, direitos), se ponderarem "*os valores em confronto, o princípio da proporcionalidade conjugado com os ditames da necessidade e da adequação*

Em conclusão, a possibilidade, concedida por lei às entidades reguladoras ou de supervisão, a que se fez já alusão, de ingerência nas posições jurídicas dos particulares sujeita-se ao princípio da proporcionalidade – aplicável, sublinhe-se novamente, por imperativo constitucional – e ao imperativo do exercício regular e adequado da posição jurídica actuada[33].

VI. Em qualquer dos casos apresentados, a actuação da entidade reguladora pode envolver, entre outras lesões, violações do domicílio ou ofensas ao bom nome das entidades supervisionadas e causar, por meio disso, não apenas danos morais mas também danos patrimoniais às mesmas entidades (designadamente, pode ter ocorrido uma quebra de volume de negócios por perda de clientela). Direito ao bom nome que corresponde, com outros de que se destaca o direito à reputação (cfr. quanto a ambos o artigo 26.º, n.º 1 da Constituição), a um direito fundamental

---

e todo o circunstancialismo concorrente" ou ainda "*Ponto é que o exercício do direito seja colocado ao serviço do interesse colectivo* (...) *sob orientação e com observância dos princípios da proporcionalidade e da adequação*".

[31] Recorde-se apenas o carácter meramente tradicional da locução abuso de direito, ligada ao enlevo do jussubjectivismo. Para haver abuso ou recorrer à boa fé não tem de existir qualquer direito. Basta o exercício de uma posição jurídica. Neste sentido v., a título exemplificativo, de entre as várias obras do autor, MENEZES CORDEIRO, *Tratado de Direito civil português*, 2.ª ed., I, I, Coimbra, 2000, p. 267. Cfr. também COUTINHO DE ABREU, *Do abuso...*, p. 67, para quem a expressão direito deve ser entendida no quadro do artigo 334.º em sentido muito amplo envolvendo toda e qualquer prerrogativa jurídica subjectiva, os poderes, as faculdades, as liberdades. A boa fé, essa valeria, no dizer do autor, para todo o comportamento juridicamente relevante (p. 61). Aproximando, embora nem sempre de forma totalmente descoberta, a figura do abuso de direito não apenas a casos de actuações jussubjectivas mas das mais diversas posições jurídicas (activas) v. CARNEIRO DA FRADA, *Teoria da confiança...*, pp. 839 e ss..

[32] Distinguindo o abuso de direito quer da colisão de direitos quer do desvio de poder, v. COUTINHO DE ABREU, *Do abuso...*, pp. 80 e ss., mas sem que nada de quanto escreve se mostre capaz de colidir ou infirmar o expresso no texto. V. também, acerca da invocação do instituto do abuso de direito em favor da limitação dos poderes do Estado, por exemplo no que se refere aos limites funcionais do poder legislativo e do poder judicial ou ao exercício de poderes discricionários da Administração na perspectiva do *desvio de poder*, JORGE REIS NOVAIS, *As restrições...*, p. 489.

[33] V., a título exemplificativo, a jurisprudência citada *supra* na nota 30.

privado[34] consubstanciador de um direito de personalidade, porquanto em causa se encontra, justamente, um bem de personalidade[35].

VII. Os direitos fundamentais possuem um regime jurídico particular, aparelhado com esquemas destinados a assegurar a sua efectivação. Por isso, sempre que um direito de personalidade constitua também um direito fundamental, a sua tutela e protecção ficará reforçada[36]. Isso mesmo é patenteado pelo artigo 18.º, n.º 1 da Constituição[37]:

> *Os preceitos constitucionais respeitantes a direitos, liberdades e garantias são directamente aplicáveis e vinculam as entidades públicas e privadas.*

Previne-se, pois, nomeadamente através da disposição acabada de transcrever, a possibilidade de o Estado acabar, através de leis ordinárias, por frustrar a mensagem normativa ínsita nos direitos fundamentais[38].

---

[34] Acerca da figura dos direitos fundamentais v., a título meramente ilustrativo, JORGE MIRANDA, *Manual de Direito Constitucional*, t. IV, *Direitos fundamentais*, 3.ª ed., Coimbra, 2000; CLAUS-WILHELM CANARIS, *Direitos fundamentais e direito privado*, tradução de Wolfgang Sarlet e Paulo Mota Pinto, Coimbra, 2003. A propósito dos direitos de personalidade e Constituição v. RABINDRANATH CAPELO DE SOUSA, *A Constituição e os direitos de personalidade*, in *Estudos sobre a Constituição*, publicação de Jorge Miranda, 2.º vol., 1978, pp. 93 e ss. Concretamente, acerca da articulação entre o direito da concorrência e poderes de investigação que lhe estão associados, de um lado, e protecção dos direitos fundamentais, do outro, v. LUÍS MIGUEL PAIS ANTUNES, *Direito da Concorrência. Os poderes de investigação da comissão europeia e a protecção dos direitos fundamentais*, Coimbra, 1995, *passim*. No tocante aos direitos de personalidade, v. RABINDRANATH CAPELO DE SOUSA, *O direito geral de personalidade*, Coimbra, 1995, *per totum*, e especialmente pp. 578 e ss.. A propósito dos direitos fundamentais, OLIVEIRA ASCENSÃO, *Direito civil. Teoria geral*, 2.ª ed., I, pp. 72 e ss., especialmente pp. 75 e ss. e 103 e ss. e PEDRO PAIS DE VASCONCELOS, *Teoria geral do Direito civil*, Coimbra, 2003, pp. 35 e ss.. Para um relacionamento entre os direitos fundamentais e os direitos de personalidade, MENEZES CORDEIRO, *Tratado...*, I, I, 2.ª ed., pp. 201 e ss., III, *Pessoas*, Coimbra, 2004, pp. 29 e ss., e 83 e ss..

[35] MENEZES CORDEIRO, *Tratado...*, I, III, p. 89. V., também, *Acórdão do Supremo Tribunal de Justiça de 18 de Dezembro de 2002* (ALVES VELHO), in *www.dgsi.pt* (direito ao bom nome, instituto público, obrigação de indemnizar, ilicitude).

[36] MENEZES CORDEIRO, *Tratado...*, I, III, p. 91.

[37] *Idem*.

[38] MENEZES CORDEIRO, *Tratado...*, I, III, p. 92, e já antes VIEIRA DE ANDRADE, *Os direitos fundamentais na Constituição portuguesa de 1976*, Coimbra, 1983, pp. 254 e ss.. Na jurisprudência, cfr. *Acórdão do Supremo Tribunal de Justiça de 18 de Dezembro*

VIII. Duas notas mais a propósito do regime dos direitos fundamentais.

Tratando-se de direitos fundamentais de personalidade, como sucede com o direito ao nome e à reputação, eles são oponíveis *erga omnes*[39]. Além disso, a circunstância de se tratar de um direito de personalidade constitucionalmente nominado faculta-lhe um suplemento de peso argumentativo e aplicativo, com o implicar de uma especial intensidade normativa, que, como se sublinhou já, o coloca ao abrigo de normas hierarquicamente inferiores[40]. No demais, o regime dos direitos fundamentais de personalidade como o direito ao bom nome, à reputação e à inviolabilidade do domicílio, seguem o regime civil estabelecido para os direitos de personalidade[41].

IX. Saber se, em casos do tipo dos figurados, as autoridades reguladoras podem ser responsáveis perante os operadores económicos afectados supõe, a par do manuseamento de temas gerais como o da ressarcibilidade dos danos não patrimoniais e o do reconhecimento de direitos de personalidade às pessoas colectivas, o tratamento de questões privativas das hipóteses apresentadas, como a de apurar se, em concreto, foi violado o bom nome das entidades envolvidas.

Os danos patrimoniais que o comportamento das entidades reguladoras cause provocam naturalmente responsabilidade civil e geram obrigação de indemnizar.

Tratando-se de violação de direito de personalidade, estabelece o artigo 70.º do Código Civil, com a epígrafe *"Tutela geral dos direitos de personalidade"*:

> *1. A lei protege os indivíduos contra qualquer ofensa ilícita ou ameaça de ofensa à sua personalidade física ou moral.*
> *2. Independentemente da responsabilidade civil a que haja lugar, a pessoa ameaçada ou ofendida pode requerer as providências adequadas às circunstâncias do caso, com o fim de evitar a consumação da ameaça ou atenuar os efeitos da ofensa cometida.*

---

de 2002 (ALVES VELHO), in *www.dgsi.pt* (direito ao bom nome, instituto público, obrigação de indemnizar, ilicitude).

[39] MENEZES CORDEIRO, *Tratado...*, I, III, p. 92.
[40] *Idem*, p. 93.
[41] *Idem*.

Por sua vez, o artigo 496.º, n.º 1 do Código Civil determina, sob a epígrafe *"Dano não patrimonial"*:

> Na fixação da indemnização deve atender-se aos danos não patrimoniais que, pela sua gravidade, mereçam a tutela do direito.

Perante este cenário, não podem ficar dúvidas quanto à ressarcibilidade dos danos morais causados em consequência da ofensa a direitos de personalidade[42][43]. A violação de um direito de personalidade é sempre consubstanciadora de gravidade[44]. Aliás, nos últimos anos, as indemnizações arbitradas a propósito de ofensas a estes direitos têm vindo a ser aumentadas[45]. O direito – e não apenas o privado – e a responsabilidade aquiliana estão, antes de mais, ao serviço da pessoa. A transformação da responsabilidade civil em direito da economia não pode deixar de ser combatida. Quando em causa estejam valores ou bens morais – e destarte, relativos entre outros ao bom-nome e à dignidade – a responsabilidade civil deve assumir uma postura mais avançada, através da retribuição do mal e prevenção das ofensas[46]. As agres-

---

[42] Perante a clareza dos textos, doutrina e jurisprudência não manifestam hoje hesitações. V., por todos, CAPELO DE SOUSA, *O direito...*, pp. 455 e ss.; MENEZES CORDEIRO, *Da responsabilidade...*, pp. 481 e ss.; e *Tratado...*, I, I, pp. 213 e ss., e I, III, pp. 109 e ss., com indicações.

[43] Quanto às providências adequadas para reagir contra a ofensa de direitos de personalidade v., a título exemplificativo, CAPELO DE SOUSA, *O direito...*, pp. 472 e ss.; e MENEZES CORDEIRO, *Tratado...*, I, III, pp. 109 e ss..

[44] MENEZES CORDEIRO, *Tratado...*, I, III, p. 112. De fora apenas devem ficar aquelas lesões insignificantes, incómodos diminutos, pequenas contrariedades (cfr. CAPELO DE SOUSA, *O direito geral...*, pp. 555 e ss.). Mas esta questão não é específica da lesão dos direitos de personalidade. É conhecido o exemplo em que alguém tira um grão de trigo de um celeiro. Num caso como esse não é possível falar-se em dano jurídico. Contudo, o proprietário vê ser-lhe subtraído algo. De dano indemnizável também se não pode falar se alguém vazar um copo de água num rio transbordado que devasta campos marginais, aumentando, assim, numa fracção insignificante a zona inundada (a este respeito cfr. GOMES DA SILVA, *O dever de prestar e o dever de indemnizar*, Lisboa, 1944, I, pp. 123 e ss.; e CASTRO MENDES, *Do conceito jurídico de prejuízo*, separata do *Jornal do Fôro*, Lisboa, 1953, p. 24). Sempre se dirá que uma ofensa ao direito de personalidade, pela gravidade intrínseca que representa, só se enquadrará no tipo de hipóteses agora referidas em casos em que a lesão cause apenas contrariedades que se não sentem ou incómodos quase insensíveis.

[45] *Idem*, pp. 112 e 134 e ss..

[46] MENEZES CORDEIRO, *Da responsabilidade...*, p. 482.

sões, no seu sentido mais amplo, multiplicam-se nas modernas sociedades, nomeadamente mercê de pressões muitas vezes injustificadas[47]. Ao mesmo tempo assiste-se a uma incapacidade do direito penal clássico para assegurar uma protecção[48]. A protecção cível, essencialmente baseada na protecção aquiliana, torna-se imprescindível para restituir às pessoas a confiança na lei e nas instituições[49]. Deve pois facilitar-se a imputação aquiliana no tocante a danos morais, aligeirando na medida do possível, os seus pressupostos e reforçando as indemnizações[50] [51].

X. Assente em tese geral a ressarcibilidade dos danos morais, importa ainda dar resposta a duas questões diversas: por um lado, saber se as pessoas colectivas podem ser titulares de um direito ao bom-nome[52]; por outro lado, determinar se em todos ou em alguns dos casos figurados a conduta da autoridade reguladora constitui uma ofensa do bom nome da entidade supervisionada[53]. A primeira interrogação não apre-

---

[47] Idem, pp. 482 e 483.
[48] Idem, p. 483.
[49] Idem.
[50] Idem.
[51] Tratando-se de danos causados por reguladores e entidades que estão necessariamente sujeitas à sua ingerência não pareceria descabido e teria porventura interesse estudar a possibilidade de se aplicar aqui um esquema de inversão do ónus da prova semelhante ao consagrado no artigo 799.º do Código Civil com o alcance proposto por MENEZES CORDEIRO, Da responsabilidade..., passim, quando sustenta estar prevista nesse preceito a figura da faute.
[52] Em vários casos, os entes regulados ou supervisionados não são pessoas colectivas. Veja-se, por exemplo, o disposto nos artigos 1.º e 2.º do Decreto-Lei n.º 18/2003 que disciplina o regime jurídico da concorrência. Perante o quadro legislativo português, a doutrina tem admitido a possibilidade de, subjacente à empresa, se encontrar um sujeito singular ou colectivo. Cfr. OLIVEIRA ASCENSÃO, Direito comercial, Lisboa, 1998-1999, I, pp. 405 e ss.; MENEZES CORDEIRO, Manual de direito comercial, Coimbra, 2001, I, pp. 233 e ss.. Acerca da noção de empresa no direito da concorrência pode também ver-se, entre outros, PEDRO DE ALBUQUERQUE, Direito português da concorrência (análise breve do Dec.-Lei n.º 422/83), separata de ROA, 1990, ano 50, III, pp. 577 e ss.; COUTINHO DE ABREU, Da empresarialidade. As empresas no direito, reimpressão, Coimbra, 1999, pp. 286 e ss. Assumiremos contudo o princípio de que os agentes económicos regulados serão pessoas colectivas. O que for achado quanto a estas, em sede de direitos de personalidade, vale naturalmente, por maioria de razão, para as pessoas físicas.
[53] Cremos que não se poderia considerar, em qualquer destes casos, a existência de uma ofensa do crédito, tendo presente que o crédito de uma pessoa é a situação que

senta particulares dificuldades[54]: por imperativo constitucional, as pessoas colectivas gozam dos direitos e estão sujeitas a deveres compatíveis com a sua natureza (artigo 12.º, n.º 2 da Constituição) e o artigo 484.º do Código Civil elimina as dúvidas que pudessem subsistir acerca da atribuição aos entes colectivos de um direito ao bom nome.

O segundo problema reclama uma análise mais demorada. O artigo 484.º do Código Civil constitui inevitavelmente a primeira disposição a ter em conta nesta matéria, por impor um dever de indemnizar a cargo daquele que afirmar ou difundir um facto capaz de prejudicar o bom nome (ou o crédito) de qualquer pessoa (singular ou colectiva). A definição da conduta ilícita que dele consta, a ser associada a qualquer intento restritivo, valerá também no domínio da responsabilidade

---

para ela resulta de uma "convicção, mais ou menos generalizada, da sua solvabilidade": PESSOA JORGE, *Ensaio...*, pp. 308-309.

[54] Face aos textos legais em vigor, doutrina e jurisprudência afirmam, por isso mesmo, o alargamento dos direitos de personalidade às pessoas colectivas, apenas com algumas adaptações, exceptuando-se nomeadamente aqueles que sejam inseparáveis da personalidade humana: v. MANUEL DE ANDRADE, *Capacidade civil...*, in *Revista...*, 83, p. 226; CAPELO DE SOUSA, *O direito...*, pp. 590 e ss.; MENEZES CORDEIRO, *Tratado...*, I, III, pp. 103 e ss.; e *Acórdão da RP de 28 de Março de 1985* (ZEFERINO FARIA), in *CJ*, 1985, X, II, pp. 230 e ss.. Em particular, quanto ao direito à honra, admitindo a possibilidade de uma sociedade comercial ser sujeito passivo de crime contra a honra, v. o *Assento do STJ de 24 de Fevereiro de 1960* (TOSCANO PESSOA), in *BMJ*, 1960, 94, pp. 107 e ss., numa orientação que hoje, se bem se vê, está consagrada no artigo 187.º do Código Penal. Na doutrina, defendia já a titularidade pelas pessoas colectivas do direito à honra, MANUEL DE ANDRADE, *Capacidade civil das pessoas colectivas*, in *Revista de Legislação e de Jurisprudência*, 83, p. 226, numa orientação que tem feito escola, como o comprova designadamente o ensinamento de CAPELO DE SOUSA, *O direito...*, pp. 596 e ss.). V. também *Acórdão do STJ de 18 de Novembro de 2002* (NEVES RIBEIRO), in www.dgsi.pt (direito ao bom nome, pessoa colectiva), o qual, considerando embora que as pessoas colectivas não são portadoras do valor honra enquanto bem que dá lugar a um direito de personalidade, a verdade é que transmitem para o exterior uma certa imagem da forma como se organizam, funcionam e prestam serviços ou fornecem bens que constituem o seu escopo. Elas têm assim a defender "(...) *o seu nome e o seu bom nome no universo dos seus negócios comerciais, como um direito à boa fama no mercado*" ou "(...) as pessoas jurídicas podem ser lesadas na sua boa imagem, no seu crédito ("quem afirmar ou difundir um facto capaz de prejudicar o crédito ou bom nome de qualquer pessoa, singular ou colectiva, responde pelos danos causados" – artigo 484.º do Código Civil)". Estes danos podem ser "*de natureza patrimonial e de natureza não patrimonial*". "*Toda a ofensa ao bom nome comercial, acaba por se projectar num dano patrimonial (...). É das regras da vida.*"

extracontratual dos entes públicos por actos de gestão pública. Tarefa primordial parece-nos ser a de identificar com rigor a função desempenhada pelo artigo 484.º do Código Civil no seio do direito da responsabilidade civil delitual, na parte em que o preceito se refere à violação do bom nome. Da clarificação deste aspecto podem colher-se importantes subsídios para a resolução da questão em análise.

Ao contrário daquilo que um exame precipitado poderia sugerir, ao regular o dever de indemnizar por lesão do bom nome, o artigo 484.º do Código Civil não vem *estender* a tutela delitual *para além* do que resultaria do artigo 483.º, n.º 1 do Código Civil, mas apenas *confirmar* o que flui da cláusula geral de responsabilidade por violação de qualquer *direito subjectivo absoluto*: esta alcança certamente a violação do direito ao bom nome e reputação (com consagração constitucional: artigo 26.º, n.º 1 da Constituição). Significa isto que a responsabilidade por ofensa do bom nome não tem que ficar estritamente vinculada à situação que no artigo 484.º é figurada, de alguém *afirmar* ou *difundir factos* suceptíveis de denegrirem a reputação de outrem[55]. Basta que exista uma con-

---

[55] Nem sempre é sublinhada a duplicação que o artigo 484.º do Código Civil representa em relação ao artigo 483.º, n.º 1 do Código Civil, primeira parte: ANTUNES VARELA (*Das obrigações em geral*, I, 9.ª ed., Coimbra, 1996, 567) afirma apenas que o artigo 484.º do Código Civil contornou a questão de saber se existem direitos subjectivos ao bom nome e ao crédito. Implicitamente, no sentido do texto, PESSOA JORGE, *Ensaio...*, p. 308. Expressamente na direcção aqui defendida cfr. MENEZES CORDEIRO, *Direito...*, II, p. 349; e na jurisprudência *Acórdão* do *STJ de 14 de Maio de 1976* (MIGUEL CAEIRO), in *Boletim do Ministério da Justiça*, 257, p. 131 e ss.; *Acórdão* do *STJ de 3 de Outubro de 1995* (TORRES PAULO), in *Boletim do Ministério da Justiça*, 450, pp. 424 e ss., especialmente, pp. 428 e 429; *Acórdão do Supremo Tribunal de Justiça de 18 de Dezembro de 2002* (ALVES VELHO), in *www.dgsi.pt* (direito ao bom nome, instituto público, obrigação de indemnizar, ilicitude), com ulteriores indicações ao nível da jurisprudência. O que afirmamos vale indubitavelmente para o bom nome; temos dúvidas quanto à sua aplicabilidade à ofensa do crédito. No direito alemão, o § 824 I BGB, que, ao contrário do nosso artigo 484.º do Código Civil, apenas regula a afirmação ou difusão de factos falsos que lesem o crédito de outrem (ou lhe causem, por outro meio, uma desvantagem patrimonial), é tido como uma disposição que *alarga a responsabilidade delitual*, e, mais precisamente, que *constitui uma excepção ao princípio de que os danos puramente patrimoniais causados por negligência não são indemnizáveis no âmbito delitual* (cf. LARENZ e CANARIS, *Lehrbuch des Schuldrechts*, II 2 (*Besonderer Teil*), 13.ª ed., Munique, 1994, 463). E essa qualificação legitima depois uma interpretação restritiva do preceito.

duta culposa e adequada a prejudicar o bom nome e reputação de outrem que tenha provocado danos e sobre a qual não recaiam quaisquer causas de justificação[56] [57].

Em todos os casos apresentados a conduta da autoridade reguladora tem por efeito a publicitação, divulgação ou exteriorização através de actos e comportamentos de um *juízo de valor* relativo à entidade sujeita a supervisão: seja porque se afirma que esta não cumpriu ou que existe forte suspeita de não ter cumprido as obrigações contratuais que assumiu perante os clientes (casos 2 e 1); seja porque, em função da actuação da entidade reguladora ganha corpo a ideia de que existem fortes suspeitas de ela ter infringido as regras aplicáveis ao sector (caso 3). Não se está perante uma afirmação de factos, *i.e.*, uma comunicação de conteúdo descritivo e empírico, referente a fenómenos existentes ou

---

[56] À acção é ainda equiparável a omissão nos termos do artigo 486.º do Código Civil.

[57] Sublinhe-se, aliás, a circunstância de, mesmo quando o artigo 484.º do Código Civil não fosse, como é, uma mera concretização da cláusula geral contida no artigo 483.º, o que se refere por simples comodidade dialéctica e sem qualquer tipo de concessão, ainda assim a letra do artigo 484.º, tomado em si mesmo de forma isolada, não poderia nunca, atento o problema normativo em jogo, cercear ou impedir a responsabilidade civil de quem, sem afirmar ou difundir um facto, ainda assim causasse com o seu comportamento uma ofensa ao crédito ou ao bom nome ou reputação de outrem. Trata-se de uma consequência da ultrapassagem dos vários positivismos e correntes exegéticas presas à proscruta letra da lei e da assunção das coordenadas interpretativas implicadas nas novas correntes metodológicas a conceberem a interpretação como um verdadeiro problema normativo. A este respeito v. designadamente CASTANHEIRA NEVES, *O princípio da legalidade criminal*, in *Digesta. Escritos acerca do direito, do pensamento jurídico, da sua metodologia e outros*, Coimbra, 1995, pp. 428 e ss.; *O actual problema metodológico da realização do direito*, in *Idem*, II, pp. 249 e ss.; *O método jurídico*, in *Idem*, II, pp. 283 e ss.; *Interpretação jurídica*, in *Idem*, II, pp. 337 e ss.; *Metodologia jurídica. Problemas fundamentais*, Coimbra, 1993, *passim*, e pp. 83 e ss., e 115 e ss.; *O actual problema metodológico da interpretação jurídica*, Coimbra, 2003, I, *per totum*; *O sentido actual da metodologia jurídica*, in *Boletim da Faculdade de Direito de Coimbra. Volume Comemorativo*, 2003, pp. 115 e ss., especialmente pp. 134 e ss.; PAULO MOTA PINTO, *Aparência de poderes de representação e tutela de terceiros, reflexão a propósito do artigo 23.º do Decreto-Lei n.º 178/86 de 3 de Julho*, in *Boletim da Faculdade de Direito*, 1993, vol. LXIX, p. 614; FERNANDO JOSÉ BRONZE, *Lições de introdução ao direito*, Coimbra, 2002, pp. 809 e ss.; PEDRO DE ALBUQUERQUE, *A representação voluntária em direito civil (Ensaio de reconstrução dogmática)*, Coimbra, 2004, Parte II, Cap. IV, § II.

ocorridos no meio natural ou social[58]. Não existe, porém, apoio algum para a restrição da responsabilidade por ofensa do bom nome à exteriorização ou difusão de factos atinentes a outrem. A esta luz, não vemos qualquer obstáculo à cominação de um dever de indemnizar às autoridades reguladoras, desde que demonstrados os demais pressupostos da responsabilidade civil.

A derradeira dificuldade radica em, no terceiro caso apresentado, a publicitação do respectivo juízo poder não ter origem numa conduta da autoridade reguladora especificamente dirigida a afirmá-lo (ou a difundir a afirmação de outrem). Antes se verifica, no caso concreto, que o inquérito, pela sua natureza, requer a prática de actos que tornam do conhecimento geral a existência de um processo em curso. Nestas circunstâncias, porém, a utilização pública de certos meios (desproporcionados) contém implícita a afirmação ou inferência de que existem fortes suspeitas de infracção e para que de violação do direito ao bom nome se trate basta uma conduta objectivamente adequada a ofendê-lo, aí se incluindo a exteriorização tácita de determinado juízo de valor[59].

§ 3.º A responsabilidade civil das autoridades reguladoras por danos causados aos titulares de valores mobiliários emitidos pelas entidades supervisionadas

I. Iremos apreciar agora a posição dos investidores[60]. Em qualquer das situações apresentadas, os titulares de acções das sociedades sujeitas à supervisão sofreram um dano, porque, com base nas informações existentes no mercado, alienaram acções que, de outra forma, teriam conservado ou venderam-nas por um preço inferior àquele que, de outra

---

[58] Cf. LARENZ e CANARIS (*Lehrbuch...*, II 2., 465) que também afirmam que a exteriorização de uma opinião jurídica não constitui a afirmação de um facto.

[59] Recorde-se uma vez mais, a confortar quanto se diz no texto, as mais modernas e correctas propostas metodológicas em matéria de interpretação de que faz nomeadamente eco a doutrina referida *supra* na nota 57.

[60] Mas o que se disser aqui valerá também, em grande medida e por vezes mesmo com maior propriedade e facilidade, para os membros das empresas e corpos sociais titulares de *stocks options* ou participação nos lucros. Igualmente lesados poderão ainda, em certas circunstâncias, ser os credores ou funcionários da entidade supervisionada. Mas não iremos ocupar-nos agora com a posição destes últimos.

forma, teriam aceite[61]. O dano consiste aqui na diferença, para menos, entre duas situações patrimoniais globais do lesado[62]. Fundará este prejuízo um direito à indemnização contra a autoridade reguladora?

Dir-se-á, numa primeira tentativa de resposta ao quesito formulado, que a existência de um direito à indemnização depende de saber se *existe algum direito oponível* erga omnes *dos titulares dos valores mobiliários a não realizarem disposições patrimoniais prejudiciais*. Se, por outras palavras, se impõe ao respeito de todos o interesse dos titulares de valores mobiliários em disporem de informação completa, verdadeira, precisa e objectiva relativamente a factos susceptíveis de influir numa decisão de alienação desses mesmos bens.

Assim delineada, a questão remete-nos para um dos temas que tem dominado os mais recentes desenvolvimentos do direito da responsabilidade civil: *o problema da ressarcibilidade dos danos puramente patrimoniais em sede delitual (pure economic loss, financial loss, primärer Vermögensschaden*[63]). Merece, por isso mesmo, uma consideração autónoma.

---

[61] Mesmo aqueles que não alienam as acções ou outros valores mobilários, dir-se-á sofrerem um dano por força da descida das cotações. Tal dano é, a par daquele que se descreve no texto, um dano puramente patrimonial. Mas cremos que este não é indemnizável, por ser provável ocorrer num espaço breve uma compensação da menos--valia "não realizada", logo que passem a existir informações exactas no mercado (para o problema próximo, mas não necessariamente análogo, da indemnização da desvalorização do veículo sinistrado que subsista após a reparação do mesmo, veja-se LANGE e SCHIEMANN, *Schadenersatz*, cit., pp. 264 e ss.). Anote-se que as mais-valias e as menos--valias "latentes" não são consideradas em Direito Fiscal.

[62] Um dano patrimonial pode verificar-se sob a forma da privação, destruição ou deterioração de um bem patrimonial isolado (*v.g.*, uma coisa ou um direito patrimonial) — *dano patrimonial "isolado" ou "real-individual"* — ou concretizar-se numa diminuição do património no seu globo ou no impedimento de um seu acréscimo que, de outra forma, ocorreria — *dano patrimonial global*. Cf. LARENZ, *Lehrbuch des Schuldrechts*, I (*Algemeiner Teil*), 14.ª ed., Munique, 1987, 428.

[63] Assinalando, porém, que nos ordenamentos de *common law* o dano puramente económico é todo aquele que não se consubstancia num dano na pessoa ou na propriedade de outrem, veja-se ADELAIDE MENEZES LEITÃO, *Os danos puramente económicos nos sistemas de common law – I*, in *Estudos em homenagem à Professora Doutora Isabel de Magalhães Collaço*, Coimbra, 2002, 216.

II. Só nas últimas décadas se consolidou na doutrina portuguesa este modo de designar e de delimitar o problema[64]. Em causa está o funcionamento da responsabilidade delitual em situações em que uma pessoa sofre um dano patrimonial global sem que tenha existido violação de um indiscutível direito absoluto ou de um bem absolutamente protegido (de acordo com o catálogo "clássico" desses direitos ou bens). Ora, nos casos que agora examinamos, os investidores sofreram precisamente danos puramente económicos, em consequência de disposições patrimoniais assentes sobre base viciada.

As constelações de casos envolvidas são de índole heterogénea. A título meramente ilustrativo refiram-se as seguintes hipóteses: a causação de danos às empresas concorrentes por um novo operador, em consequência dos seus melhores serviços; o conselho de investimento dado, por amabilidade, a um amigo, que se vem a revelar ruinoso; o corte de cabos de electricidade no decurso de trabalhos de construção de uma auto-estrada, que provoca danos avultados não só à empresa proprietária, como também aos industriais da zona, constrangidos a paralisar a sua produção durante um certo período (trata-se dos famosos *cable cases*[65]).

Durante largo período, a especificidade delitual dos interesses patrimoniais pura ou primariamente patrimoniais, ou seja, de prejuízos não resultantes da ofensa de posições jurídicas absolutamente protegidas, não foi nem sublinhada nem considerada pelos autores nacionais, que adoptam com frequência a ideia de que a característica de cláusula geral do artigo 483.º, n.º 1 do Código Civil viabiliza indistintamente uma pretensão de ressarcimento de qualquer dano[66]. A partir do estudo encetado por Sinde Monteiro[67] a propósito da noção de dano

---

[64] Segundo cremos, a obra de SINDE MONTEIRO (*A responsabilidade por conselhos, recomendações ou informações*, Coimbra, 1989, 187 e ss.) é pioneira na alusão em Portugal ao problema da indemnizabilidade dos danos puramente patrimoniais. Depois disso, têm-se multiplicado as referências mais ou menos desenvolvidas ao tema.

[65] Sobre estes últimos, veja-se SINDE MONTEIRO, *Responsabilidade...*, pp. 199 e ss..

[66] V. PEDRO FERREIRA MÚRIAS, *A responsabilidade por actos de auxiliares e o entendimento dualista da responsabilidade civil*, separata da *RFDUL*, 1996, XXXVII, p. 182; CARNEIRO DA FRADA, *Teoria...*, pp. 238 e 239 n. 198.

[67] SINDE MONTEIRO, *Responsabilidade...*, pp. 187 e ss., mas v., pp. 535 e ss., quanto o autor escreve acerca da boa fé e o abuso de direito e a utilização da cláusula residual de ilicitude contida no referido abuso.

puramente patrimonial, este estado de coisas sofreu uma marcada evolução na doutrina, embora esteja por fazer um estudo aprofundado e sistemático do problema ao nível da jurisprudência que não parece, *prima facie*, fazer eco dos ensinamentos doutrinários. Seja como for, como resposta ao problema enunciado, tem-se imposto, entre os nosso autores, com generalidade, uma orientação negativista que sustenta a não indemnizabilidade de princípio dos danos puramente patrimoniais em sede delitual. Se quisermos resumir esta tese, podemos condensá--la na seguinte fórmula: sendo violado um direito absoluto (e não existe nenhum direito absoluto sobre o património), *em princípio há responsabilidade*, ou seja, há dever de indemnizar desde que verificados os demais pressupostos; já sendo praticada uma conduta que *apenas* dê azo a uma diminuição do património globalmente considerado ou à privação de um acréscimo que aí de outro modo ocorreria, sem ofensa a qualquer direito absoluto, a solução tem um sentido rigorosamente inverso, *i.e.*, *em princípio não há responsabilidade* mesmo que verificados (hipoteticamente) os demais pressupostos, salvo se ocorrer violação de uma concreta disposição de protecção ou a actuação for contrária aos bons costumes, casos que são qualificados, coerentemente, como desvios ao regime-regra.

Abaixo descreveremos as três concretizações que esta tese, em coerência, reclama. Para já, detenhamo-nos nos fundamentos materiais que a mesma faz valer em sua defesa e nos termos em que demonstra o seu acolhimento no direito positivo português.

São de ordem vária as razões invocadas em abono da ausência de uma tutela delitual geral dos danos puramente patrimoniais. O argumento (ou argumentos) fundamental é aquele que reconduz a opção à ideia de garantia de um livre desenvolvimento da personalidade e de um sistema baseado na concorrência: por um lado, a efectivação destes valores pressupõe necessariamente que se causem prejuízos em interesses patrimoniais alheios; por outro, os interesses patrimoniais do lesante e do lesado equivalem-se, pelo que não há que privilegiar os do último em detrimento dos do primeiro. A esta luz, a recusa da indemnizabilidade, por princípio, dos danos puramente patrimoniais adquire o estatuto de uma opção tomada em nome da defesa da liberdade dos cidadãos. Não se trata, pois, de um mero expediente técnico-jurídico de limitação da responsabilidade sempre que esta se apresente demasiado extensa (como sucede nos acima enunciados *cable cases*)[68].

Um outro ponto de apoio da tese em análise está na não aparência social dos interesses puramente patrimoniais, por contraposição com outros bens "corporizados" ou pelo menos dotados de uma evidência social típica: nestes últimos, o lesante poderia calcular mais facilmente o risco de responsabilidade.

Nas hipóteses em que o dano se concretize numa disposição patrimonial prejudicial e resulte, por isso, de uma opção voluntária do lesado, tem-se posto em relevo ainda que o facto de as decisões económicas dos sujeitos serem produto do cruzamento de múltiplos factores (aí se incluindo, por exemplo, a informação veiculada por terceiros) não se poderá traduzir numa transferência para outrem do risco da própria decisão, sobretudo se se tiver em conta que "*se permite ao sujeito realizar sozinho as vantagens que* (da participação no mercado) *advenham*"[69].

Finalmente, aponta-se ainda, nas hipóteses em que surgem lesados mediatos (como sucede nos *cable cases*), a necessidade de evitar uma extensão da responsabilidade para além de um limite tolerável, o que é assegurado através da exclusão de princípio da indemnização dos danos puramente patrimoniais[70] [71].

---

[68] Assim, CANARIS, *Schutzgesetze – Verkehrpflichten – Schutzpflichten*, in *Festschrift für Karl Larenz zum 80. Geburtstag*, Munique, 1983, 36-7, e LARENZ e CANARIS, *Lehrbuch...*, II 2, 357.

[69] CARNEIRO DA FRADA, *Teoria da confiança...*, p. 243.

[70] Mas repare-se que este fundamento é dificilmente conciliável com o da defesa da personalidade e da concorrência, pois parte da ideia de que o princípio *neminem laedere* funda a indemnizabilidade destes danos e que depois tem de ser restringida para evitar uma proliferação indiscriminada de lesados mediatos. LARENZ e CANARIS (*Lehrbuch...*, II 2, 357) acentuam, pelo contrário, que o problema do ressarcimento dos prejuízos puramente patrimoniais não se encontra de modo algum "pré-resolvido" e que a regra da sua não indemnizabilidade deve ser entendida como a sua solução originária.

[71] Defendendo o princípio da não ressarcibilidade dos danos patrimoniais puros em sede delitual, vejam-se SINDE MONTEIRO, *loc. ult. cit.*; CALVÃO DA SILVA, *Responsabilidade civil do produtor*, Coimbra, 1990, 706, n. 2; CARNEIRO DA FRADA, por último em *Teoria da confiança...*, 238 e ss., ANTUNES VARELA, *Obrigações...*, I, 644-5, LUÍS MENEZES LEITÃO, *Direito das obrigações*, 2.ª ed., Coimbra, 2000, p. 276; e MARGARIDA AZEVEDO DE ALMEIDA, *A responsabilidade civil do banqueiro perante os credores da empresa financiada*, Coimbra, 2003, 36 e ss.. Crítico, porém, PEDRO FERREIRA MÚRIAS,

A isto se soma, na opinião dos seus defensores, estarmos precisamente perante a opção do legislador português, expressa no repúdio de um *sistema de responsabilidade civil delitual de grande cláusula geral* e no acolhimento de um sistema de protecção diferenciadora de bens jurídicos baseado no funcionamento de *três cláusulas gerais limitadas de responsabilidade*: a violação de um direito absoluto, a inobservância de uma disposição de protecção e a actuação contrária a um mínimo ético--jurídico exigível, expresso na cláusula dos bons costumes[72].

A despeito de algumas diferenças existentes neste domínio entre a lei civil alemã – que consagrou sem dúvida o sistema das cláusulas limitadas de responsabilidade – e o Código Civil português, acentuadas por alguma doutrina[73], cremos que não será exagero dizer-se que esta opinião tem vindo a concitar a adesão de um número cada vez maior de autores[74]. Invoca-se, no essencial, a clara semelhança literal e estrutural

---

A responsabilidade..., p. 183: em certos grupos de casos, o problema da indemnização destes danos deve ser resolvida em sede de imputação objectiva e não acolhendo um princípio de não ressarcibilidade. RITA AMARAL CABRAL também parece afastar esse princípio, mas por razões diversas: por concluir que a técnica usada pelo legislador português no artigo 483.º não revela uma intenção restritiva, *Tutela delitual do direito de crédito*, in *Estudos de homenagem ao Professor Gomes da Silva*, Coimbra, 2001, pp. 1031 e 1041-42.

[72] Divergência existe apenas quanto à sede desta cláusula complementar de responsabilidade: se resulta de um aproveitamento directo do artigo 334.º para efeitos de responsabilidade aquiliana (cf. SINDE MONTEIRO, *Responsabilidade...*, pp. 545 e ss.) ou se pressupõe o preenchimento de uma lacuna de regulação (neste último sentido, CARNEIRO DA FRADA, *Uma "terceira via" no direito da responsabilidade civil? O problema da imputação dos danos causados a terceiros por auditores de sociedades*, pp. 61 e ss.; *Teoria da confiança...*, p.164 e ss., n. 121).

[73] Assim, recentemente, MENEZES CORDEIRO, *Da responsabilidade...*, p. 468 ("há um alargamento manifesto em relação ao somatório das duas partes do § 823 BGB, uma vez que o "direito" vem referenciado sem quaisquer especificações") e RITA AMARAL CABRAL, *Tutela delitual...*, in *Estudos...*, 1039-42. Esta última A. extrai da diferença o corolário de que "o modelo do Código Civil não legitima a interpretação restritiva das normas que prevêem e estatuem acerca dos pressupostos da responsabilidade civil". O § 823 I BGB contém um catálogo de direitos e de bens jurídicos protegidos complementado pela referência à violação de outro direito (*sonstiges Recht*). A doutrina alemã sublinha que esse "outro direito" deve corresponder apenas àquelas posições jurídicas que se *assemelhem* a um dos direitos ou bens jurídicos aí enumerados (assim, LARENZ e CANARIS, *Lehrbuch...*, II 2, 356 e 392 e ss.). Ao elenco legal, se bem que exemplificativo, é assim atribuída eficácia delimitadora.

[74] Pelos mesmos que sustentam a não ressarcibilidade de princípio dos danos puramente patrimoniais. Alguma doutrina mais antiga sublinhava já o carácter restritivo

entre o § 823 I e II BGB e o artigo 483.º, n.º 1 do Código Civil: num e noutro, a primeira "fonte" de responsabilidade consiste na ofensa a direitos subjectivos, complementada pela previsão de violação de disposições de protecção.

Ora, a recusa da consagração de um sistema de grande cláusula geral traduziria uma opção do direito da responsabilidade aquiliana pela não protecção geral de certas vantagens ou interesses, por estes não garantirem ao legislador uma possibilidade de delimitação rigorosa dos contornos das previsões delituais[75]. Com isto fecha-se o círculo: a estruturação da responsabilidade com base em três cláusulas gerais limitadas não pode ter outro sentido que não o da exclusão de uma ampla tutela do património globalmente considerado.

Mas a defesa da não compensabilidade, por princípio, do prejuízo puramente económico não se esgota na apresentação do fundamento material da solução, nem na demonstração da sua vigência no direito português. Ela postula, em coerência, a aceitação de três enunciados fundamentais. Por um lado, exige sem dúvida a rejeição da ideia de um *direito subjectivo que tenha por objecto o património* da pessoa globalmente considerado. Reclama, além disso, uma grande contenção na *atribuição da natureza de normas de protecção às disposições violadas* (artigo 483.º, n.º 1, segunda parte). Veda, por fim, *uma ampla tutela do património através de um desenvolvimento* praeter legem *da responsabilidade*, opondo-se assim ao reconhecimento de deveres no tráfico para a protecção do património[76].

Sublinhe-se que o entendimento que esta tese impõe quanto ao funcionamento da segunda cláusula do artigo 483.º, n.º 1 do Código Civil não vale para disposições que constituam um mero reforço da tutela de um dos direitos subjectivos a que alude a primeira parte do preceito (*v.g.*, as disposições do Código da Estrada). Só quando se esteja perante o problema de viabilizar uma indemnização relativa a interesses não jus-subjectivados é que teria de se respeitar a orientação claramente restritiva do sistema. Desde logo, seria necessário identificar uma *dispo-*

---

do artigo 483.º, embora não por referência aos danos patrimoniais puros (cf. PESSOA JORGE, *Ensaio...*, pp. 296 e ss.).

[75] Cf. LARENZ e CANARIS, *Lehrbuch...*, II 2, 354-5.

[76] Quanto a estes aspectos, veja-se SINDE MONTEIRO, *Responsabilidade...*, 300 e ss.; e CARNEIRO DA FRADA, por último *Teoria da confiança...*, pp. 251 e ss..

sição legal específica que proíba ou imponha certo comportamento. "Norma de protecção", nesta perspectiva, não seria toda a norma (identificável pelos processos gerais de interpretação e aplicação) que proteja certo bem, mas só aquela norma que corresponda a uma disposição legal específica. Além disso, a caracterização de uma disposição como norma de protecção dependeria, não apenas da demonstração de que ela *visa directamente a tutela de interesses particulares* – exigência incontestada em toda a doutrina –, mas ainda do respeito de *duas condições adicionais*. À excepção dos preceitos penais, seria necessário provar que o património (globalmente considerado) é o bem primária e directamente protegido pela disposição (e não apenas mais ou menos ocasionalmente co-tutelado) e que a associação da consequência indemnizatória à sua violação não conduz a uma insuportável contradição valorativa (com o que se pretende garantir a sua conformidade com o sistema)[77].

III. Alinhemos algumas considerações sobre a concepção que acabámos de descrever, ainda que estreitamente vinculadas ao tema que nos ocupa da responsabilidade civil das autoridades reguladoras independentes perante os investidores. Em breve a ele regressaremos.

Devemos começar por acentuar que o argumento (ou argumentos) fundamental que suporta a tese da não ressarcibilidade de princípio dos danos puramente patrimoniais não nos parece harmonizável com a natureza da actividade de gestão pública. Quando esteja em causa um acto de um titular de um órgão ou de um agente praticado no exercício das suas funções e por causa desse exercício, dificilmente se poderá sustentar que o livre desenvolvimento da personalidade do ente regulador deva ser neste contexto promovido em detrimento dos interesses (puramente) patrimoniais de terceiros ou que haja alguma concorrência a preservar entre o autor do facto danoso e o lesado. A aceitação da ressarcibilidade não implica neste caso nenhum entrave à dinâmica da actuação dos sujeitos na vida económica nem cerceia apreciavelmente a circulação de riqueza. Ao contrário, a hipotética negação da responsabilidade do regulador por danos causados aos investidores é que seria de molde a pro-

---

[77] Cf. CANARIS, *Schutzgesetze...*, in *Festschrift...*, pp. 45-50 e 58-77, e LARENZ e CANARIS, *Lehrbuch...*, II 2., 436 e ss., especialmente 439 e 442-3.

vocar tais escolhos, subvertendo-se assim, neste caso, os valores que se pretende acautelar quando se defende a não ressarcibilidade dos danos patrimoniais puros. Afirmamos, portanto, que, qualquer que seja o juízo a fazer em definitivo sobre este tópico, ele não vale quando estejamos perante actos de gestão pública.

A ideia da falta de aparência ou de evidência dos interesses meramente patrimoniais só se adequa a certas constelações de casos. Não se ajusta, cremos, às hipóteses de indução em erro ou prejuízo de titulares de valores mobiliários resultante de informações ou rumores causados por uma actividade não regular ou proporcionada dos entes de supervisão ou regulação: o correspondente interesse (puramente patrimonial) em adquirir e alienar nas melhores condições é facilmente reconhecível para o lesante e se em concreto não o for (à luz da bitola do artigo 487.º do Código Civil), concluir-se-á que a conduta não gera responsabilidade por ausência de culpa. De resto, é reconhecido que as razões que dão fundamento material à doutrina da não ressarcibilidade não valem indistintamente para todas as modalidades de situações[78].

É exacta a afirmação de que, nas hipóteses em que o dano se corporize numa disposição patrimonial prejudicial, o prejuízo não será, em princípio, ressarcível por ser equitativo que o sujeito que aufere as vantagens puramente patrimoniais decorrentes das suas decisões também suporte o correspondente risco de perda. Mas o mesmo se pode dizer fora do universo dos interesses meramente patrimoniais: o proprietário de uma coisa corpórea beneficia das mais valias, mesmo fortuitas. O que este argumento faz notar é que para que ocorra a imputação de *qualquer prejuízo* é necessária uma particular justificação.

A necessidade de evitar uma extensão desmedida da responsabilidade surge igualmente fora do domínio dos "danos económicos": suponha-se que um acidente imputável a determinada pessoa deixa sequelas psíquicas no directamente lesado, que, por força de tais perturbações, agride depois várias pessoas[79]; ou recorde-se o clássico exemplo da pessoa que, sendo atropelada, perde o voo em que contava viajar e embarca no do dia seguinte, vindo a morrer na sequência da queda desse avião.

---

[78] Assim, CARNEIRO DA FRADA, *Teoria da confiança...*, p. 241.

[79] O exemplo é de DAVID HOWARD, *Economic loss in England: The search for coherence*, in *Civil Liability for Pure Economic Loss*, Londres, 1996, 48 apud MARGARIDA AZEVEDO DE ALMEIDA, *A responsabilidade...*, p. 55.

Por ser um problema comum às mais variadas situações, o instrumento adequado a resolvê-lo encontra-se no requisito da causalidade (*rectius*, da imputação objectiva) e não, segundo pensamos, na recusa, de princípio, de uma indemnização sempre que um sujeito sofra um prejuízo patrimonial global sem que um direito subjectivo seu tenha sido atingido[80].

Finalmente, há que sublinhar um aspecto ligado à aplicação da tese em presença que nos parece de máxima importância: se, como tem sido posto em evidência por alguma doutrina, o imperativo de *evitar contradições valorativas* pode justificar a recusa da qualificação de um dado preceito como disposição de protecção e, portanto, a exclusão, no universo correspondente, de uma indemnização por danos puramente patrimoniais[81], parece-nos que o inverso é também verdadeiro. Quando, por exemplo, subsistam dúvidas quanto à extensão da aplicação de uma específica disposição de protecção a certo sujeito, a salvaguarda da conformidade da decisão com o sistema pode favorecer a solução de responsabilização.

IV. Vimos que não existe um direito absoluto dos titulares dos valores mobiliários emitidos pelas entidades supervisionadas a disporem de uma informação completa, verdadeira, precisa e objectiva relativamente a factos que sejam ou possam ser determinantes de uma decisão de alienação desses valores. Cabe agora explorar a via da segunda cláusula de responsabilidade consagrada no artigo 2.º, n.º 1 do Decreto-Lei n.º 48 051, buscando uma *norma de protecção* que vise directamente assegurar o interesse daqueles terceiros e que tenha sido atingida pela autoridade reguladora nos casos que acima figurámos.

A responsabilidade fundada na violação de disposições legais destinadas à protecção de interesses alheios tem sido dominada pela procura de precisão e rigor científicos. A orientação não surpreende e deve ser aplaudida. Um recurso a esta via de imputação de danos que

---

[80] Neste sentido, PEDRO FERREIRA MÚRIAS, *A responsabilidade*..., 183 e MARGARIDA AZEVEDO DE ALMEIDA, *A responsabilidade*..., pp. 54-5. CARNEIRO DA FRADA (*Teoria da confiança*..., p. 241, n. 204 e p. 245, n. 212) chama a atenção para a necessidade de atender, no âmbito dos danos puramente patrimoniais, às "possibilidades oferecidas pelos instrumentos comuns da doutrina da imputação de danos", entre eles o requisito da causalidade.

[81] Cf. LARENZ e CANARIS, *Lehrbuch*..., II 2, 437 e 442.

desvirtue o conteúdo das regras em causa deve ser a todo o custo evitado. Há que prevenir o arbítrio.

A figuração da defesa dos particulares entre os fins da norma terá sempre de ser assegurada: a vantagem destes não pode ser alvo de mera protecção reflexa. Mas impõe-se ainda rigor na delimitação da categoria de pessoas destinatárias da tutela, na identificação do bem jurídico protegido e na determinação do tipo de risco de lesão contra o qual a norma oferece defesa. Estas operações, claras na sua essência, exigem na prática, não raro, ponderações delicadas[82].

Ocorre, porém, acentuar que nesta indagação que nos ocupa não há que proceder com uma preocupação particularmente restritiva. Em especial, não há que formular quaisquer exigências adicionais em nome da não indemnizabilidade, por regra, dos danos puramente económicos. Já sabemos que a razão essencial que lhe empresta fundamento não colhe em relação à especificidade da actividade da administração pública que envolva prerrogativas de direito público.

A regra violada pela autoridade reguladora, posto que seja achada com recurso a critérios legítimos de interpretação e aplicação, não tem de corresponder necessariamente a uma específica disposição legal que prescreva, em moldes estritos, a correspondente acção ou omissão. É suficiente que remonte a um dispositivo que estabeleça, em termos indeterminados e, portanto, carentes de concretização, os modos de actuação dos entes administrativos e o universo de interesses dos particulares que visa proteger.

V. Nas situações hipotéticas que configurámos, a autoridade reguladora não observou certas disposições que constituem limites específicos ou genéricos ao exercício de poderes que esta detém de ingerência no funcionamento das entidades supervisionadas. Num caso, estava em causa um concreto preceito dos estatutos da correspondente entidade (o artigo 16.º, n.º 3 dos Estatutos do ICP-ANACOM); nos restantes, tra-

---

[82] Basta recordar os exemplos da proibição de concorrência desleal (destina-se à tutela dos concorrentes *e/ou* dos investidores *ou* do mero interesse público? – cf. OLIVEIRA ASCENSÃO, *Concorrência desleal. Parte geral*, Lisboa, 2000, pp.185 e ss., 219 e ss. e 268-70 e 299 e ss.) ou de restrições ao exercício de certas profissões (visam a tutela dos interesses dos consumidores *e/ou* dos profissionais do sector *ou* o mero interesse público – cf. SINDE MONTEIRO, *Responsabilidade...*, 251).

tava-se de uma acção contrária ao princípio da proporcionalidade, que constitui uma pauta genérica da conduta da administração (artigo 266.º, n.º 1 da Constituição e artigo 5.º, n.º 2 do CPA). Estes preceitos *destinam-se a defender direitos absolutos e interesses patrimoniais das entidades reguladas*, desde que *tipicamente* susceptíveis de serem afectados pela actividade de ingerência. No fundo, esses limites consubstanciam *deveres acrescidos* das autoridades reguladoras que representam uma contrapartida das prerrogativas que a lei lhes confere de se imiscuírem no funcionamento dos operadores regulados. Mas só existirá responsabilidade se não tiverem sido respeitadas as regras que enquadram a dita ingerência. A concessão de poderes desta natureza supõe, por definição, algum detrimento dos direitos e interesses daqueles que estão sujeitos à supervisão. Tratar-se-á então de um acto lícito, que, podendo causar danos, não funda responsabilidade.

Os limites específicos ou genéricos que se colocam ao exercício de poderes de ingerência traduzem normas que têm em mente *simultaneamente* a tutela dos investidores? Em regra, a resposta é, como veremos de seguida, negativa. Apenas no primeiro dos casos descritos poderíamos em abstracto afirmá-lo, pois estávamos aí perante a vinculação da autoridade reguladora (o ICP-ANACOM) a um exercício proporcional de uma faculdade de divulgação conferida pelos estatutos respectivos (o artigo 13.º, n.º 3 dos Estatutos do ICP-ANACOM). Em causa está, pois, saber se esse dever de actuação proporcional visa servir não apenas a protecção das entidades supervisionadas (*maxime*, o seu direito ao bom nome), mas também outros interesses legalmente protegidos que tipicamente possam ser atingidos pela publicitação, entre eles, o interesse numa informação completa e exacta dos titulares de valores mobiliários emitidos pelas entidades a que os factos ou juízos de valor difundidos ou causados se referem e a confiança por parte dos agentes económicos no regular funcionamento do mercado. O tema será abaixo retomado. Mas podemos já antecipar que a nossa orientação é num sentido abertamente positivo e que consideramos decisiva, a este respeito, a consideração de dois aspectos: por um lado, a existência de uma tutela legal muito intensa da informação dos investidores, e destarte da respectiva confiança, no domínio do mercado de valores mobiliários; por outro, a posição especial em que se encontram as autoridades reguladoras para induzirem perturbações de informação ou funcionamento no dito mercado.

VI. Na generalidade das situações pensáveis, contudo, os limites apontados às autoridades reguladoras não têm essa natureza, *i.e.*, *não se destinam à protecção dos investidores*, pela simples razão de que a sua violação *só por si* não lhes causa um dano autónomo, diverso do (eventual) prejuízo causado às próprias empresas afectadas[83]. De igual modo, da observância desses limites também não colhem os investidores qualquer benefício autónomo. O segundo caso apresentado permite ilustrá-lo: a emissão de uma ordem contrária à lei dirigida à entidade supervisionada para que esta indemnize um conjunto de clientes (as correspondentes reclamações não tinham fundamento algum) não atenta por si só contra quaisquer interesses dos investidores. A divulgação da mesma ordem, pelo contrário, já os pode prejudicar, mas essa, em princípio, é lícita. O obstáculo definitivo à atribuição às normas em questão de uma função dirigida à protecção dos investidores não consiste em estes serem nelas apenas reflexamente protegidos, mas em a defesa do interesse dos investidores não poder, por natureza, contar-se entre os seus fins.

É evidente que daqui não se pode seguir que as autoridades reguladoras sejam livres, na prossecução da sua actividade, de ignorar a posição dos investidores. O direito vigente aponta para o sentido precisamente oposto, ao consagrar na Constituição e na lei o dever de respeito pelos direitos e interesses legalmente protegidos dos particulares (cf. o artigo 266.º, n.º 1 da Constituição e o artigo 4.º do CPA). Ora, se por um lado, o interesse dos investidores na informação (completa e exacta, destinada naturalmente a permitir a quem nele actua confiar, tanto quanto possível, no regular e normal funcionamento do mercado) goza, como

---

[83] Repare-se que a inobservância dos limites específicos ou genéricos ao exercício de poderes de ingerência, caso se reflicta negativamente no volume de negócios das entidades supervisionadas, pode implicar só por si um prejuízo reflexo para os titulares de participações sociais (*v.g.*, a diminuição dos dividendos esperados ou a diminuição da cotação das acções), prejuízo esse que tem alguma autonomia relativamente ao dano próprio da entidade em causa. O mesmo pode ocorrer, aliás, quando seja destruída uma coisa corpórea pertencente, por exemplo, a uma sociedade anónima: os accionistas podem sofrer também aqui um prejuízo reflexo com alguma autonomia. Mas este dano parece-nos ser duvidosamente indemnizável, na medida em que a sua compensação poderia redundar num enriquecimento dos sócios (pois a sociedade é inequivocamente titular de um direito à indemnização). O mesmo já não sucederá, porém, se em causa estiverem, por exemplo, membros da empresa ou titulares de órgãos cuja remuneração seja parcialmente complementada ou constituída por uma participação nos lucros.

veremos, de protecção legal, por outro, este interesse dos investidores é tipicamente susceptível de ser afectado pelas autoridades reguladoras[84]. A concretização desses preceitos na específica área de actuação das autoridades reguladoras permite-nos a seguinte conclusão: estas têm o *dever de omitir quaisquer actos adequados à publicitação ou causação de factos ou de juízos de valor sobre as entidades supervisionadas que sejam inexactos ou infundados e que possam influenciar as decisões de comprar ou de vender valores mobiliários emitidos por tais entidades*, considerando-se aí incluídas condutas que não se destinam a informar o público mas cuja ocorrência tem o assinalado efeito[85].

Previna-se que nos referimos a um dever das autoridades reguladoras que surge quando as entidades supervisionadas sejam sociedades que recorram ao financiamento junto do público (emitindo acções, obrigações ou outros valores mobiliários)[86], pois aí é muito mais intenso o risco de a difusão de informações inexactas dominar o desempenho dos mecanismos da oferta e da procura. Saber se esse dever se estende à publicitação de factos ou juízos relativos a entidades supervisionadas de outra espécie não será neste estudo especificamente examinado.

---

[84] A distinção entre direitos subjectivos e interesses legítimos, corrente na doutrina administrativista, é uma classificação de *situações jurídicas relativas* detidas pelos particulares perante a administração pública. Os "interesses legítimos", por contraposição aos direitos subjectivos, suporiam que o particular não pudesse exigir à administração a concretização de certa vantagem: o seu interesse seria tutelado, só que por meio de uma "protecção inferior" (cf. FREITAS DO AMARAL, *Direito administrativo*, T. II, Lisboa 1988, pp. 80 e ss..). Cremos, porém, que a regra do artigo 266.º/1 da CRP (e do artigo 4.º do CPA que o reproduz) pode ser utilmente estendida aos direitos absolutos e aos interesses directamente protegidos do artigo 483.º/1, apesar de ser classificação diversa da primeira: o respeito por estas posições jussubjectivas deve pautar igualmente a conduta da administração. Apenas há que limitar esta extensão aos interesses patrimoniais que possam ser tipicamente afectados em determinado sector da actividade administrativa.

[85] Tenha-se presente a situação acima descrita de serem realizados actos de inquérito ou de inspecção manifestamente desproporcionados e que geram rumores negativos acerca da entidade supervisionada.

[86] Temos em vista sociedades que se *financiam por qualquer forma*, e não apenas através da emissão de acções, junto do público. Mais restrito é o conceito de sociedade aberta do CodVM, que é aquela *com capital* aberto ao investimento do público (cf. o artigo 13.º do CodVM).

VII. Supomos que ninguém poderá negar seriamente a existência desta vinculação. Mas fundará a responsabilidade civil das entidades reguladoras que não a tenham observado? Já deixámos entender que a nossa resposta é positiva. Importa agora demonstrá-lo.

Esse dever de conduta não é definido em termos estritos em nenhum preceito legal: é resultado de uma concretização, no domínio da actividade de supervisão, do padrão de comportamento francamente indeterminado estabelecido pelo artigo 266.º, n.º 1 da Constituição (bem como o artigo 4.º do CPA que o reproduz) que, além disso, também não delimita esta ou aquela categoria de particulares nem define o concreto interesse destes que haja de ser respeitado. Mas é evidente que os interesses legalmente protegidos a que esta disposição se refere não hão-de ser todas e quaisquer vantagens dos particulares que ocasional e remotamente possam ser atingidas por certa actuação da administração pública, mas apenas aquelas que tipicamente estejam em risco no sector público considerado – outra interpretação, implicaria uma vinculação de extensão desmedida, totalmente impraticável. Tudo isto, porém, não se opõe à conclusão de que estamos perante uma norma de protecção.

VIII. Analisemos agora duas ordens de razões adicionais que reforçam essa qualificação. A primeira prende-se com a especificidade da posição das autoridades reguladoras em relação à difusão de informações atinentes às entidades por elas supervisionadas e que não tem um paralelo na comum das pessoas. O segundo argumento faz valer a intensa defesa que o Código dos Valores Mobiliários assume da informação dos investidores e implica que se aprofunde o tema das finalidades de tal tutela. Ambas as considerações servem, em última análise, o mesmo propósito: elas demonstram que a solução de responsabilizar as autoridades reguladoras perante os investidores não só *não comporta qualquer contradição valorativa*, como é até *imposta por essa mesma coerência valorativa do sistema*.

As autoridades reguladoras gozam, por um lado, de ampla credibilidade e, por outro, detêm extensos poderes de intervir no funcionamento das entidades supervisionadas. Essas duas circunstâncias concorrem para que *estejam em melhores condições que a generalidade dos sujeitos para influenciar as decisões* de investimento ou desinvestimento, através da afirmação pública de factos ou realização de comportamentos susceptíveis de comportarem juízos de valor sobre as entidades do sector conexos, de alguma forma, com as actividades de supervisão. Essa posição especial em que se encontram, justifica *deveres e responsabilidade acrescidos*. Compreende-se que não seja obrigada a indemnizar a pessoa que, sem ter tido o cuidado de verificar a plausibilidade da informação, comunica a um amigo ter ocorrido uma quebra significativa do volume de negócios de determinada sociedade, levando-o, com isso, a vender ao desbarato as correspondentes acções. Mas é diversa a situação das autoridades reguladoras.

Acresce que *a informação dos investidores ocupa um estatuto particular no Código dos Valores Mobiliários*. Por múltiplos modos, tutela-se aí o acesso dos investidores a uma informação completa, verdadeira, actual, clara, objectiva e lícita relativamente a factos que se possam qualificar como susceptíveis de afectar a oferta e a procura dos mesmos (*price sensitive*; cf. o artigo 7.º do CodVM). E essa protecção visa não apenas o interesse público na eficiência do mercado, mas simultaneamente o interesse particular dos investidores ou dos candidatos a tal.

A lei foi extremamente generosa neste domínio. Visou, desde logo, colocar o investidor ao abrigo de abusos e de aproveitamentos alheios, que tirassem partido da sua falta de informação. Mas foi mais longe, ao reconhecer um valor autónomo à informação dos investidores, totalmente independente da efectiva possibilidade e intenção de exploração da sua ignorância por terceiros. É nomeadamente significativo que o crime de manipulação de mercado se baste com a divulgação de "informações falsas, incompletas, exageradas ou tendenciosas (...) que sejam idóneas para alterar artificialmente o regular funcionamento do mercado de valores mobiliários ou de outros instrumentos financeiros" (artigo 379.º, n.º 1 do CodVM)[87]. Em variados preceitos, detecta-se mesmo a intenção de proteger o investidor contra si próprio: contra a sua ligeireza, inexperiência, falta de conhecimentos e capacidade de ajuizar. Essa preocupação surge clara no facto de nas transacções em bolsa os investidores não institucionais actuarem necessariamente através de intermediário financeiro (cf. o artigo 203.º do CodVM) e na circunstância de a extensão dos deveres de informação do intermediário financeiro depender do grau

---

[87] Neste aspecto, o actual artigo 379.º/1 do CodVM distancia-se do precedente artigo 667.º do CodMVM, que exigia um elemento subjectivo especial: cf. FREDERICO DA COSTA PINTO, *O novo regime*, pp. 83-6.

de conhecimentos e de experiência do cliente (cf. o artigo 312.º, n.º 2 do CodVM). Finalmente, o legislador não esqueceu os mecanismos destinados a assegurar uma paridade de informação entre todos os investidores, como modo de garantir uma igual repartição dos riscos nos negócios sobre valores mobiliários (reconhecendo que quem tem mais informação se submete a um risco mais reduzido). A orientação está patente, nomeadamente, na incriminação do abuso de informação privilegiada (cf. o artigo 378.º do CodVM)[88] e no dever das sociedades admitidas à negociação de informarem *imediatamente* o público acerca de "quaisquer factos ocorridos na sua esfera de actividade que não sejam de conhecimento público" e que sejam *price sensitive*.

Diga-se ainda que para alcançar estas finalidades ou algumas delas, a actual legislação não apenas consagra extensas listas de deveres de informação a cargo de entidades emitentes e de intermediários financeiros: vejam-se, a título exemplificativo, os artigos 134.º e ss. – obrigatoriedade de prospecto em ofertas públicas –, 236.º e ss. – obrigatoriedade de prospecto prévio à admissão de valores mobiliários à negociação em bolsa –, 244.º e ss. – deveres de informação regular e *ad hoc* das entidades emitentes, todos do CodVM – e 312.º, 323.º, 336.º – deveres de informação dos intermediários financeiros. Também sujeita a uma obrigação de verdade aqueles que, não tendo embora originariamente qualquer dever de informar os investidores, prestem efectivamente essas informações e assumam um estatuto de particular credibilidade aos olhos dos investidores: pensamos na responsabilidade dos auditores, prevista no artigo 10.º do CodVM, por danos causados a terceiros por deficiência do respectivo relatório ou parecer.

Devemos acentuar que a generalidade destes preceitos do Código dos Valores Mobiliários que estabelecem regras de conduta relativas à informação *visam proteger os investidores* e que *essa tutela é um meio de promover* o *interesse público* na eficiência do mercado. Tal circunstância, no entanto, em nada afecta a sua caracterização genérica como *normas de protecção*, confirmada, aliás, em numerosos preceitos que

---

[88] FREDERICO DA COSTA PINTO (*O novo regime*..., pp. 64 e ss.) conclui ser justamente a "tutela da função pública da informação enquanto justo critério de distribuição do risco do negócio" o bem económico de natureza supra-individual tutelado pelo tipo de abuso de informação.

estatuem um dever de indemnizar em benefício dos investidores lesados (cf. os artigos 10.º, 149.º e ss., 166.º, 243.º e 251.º do CodVM)[89].

Mas mesmo que o dispositivo em causa não associe expressamente à sua violação a responsabilidade civil, diremos que em regra estaremos perante uma norma destinada a proteger interesses alheios. Uma mesma disposição pode ter como finalidade, simultaneamente, a defesa de um interesse público e de interesses patrimoniais particulares. Trata-se de algo a que nem sempre é dada a devida atenção pela doutrina, mas não pode seriamente ser posto em causa[90]. Nos correspondentes preceitos, a prossecução do interesse público (a eficiência do mercado) é assegurada por intermédio da protecção de uma categoria de particulares, os investidores, pelo que sempre se dirá que, querendo a lei o fim último, quer também os meios que considera indispensáveis à sua consecução, não estando em causa, pois, uma vantagem obtida de modo meramente reflexo ("por tabela") a partir da aplicação desses artigos[91]. Saliente-se, por outro lado, que não se trata aqui da mera afirmação de que a satisfação de *qualquer* interesse público está, em última análise, ao serviço das pessoas, mas da constatação bem distinta de que a concretização *deste* fim de interesse público depende, na perspectiva da lei, da tutela de um grupo bem delimitado de particulares.

Para pôr um ponto final a esta breve incursão nalgumas das regras do direito dos valores mobiliários, destacaremos três derradeiros aspectos. Em primeiro lugar, diremos que nos parece de rejeitar a orientação que nega, por princípio, às normas do direito dos valores mobiliários a qualidade de normas de protecção, por nelas se visar, além da defesa do interesse público, uma protecção dos "investidores *em geral*" e não a protecção dos "interesses *individuais* dos investidores"[92]. A distinção proposta afigura-se-nos estritamente retórica.

---

[89] Repare-se que o âmbito subjectivo da responsabilidade pelo prospecto inclui outras pessoas para além do oferente (cf. o artigo149.º/1 do CodVM). Nessa medida, as normas violadas têm sem dúvida o estatuto de normas de protecção.

[90] Assim, expressamente LARENZ e CANARIS, *Lehrbuch...,* II 2., 437 e OLIVEIRA ASCENSÃO, *Concorrência desleal,* 189 e ss..

[91] FREDERICO DA COSTA PINTO (*O novo regime,* 94-95) associa expressamente a consequência indemnizatória ao crime de manipulação de mercado, apesar de neste estar em causa (primariamente) a tutela de um bem jurídico supra-individual.

[92] É a tese de CARLOS OSÓRIO DE CASTRO (*A informação no direito do mercado de valores mobiliários,* in *Direito dos valores mobiliários,* Lisboa, 1997, p. 335) que

E diremos também que não vale a pena invocar neste domínio que o interesse público na eficiência do mercado de valores mobiliários pressupõe que não se criem excessivos entraves às entidades investidoras e que a responsabilidade civil por falhas de informação constituiria um entrave considerável, sendo suficientes as sanções de ordem contra-
-ordenacional[93]. Cremos que a existir, em nome da dita eficiência do mercado, um compromisso entre a finalidade de não colocar exigências excessivas às entidades emitentes e a protecção dos investidores, esse compromisso terá de ter tido expressão na conformação da própria norma de conduta em causa, *v.g.*, fundado numa redução do âmbito da informação a prestar. Mas na medida em que se estabeleça um dever, não vemos como afastar a consequência (aliás eventual, porque ainda dependente de outros pressupostos) da responsabilidade civil.

Sublinharemos, por fim, que nos parece importante prevenir uma aplicação indiscriminada destes preceitos como fundamento de responsabilidade civil perante os investidores, sendo necessária uma cautelosa delimitação do círculo dos interesses patrimoniais (dos investidores) que são objecto de protecção.

IX. Tudo isto depõe em termos definitivos no sentido da admissão da responsabilidade civil das autoridades reguladoras por danos (puramente patrimoniais) sofridos pelos titulares de valores mobiliários emitidos por entidades supervisionadas em consequência da violação de normas de protecção desses investidores, verificados os demais pressupostos da reacção aquiliana. Essa responsabilidade, longe de ser um dado estranho ou contraditório com o direito vigente, surge como um seu corolário: a posição especial ocupada pelas autoridades reguladoras e a existência de uma extensa tutela da informação dos investidores do Código dos Valores Mobiliários a tal obrigam.

---

conclui que *em caso de dúvida* as disposições do direito do mercado dos valores mobiliários não têm a natureza de normas de protecção. A orientação não tem nem se vê como ser acolhida.

[93] Assim, porém, mas sem qualquer tipo de razão, CARLOS OSÓRIO DE CASTRO, *A informação...*, p. 335 e especialmente p. 343.

§ 4.º Síntese conclusiva

1. Como as demais pessoas colectivas de direito público, as autoridades reguladoras podem ser responsáveis em termos civis.
2. À sua actividade de gestão pública aplicar-se-á o Decreto-Lei n.º 48 051. A responsabilidade destas entidades é objectiva, por facto de outrem. Ela supõe a prática de um acto ilícito e culposo pelos titulares dos órgãos ou agentes, no exercício das suas funções e por causa desse exercício, que viole direitos ou disposições legais destinadas a defender os seus interesses.
3. Uma actuação da autoridade reguladora adequada à publicitação de factos inexactos ou à formulação de juízos de valor infundados ou negativos relativos às entidades supervisionadas atinge o direito destas ao bom nome. Satisfaz, por isso, a exigência do artigo 2.º, n.º 1 do Decreto-Lei n.º 48 051.
4. Tal ofensa ao bom nome dos operadores regulados não declarada lícita por qualquer disposição dos estatutos da autoridade reguladora, gera, verificados os demais pressupostos da responsabilidade, o dever de esta última indemnizar os primeiros pelos danos sofridos em consequência da ofensa.
5. Uma actuação da autoridade reguladora adequada à publicitação de factos inexactos ou à formulação de juízos de valor infundados ou negativos relativos às entidades supervisionadas, mesmo que não dirigida especificamente a informar o público, pode ainda lesar os investidores, titulares de valores mobiliários emitidos por estas entidades.
6. O dano tipicamente sofrido por estes investidores resulta de terem na sua titularidade valores mobiliários com valor inferior àquele que teriam se não tivesse ocorrido a difusão de certas informações no mercado ou de terem alienado títulos que teriam conservado ou, porventura vendido, por preço superior. Trata-se de um dano puramente patrimonial.
7. Não existe um direito oponível *erga omnes* dos titulares dos valores mobiliários a uma informação completa, verdadeira, precisa e objectiva relativamente a factos que sejam ou possam ser determinantes na decisão de alienação desses valores.
8. No entanto, as autoridades reguladoras têm o dever de omitir quaisquer condutas adequadas à publicitação de factos ou de juízos de valor relativos às entidades supervisionadas que sejam inexactos e que

possam influenciar as decisões de comprar ou de vender valores mobiliários emitidos por estas entidades, aí se incluindo actos que não sejam destinados à informação do público mas que tenham o aludido efeito.

9. Esse dever, que surge, nomeadamente, como concretização dos artigos 266.º, n.º 1 da Constituição e 4.º do CPA no domínio da actividade de supervisão, satisfaz a exigência do artigo 2.º, n.º 1 do Decreto-Lei n.º 48 051: resulta de uma norma destinada a proteger directamente interesses alheios, em concreto o interesse dos investidores a uma informação completa e exacta relativamente a factos que sejam ou possam ser determinantes nas suas decisões de investimento ou desinvestimento (norma de protecção).

10. As autoridades reguladoras, verificados os demais pressupostos da responsabilidade civil, serão obrigadas a indemnizar este prejuízo dos investidores. Em abono desta conclusão depõem ainda três ordens de considerações.

11. Desde logo, não vale em relação à prática de actos de gestão pública a razão essencial que dá fundamento material à tese de que os danos puramente patrimoniais não são em princípio indemnizáveis em sede delitual no direito português. Quando esteja em causa um acto de um titular de um órgão ou de um agente praticado no exercício das suas funções e por causa desse exercício, dificilmente se poderá sustentar que o livre desenvolvimento da personalidade do ente regulador deva ser, neste contexto, promovido em detrimento dos interesses (puramente) patrimoniais de terceiros ou que haja alguma concorrência a preservar entre causador do dano e lesado.

12. A isto se soma o facto de as autoridades reguladoras, por gozarem, em regra, de ampla credibilidade e serem titulares de extensos poderes de ingerência no funcionamento das entidades reguladas, se encontrarem em melhores condições que a generalidade das pessoas para influenciar as decisões dos investidores. Essa posição não pode deixar de impor deveres e responsabilidade acrescidos.

13. Finalmente, a afirmação da responsabilidade civil das autoridades reguladoras perante os investidores é coerente com a opção do legislador português, revelada em inúmeros preceitos do Código dos Valores Mobiliários, de conceder um estatuto de protecção acrescida à informação desses sujeitos. Em tais disposições, tutela-se não apenas o interesse público na eficiência do mercado de valores mobiliários, mas também directamente o interesse dos investidores.

*O controlo contencioso da actividade das entidades
de regulação económica*

Dr. Alexandre de Albuquerque / Prof. Doutor Pedro de Albuquerque

> Sumário: *1. Introdução. 2. A natureza e o regime jurídico das entidades reguladoras. 3. As principais formas de controlo jurisdicional da actividade realizado pelas autoridades reguladoras enquanto entidades administrativas; 3.1 A responsabilidade civil das autoridades reguladoras.*

1. Introdução

I. No contexto da moderna Administração pública tem-se vindo a assistir a uma alteração da actividade do Estado no contexto económico, como consequência das privatizações e do movimento de liberalização da economia[1]. Na verdade, em resultado de diversas alterações assistiu-se, nos dois últimos séculos, a uma autêntica transformação do Estado. Primeiro com o Estado liberal e subsequente passagem para o *welfare state*, para o Estado social, também apelidado de Estado de serviço público ou novo Estado administrativo, atenta a relevância e peso dos serviços públicos e das funções administrativas. Depois, com a transição nas últimas décadas do século XX – marcadas pela crise do anterior modelo público – para o estado regulador[2], para a desinter-

---

[1] Para um sublinhar das diferenças entre privatizações e regulação v. António Nogueira Leite, *Funcionamento dos mercados e regulação*, in Regulação em Portugal, Porto, 2000, pp. 135 e ss.

[2] Transição esta por vezes acompanhada ou sucedida de uma certa desregulação económica. Para um confronto entre a noção de regulação e a chamada desregulação

venção, com o abandono ou diminuição, por parte do Estado, de muitas das actividades de prestação de bens e serviços. Liberalizados os *grandes serviços* públicos, de gestor e empresário o Estado passa, essencialmente, a garantir, controlar e regular a oferta das actividades conexas a tais serviços por agentes económicos particulares[3]. Controlo e regulação que correspondem a funções e tarefas desempenhadas cada vez mais por autoridades reguladoras independentes[4], que acompanham, fomentando-o, o funcionamento do mercado[5].

---

económica v. PAZ FERREIRA, *Direito da economia*, Lisboa, 2001, pp. 397 e 398. V. também, sobre este fenómeno da desregulamentação, NAZARÉ COSTA CABRAL, *O princípio da desregulação e o sector bancário*, in *Revista da Faculdade de Direito da Universidade de Lisboa*, vol. XXXVIII, n.º 2, pp. 411 e ss.. Finalmente, cfr. SOUSA FRANCO, *Noções de direito da economia*, Lisboa, 1982-1983, pp. 295.

[3] A este propósito v., por exemplo, OTÁVIO DE ALMEIDA CABRAL, *Legalidade administrativa e mensurabilidade dos poderes de regulação*, Lisboa, 2002, pp. 29 e ss.; EDUARDO ROCHA DIAS, *A responsabilidade civil extracontratual do estado decorrente da regulação administrativa da economia*, Lisboa, 2002, pp. 6 e ss.; PAZ FERREIRA, *Direito...*, pp. 295 e ss., pp. 355 e 393 e ss.; VITAL MOREIRA, *Autoridades reguladoras independentes (ARI) nos domínios económico e financeiro. Estudo e projecto de Lei-Quadro*, com a colaboração de MARIA FERNANDA MAÇÃS, Coimbra, 2002, pp. 3 e ss.; VITAL MOREIRA e FERNANDA MAÇÃS, *Autoridades reguladoras independentes. Estudo e projecto de Lei-Quadro*, Coimbra, 2003, pp. 9 e ss.; PAULO OTERO, *Legalidade e administração pública. O sentido da vinculação administrativa à juridicidade*, Coimbra, 2003, pp. 298 e ss.; PEDRO GONÇALVES e LICÍNIO LOPES MARTINS, *Os serviços públicos económicos e a concessão no estado regulador*, com a colaboração de DULCE LOPES, in *Estudos de Regulação Pública – I*, organização de VITAL MOREIRA, Coimbra, 2004, pp. 173 e ss; VITAL MOREIRA, *Regulação económica, concorrência e serviços de interesse geral*, in *Idem*, pp. 547 e ss.; *Economia de mercado e interesse público* (Declaração de Condeixa), in *Idem*, pp. 711 e ss; ANA ROQUE, *Regulação do mercado. Novas tendências*, Lisboa, 2004, pp. 9 e ss.

[4] Acerca dos vários tipos e formas possíveis de regulação cfr., designadamente, PAZ FERREIRA, *Direito...*, pp. 393 e ss., autor que distingue regulação económica, regulação social, regulação nacional, regulação regional, regulação supranacional, regulação rígida, regulação de comando, regulação flexível, regulação sujeita a responsabilização (correspondente aos casos em que as entidades que definem e aplicam as regras não dispõem de um grau total de autonomia); e OTÁVIO CABRAL, *Legalidade administrativa...*, p. 47, que distingue um sistema de regulação integrada e o sistema da autoridade reguladora independente. V., também, VITAL MOREIRA, *Auto-regulação profissional e administração pública*, Coimbra, 1997, pp. 40 e 41.

[5] Para uma história da regulação pode ver-se designadamente, e entre outros, na nossa literatura, SALDANHA SANCHES, *A regulação: história breve de um conceito*, separata da *Revista da Ordem dos Advogados*, Anos 60 – I, Janeiro, 2000, pp. 5 e ss.. Entre os

II. A pergunta que se coloca neste cenário consiste em saber qual o papel que compete às entidades reguladoras[6]. Não se trata, com isso, de procurar uma qualquer definição para o fenómeno da regulação. E não tanto devido ao facto várias vezes sublinhado de a definição deste conceito ou noção se não apresentar como uma tarefa fácil[7] mas antes por opção metodológica: no lugar de uma *definitio*, para cujos perigos alertavam já os romanos, parece, a vários títulos, preferível procurar oferecer uma simples descrição ou explicação capaz de revelar a compreensão do fenómeno agora em análise[8].

III. Numa acepção ampla a regulação económica tem sido entendida – sobretudo pela doutrina anglo-saxónica e em particular pela norte--americana mas também com algum eco entre nós[9] – como a actuação do Estado que interfere com as forças de mercado[10]. Neste sentido porém

---

autores anglo-saxónicos referem-se, a título exemplificativo, W. KIP VISCUSI; JOHN M. VERNON E JOSEPH e HARRINTHON, JR., *Economics of regulation and antitrust*, Cambridge (Massachussets) e Londres, pp. 311 e ss; ANTHONY I. OGUS, *Introduction*, cit., in *Regulation, economics, and the law*, por Anthony I. Ogus, Celtham, Northampton (Massachussets), 2001, pp. IX e s.; FARI GASMI, MARK KENNET, JEAN JACQUES LAFFONT, WILLIAN W. SHARKEY, *Cost proxy models and telecommunications policy. A new empirical approach to regulation*, Cambridge (Massachussets), Londres, 2002, pp. 3 e ss., centrado naturalmente nas telecomunicações.

[6] Apenas se cuida aqui da regulação económica e não de outras formas de regulação. Para um contraste entre regulação económica e outras formas de regulação, em particular a social, pode ver-se, por todos, W. KIP VISCUSI; JOHN M. VERNON E JOSEPH e HARRINTHON, JR., *Economics...*, pp. 307 e pp. 653 e ss..

[7] A este respeito v., por exemplo, SALDANHA SANCHES, *A regulação...*, p. 9; PAZ FERREIRA, *Direito...*, pp. 393 e ss., com indicações.

[8] Procedendo não a uma definição mas a uma simples descrição das funções compreendidas no poder de regulação do Instituto de Comunicações de Portugal pode ver-se LUÍS NAZARÉ, *Regulação do mercado de telecomunicações*, in *A regulação em Portugal*, pp. 38 e ss..

[9] Cfr., por exemplo, ANTÓNIO CARLOS SANTOS, MARIA EDUARDA GONÇALVES E MARIA LEITÃO MARQUES, *Direito económico*, 3.ª ed., Coimbra, 1993, pp. 191 e ss.; 4.ª ed., Coimbra, 2002, reimpressão.

[10] Para uma apreciação crítica desta forma de conceber a regulação v., por todos, SOUSA FRANCO, *Noções...*, I, p. 295. O próprio Glossário de economia industrial e do direito da concorrência da OCDE contém uma definição bastante ampla de regulação económica aproximando-a da imposição de regras criadas pelos poderes públicos, compreendendo as sanções, com a finalidade de modificar o comportamento dos agentes económicos do sector privado. Só que nesta perspectiva a própria actividade legislativa

a regulação aproxima-se da visão mais próxima de certos tipos de intervenção económica[11]. A nós interessa-nos apenas a actividade de regulação do Estado destinada a corrigir e prevenir os limites e falhas de mercado[12]. Além disso, e se é certo que semelhante tarefa de correcção tanto pode ser prosseguida através da produção de bens públicos ou privados por entidades públicas, objecto da nossa atenção serão apenas, e parcialmente, a instrumentação e a actividade das entidades criadas para corrigir as ineficácias do mercado através da imposição de determinados comportamentos ou sanções[13] aos agentes económicos priva-

e jurisdicional cabe no conceito de regulação económica concedendo-lhe em extensão aquilo que lhe retira em utilidade.

[11] No sentido da inserção da regulação do mercado de capitais no problema geral da intervenção do Estado na economia v., entre nós, JOSÉ NUNES PEREIRA, *Regulação do mercado de capitais*, in *A regulação em Portugal*, p. 11.

[12] Falando de uma regulação destinada a corrigir falhas de mercado pode ver-se, também e por exemplo, JORGE VASCONCELOS, *O Estado regulador: principais características e perspectivas de evolução*, in *A regulação em Portugal*, p. 168, embora refira ainda outras teorias sobre a regulação tais como a tese da captura (a regulação surgiria para proteger o lucro dos produtores ou fornecedores de serviços) ou a teoria económica da regulação (para a qual a regulação se apresentaria como a resposta às necessidades de grupos de interesses que pretendem maximizar racionalmente o seu benefício) – uma apreciação mais ampla e indicações acerca destas diversas teorias agora enunciada pode obter-se, para além da leitura da bibliografia anglo-sáxonica citada *infra* nesta nota, em W. KIP VISCUSI; JOHN M. VERNON E JOSEPH E HARRINTHON, JR., *Economics...*, pp. 322 e ss.; PAZ FERREIRA, *Direito...*, p. 394; ANA ROQUE, *Regulação...*, p. 11, a qual recorda como a própria noção de falha de mercado integra o enunciado explicativo das teorias sobre regulação nos autores anglo-saxónicos. A este propósito v. ANTHONY I. OGUS, *Introduction*, cit., in *Regulation...*, pp. IX e ss.; R. SUNSTEIN, *The functions of regulatory statutes*, in *Idem*, pp. 3 e ss. Na defesa de que um dos pressupostos da regulação é a existência de um mercado utilizado numa perspectiva de eficiência v., entre nós, ÁLVARO NEVES DA SILVA, *A regulação do sector ferroviário*, in *Regulação em Portugal*, p. 79. Numa perspectiva algo diversa, LUÍS NAZARÉ, *Regulação...*, in *Regulação...*, pp. 41 e ss., considera que *"No essencial regular é gerir interesses e, por vezes, contraditórios"*. Trata-se, contudo, a nosso ver, de explicação demasiado ampla mesmo tomando em consideração o esforço de concretização realizado pelo autor. Para maiores desenvolvimentos acerca do conceito de regulação económica v., ainda, VITAL MOREIRA, *Auto-regulação...*, pp. 34 e ss.; e 45 e ss.; e *Autoridades....*, pp. 4 e ss.; MARIA LEITÃO MARQUES e VITAL MOREIRA, *Economia de mercado e regulação*, in *A Mão Visível. Mercado e Regulação*, organização de MARIA LEITÃO MARQUES e VITAL MOREIRA, Coimbra, 2003, p. 14.

[13] A expressão sanção não tem necessariamente uma conotação negativa. Ao contrário do que é frequentemente sustentado admitem-se sanções premiais traduzidas em

dos. Neste sentido a regulação económica surge como uma forma de hetero-regulação em oposição às distintas formas de auto-regulação em que se não assiste a um poder exterior que impõe a ordem desejável[14]. Dito isto pouco mais se pode avançar não obstante o esforço de alguns autores em oferecerem explicações mais ou menos abrangentes acerca de quanto entender por regulação[15]. É que a apreensão e compreensão da ideia e conceito de regulação encontra-se estreitamente ligada às finalidade e objectivos prosseguidos através de semelhante actividade. E se é possível agrupar, como tem feito aliás a *communis opinio*[16], os objectivos de regulação em grandes grupos ou categorias de finalidades a verdade é que existem diferenças assinaláveis consoante as actividade que são concretamente sujeitas a regulação. Nalguns casos procura-se essencialmente assegurar e promover a concorrência já existente de forma mais ou menos perfeita. Noutros casos em que se assistiu a monopólios públicos procura-se, fundamentalmente, construir um mercado mais aberto e próximo das condições que seriam geradas num quadro de concorrência. Em certas circunstâncias tudo isto passa pela definição de condições de acesso ao mercado de novos operadores; noutras pela fixação de mecanismos que, protegendo os consumidores, facultem níveis de eficiência e qualidade para os utentes semelhantes aos oferecidos por um mercado concorrencial. No âmbito do sector financeiro promove-se, designadamente, os respectivos mercados e ao mesmo tempo a tutela do público e dos agentes que nele se movimentam. Finalmente, no contexto dos serviços públicos básicos, procura-se assegurar o cumprimento das obrigações de serviço público.

---

incentivos e atribuição de vantagens a quem tenha observado, ao nível factual, o dever-ser estatuído juridicamente. A este respeito cfr. MENEZES CORDEIRO, *Direito das Obrigações*, Lisboa, 1980, II, p. 245.

[14] Neste sentido v. PAZ FERREIRA, *Direito...*, p. 396. Acerca da auto-regulação v. VITAL MOREIRA, *Auto-Regulação...*, *per totum*.

[15] Assim cfr., por exemplo, PAZ FERREIRA, *Direito...*, p. 399.

[16] Como simples índice da *sententia communis* pode ver-se, de entre uma multidão de autores que têm procurado ordenar e classificar as finalidades típicas da regulação, JORGE VASCONCELOS, *O Estado regulador...*, in *A regulação....*, pp. 168 a 169, e MARIA MANUEL LEITÃO MARQUES e VITAL MOREIRA, *Economia de mercado...*, in *A Mão Visível...*, p. 14.

IV. Seja qual for, porém, a finalidade ou finalidades prosseguidas pelas várias entidades de regulação económica, o exercício dos respectivos poderes é susceptível de fazer-se de forma deficiente e originar situações ilícitas ou provocar danos na esfera jurídica de terceiros, em particular naquelas entidades que se encontram sujeitas à regulação, pelo que se coloca o problema do controlo e responsabilidade pelos actos praticados pelos reguladores. Dedicaremos as páginas que se seguem à análise dos problemas agora enunciados. Para isso seremos, porém, forçados a fazer uma breve incursão prévia acerca do regime e da natureza jurídica das entidades reguladoras e da respectiva actividade.

2. A natureza e o regime jurídico das entidades reguladoras

I. As entidades reguladoras surgem de forma geral qualificadas, nos respectivos diplomas de criação, como pessoas colectivas de direito público, embora dotadas de autonomia administrativa e financeira assim como de património próprio[17].

O Instituto Nacional de Transporte Ferroviário encontra-se expressamente qualificado como um instituto público dotado de personalidade jurídica, conforme estatuído no artigo 1.º, n.º 1, do Decreto-Lei n.º 299-B/98. É o seguinte o teor deste preceito:

Artigo 1.º
Criação, natureza e regime

1 – É criado o Instituto Nacional do Transporte Ferroviário, designado abreviadamente por INTF, instituto público dotado de personalidade jurídica, autonomia administrativa, financeira e patrimonial, que fica sujeito à tutela e superintendência do Ministro do Equipamento, do Planeamento e da Administração do Território.

2 – O INTF tem por finalidade regular e fiscalizar o sector ferroviário, supervisionar as actividades desenvolvidas neste, assim como intervir em matéria de concessões de serviços públicos.

---

[17] Maria Fernanda Maçãs, Luís Guilherme Catarino, Joaquim Pedro Costa, *O contencioso das decisões das entidades reguladoras do sector económico-financeiro*, in *Estudos de Regulação Pública – I*, p. 340.

3 – O INTF rege-se pelo presente Decreto-Lei, pelos respectivos estatutos anexos ao presente diploma, do qual fazem parte integrante, e subsidiariamente pelo regime das empresas públicas.

4 – Aos actos e contratos praticados pelo INTF aplica-se o previsto na alínea *a*) do artigo 47.º da Lei n.º 98/97, de 26 de Agosto.

Por sua vez o artigo 1.º dos Estatutos do Instituto Nacional do Transporte Ferroviário estabelece:

Artigo 1º
Natureza e Regime

1 – O Instituto Nacional do Transporte Ferroviário, designado abreviadamente por INTF, é uma pessoa colectiva de direito público, dotada de autonomia administrativa, financeira e patrimonial.

2 – O INTF rege-se pelo disposto nos presentes estatutos, por quaisquer outras normas legais e regulamentares aplicáveis aos institutos públicos e, subsidiariamente, pelo regime jurídico das empresas públicas, salvo relativamente a actos de autoridade ou cuja natureza implique o recurso a normas de direito público[18].

Quer isto dizer que o Instituto Nacional do Transporte Ferroviário consiste numa pessoa colectiva pública integrada na administração indirecta do Estado[19]. E o mesmo vale para o Instituto Regulador de Águas e Resíduos (IRAR)[20]. Na verdade o artigo 1.º do Estatuto do IRAR, aprovado pelo Decreto-Lei n.º 362/98, de 18 de Novembro estatui:

---

[18] Nos termos dos artigos 5.º, 6.º, 7.º 8.º, 9.º, 10.º e 11.º do Estatutos do INTF constituem designadamente atribuições do instituto a regulação e supervisão; fiscalização de diversos serviços e actividades; promoção da segurança; promoção da qualidade e dos direitos dos passageiros e clientes, promoção e desenvolvimento do sector ferroviário, promover a concorrência; prestação de serviços a outras entidades. Ainda nos estatutos são conferidos ao INTF poderes que se podem considerar de autoridade nos artigos 5.º, als. *c*) e *e*); 6.º, als. *a*), *c*) e *d*).

[19] MARIA FERNANDA MAÇÃS, LUÍS GUILHERME CATARINO, JOAQUIM PEDRO COSTA, *O contencioso...*, in *Estudos...*, p. 340; VITAL MOREIRA, *Regulação económica, concorrência e serviços de interesse geral*, in *Idem*, pp. 558 e ss. V., ainda, VITAL MOREIRA, *Entidades reguladoras e institutos públicos*, in *A Mão Visível. Mercado e Regulação*, pp. 29 e ss..

[20] MARIA FERNANDA MAÇÃS, LUÍS GUILHERME CATARINO, JOAQUIM PEDRO COSTA, *O contencioso...*, in *Estudos...*, p. 340; e VITAL MOREIRA, *Regulação...*, in *Idem*, p. 558.

Artigo 1°
Denominação e natureza

O Instituto Regulador de Águas e Resíduos, abreviadamente designado IRAR, é uma pessoa colectiva de direito público, dotada de personalidade jurídica, com autonomia administrativa e financeira e património próprio, sujeita a superintendência e tutela do Ministro do Ambiente.

II. Diferente mostra-se, porém, o enquadramento legal da recentemente criada Autoridade da Concorrência que surge como independente[21] no desempenho das respectivas funções, conforme o disposto no artigo 2.° do Decreto-Lei n.° 10/2003, de 18 de Janeiro. Com efeito o legislador determinou nos preceitos em referência:

Artigo 2.°
Natureza e regime jurídico

A autoridade é uma pessoa colectiva de direito público, de natureza institucional, dotada de órgãos, serviço, pessoal e património próprios e de autonomia administrativa e financeira, sendo o seu regime jurídico definido nos estatutos ao presente diploma.

Por sua vez os artigos 1.° e 4.° dos Estatutos em referência determinam:

Artigo 1.°
Natureza e finalidade

1 – A autoridade é uma pessoa colectiva de direito público, de natureza institucional, dotada de órgãos, serviço, pessoal e património próprios e de autonomia administrativa e financeira.
(....)

Artigo 4.°
Independência

A autoridade é independente no desempenho das suas atribuições, no quadro da lei, sem prejuízo dos princípios orientadores de

---

[21] Para uma referência aos vários aspectos materiais em que se traduz e manifesta a independência v. VITAL MOREIRA, *A independência da autoridade da concorrência*, in *A Mão Visível. Mercado e Regulação*, pp. 219 e ss..

política de concorrência fixados pelo Governo, nos termos constitucionais e legais, e dos actos sujeitos a tutela ministerial, nos termos previstos na lei e nos presentes estatutos.

III. Outros casos existem, ainda, em que a regulação é assegurada através de autoridades dotadas de ampla independência em relação ao Governo. Assim sucede com o Banco de Portugal (BP), com a Comissão do Mercado dos Valores Mobiliários (CMVM), com o Instituto de Seguros de Portugal (ISP), o Instituto de Comunicações de Portugal – Autoridade Nacional de Comunicações (ICP – ANACOM), a Alta Autoridade para a Comunicação Social (AACS) e a Entidade Reguladora dos Serviços Energéticos (ERSE)[22] [23].

IV. A lei orgânica do BP foi aprovada pelo Decreto-Lei n.º 337/90, de 30 de Outubro, com as alterações introduzidas pelo Decreto-Lei n.º 231.º/95, de 12 de Setembro, pelas Leis n.º 3/96, de 5 de Fevereiro e n.º 5/98, de 31 de Janeiro, e pelo Decreto-Lei n.º 118/2001, de 17 de Abril. O Estatuto do BP apresenta várias dezenas de artigos divididos por nove capítulos, nos seguintes moldes:

Capítulo I – Natureza, sede e atribuições (artigos 1.º a 3.º)
Capítulo II – Capital, reservas e provisões (artigos 4.º a 5.º)
Capítulo III – Emissão Monetária (artigos 6.º a 11.º)
Capítulo IV – Funções do banco central (artigos 12.º a 25.º)
   Secção I – Disposições gerais
   Secção II – Política monetária e cambial
   Secção III – Exercício da supervisão
   Secção IV – Relações entre o Estado e o Banco
   Secção V – Relações monetárias internacionais
   Secção VI – Operações do Banco

---

[22] Sublinhando esta mesma ideia pode ver-se, por exemplo, MARIA FERNANDA MAÇÃS, LUÍS GUILHERME CATARINO, JOAQUIM PEDRO COSTA, *Contencioso...*, in *Estudos...*, p. 340; cfr., igualmente, mas nem sempre reflectindo a evolução entretanto verificada neste domínio, VITAL MOREIRA e FERNANDA MAÇÃS, *Autoridades reguladoras...*, pp. 213 e 215, 244 e e 245, 248 e ss.; VITAL MOREIRA, *Entidades...*, in *A Mão...*, p. 30; *A nova entidade reguladora dos seguros*, in *Idem*, p. 95 e ss.; *A reforma da entidade reguladora das telecomunicações*, in *Idem*, pp. 103 e ss.; *Regulação...*, in *Estudos...*, p. 558.

[23] Como independente se mostra por exemplo a Alta Autoridade para a Comunicação Social (AACS) ou a Entidade Reguladora da Saúde (ERS), conforme o disposto no artigo 4.º do Decreto-Lei n.º 133/98, de 29 de Setembro.

Capítulo V – Órgãos do Banco (artigos 26.º a 49.º)
Secção I – Disposições gerais
Secção II – Governador
Secção III – Conselho de administração
Secção IV – Conselho de auditoria
Secção V – Conselho consultivo
Capítulo VI – Organização dos serviços (artigos 50.º a 51.º)
Capítulo VII – Orçamento e contas (artigos 52.º a 55.º)
Capítulo VII – Trabalhadores (artigos 56.º a 58.º)
Capítulo IX – Disposições finais e transitórias (artigos 59.º a 65.º)

Cumpre destacar os artigos 1.º e 64.º da Lei Orgânica do BP onde se dispõe:

Artigo 1.º

O Banco de Portugal, adiante abreviadamente designado por Banco, é uma pessoa colectiva de direito público, dotada de autonomia administrativa e financeira e de património próprio.

Artigo 64.º

1 – Em tudo o que não estiver previsto na presente Lei Orgânica e nos regulamentos adoptados em sua execução, o Banco, salvo o disposto no número seguinte, rege-se pelas normas da legislação reguladora da actividade das instituições de crédito, quando aplicáveis, e pelas demais normas e princípios de direito privado.

2 – No exercício de poderes de autoridade, são aplicáveis ao Banco as disposições do Código de Procedimento Administrativo e quaisquer outras normas e princípios de âmbito geral respeitantes aos actos administrativos do Estado.

3 – Aos procedimentos de aquisição e alienação de bens e serviços do Banco é aplicável o regime das entidades públicas empresariais.

4 – O Banco está sujeito a registo comercial nos termos gerais, com as adaptações que se revelem necessárias.

O BP surge pois como uma pessoa colectiva de direito público, dotada de autonomia administrativa e financeira[24], mas o seu regime

---

[24] A elevação do grau de autonomia institucional do BP é, aliás, sublinhada no preâmbulo do Decreto-Lei que aprova a Lei Orgânica do Banco. É nessa linha que se

jurídico comum é, na realidade, o do direito privado – bancário, comercial e societário, etc., e do direito civil em geral[25] – com as especialidades, excepções e remissões constantes da lei relativamente a diversas matérias como sucede com o exercício de poderes de autoridade e com os procedimentos de aquisição e alienação de bens ou serviços.

V. A CMVM rege-se pelos respectivos estatutos aprovados pelo Decreto-Lei n.º 473/1999, com as alterações introduzidas pelos Decretos-Leis n.º 232/2000, de 25 de Setembro, e n.º 183/2003, de 19 de Agosto, pelo Código de Valores Mobiliários e pelas normas aplicáveis às entidades públicas empresariais.

O Estatuto da Comissão do Mercado de Valores Mobiliários conta com trinta e três artigos arrumados por cinco Capítulos:

Capítulo I – Natureza, regime e sede (artigos 1.º a 3.º)
Capítulo II – Atribuições (artigos 4.º a 5)

---

veda ao banco central a possibilidade de financiar o Estado, sob qualquer forma, para além da tradicional conta corrente gratuita com limite fixado em percentagem da receita corrente do Estado e da tomada firme de bilhetes do Tesouro em condições.

[25] V., no mesmo sentido, MARIA FERNANDA MAÇÃS, LUÍS GUILHERME CATARINO, JOAQUIM PEDRO COSTA, *O contencioso...*, in *Estudos...*, p. 331. Convém assinalar o facto de, com a reforma introduzida pelo Decreto-Lei n.º 118/2001, de 17 de Abril, a aplicação ao Banco de Portugal do direito privado ter deixado de ser meramente subsidiária. Mesmo assim ainda antes da reforma MENEZES CORDEIRO, *Manual de Direito bancário*, 2.ª edição, Coimbra, 2001, pp. 105 e ss., com destaque para a evolução histórica conducente à situação actual, considerava o BP como um instituto público anómalo sujeito ao direito comercial, mesmo antes da reforma de Abril de 2001, não sem antes sublinhar as dificuldades que a referência à mera aplicação subsidiária do direito privado ao BP colocava. Cfr., também, AUGUSTO ATHAYDE, *Curso de direito bancário*, I, p. 422. CARLOS BLANCO DE MORAIS, *As autoridades administrativas independentes na ordem jurídica portuguesa*, in *Revista da Ordem dos Advogados*, Janeiro de 2001, Ano 61, considera que o BP não constitui uma autoridade administrativa independente, estando-se antes diante de um *órgão autónomo* que certas correntes italianas não hesitariam em qualificar, com o seu léxico sugestivo, de "*semi-independente*". A não inserção do BP entre as autoridades administrativas independentes parece confirmada pelo artigo 48.º, n.º 1, da Lei n.º 3/2004, de 15 de Janeiro, que ainda assim lhe reserva um regime especial. A favor da qualificação do BP como uma entidade pública independente, nos moldes previstos pela 4.ª revisão da CRP, pronunciam-se, quanto mais não seja implicitamente, e entre outros, MARIA MANUELA MARQUES e VITAL MOREIRA, *A nova...*, in *A Mão...*, p. 96; *A reforma...*, in *Idem*, pp. 103 e ss..

Capítulo III – Órgãos (artigos 6.º a 25.º)
Secção I – Disposições gerais
Secção II – Conselho directivo
Secção III – Comissão de fiscalização
Secção IV – Conselho consultivo
Capítulo IV – Regime financeiro (artigos 25.º-A a 33.º)

Dos vários preceitos contidos no Estatuto da CMVM cumpre destacar aqui o disposto nos dois primeiros preceitos:

Artigo 1.º
Natureza

A Comissão do Mercado de Valores Mobiliários, designada abreviadamente CMVM, é uma pessoa colectiva de direito público dotada de autonomia financeira e de património próprio[26].

Artigo 2.º
Regime e Tutela

1 – A CMVM rege-se pelo presente diploma, pelo Código dos Valores Mobiliários e, no que neles não for previsto ou com eles não for incompatível, pelas normas aplicáveis às entidades públicas empresariais.

2 – A CMVM está sujeita à tutela do Ministro das Finanças, nos termos do presente estatuto e do Código dos Valores Mobiliários.

Perante estes dois preceitos não falta quem sustente a tese segundo a qual a CMVM se encontraria disciplinada pelo respectivo estatuto, pelo Código dos Valores Mobiliários e, subsidiariamente, pelas normas aplicáveis às entidades públicas empresariais[27]. Este entendimento não nos parece contudo de aceitar. A aplicação subsidiária – ao contrário da supletiva – implica que se esgotem todas as hipóteses de saída analó-

---

[26] A natureza pública da CMVM.
[27] Assim, PAULO OTERO, *Alguns problemas de direito administrativo do mercado de valores mobiliários*, in *Direito dos Valores Mobiliários*, 1999, I, p. 262, naquilo que considera uma primeira leitura do dispositivo vigente ao tempo em que escreve mas depois objecto de uma reformulação interpretativa por parte do autor; MARIA FERNANDA MAÇÃS, LUÍS GUILHERME CATARINO, JOAQUIM PEDRO COSTA, *O contencioso...*, in *Estudos...*, p. 334.

gica ou com recurso aos princípios, dentro do subsistema considerado. Além de inconveniente e desadequada[28] não é essa, ao contrário do que sucedia no passado com o artigo 64.º da Lei Orgânica do BP, a solução imposta pelo artigo 1.º do Estatuto da CMVM. Nos termos do estatuto, a mera ausência de previsão específica por parte do mencionado estatuto e do CdVM é suficiente para desencadear a aplicação das normas relativas à entidades públicas empresariais, sem necessidade de se procurar uma solução por aplicação analógica ou com apelo aos princípios contidos no CdVM, no Estatuto ou nas normas de direito administrativo aplicáveis às pessoas colectivas de direito público. De outra forma a flexibilização pretendida com a remissão para o regime das empresas públicas acabaria na prática por ser colocada em causa.

VI. Natureza e regime jurídico idêntico ao da CMVM possui ainda o ISP, entidade regida pelo respectivo Estatuto – aprovado pelo Decreto-Lei n.º 289/2001 – pelo regulamento interno e no que nestes não for especialmente regulado ou com eles incompatível, pelas normas aplicáveis às entidades públicas empresariais[29].

O Estatuto do Instituto de Seguros de Portugal possui 40 artigos sistematizados da seguinte forma:

Capítulo I – Da denominação, natureza regime e sede (artigos 1.º a 3.º)
Capítulo II – Atribuições (artigos 4.º a 6.º)
Capítulo III – Estrutura orgânica (artigos 7.º a 28.º)
    Secção I – Disposições gerais
    Secção II – Conselho directivo
    Secção III – Do conselho consultivo
    Secção IV – Da comissão de fiscalização
Capítulo IV – Do património, receitas e despesas (artigos 29.º a 32.º)
Capítulo V – Da gestão financeira e patrimonial (artigo 33.º)
Capítulo VI – Recursos humanos (artigos 34.º a 38.º)
Capítulo VII – Disposições gerais (artigos 39.º a 40.º)

---

[28] A propósito da inadequação da anterior redacção do artigo 64.º da Lei Orgânica do BP, ao estabelecer que o banco central apenas subsidiariamente se regia pelo direito privado, v. MENEZES CORDEIRO, Manual..., p. 136 e ss., indicando as vias de superação de tão infeliz prescrição.

[29] A este respeito v. MARIA MANUELA MARQUES e VITAL MOREIRA, A nova..., in A Mão..., pp. 95 e ss.

De acordo com o artigo 1.º:

Natureza

O Instituto de Seguros de Portugal, adiante designado abreviadamente por ISP, é uma pessoa colectiva de direito público, dotada de autonomia financeira e administrativa e de património próprio[30].

Por seu turno o artigo 2.º diz:

Regime e tutela

1 – O ISP rege-se pelo presente diploma e pelo seu regulamento interno, bem como, no que por este não for especialmente regulado e com eles não for incompatível, pelas normas aplicáveis às entidades públicas empresariais.

2 – O ISP fica sujeito à tutela do Ministro das Finanças, que será exercida nos termos previstos neste Estatuto.

Preocupação fundamental do Decreto-Lei n.º 289/2001, de 13 de Novembro, é a de vir ao encontro da tendência que nos últimos anos se tem verificado na União Europeia no sentido de uma crescente autonomia face aos Governos das entidades públicas encarregadas[31] da regulação e supervisão de mercados e sectores. Tendência, de resto, conforme sublinhado no próprio preâmbulo do diploma, particularmente evidente no âmbito do sector financeiro.

Para responder as estas preocupações, para além de o ISP passar a ficar apenas sujeito a poderes de tutela do Ministro das Finanças, deixando de estar, num passo devidamente sublinhado no preâmbulo do Decreto-Lei n.º 298/2001, sob a sua superintendência, o diploma em referência estabelece a atribuição aos órgãos do ISP de um poder regulamentar amplo e o alargamento das competências decisórias em matérias de supervisão, as quais deixam, por conseguinte, de se encontrar dependentes de uma intervenção directa do Ministro das Finanças. É o caso, entre outras, das decisões relativas à constituição, cisão, fusão, encerramento de empresas de seguros ou resseguro, etc..

---

[30] Este preceito corresponde sem tirar nem pôr ao artigo 1.º do Regulamento interno ISP.

[31] Embora no preâmbulo do Decreto-Lei se escreva "encarregues".

No sentido da maior autonomia do ISP e de estabelecimento de maior proximidade da disciplina das autoridades de supervisão do sector financeiro, contribui igualmente o novo regime aplicável aos membros do conselho directivo (artigos 9.º e ss.), com o alargamento do mandato de três para cinco anos e o estabelecimento de um esquema de cessação de funções, que já era regra nas demais entidades de supervisão financeira, e na prática se traduz por um regime de inamovibilidade. Na verdade, de acordo com o artigo 22.º do Estatuto:

Cessação de funções

1 – O presidente e demais membros do conselho directivo apenas cessam o exercício das suas funções caso se verifique uma das circunstâncias seguintes:
  a) Decurso do prazo por que foram designados;
  b) Incapacidade permanente ou incompatibilidade superveniente do titular;
  c) Renúncia;
  d) Demissão, decidida por resolução fundamentada do Conselho de Ministros, em caso de falta grave comprovadamente cometida pelo titular no desempenho das suas funções ou no cumprimento de qualquer outra obrigação inerente ao cargo.

2 – O termo do mandato de cada um dos membros do conselho directivo é independente do termo do mandato dos restantes membros[32].

A circunstância de, à semelhança das demais autoridades do sector financeiro, apesar de não qualificado expressamente como autoridade independente, a verdade, é, pois, a de que o ISP – tal como o BP e a CMVM – apresenta importante grau de independência, tanto orgânica como funcional[33]. Ao nível orgânico essa independência manifesta-se no regime de inamovibilidade agora sublinhado.

---

[32] Este preceito encontra um lugar absolutamente paralelo no artigo 15.º do Estatuto da CMVM. Quanto à exoneração do Governador e dos demais membros do Conselho de Administração do BP ela só pode ocorrer caso se verifique alguma das circunstâncias previstas no n.º 2 do artigo 14.º dos Estatutos do SEBC/BCE (artigo 33.º, n.º 4, da Lei Orgânica do BP).

[33] Assim, v. MARIA MANUELA MARQUES e VITAL MOREIRA, *A nova...*, in *A Mão...*, pp. 96 e s.; MARIA FERNANDA MAÇÃS, LUÍS GUILHERME CATARINO, JOAQUIM PEDRO COSTA, *O contencioso...*, in *Estudos...*, p. 347.

No plano funcional, destarte, no desempenho das funções reguladoras a actividade do ISP, do BP e da CMVM, encontram-se imunes a um controlo governamental e não dependem de autorização nem de aprovação ministerial[34].

VII. O regime e natureza jurídica do ICP – ANACOM encontram-se claramente fixados no Decreto-Lei n.º 309/2001, de 7 de Dezembro[35]. Trata-se de um diploma que se estende por cinquenta e cinco artigos divididos da seguinte forma por seis Capítulos:

Capítulo I   – Disposições gerais (artigos 1.º a 5)
Capítulo II   – Atribuições e poderes (artigos 6.º a 18)
Capítulo III – Organização do ICP – ANACOM (artigos 19.º a 40.º)
   Secção I   – Conselho de administração
   Secção II – Conselho fiscal
   Secção III – Conselho consultivo
   Secção IV – Disposições comuns aos órgãos
Capítulo IV – Gestão financeira e patrimonial (artigos 41.º a 44.º)
Capítulo V   – Serviços e pessoal (artigos 45.º a 49.º)
Capítulo VI – Tutela, responsabilidade e controlo judicial (artigos 50.º a 55.º)

No tocante à natureza jurídica e finalidade dispõe o artigo 1.º [36]:

   1 – O ICP – Autoridade Nacional de Comunicações, abreviadamente designado por ICP – ANACOM, é uma pessoa colectiva de

---

[34] *Idem*, p. 347.

[35] Acerca da reforma da entidade reguladora das telecomunicações v., por todos, MARIA MANUELA MARQUES e VITAL MOREIRA, *A reforma...*, in *A Mão...*, pp. 103 e ss..

[36] É verdade que em princípio a lei comanda. Ela não teoriza. Nesta perspectiva, compete ao intérprete-aplicador, e não ao legislador, proceder à qualificação jurídica das várias figuras. E quando o legislador efectivamente qualifica o intérprete-aplicador pode proceder às correcções que o labor conducente à realização do direito impuser (em sentido muito próximo v., como índice da *sententia communis*, MENEZES CORDEIRO, *Manual...*, p. 125). Importa contudo distinguir as qualificações meramente circunstanciais das prescritivas. Ao estabelecer uma qualificação o legislador não se limita, em todos os casos, a manifestar uma posição subjectiva sobre a natureza dogmática da figura em jogo. Ao contrário, ele pode aproveitar a ocasião para determinar a aplicação de um determinado regime jurídico associado à qualificação. Nessa eventualidade a prescrição deve ser obedecida (v., novamente, a obra de MENEZES CORDEIRO citada *supra* nesta nota).

direito público, dotada de autonomia administrativa e financeira e de património próprio.

2 – O ICP – ANACOM tem por objecto a regulação, supervisão e representação do sector das comunicações, nos termos dos presentes Estatutos e da lei.

O regime jurídico regra do ICP – ANACOM é o constante dos respectivos estatutos, das disposições legais que lhe sejam especificamente aplicáveis e, subsidiariamente, pelo regime das entidades públicas empresariais, ressalvadas certas especialidades (artigo 3.º dos Estatutos). A independência do ICP – ANACOM é objecto de consagração expressa nos Estatutos por parte do artigo 4.º nos seguintes termos[37]:

> O ICP – ANACOM é independente no exercício das suas funções, no quadro da lei, sem prejuízo dos princípios orientadores de política e comunicações fixados pelo Governo, nos termos constitucionais e legais, e dos actos sujeitos a tutela ministerial, nos termos previstos na lei e nos presentes Estatutos.

VIII. Finalmente os estatutos da Entidade Reguladora dos Serviços Energéticos (ERSE) foram aprovados pelo Decreto-Lei n.º 97/2002, de 12 de Abril. Estatutos que se encontram articulados em 62 artigos distribuídos do seguinte modo por seis capítulos:

Capítulo I – Disposições gerais (artigos 1.º a 7.º)
Capítulo II – Competências (artigos 8.º a 43.º)
    Secção I – Competências relativamente ao sector eléctrico
    Secção II – Competências relativamente ao gás natural
    Secção III – Competências comuns
Capítulo III – Organização do ERSE (artigos 26.º a 44.º)
    Secção I – Órgãos da ERSE
    Secção II – Conselho de administração
    Secção III – Conselho consultivo
    Secção IV – Conselho tarifário
Capítulo IV – Receitas, orçamento e contas (artigos 45.º a 49.º)

---

[37] Para uma análise dos vários aspectos em que se manifesta a independência do ICP – ANACOM v., por todos, MARIA MANUELA MARQUES e VITAL MOREIRA, *A nova...*, in *A Mão...*, pp. 103 e ss.

Capítulo V – Serviço e pessoal (artigos 53.º a 57.º)
Capítulo VI – Tutela, responsabilidade e controlo judicial (artigos 58.º a 62.º).

Do ponto de vista da respectiva natureza, finalidade e sede a ERSE é, como as suas congéneres, uma pessoa colectiva de direito público dotada de autonomia financeira e de património próprio, destinada a regular os sectores do gás natural e da electricidade, nos termos dos respectivos estatutos e no quadro da lei, dos contratos de concessão e das licenças existentes (artigo 1.º, n.ºˢ 1 e 2 dos Estatutos).

No tocante ao regime e independência da ERSE estabelece o artigo 2.º dos Estatutos cujo teor, à semelhança de outros, se transcreve por razões de clareza:

Regime e independência

1 – A ERSE rege-se pelos presentes Estatutos, pelas disposições legais que lhe sejam especificamente aplicáveis e, subsidiariamente, pelo regime jurídico das entidades públicas empresariais, ressalvadas as regras incompatíveis com a natureza daquela.

2 – A ERSE é independente no exercício das suas funções, no quadro da lei, sem prejuízo dos princípios orientadores de política energética fixados pelo Governo, nos termos constitucionais e legais, e dos actos sujeitos a tutela ministerial, nos termos previstos na lei e no presente diploma.

VIII. A nível europeu, a figura das autoridades reguladoras independentes tem vindo a ser compreendida no contexto mais amplo das autoridades administrativas independentes[38]. Trata-se de entidades, até pela sua origem, dotadas de grande heterogeneidade e por alguma incerteza quanto ao respectivo desenho orgânico e estrutural comum[39] e, durante algum tempo, inclusivamente quanto à respectiva admissibi-

---

[38] Assim v., por exemplo, VITAL MOREIRA, *Autoridades reguladoras independentes...*, p. 14.

[39] A este respeito v., por todos, CARLOS BLANCO DE MORAIS, *As autoridades...*, in *Revista...*, Ano 61, pp. 101 e ss.; e VITAL MOREIRA, *Autoridades reguladoras independentes...*, pp. 14 e ss.. PAULO OTERO, *Legalidade...*, p. 317, alude a um contributo das autoridades administrativas independentes para a crise de identidade do moderno direito administrativo.

lidade[40]. Não se afigura por isso fácil proceder à sua delimitação conceptual nem esse esforço se afigura necessário para os propósitos do presente trabalho[41]. Aqui basta-nos tão só sublinhar a base relativa de consenso existente na doutrina portuguesa acerca dos atributos mínimos que, na generalidade, integram a noção de autoridade administrativa independente, sem esconder a circunstância de existirem divergências, mais ou menos profundas, acerca da delimitação de quais as entidades susceptíveis de se enquadrarem nessa noção[42] [43]. Nesta perspectiva poder-se-á caracterizar as autoridades administrativas independentes, em sentido amplo, como toda a instância de natureza pública criada pela CRP ou pela lei tendo por objectivo o exercício predominante da função administrativa, em que, para tanto, o referido centro de poder ou os seus membros se encontrem sujeitos a vínculos de subordinação a qualquer

---

[40] O problema da admissibilidade, do ponto de vista constitucional, das autoridades administrativas independentes viria a ser solucionado pela revisão constitucional de 1997 que consagrou no artigo 267.º, n.º 3, da CRP, a possibilidade de a lei criar entidades administrativas independentes. Para uma análise do caminho que conduziria à adopção deste preceito e crítica da solução adoptada – viabilizadora de autênticos "*conselhos de sábios, carentes de legitimidade democrática*" e capaz de permitir ao legislador "*governamental, sobretudo em áreas de natureza económica, criar por Decreto-Lei toda a espécie de "quangos" travestidos em autoridades independentes*" – até do ponto de vista terminológico, v. BLANCO DE MORAIS, *As Autoridades...*, in *Revista...*, Ano 61, pp. 106 e ss.. Para uma referência ao conceito de *quango* v. VITAL MOREIRA, *Autoridades...*, pp. 12 e 13. Sublinhando a circunstância de as autoridades administrativas independentes, que a Constituição veio tornar possível, provocarem uma quebra na unidade do sistema administrativo e na sua relação com o sistema político, com uma consequente visível crise de identidade do Direito Administrativo em matéria de organização administrativa, cfr. PAULO OTERO, *Legalidade...*, pp. 321 e ss..

[41] Para um apanhado das diversas posições que se vêm debatendo a este respeito v., por todos, BLANCO DE MORAIS, *As Autoridades...*, in *Revista...*, Ano 61, pp. 119 e ss..

[42] Assim também CARLOS BLANCO DE MORAIS, *As autoridades...*, in *Revista...*, Janeiro de 2001, Ano 61, p. 103.

[43] Acerca da caracterização do conceito de autoridades administrativas independentes v., por todos, MARCELO REBELO DE SOUSA, *Lições de direito administrativo*, Lisboa, 1999, I, pp. 273 e ss.; PAULO OTERO, *O poder de substituição em direito administrativo. Enquadramento Dogmático-Constitucional*, Lisboa, 1995, II, p. 722; BLANCO DE MORAIS, *As Autoridades...*, in *Revista...*, Ano 61, pp. 102 e ss.; VITAL MOREIRA, *Autoridades...*, pp. 14 e ss.; MARIA FERNANDA MAÇÃS, LUÍS GUILHERME CATARINO, JOAQUIM PEDRO COSTA, *O contencioso...*, in *Estudos...*, pp. 341 e ss..

órgão jurídico-político, ou a interesses organizados que respeitem ao domínio sobre o qual incide a actividade[44].

IX. Sublinhe-se a circunstância de a recente lei quadro dos institutos públicos ter vindo a estabelecer como princípio a aplicação às "autoridades administrativas independentes" de "um regime especial, com derrogação do regime geral na estrita medida necessária à sua especificidade" [cf. artigo 48.º, n.º 1, alínea *f*) da Lei n.º 3/2004, de 15 de Janeiro][45]. E nos últimos anos, justamente em função de alguns dos poderes exercidos pelas autoridades administrativas independentes – tanto mais quanto é certa a circunstância de se sublinhar o rigor que o seu exercício deve, em teoria, envolver no tocante à imparcialidade e neutralidade decisórias – tem-se falado a este respeito de uma actividade quase-judicial ou quase jurisdicional, de uma natureza "parajudicial" dos actos destas estruturas administrativas, e sublinhando a posição de terceiridade ou exterioridade que as mesmas assumem face aos interesses em causa fala-se da titularidade de funções ou competências judiciais[46], da erupção de um quarto poder do Estado[47].

Compete, todavia, acentuar e evidenciar a submissão das autoridades independentes aos princípios gerais, aplicáveis a toda a administração pública[48], com relevo para os contemplados no artigo 266.º da CRP que dispõe de modo expresso[49]:

> A Administração Pública visa a prossecução do interesse público, no respeito pelos direitos e interesses legalmente protegidos. Os ór-

---

[44] O conceito proposto encontra-se extremamente próximo da noção avançada por CARLOS BLANCO DE MORAIS, *As autoridades...*, in *Revista...*, ano 61, p. 147.

[45] JOSÉ LUCAS CARDOSO, *Autoridades administrativas independentes*, Coimbra, 2002, pp. 407 e ss..

[46] JOSÉ LUCAS CARDOSO, *Autoridades administrativas....*, pp. 494, com referências exemplificativas.

[47] Sobre tudo isto v. PAULO OTERO, *Legalidade...*, pp. 323 e ss.; e também, MARIA FERNANDA MAÇÃS, LUÍS GUILHERME CATARINO, JOAQUIM PEDRO COSTA, *O contencioso...*, in *Estudos...*, pp. 340 e ss. Contra este entendimento v. BLANCO DE MORAIS, *As autoridades...*, in *Revista...*, Ano 61, pp. 146 e 147.

[48] Mas v. JORGE MIRANDA, *Manual de Direito Constitucional*, V, pp. 37 e ss., afirmando que nem todos os actos destas autoridades se reconduzem às funções clássicas do estado; PAULO OTERO, *Legalidade...*, p. 323 e ss., acerca da descaracterização da função administrativa provocada pelas autoridades administrativas independentes. V.,

também, a totalidade da obra agora citada embora não possamos, com a devida vénia, acompanhar o autor no sentido da existência de uma simulada natureza do Estado de juridicidade, sob a qual se esconde uma Administração Pública protagonista na gestação, determinação, interpretação e aplicação concretizadora da normatividade. Em nosso entender não existe aqui nenhuma simulação. O que cumpre, isso sim, é reconhecer, como aliás o ilustre autor faz em parte a pp. 215 e ss., a dimensão constitutiva da interpretação-aplicação, da decisão, e a natureza prudencial do direito, incluindo, naturalmente, a do direito administrativo. Esta dimensão, longe de conduzir ao incumprimento da CRP e de impedir a realização da unidade do sistema jurídico é, ao contrário, a única que confere às diversas fontes a natureza de Direito e suporta a respectiva validade enquanto tal. Também não nos parece de aceitar a ideia de um direito ou de sectores do ordenamento axiologicamente comprometidos (ao Estado liberal, corporativo, Estado de Direito, etc.) pois nesta acepção parece, se não lemos mal (e apesar da terminologia empregue pelo autor), estarmos diante da admissibilidade de *Zweckrationalität*, própria de um funcionalismo jurídico-político, em que afinal a fundamentação dá vez à instrumentalização, ou a razão objectiva-material à formal, e a ordem de validade à planificação programática. Aos verdadeiros valores substituem-se, afinal, fins. O direito passa a entender-se como um instrumento político orientado por uma intenção expressa de politicização da juricidade. Contra esta forma de conceber o direito v., entre tantos outras obras do autor, CASTANHEIRA NEVES, *Metodologia jurídica. Problemas fundamentais*, Coimbra, *passim*; *O direito hoje e com que sentido. O problema actual da autonomia do direito*, Lisboa, 2002, *per totum*; RUY DE ALBUQUERQUE, *Direito de juristas – direito de Estado*, separata da *Revista da Faculdade de Direito de Lisboa*, 2001, XLII, n.º 2, pp. 751 e ss..

[49] A lei reconhece, como se sublinhou já antes, às entidades administrativas autónomas, de que constitui exemplo entre outras, a CMVM, a possibilidade de intervir administrativamente, e conformadoramente, sobre as relações jurídicas entre privados – ou inter-privados – numa perspectiva de terceiridade ou neutralidade, como se de um tribunal se tratasse, fazendo da tutela administrativa um instrumento ao serviço de tais relações, particularmente na resolução de conflitos entre particulares (a este respeito v., por exemplo, PAULO OTERO, *A competência da Comissão do Mercado de Valores Mobiliários para controlar a legalidade de actos jurídicos provenientes de entidades privadas*, in *Revista da Ordem dos Advogados*, 2000, Ano 60, II, pp. 673 e 674 e 695 e ss.; *Legalidade...*, pp. 325 e ss.). Num fenómeno igualmente assinalado por PAULO OTERO, *A legalidade...*, pp. 328 e 329, a jurisprudência constitucional é clara ao considerar que a Administração Pública não pode, através de acto administrativo, proceder à composição arbitrária de litígios entre particulares, encontrando-se tal composição constitucionalmente reservada aos tribunais. Assim, cfr. por exemplo, *Acórdão do Tribunal Constitucional n.º 235/98, de 4 de Março de 1998*, in *www.tribunalconstitucional.pt*. Muitas dúvidas nos deixa, assim, quanto escrevem MARIA FERNANDA MAÇÃS, LUÍS GUILHERME CATARINO, JOAQUIM PEDRO COSTA, *O contencioso...*, in *Estudos...*, pp. 388 e ss., embora não se possa colocar em causa os meios de resolução de litígios alternativos aos judi-

gãos e agentes administrativos estão subordinados à Constituição e à lei e devem actuar, no exercício das suas funções, com respeito pelos princípios da igualdade, da proporcionalidade, da justiça, da imparcialidade e da boa-fé.

Na verdade, tal como foi já devidamente sublinhado entre nós[50], não parece existir espaço para defender a tese de que o exercício da actividade realizada pelas autoridades independentes consubstanciaria uma quarta função estadual, presa ao desempenho de um poder neutral de vigilância e garantia. Neutralidade essa que não qualificaria a função administrativa e que seria mais intensa do que a sujeição ao imperativo da imparcialidade que pautaria esta última função nas relações com os particulares[51]. Também não julgamos existir margem para sustentar que o carácter classicamente dependente da função administrativa seria incompatível com a noção de independência característica do desempenho das entidades independentes.

---

ciais assentes no consentimento das partes envolvidas. Com isto não se vê, ao contrário de quanto preconizam MARIA FERNANDA MAÇÃS, LUÍS GUILHERME CATARINO, JOAQUIM PEDRO COSTA, *op. cit.*, pp. 427, que, com a intervenção de diversos meios de resolução de conflitos, e com os díspares entendimentos das fontes quadro aplicáveis (para os autores citados tratar-se-ia de entendimentos díspares do Direito aplicável), se possa violar os princípios da igualdade e da proporcionalidade. Semelhante entendimento parece desconhecer a natureza prudencial do Direito; da sua da natureza argumentativa; do caso como *prius* metodológico e como elemento constitutivo do Direito; do carácter meramente plausível – e não necessário – da decisão jurídica: CASTANHEIRA NEVES, *O instituto jurídico dos assentos*, p. 416, nota 915; *Metodologia...*, *passim*, designadamente, pp. 30 e ss., 70 e ss.; *O sentido actual da metodologia jurídica*, in Boletim da Faculdade de Direito (Volume Comemorativo), 2003, pp. 122 a 130; RUY DE ALBUQUERQUE, *Direito de juristas...*, 751 e ss.. Na literatura jurídica estrangeira v., a título exemplificativo, e de entre tantos outros, PERELMAN, *Logique Juridique. Nouvelle réthorique*, Paris, 1976, *per totum*; (v., também do mesmo autor, *Ética e direito*, tradução de João Duarte da ed. de Bruxelas, 1990, Lisboa, 2002); KRIELE, *Recht und pratische Vernunft*; GARCIA AMADO, *Teorias de la tópica jurídica*, Madrid, 1988, *passim*. Inadmissível é, sem dúvida e a nosso ver, a afirmação, por parte de MARIA FERNANDA MAÇÃS, LUÍS GUILHERME CATARINO, JOAQUIM PEDRO COSTA, da existência de um monopólio estadual do direito que seria quebrado, nomeadamente pela intervenção de formas de arbitragem. Contra a forma de (in)compreensão do direito subjacente a este tipo de afirmação v., por todos, RUY DE ALBUQUERQUE, *Direito de juristas...*, pp. 571 e ss..

[50] V. CARLOS BLANCO DE MORAIS, *As autoridades...*, in Revista...., ano 61, p. 146.
[51] *Idem*.

Contra outro entendimento pode desde logo recordar-se o argumento – que só será formal[52] se se demonstrar que com a qualificação o legislador constitucional não pretendeu remeter as autoridades independentes para um determinado regime – consistente na circunstância de a CRP qualificar explicitamente a natureza das autoridades administrativas independentes, integrando-as no universo da função administrativa[53]. Independentemente disso existem razões jurídico-dogmáticas que sustentam a posição agora expressa quanto à qualificação das autoridades administrativas independentes[54].

A primeira resulta da circunstância de, para além da maioria e núcleo das competências concretamente atribuídas às autoridades administrativas independentes resultarem de um acto legal, constata-se, igualmente, que as mesmas são material e formalmente administrativas[55]: a possibilidade de aprovação de pareceres vinculativos ou consultivos, de regulamentos e de actos administrativos excede o cumprimento de uma tarefa neutral de vigilância, e quadra, antes, no âmbito de uma actividade de administração activa[56]. O mesmo sucede com o exercício de poderes de fiscalização, de tutela e até de vigilância exortativa[57], quando centrados na realização de tarefas destinadas a assegurar o cumprimento da legalidade. Eles fazem parte do domínio da actividade executiva, direccionada para a garantia do cumprimento da lei[58].

A segunda prende-se com a improcedência da incompatibilidade do carácter independente desta autoridades, com o postulado da natureza dependente da função administrativa[59]. É que o atributo da depen-

---

[52] Mesmo assim a favor do referido carácter formal v. CARLOS BLANCO DE MORAIS, *As autoridades...*, in *Revista....*, ano 61, p. 146.

[53] CARLOS BLANCO DE MORAIS, *As autoridades...*, in *Revista....*, ano 61, p. 146.

[54] *Idem*.

[55] *Idem*.

[56] *Idem*.

[57] O termo é de CARLOS BLANCO DE MORAIS, *As autoridades...*, in *Revista....*, ano 61, p. 147.

[58] *Idem*, onde se sublinha igualmente a circunstância de os órgãos administrativos independentes poderem praticar, também, actos enquadrados em processos de controlo não administrativo ou aprovar recomendações de conteúdo quase político não prejudica a natureza administrativa da função predominantemente prosseguida pelas mesmas autoridades e que leva à sua qualificação jurídica como instâncias executivas.

[59] CARLOS BLANCO DE MORAIS, *As autoridades...*, in *Revista....*, ano 61, p. 147.

dência que caracteriza a actividade administrativa é usado para evidenciar a sua sujeição, como função secundária, à actividade legislativa, essa primária e, ao contrário da outra, com natureza inovatória[60]. Ora o tipo de sujeição em análise não fica em causa no tocante ao exercício das competências administrativas pelas autoridades independentes. Exercício pautado, também ele, por uma estrita vinculação ou dependência em relação à lei[61]. O atributo da independência concretiza-se, não em resultado da natureza da função exercida, mas antes no respeitante à ausência de vínculos de subordinação das autoridades em referência relativamente a outros órgãos do poder político[62].

Deve pois concluir-se em definitivo no sentido da natureza administrativa das autoridades independentes[63]. Como possuem também natureza administrativa as autoridades reguladoras que não se possam qualificar como autoridade administrativas independentes[64] [65].

---

[60] *Idem*.

[61] *Idem*.

[62] *Idem*. V. também, para uma descrição mais pormenorizada das características e notas distintivas das autoridades administrativas independentes, FREITAS DO AMARAL, *Curso de Direito administrativo*, 2.ª ed., Coimbra, 1994, pp. 300 e ss.; VITAL MOREIRA, *Administração autónoma e associações públicas*, Coimbra, 1997, pp. 127 e 128; *Autoridades reguladoras...*, pp. 14 e ss.; MARIA FERNANDA MAÇÃS, LUÍS GUILHERME CATARINO, JOAQUIM PEDRO COSTA, *O contencioso...*, in *Estudos...*, pp. 341 e ss..

[63] Assim também VITAL MOREIRA, *Autoridades reguladoras...*, p. 16; CARLOS BLANCO DE MORAIS, *As autoridades...*, in *Revista....*, ano 61, pp. 146 e 147; VITAL MOREIRA e FERNANDA MAÇÃS, *As autoridades reguladoras...*, pp. 248 e ss.; MARIA FERNANDA MAÇÃS, LUÍS GUILHERME CATARINO, JOAQUIM PEDRO COSTA, *O contencioso...*, in *Estudos...*, p. 341. Cfr., ainda, PAULO OTERO, *Legalidade...*, pp. 315 e ss.

[64] O problema da qualificação de certas autoridades como pertencentes ou não à categoria de entidades administrativas independentes coloca hoje o problema do tribunal administrativo com competência para conhecer e julgar os recursos contra os respectivos actos: Tribunal Administrativo do Círculo ou Tribunal Central Administrativo. Cfr. MARIA FERNANDA MAÇÃS, LUÍS GUILHERME CATARINO, JOAQUIM PEDRO COSTA, *O contencioso...*, in *Estudos...*, p. 354. De um modo geral, para uma apreciação de qual o tribunal competente para apreciar a actividade das entidades reguladoras, v. *op. cit.*, nesta nota pp. 319 e ss. e 386 e ss.. Mas v. quanto se escreve *infra* neste artigo acerca da chamada discricionaridade técnica.

[65] Acerca da possibilidade do exercício de actividades materialmente administrativas desenvolvidas por privados v., VITAL MOREIRA, *Auto-regulação...*, pp. 346 e 347; e MARIA FERNANDA MAÇÃS, LUÍS GUILHERME CATARINO, JOAQUIM PEDRO COSTA, *O contencioso...*, in *Estudos...*, pp. 422 e 423, que no entanto ficam sujeitos ao direito administrativo.

X. Mas se é assim, também é certo que a amplitude dos poderes conferidos às entidades reguladoras tem sido por vezes acompanhada por um efectivo défice de garantias dos administrados[66], o que potencia a probabilidade de no exercício da sua actividade de regulação serem praticados por tais entidades actos ilegais ou danosos para quantos se encontram sujeitos à respectiva jurisdição. O que nos coloca perante o problema do controlo, e em particular o contencioso, da actividade das autoridades reguladoras.

3. As principais formas de controlo jurisdicional da actividade realizado pelas autoridades reguladoras enquanto entidades administrativas

I. À estatuição contida no artigo 266.º da CRP devem juntar-se, desde logo, as várias regras que incidem sobre a sua actividade e os membros próprios de toda administração pública, expressos no controlo judicial dos seus actos, que sejam especificamente dirigidas às várias entidades reguladoras, integradas ou não nos respectivos estatutos[67]. A estas acresce ainda um conjunto de regras especificamente dirigidas ao controlo das várias autoridades reguladoras que circunscreve em termos efectivos as amplas faculdades de ingerência de que dispõem.

II. A análise anteriormente realizada acerca do regime jurídico das várias entidades reguladoras analisadas permite a conclusão segundo a qual o respectivo regime geral é o de direito público, encontrando-se naturalmente sujeita a ele a prática de actos de autoridade[68]. Entre os poderes de autoridade conferidos às autoridades reguladoras contam-se: poderes normativos; poder de tomar decisões individuais, concretas e vinculativas; poder de emitir injunções; poder de arbitrar e resolver

---

[66] Em sentido aproximado v. PAULO OTERO, *Alguns problemas de direito administrativo...*, in *Direito...*, 1999, I, p. 262. Cfr. também MARIA FERNANDA MAÇÃS, LUÍS CATARINO, JOAQUIM COSTA, *O contencioso...*, in *Estudos...*, pp. 430 e ss.

[67] Sem todavia esquecer o regime jurídico específico das autoridades administrativas independentes.

[68] Assim também MARIA FERNANDA MAÇÃS, LUÍS GUILHERME CATARINO, JOAQUIM PEDRO COSTA, *O contencioso...*, in *Estudos...*, pp. 320 e ss e 347.

conflitos; poder sancionatório; poder de fiscalização; inspecção e vigilância; poder de liquidação e cobrança, voluntária ou coerciva de taxas; poder de apreciação de queixas e reclamações dos utentes; poderes consultivos e de recomendação; poder de efectuar registos[69]. Mas vejamos de forma mais pormenorizada.

III. No âmbito da regulação a atribuição de poderes normativos é uma constante nos estatutos da generalidade das autoridades embora esse poder não possua a mesma extensão em todas elas[70]. Com frequência, acrescenta-se a faculdade de emitir recomendações e pareceres genéricos. Assim, a título meramente exemplificativo, podem referir-se: a fixação, pelo BP, de regras de conduta às instituições de crédito, bem como a aprovação de códigos de conduta elaborados pelas associações representativas dessas instituições (cf. o artigo 77.º do Regime Geral das Instituições de Crédito [RGIC]); a emissão de regulamentos e de recomendações e pareceres genéricos pela CMVM relativamente a inúmeros aspectos do mercado dos valores mobiliários (cf. os artigos 369.º e ss., 11.º, 60.º, 155.º e outros do CdVM); a aprovação, pela ERSE, do regulamento tarifário do sistema eléctrico público, das regras de acesso ao sistema eléctrico não vinculado e de muitas outras normas [cf. os artigos 8.º, alínea *a*), 9.º, alínea *a*), e 23.º dos Estatutos da ERSE); a aprovação de regulamentos, a emissão de recomendações e directivas genéricas e a homologação de códigos de conduta e manuais de boas práticas de empresas ou associações de empresas pela AC (cf. o artigo 7.º, n.º 4, dos Estatutos da AC); a elaboração de regulamentos pelo ICP – ANACOM nos casos previstos na lei e sempre que tal seja necessário ao exercício das suas atribuições [cf. os artigos 9.º, alínea *a*), e 11.º, dos Estatutos do ICP – ANACOM][71].

Por seu turno, no domínio da supervisão assiste-se sempre a um controlo exercido sobre o sector económico ou financeiro e sobre as

---

[69] V. MARIA FERNANDA MAÇÃS, LUÍS GUILHERME CATARINO, JOAQUIM PEDRO COSTA, *O contencioso...*, in *Estudos...*, p. 350.

[70] *Idem*.

[71] Acerca deste elenco de atribuições v. PEDRO DE ALBUQUERQUE e MARIA DE LURDES PEREIRA, *A responsabilidade civil das autoridades reguladoras e de supervisão por danos causados a agentes económicos e investidores no exercício de actividades de fiscalização ou investigação*, supra, pp. 203 e ss.

entidades que nele intervêm, com o objectivo de assegurar a observância das regras aí aplicáveis. O teor desse controlo traduz naturalmente os fins da intervenção reguladora no sector em causa. Se a supervisão do Banco de Portugal é de conteúdo preponderantemente prudencial, outro é o sentido da supervisão a cargo do ICP – ANACOM, destinada a velar pelo cumprimento das regras aplicáveis à gestão e exploração de redes de telecomunicações e à respectiva prestação de serviço, com o fim de assegurar, entre outros aspectos, a existência de um serviço universal de telecomunicações, o acesso dos operadores às redes em condições de igualdade e transparência e a qualidade dos serviços prestados aos consumidores[72].

É extremamente variado o conteúdo das actividades compreendidas na supervisão:

a) a realização de actos de registo ou de outros actos de autorização, destinados a controlar e assegurar a legalidade – encontram-se nestas condições, nomeadamente, o registo de auditores, de emissões de valores mobiliários e outros da competência da CMVM (cf. os artigos 9.º, 44.º e 365.º do CdVM), a instrução e decisão de procedimentos administrativos respeitantes a acordos entre empresas e operações de concentração pela AC [cf. o artigo 7.º, n.º 3, alíneas b) e c), dos Estatutos da AC] e os registos conferidos ao ICP – ANACOM [cf. o artigo 9.º, alíneas d) e e) dos Estatutos do ICP – ANACOM];

b) a instauração, instrução e decisão de processos sancionatórios [vejam-se os artigos 116.º, alínea e), do RGIC, 9.º, alínea f), e 10.º dos Estatutos do ICP – ANACOM, 360.º, n.º 1, alínea e), 364.º, n.º 1, alínea b) e 383.º e ss. do CdVM, 7.º, n.º 2, dos Estatutos da AC e 11.º e 18.º dos Estatutos da ERSE);

c) a realização de inspecções ou auditorias às entidades supervisionadas [cf. os artigos 120.º, n.º 2, do RGIC, 24.º da Lei orgânica do BP, 9.º, alíneas b) e c), 12.º e 16.º, n.º 1, dos Estatutos do ICP – ANACOM, 364.º, n.º 11, alínea a), do CdVM, 7.º, n.º 3, alínea a) dos Estatutos da AC e 20.º, n.ºs 1 e 2 e 22.º dos Estatutos da ERSE);

d) concessão de poderes de inquérito e de inspecção de tipo policial à AC (artigo 17, n.º 1, da Lei n.º 18/2003, de 11 de Junho);

---

[72] Idem.

e) a emissão de ordens e de recomendações concretas [cf. designadamente os artigos 116.º, alínea c), 118.º e 119.º do RGIC, 9.º, alínea g), 16.º, n.º 3, e 17.º, n.º 1, dos Estatutos do ICP – ANACOM, 360.º, alínea f) e 366.º, n.º 2, alíneas a) e b), do CdVM, e 8.º, alíneas s), t), u) e v), 20.º, n.º 3, e 21.º, dos Estatutos da ERSE];

f) a elaboração e publicação de estudos [cf. os artigos 9.º, alínea h), dos Estatutos do ICP – ANACOM, 360.º, alínea h), do CdVM, e 7.º, n.º 3, alínea a), dos Estatutos da AC];

g) a difusão de informações [cf. os artigos 9.º, alínea i), dos Estatutos do ICP – ANACOM, e 360.º, alínea g), do CdVM); e

h) a prática de outros actos de intervenção directa no funcionamento das entidades supervisionadas ou no mercado – encontram-se nestas condições as providências extraordinárias de saneamento a cargo do BP [cf. os artigos 116.º, alínea d), e 139.º e ss. do RGIC], bem como a faculdade da CMVM de ordenar a suspensão de negociação, substituir-se às entidades gestoras de mercados na regularização de situações anómalas e às entidades sujeitas a supervisão no cumprimento de deveres de informação [cf. os artigos 206.º, alínea b), 208.º e 361.º, alíneas e) e f), do CdVM][73].

IV. Em geral, as entidades analisadas desenvolvem e executam comportamentos jurídicos de autoridade consubstanciadores de actos administrativos dotados de efeitos jurídicos externos em situações individuais e concretas. Entre estes contam-se as licenças, autorizações, revogações ou recusa de autorizações ou registos, mas podem igualmente assumir a forma de ordens ou recomendações concretas[74].

O artigo 268.º, n.º 4, da CRP, assegura o recurso contencioso[75] contra quaisquer actos lesivos de direitos ou interesses legalmente pro-

---

[73] Sobre tudo isto cfr. novamente o elenco realizado por PEDRO DE ALBUQUERQUE e MARIA DE LURDES PEREIRA, A responsabilidade..., supra, pp. 203 e ss..

[74] MARIA FERNANDA MAÇÃS, LUÍS GUILHERME CATARINO, JOAQUIM PEDRO COSTA, O contencioso..., in Estudos..., pp. 354 e 355, sublinhando a circunstância de os actos de natureza sancionatória estarem sujeitos a um regime próprio de impugnação.

[75] Acerca do recurso contencioso v., a título meramente ilustrativo, JOÃO CAUPERS, Introdução ao direito administrativo, 5.ª ed., Lisboa, 2000, pp. 257 e ss.

tegidos. Por sua vez, o artigo 120.º do CPA considera como acto administrativo, para efeitos de impugnação contenciosa, as decisões materialmente administrativas de autoridade que visam a produção de efeitos – externos – numa situação individual e concreta[76], numa aparelhagem completada pelo artigo 51.º, n.º 1, do Código de Processo nos Tribunais Administrativos (CPTA). A impugnação segue a forma da acção administrativa especial, podendo ter por objecto a anulação[77] ou declaração de nulidade, inexistência jurídica do acto ou a condenação à prática pela entidade recorrida, dentro de determinado prazo, de acto legalmente devido (artigo 46.º do CPTA)[78]. A especificidade técnica dos sectores sobre os quais recai a actividade das entidades reguladoras e de supervisão não impede naturalmente, e apenas circunscreve em parte, este tipo de controlo contencioso[79]. O poder discricionário é, naturalmente, também um poder vinculado quanto ao fim, um poder sujeito a limites, internos e externos, de adequabilidade, de justiça, imparcialidade, igualdade e proporcionalidade[80]. A invocação do instituto do abuso de direito

---

[76] MARIA FERNANDA MAÇÃS, LUÍS GUILHERME CATARINO, JOAQUIM PEDRO COSTA, *O contencioso...*, in *Estudos...*, p. 355.

[77] Acerca da anulação de actos administrativos v. MÁRIO AROSO DE ALMEIDA, *Anulação de actos administrativos e relações jurídicas emergentes*, Coimbra, 2002, *per totum*.

[78] MARIA FERNANDA MAÇÃS, LUÍS GUILHERME CATARINO, JOAQUIM PEDRO COSTA, *O contencioso...*, in *Estudos...*, pp. 355 e 356, e pp. 368 e ss., sublinhando ainda a consagração, numa concretização do artigo 268.º, n.º 4, da CRP, pelo artigo 2.º, n.º 1, do CPTA, do princípio da tutela jurisdicional efectiva a quebrar com um contencioso administrativo essencialmente centrado na anulação de actos administrativos. Acerca dos poderes dos tribunais e meios ao respectivo dispor para assegurar este princípio, v. o artigo 3.º, n.ºs 2 e 3, do CPTA.

[79] Não nos parece, pois, que MARIA FERNANDA MAÇÃS, LUÍS GUILHERME CATARINO, JOAQUIM PEDRO COSTA, *O contencioso...*, in *Estudos...*, p. 356, tenham razão ao considerarem que o controlo exercido pelos tribunais, neste domínio, será sempre um controlo atenuado, pois atendendo à especificidade técnica dos sectores em causa, o legislador confere-lhes poderes discricionários.

[80] Sobre tudo isto v., por todos, MÁRIO ESTEVES DE OLIVEIRA, *Direito Administrativo*, 2.ª reimpressão, Coimbra, I, 1984, pp. 252 e ss.. V., também, MARCELO REBELO DE SOUSA, *Lições...*, I, pp. 103 e ss., que escreve: *"Do que fica dito é possível facilmente concluir que não faz sentido falar, hoje, na dicotomia actos vinculados – actos discricionários, não tanto porque sejam raríssimos os actos totalmente vinculados nos seus pressupostos, quanto porque não há actos totalmente discricionários. (...) Também não é correcta, embora seja frequente, a referência a poder vinculado e a poder discricio-*

é, além disso, um instrumento eficaz na limitação dos poderes do Estado, por exemplo no que se refere aos limites funcionais do poder legislativo e do poder judicial ou ao exercício de poderes discricionários da Administração na perspectiva do *desvio de poder*[81]. Finalmente, em nossa opinião, na chamada discricionariedade técnica, não há verdadeira discricionariedade: só uma solução é possível e legal[82].

V. Ao recurso contencioso dos actos administrativos externos somam-se ainda, e em termos gerais, vários outros meios de reacção contra a actividade das entidades reguladoras e de supervisão, enquanto autoridades administrativas, quer de natureza impugnatória, quer petitória, quer de diversos meios processuais acessórios ou intimações. Entre os meios impugnatórios cumpre referir, ainda, as acções de impugnação de normas (artigos 72.º e ss. do CPTA). Já no tocante aos meios petitórios deverão mencionar-se as acções para reconhecimento de um direito [v. artigo 2.º, n.º 2, alínea *a*), do CPTA]; acções relativas a contratos; acções sobre execução de julgados e acções de responsabilidade civil – matéria de que nos ocuparemos com mais pormenor adiante. Relativa-

---

nário, visto que não existe poder totalmente discricionário"; João Caupers, *Introdução...*, pp. 66 e ss.. Obra de referência obrigatória sobre o poder descricionário é a de Afonso Rodrigues Queiró, *O poder discricionário da administração*, 2.ª ed., Coimbra, 1948, *per totum*. Como é também Castanheira Neves, *Questão-de-facto – questão-de--direito ou o problema metodológico da juridicidade (ensaio de uma reposição crítica)*, I, A Crise, Coimbra, 1967, pp. 351 e ss., autor que sublinha, nomeadamente, os vícios metodológicos subjacentes à ideia de afirmação de um poder vinculado que se contraporia ao poder discricionário. Na verdade, conforme sublinha, o contra-critério da discricionariedade é a subsunção, sendo que só uma aplicação subsuntiva do direito permite uma decisão vinculada. Igualmente importante o sublinhar por parte do autor da circunstância de o poder discricionário se não colocar como um termo exterior ao diálogo ou dialéctica existente entre a questão-de-direito e a questão-de-facto. Só uma metodologicamente ultrapassada, mas infelizmente ainda cultivada de forma ingénua, concepção legalista da juridicidade e normativista da aplicação do direito permite entender outra coisa.

[81] Jorge Reis Novais, *As restrições aos direitos fundamentais não expressamente autorizadas pela Constituição*, Coimbra, 2003, p. 489. Para ulteriores referências à figura do desvio de poder v., por todos, Afonso Rodrigues Queiró, *O poder...*, pp. 273 e ss.; Mário Esteves de Oliveira, *Direito...*, I, pp. 560 e ss. e 573 e ss.; e Freitas do Amaral, *Direito Administrativo*, Lisboa, 1989, III, pp..

[82] A este respeito v., por todos, Mário Esteves de Oliveira, *Direito...*, I, pp. 247 e ss.; e Marcelo Rebelo de Sousa, *Lições...*, I, p. 109.

mente aos meios acessórios referência para a suspensão de eficácia do acto recorrido, com destaque para a nóvel figura das providências cautelares no âmbito do direito administrativo (artigo 112.º do CPTA)[83], e para a produção antecipada de prova. Finalmente no que respeita às intimações é possível lançar mão, contra a administração, de uma intimação para um comportamento ou de uma intimação para consulta de documentos ou passagem de certidões (cfr. artigos 104.º e ss., do CPTA)[84] [85].

VI. Mas a amplitude dos poderes das autoridades reguladoras, a par da sua actividade na prática quase para-jurisdicional[86], que faz delas criadoras do direito aplicável a distintos mercados e, igualmente, intérpretes e sancionadoras do seu não acatamento, com a consequente diminuição das garantias que isso pode trazer para as entidades sujeitas à regulação e supervisão torna nuclear o aspecto da responsabilidade civil de tais entidades e da protecção dos direitos de personalidade e fundamentais dos regulados[87] [88]. É esta, porém, matéria a que dedicaremos um tratamento autónomo ainda que breve.

---

[83] Embora em rigor este meio processual se encontre caracterizado pelo princípio da atipicidade pelo que ela não terá que assumir natureza suspensória.

[84] Para um desenvolvimento do conjunto das matérias e meios de controlo agora acabados de referir v., por todos MARIA FERNANDA MAÇÃS, LUÍS GUILHERME CATARINO, JOAQUIM PEDRO COSTA, *O contencioso...*, in *Estudos...*, pp. 353 e ss.. V., também em termos gerais, MARCELO REBELO DE SOUSA, *Lições...*, I, pp. 457 e ss., *maxime*, pp. 468 e ss..

[85] Relativamente a aspectos específicos do controlo da actividade do INTF, ERSE, IRAR, ICP – ANACOM, BP, CMVM e ISP, v. MARIA FERNANDA MAÇÃS, LUÍS GUILHERME CATARINO, JOAQUIM PEDRO COSTA, *O contencioso...*, in *Estudos...*, pp. 321 e ss..

[86] Sublinhe-se o termo prática. Vimos já *infra* não existirem razões para alterar a qualificação destas entidades como administrativas.

[87] Mas, ao contrário de quanto parecem sugerir MARIA FERNANDA MAÇÃS, LUÍS GUILHERME CATARINO, JOAQUIM PEDRO COSTA, *O contencioso...*, in *Estudos...*, pp. 435 e 436, a quebra da separação de poderes que este fenómeno traz consigo não é tão anómala quanto isso. Na verdade, a moderna metodologia jurídica tem vindo a sublinhar como o momento constitutivo da interpretação-aplicação do direito, ou se se preferir da sua realização, envolve sempre e necessariamente uma nova compreensão do tradicional esquema das fontes de direito e da separação de poderes. A este respeito cfr., entre outros, CASTANHEIRA NEVES, *Fontes do direito*, in *Digesta*, pp. 7 e ss; *Metodologia...*, *passim*; JOSÉ BRONZE, *Introdução ao estudo do direito*, Coimbra, 2001, *passim*.

[88] Aliás, não é por acaso que MARCELO REBELO DE SOUSA, *Lições...*, I, p. 479, qualifica a acção para efectivação da responsabilidade civil extra-contratual por actos de gestão pública como a garantia contenciosa principal.

3.1. A responsabilidade civil das autoridades reguladoras

I – Tratando-se de pessoas colectivas, a responsabilidade civil das autoridades reguladoras é objectiva, por facto de outrem[89].

Nenhum argumento sério contra a admissão da responsabilidade civil destas autoridades se pode retirar do escopo legal de preservação da sua autonomia em relação às entidades reguladas. Ao contrário, a favor da responsabilização das autoridades de supervisão assinala-se, desde logo, a circunstância de o CPTA consagrar a possibilidade de acções destinadas a obter a condenação da Administração:
- ao pagamento de quantias, à entrega de coisas ou à prestação de factos [artigo 2.º, n.º 2, alínea *e*)];
- à reintegração natural de danos e ao pagamento de indemnizações artigo 2.º, n.º 2, alínea *f*)];
- à prática de actos administrativos legalmente devidos (artigo 2.º, n.º 2, alínea *i*)];
- à prática dos actos e operações necessários ao restabelecimento de situações jurídicas subjectivas [artigo 2.º, n.º 2, alínea *j*)].

Depois, invoca-se a *ratio* da vigilância que é exercida sobre os operadores da Banca e Seguros: a criação, no conjunto dos clientes, de confiança na respectiva actividade. Destarte, se existem omissões ou erros nessa mesma vigilância, e daí resultam danos para os clientes é de justiça que a autoridade de vigilância responda[90]. Mas não é apenas perante os clientes que a responsabilidade se justifica. Sendo causados danos às entidades supervisionadas ou aos respectivos accionistas[91],

---

[89] Na doutrina administrativa, o aspecto nem sempre é convenientemente explicitado, sendo vulgar a repartição da responsabilidade do *Estado* e das demais *pessoas colectivas públicas* em responsabilidade por factos ilícitos e culposos, pelo risco e por actos lícitos, sem se sublinhar que a primeira é uma responsabilidade objectiva, por facto de outrem. A este respeito, cfr. as considerações proferidas e a bibliografia citada em PEDRO DE ALBUQUERQUE e MARIA DE LURDES PEREIRA, *A responsabilidade..., supra*, pp. 203 e ss..

[90] Assim, v. BARBOSA DE MELO, *Direito constitucional e administrativo da banca, bolsa e dos seguros, sumários desenvolvidos*, pol., Coimbra, 2000/2001, p. 14; MARIA FERNANDA MAÇÃS, LUÍS GUILHERME CATARINO, JOAQUIM PEDRO COSTA, *O contencioso...*, in *Estudos...*, p. 364.

[91] A este respeito v., PEDRO DE ALBUQUERQUE e MARIA DE LURDES PEREIRA, *A responsabilidade..., supra*, pp. 203 e ss..

quanto mais não fosse pelas razões invocadas para justificar a indemnização dos danos causados aos clientes, também esses prejuízos devem ser reparados. A independência das autoridades reguladoras[92], caso devesse ser garantida em termos estritos, implicaria porventura restrições à responsabilização dos titulares dos órgãos mas não à das pessoas colectivas (o que é patente no estatuto dos juízes: cf. o artigo 216.º, n.º 2, CRP[93]). Ora nem isso se garantiu nos estatutos das diversas autoridades reguladoras. Eles não só não afastam ou limitam a responsabilidade como em casos bem expressivos consagram claramente semelhante responsabilidade. Assim, o artigo 35.º do Estatuto da AC estabelece claramente:

Responsabilidade financeira, civil, penal e disciplinar

1 – Os titulares dos órgãos da Autoridade [da Concorrência], bem como o seu pessoal, respondem financeira, civil e criminalmente pelos actos e omissões que pratiquem no exercício das suas funções, nos termos da Constituição e demais legislação aplicável, sem prejuízo da responsabilidade disciplinar a que houver lugar.

2 – A responsabilidade financeira é efectivada pelo Tribunal de Contas, nos termos da respectiva legislação.

Por sua vez, o artigo vez o artigo 52.º dos Estatutos do ICP – – ANACOM determina de forma lapidar:

Responsabilidade jurídica

Os titulares dos órgãos do ICP – ANACOM e os seus trabalhadores e agentes respondem civil, criminal, disciplinar e financeiramente pelos actos e omissões que pratiquem no exercício das suas funções, nos termos da Constituição e demais legislação aplicável.

---

[92] Mas v. *Economia.....*, in *Estudos...*, pp. 711 e ss., onde se sublinha a circunstância de num Estado de Direito Democrático não poder haver independência sem responsabilidade pelo exercício dos cargos públicos. A "accountability" surge como uma exigência básica de todo o poder público. Um défice de responsabilidade afigura-se susceptível de colocar em causa a legitimidade das autoridades reguladoras independentes. Por isso, acrescenta-se ainda, a independência de tais autoridades implica mecanismos de responsabilidade.

[93] V. Pedro de Albuquerque e Maria de Lurdes Pereira, *A responsabilidade...*, supra, pp. 203 e ss.. Para uma apreciação de conjunto sobre a responsabilização do julgador v., nomeadamente e entre tantos outros, Nélia Daniel Dias, *A responsabilidade civil do juiz*, Lisboa, sem data, mas de 2004.

Finalmente o artigo 62.º Lei Orgânica do BP esclarece:

> Sem prejuízo do disposto no artigo 39.º, compete aos tribunais judiciais o julgamento de todos os litígios em que o Banco seja parte, incluindo as acções por actos dos seus órgãos, bem como a apreciação da responsabilidade civil dos titulares desses órgãos para com o Banco.

A responsabilidade civil dos entes públicos é, além disso, um dado consagrado constitucionalmente (cf. o artigo 22.º CRP)[94].

As autoridades reguladoras desenvolvem uma actividade de gestão pública[95]. Em matéria de responsabilidade civil extracontratual, aplica-se-lhes, por isso, o Decreto-Lei n.º 48 051, de 21 de Novembro de 1967[96].

---

[94] São extremamente controvertidos o sentido e a extensão da consagração da responsabilidade civil do Estado e das pessoas colectivas públicas no artigo 22.º CRP: cf., nomeadamente, MANUEL AFONSO VAZ, *A responsabilidade civil do Estado. Considerações breves sobre o seu estatuto constitucuional*, Porto, 1995, *per totum*; MARIA LÚCIA CONCEIÇÃO ABRANTES PINTO CORREIA, *Responsabilidade do Estado e dever de indemnizar do legislador*, Coimbra, 1998, *maxime*, pp. 424 e ss..

[95] Os actos das autoridades reguladoras são de gestão pública, qualquer que seja o critério de repartição que se acolha. Eles desenvolvem-se subordinados ao direito público (cf. FREITAS DO AMARAL, *Direito...*, III, pp. 487 e 488; *Natureza da responsabilidade civil por actos médicos praticados em estabelecimentos públicos de saúde*, in *Direito da saúde e bioética*, Lisboa, 1991, pp. 126 e ss..). Ao seu regime não está subjacente qualquer propósito de concorrência (cf. MARCELO REBELO DE SOUSA, *Responsabilidade dos estabelecimentos públicos de saúde: culpa do agente ou culpa da organização?*, in *Direito da saúde e bioética*, Lisboa, 1996, pp. 181 e ss.). V., ainda, PAULO OTERO, *Legalidade...*, pp. 323 e ss., mas sublinhando a descaracterização que implicam.

[96] Passaremos a identificá-lo abreviadamente por Decreto-Lei n.º 48 051. Para uma panorâmica mais alargada acerca da responsabilidade civil do Estado v., para além de outra bibliografia citada nesta parágrafo, JOAQUIM GOMES CANOTILHO, *O problema da responsabilidade do Estado por actos lícitos*, Coimbra, 1974, *per totum*; MARIA LÚCIA CONCEIÇÃO ABRANTES PINTO CORREIA, *Responsabilidade...*, *per totum*; MARGARIDA CORTEZ, *Responsabilidade civil da administração por actos administrativos ilegais e concurso de omissão culposa do lesado*, Coimbra, 2000, *per totum*. V., também, *Responsabilidade civil extra-contratual do Estado. Trabalhos preparatórios da reforma*, (intervenções várias), Coimbra, 2002; FAUSTO DE QUADROS, *Introdução*, in *Responsabilidade Civil Extracontratual da Administração Pública*, Coordenação de FAUSTO DE QUADROS, 2.ª ed., Coimbra, 2004, pp. 7 e ss.; MARIA JOSÉ RANGEL MESQUITA, *Da responsabilidade civil extra-contratual da Administração no ordenamento jurídico constitucional vigente*, in *Idem*, pp. 39 e ss.; JOSÉ MOREIRA DA SILVA, *Da responsabilidade da administração pública por actos ilícitos*, in *Idem*, pp. 135 e ss.; ANTÓNIO DIAS GARCIA, *Da responsabilidade objectiva do Estado e demais entidades públicas*, in *Idem*, pp. 189 e ss..

O diploma consagra a responsabilidade do Estado e das demais pessoas colectivas públicas fundada em acto ilícito e culposo dos titulares dos seus órgãos ou dos seus agentes praticado no exercício das suas funções e por causa desse exercício[97]. Para o efeito, não basta que esse acto se traduza na inobservância de "normas legais e regulamentares" ou de "princípios gerais", sendo necessário que viole um direito de terceiro ou uma disposição legal destinada a proteger os seus interesses (cf. os artigos 2.º e 6.º do Decreto-Lei n.º 48 051)[98]. A proximidade com o artigo 483.º, n.º 1, do Código Civil, é manifesta.

II. Mas a proximidade entre a responsabilidade extracontratual do Estado por actos de gestão pública e a responsabilidade extracontratual de direito privado não se fica pela similitude agora assinalada. Também ao nível dos pressupostos da responsabilidade civil se assiste a um paralelismo[99]. O que significa nomeadamente a aplicação em matéria de ónus da prova do regime jurídico contido no artigo 487.º do Código Civil[100]: ao lesado caberá o ónus da prova da culpa por parte dos responsáveis. Sucede porém que o direito administrativo desenvolveu há muito, e atentas as dificuldades da prova da culpa da actuação da pessoa colectiva, dada a circunstância de para ela existir ser necessário imputá-la a um ou mais sujeitos que tenham actuado no exercício das respectivas funções ao serviço do ente colectivo, a noção de culpa ou falta de serviço para aludir a um facto anónimo de uma administração em geral mal gerida, mas por causa de cuja opacidade é difícil ou impossível descobrir os seus verdadeiros autores[101]. Em casos como esses, ao

---

[97] O Decreto-Lei n.º 48 051 prevê igualmente a responsabilidade do Estado por coisas ou actividades perigosas e por acto lícito (cf. os artigos 8.º e 9.º) que, neste contexto, não têm interesse.

[98] A respeito da articulação do artigo 6.º do Decreto-Lei n.º 48 051 com os artigos 2.º e 3.º desse mesmo diploma, cfr. MARIA FERNANDA MAÇÃS, LUÍS GUILHERME CATARINO, JOAQUIM PEDRO COSTA, O contencioso..., in Estudos..., pp. 361.

[99] V., por todos, MARCELLO CAETANO, Direito Administrativo, II, 1984, pp. 1193 e ss.; FREITAS DO AMARAL, Direito..., III, p. 501.

[100] Na perspectiva de MARIA FERNANDA MAÇÃS, LUÍS GUILHERME CATARINO, JOAQUIM PEDRO COSTA, O contencioso..., in Estudos..., pp. 363, será esta circunstância a justificar a ausência ou escassez de casos práticos de responsabilidade civil dirigida contra algumas entidades reguladoras ou de supervisão.

[101] A este respeito v., FREITAS DO AMARAL, Direito..., III, pp. 502 e ss.

lesado competirá apenas provar o dano e o simples mau funcionamento do serviço devendo admitir-se a responsabilidade exclusiva da administração, sem direito de regresso, contra ninguém. O ónus da prova da culpa não obedecerá assim, e nestes casos, ao disposto no artigo 487.º do Código Civil.

III. Deve, aliás, sublinhar-se a circunstância de também o direito privado ter acolhido à muito, e em particular no âmbito do direito comercial a ideia de culpa, dever ou risco de organização[102] como forma de alterar a repartição dos riscos de má execução de uma prestação quando em causa esteja uma organização empresarial que pela sua opacidade própria e na qual, afinal, ela estrutura a sua própria actividade, torne difícil ou impossível a demonstração ou concreta prova da culpa do incumprimento, colocando o lesado diante de uma *probatio diabolica*[103]. Outros instrumentos desenvolvidos no âmbito do direito privado no sentido de inverterem o ónus da prova, ou pelo menos de o facilitarem, surgiram, por exemplo, no âmbito dos deveres contratuais acessórios, nomeadamente com os deveres de protecção[104] ou com a teoria das

---

[102] A este respeito v., por exemplo, CALVÃO DA SILVA, *Responsabilidade civil do produtor*, Coimbra, 1990, pp. 383 e ss.; OLIVEIRA ASCENSÃO e CARNEIRO DA FRADA, *Contrato celebrado por agente de pessoa colectiva. Representação, responsabilidade e enriquecimento sem causa*, separata da *Revista de Direito e Economia*, 1990 a 1993, 16 a 19, pp. 57 e 58. É por exemplo esta ideia de risco ou culpa de organização que explica, na Alemanha, a *Anscheinvollmacht* (procuração por força da aparência jurídica. A este respeito cfr., por todos, entre os autores alemães, CANARIS, *Vertrauenshaftung im deutschen Privatrecht*, Munique, 1971, p. 193, e entre nós PEDRO DE ALBUQUERQUE, *A representação voluntária em direito civil. (Ensaio de Reconstrução dogmática)*, Coimbra, 2004, pp. 991 e ss..

[103] A respeito da marcha realizada por doutrina e jurisprudência no sentido do aperfeiçoamento do direito probatório material e da insuficiência do princípio da culpa frente às exigências económico-sociais ditadas pelo desenvolvimento técnico e tecnológico v. CALVÃO DA SILVA, *Responsabilidade...*, pp. 383 e ss.

[104] A este respeito cfr. MANUEL CARNEIRO DA FRADA, *Contrato e deveres de protecção*, separata do *Boletim da Faculdade de Direito*, Coimbra, 1994, *per totum, maxime*, pp. 187 e ss., *Teoria da confiança e responsabilidade civil, passim*, pp. 648 e 649. Referência ainda, e entre outros, para MOTA PINTO, *A cessão da posição contratual*, Coimbra, 1970, pp. 334 e ss., 339 e ss., 402 e ss. (v., também a este respeito, JÜRGEN HEISEKE WOLFRAM e KARL LARENZ, *Zur Schutzwirkung eines Schuldvertrage gegenüber dritten Personen*, in *Neue juristische Wochenschrift*, 1960, I, pp. 77 e ss.; HENCKEL, *Die*

esferas de risco[105]. Não cabendo desenvolver aqui e agora este tema, sempre se dirá existir uma certa analogia entre as situações verificadas no contexto do direito civil e do direito comercial que justificaram o aparecimento dos mecanismos de facilitação da prova em referência, e a situação das entidades lesadas por entidades reguladoras – atenta nomeadamente a complexidade destas, das operações e actos que realizam e a existência de um vínculo jurídico específico de necessária sujeição das entidades supervisionadas à actividade reguladora e de supervisão que, do mesmo passo, as expõe a danos colaterais, de natureza extra--contratual, provocados no exercício da actividade reguladora ou supervisionadora.

Ergänzende Vertragsauslegung, in *Archiv für die civilistische Praxis*, 1960, 159, pp. 106 e ss., *maxime* p. 123) autor para quem a sede legal dos deveres de protecção se encontra no artigo 239.º a par com o artigo 762.º do Código Civil; MENEZES CORDEIRO, *Da boa fé no direito civil*, I, Lisboa, 1984, pp. 604 e ss., 633 e ss.; *Violação positiva do contrato*, in *Estudos de direito civil*, Coimbra, 1994, I, pp. 115 e ss., *maxime*, p. 128; *Da pós--eficácia das obrigações*, in *Idem*, pp. 188 e ss.; *Da responsabilidade civil dos administradores das sociedades comerciais*, Lisboa, 1997, pp. 482 e ss., e 555; PINTO MONTEIRO, *Cláusulas limitativas e de exclusão da responsabilidade civil*, suplemento ao *Boletim da Faculdade de Direito*, Coimbra, 1985, XXVIII, pp. 396 e ss., 410, 492 e 493 e 509; BAPTISTA MACHADO, *A cláusula do razoável*, in *Obra dispersa*, Braga, 1991, I, pp. 457 e ss., *passim*; JORGE SINDE MONTEIRO, *Responsabilidade por conselhos, recomendações ou informações*, Coimbra, 1989, pp. 396, 410, 492 e 493 e 509.

[105] V., por todos, MANUEL CARNEIRO DA FRADA, *Contrato...*, pp. 198 e ss..

Da prescrição de créditos das entidades prestadoras de serviços públicos essenciais

PROF. DOUTOR ANTÓNIO MENEZES CORDEIRO

SUMÁRIO: *I – Introdução: 1. A defesa do consumidor no quadro da União Europeia; 2. Tutela do consumidor e defesa da concorrência; 3. A Lei n.º 23/96, de 26 de Julho; 4. A prescrição do preço dos serviços prestados; 5. Os problemas. II – Algumas coordenadas de política legislativa: 6. Normalização dos serviços e tutela do consumidor; 7. A formalização dos conceitos; 8. As reformas da prescrição. III – Evolução histórica da prescrição: 9. O Direito romano; 10. O Direito intermédio e as codificações; 11. As Ordenações e a pré-codificação portuguesa; 12. O Código de SEABRA; 13. A preparação do Código Civil; 14. Aspectos actuais: natureza imperativa e fundamento. IV – A prescrição presuntiva: 15. Origem; 16. Fundamento, regime e natureza; 17. Casos de prescrição presuntiva; a sua natureza aberta. V – O início da contagem do prazo e os efeitos da prescrição: 18. O início da contagem; 19. Accessio temporis; 20. Os efeitos. VI – A prescrição prevista na Lei n.º 23/96: 21. O âmbito da prescrição; 22. A natureza presuntiva da prescrição; 23. O início da prescrição.*

I – Introdução

1. *A defesa do consumidor no quadro da União Europeia*

I. Na versão inicial do Tratado de Roma, a defesa do consumidor não era objecto de específicas referências[1]. Todavia, na base da pressão

---

[1] Elementos relativos a este período podem ser confrontados em BRIGITTA LURGER, no STREINZ/OHLER, *EUV/EGV Kommentar* (2003), Art. 153 EGV, Nr. 3 ss. (1597-1598).

proveniente das diversas ordens nacionais e da opinião pública, a defesa do consumidor veio ganhando relevo, ainda que por sectores. Em 1975, um programa preliminar do Conselho relativo a uma política de protecção e de informação dos consumidores fixou cinco direitos fundamentais a eles relativos[2]:

– o direito à protecção da saúde e da segurança;
– o direito à protecção dos interesses económicos;
– o direito à reparação de prejuízos;
– o direito à informação e à educação;
– o direito à representação (o direito de ser ouvido).

II. Seguiram-se vários programas, assim se chegando ao Acto Único, de 1986. Foram, desta feita, apontados dispositivos destinados a aprofundar o mercado único, sem entraves à concorrência. Ora a este propósito, era inevitável a inclusão de temáticas atinentes à tutela do consumidor. Regras diferentes, nesse domínio e nos diversos Países, iriam perturbar a concorrência e isso com a agravante de, em regra, representar um prémio para os países menos exigentes, na protecção dispensada. Surgem, deste modo, directrizes destinadas a aproximar as legislações dos diversos países, também no campo da tutela do consumidor.

III. O Tratado de Maastricht constituiu um avanço importante. Nessa ocasião, foi aditado um Título XI ao Tratado, intitulado *Protecção dos consumidores*, com o artigo – o 129.º-A – enunciativo. Esse preceito, mais tarde alterado pelo Tratado de Amesterdão, surge hoje como o artigo 153.º do Tratado da União, com o teor seguinte:

> 1. A fim de promover os interesses dos consumidores e assegurar um elevado nível de defesa destes, a Comunidade contribuirá para a protecção da saúde, da segurança e dos interesses económicos dos consumidores, bem como para a promoção do seu direito à informação, à educação e à organização para a defesa dos seus interesses.
> 2. As exigências em matéria de defesa dos consumidores serão tomadas em conta na definição e execução das demais políticas e acções da Comunidade.

---

[2] NORBERT REICH, *Der Verbraucher im Binnernmarkt*, em NORBERT REICH/HANS-W. MICKLITZ, *Europäisches Verbraucherrecht*, 4.ª ed. (2003), 9-280 (16) e JEAN CALAIS-AULOY/ /FRANK STEINMETZ, *Droit de la consommation*, 6.ª ed. (2003), 35.

3. A Comunidade contribuirá para a realização dos objectivos a que se refere o n.º 1 através de:
   a) Medidas adoptadas em aplicação do artigo 95.º no âmbito da realização do mercado interno;
   b) Medidas de apoio, complemento e acompanhamento da política seguida pelos Estados-Membros.

4. O Conselho, deliberando nos termos do artigo 251.º e após consulta ao Comité Económico e Social, adoptará as medidas previstas na alínea b) do n.º 3.

5. As medidas adoptadas nos termos do n.º 4 não obstam a que os Estados-Membros mantenham ou introduzam medidas de protecção mais estritas. Essas medidas devem ser compatíveis com o presente Tratado e serão notificadas à Comissão.

Trata-se de um preceito complexo, ao abrigo do qual floresceram, depois, diversas iniciativas comunitárias. Resta acrescentar que, muitas delas, têm natureza civil.

2. *Tutela do consumidor e defesa da concorrência*

I. Os temas da tutela do consumidor e da defesa da concorrência estão, hoje, intimamente interligados[3]. Como acima ficou explícito, a própria Comunidade veio a chegar à tutela do consumidor mercê de preocupações de ordem concorrencial. Tratava-se de prevenir a distorção que adviria do facto de, nalguns Países, particularmente do Norte, funcionarem esquemas de tutela do consumidor que faltariam no Sul.

Mais tarde, com um grande impulso na sequência de Maastricht, a tutela do consumidor ganhou carta de alforria. Parece-nos todavia claro que ela nunca pode ser tratada sem manter ligações permanentes aos temas da concorrência.

II. No fundo, a tutela do consumidor surge como mais um correctivo requerido pela concorrência e pela sua salvaguarda. Embora opere como motor do progresso, a concorrência deve ser duplamente enquadrada pelo Direito:
   – de modo a contrariar a tendência para a concentração e para práticas agressivas;

---

[3] Cabe referir a obra de MARIE-STÉPHANE PAYET, *Droit de la concurrence et droit de la consommation* (2001), 513 pp..

– por forma a evitar a compressão das vantagens dos consumidores finais.

Podemos considerar que, na base destas proposições, floresceram directrizes comunitárias de diversa ordem, que têm vindo a dar um especial colorido aos Direitos privados dos vários países.

III. O desenvolvimento da tutela do consumidor tem, agora, um curioso efeito de reflexo. As preocupações a ela subjacentes, quando exacerbadas, podem operar fora de uma lógica de sistema. E quando isso suceda, elas podem induzir perturbações na concorrência, que acabam por jogar contra os próprios consumidores. Pense-se, por exemplo, numa hipotética dispensa de tutelas diversificadas a utentes de determinados serviços.

O Direito, enquanto Ciência, não pode deixar de considerar o ordenamento no seu todo. O estudo subsequente, na área muito interessante da prescrição, permitirá documentar a relevância dos tópicos da concorrência, na área do Direito do consumo.

3. *A Lei n.º 23/96, de 26 de Julho*

I. A Lei n.º 23/96, de 26 de Julho, veio, segundo a epígrafe oficial, criar "no ordenamento jurídico alguns mecanismos destinados a proteger o utente de serviços públicos essenciais". Ela contém catorze artigos, bastante simples, que cabe sumariar[4].

O objectivo da lei é logo fixado no seu artigo 1.º/1:

> A presente lei consagra regras a que deve obedecer a prestação de serviços públicos essenciais em ordem à protecção do utente.

Prevaleceu uma ideia alargada de "utente", definido no artigo 1.º/3 como "... a pessoa singular ou colectiva a quem o prestador do serviço se obriga a prestá-lo". Utente poderá ser o pequeno consumidor, a pequena ou média empresa, a grande multinacional, a autarquia local ou o próprio Estado central.

---

[4] Quanto ao teor da Lei n.º 23/96 e à sua aplicação, JOÃO CALVÃO DA SILVA, *Anotação a RLx 9-Jul.-1998 e RPt 28-Jun.-1998*, RLJ 132 (1999), 133-160 (139 ss.).

Quanto aos serviços públicos essenciais: a Lei diz quais são: os fornecimentos de água, energia eléctrica e gás e o telefone – artigo 1.º/2.

II. Passando às regras que impõe, a Lei n.º 23/96 começa por fixar um "direito de participação" – artigo 2.º. Através das suas organizações representativas, os utentes têm o direito de ser consultados:

- quanto aos actos de definição do enquadramento jurídico dos serviços públicos e demais actos de natureza genérica que venham a ser celebrados entre o Estado, as autarquias ou as regiões e as entidades concessionárias;
- quanto à definição das grandes opções estratégicas das empresas concessionárias do serviço público.

Trata-se de um aspecto programático, que postula a montagem subsequente de determinadas estruturas. De todo o modo, vai ao encontro da preocupação actual de descompressão pela concertação prévia entre os figurantes sociais.

III. Posto isto, o diploma estabelece, a cargo do prestador dos "serviços públicos essenciais":

- deveres de boa fé e de consideração pelos interesses dos utentes (artigo 3.º);
- deveres de informação alargados (artigo 4.º);
- dever de manutenção de elevados padrões de qualidade no fornecimento (artigo 7.º).

Além disso, a Lei n.º 23/96 proíbe ao prestador:

- a suspensão do serviço, sem pré-aviso adequado e salvo caso de força maior (artigo 5.º);
- a recusa de pagamentos parciais (artigo 6.º);
- a imposição de consumos mínimos (artigo 8.º).

O utente tem o direito a uma factura especificada (artigo 9.º).

4. A prescrição do preço dos serviços prestados

I. Na sequência dos aspectos acima seriados surge o ponto nuclear do presente estudo. Segundo o artigo 10.º da Lei n.º 23/96, epigrafado "prescrição e caducidade",

> 1. O direito de exigir o pagamento do preço do serviço prestado prescreve no prazo de seis meses após a sua prestação.
> 2. Se, por erro do prestador do serviço, foi paga importância inferior à que corresponde ao consumo efectuado, o direito do recebimento da diferença de preço caduca dentro de seis meses após aquele pagamento.
> 3. O disposto no presente artigo não se aplica ao fornecimento de energia eléctrica em alta tensão.

II. A Lei fixa, de seguida, a natureza injuntiva dos direitos, estabelecendo uma invalidade mista: a nulidade das convenções contrárias à lei só pode ser invocada pelos utentes, aos quais cabe optar pela manutenção do contrato, quando alguma das cláusulas seja nula – artigo 11.º.

As disposições legais concretamente mais favoráveis aos utentes ficam ressalvadas – artigo 12.º. O diploma aplica-se às relações pre-existentes[5], fixando-se certos prazos para adaptações – artigo 13.º.

A *vacatio* foi estabelecida em 90 dias – artigo 14.º.

5. Os problemas

I. A Lei n.º 23/96, como tantas vezes sucede, entre nós, passou quase desapercebida, aquando da sua aprovação. Com o andar do tempo, os problemas apareceram e chegaram aos tribunais. Estes tiveram de decidir, sem apoio na doutrina e na experiência prévia. E só depois de surgirem decisões, a literatura do sector – quiçá demasiado crítica – se veio a pronunciar.

Neste momento, dispomos de algumas reflexões, de resto excelentes, com relevo para os acórdãos da RLx 9-Jul.-1998[6], RPt 28-Jun.-

---

[5] Mas não aos processos já em curso: STJ 27-Out.-1998 (Francisco Lourenço), CJ/Supremo VI (1998) 2, 87-89 (89/I).

[6] RLx 9-Jul.-1998 (Pais do Amaral), CJ XXIII (1998) 4, 100-101 = RLJ 132 (1999), 133-135.

-1999[7], RPt 20-Mar.-2000[8] e REv 15-Mar.-2001[9] e para a anotação de Calvão da Silva[10]. Sobre pontos essenciais, estas intervenções não coincidem, o que é, de resto natural. Todavia, a sensibilidade dos problemas e do sector exige opções seguras.

II. De entre os problemas em aberto, vamos apontar três:

– qual o âmbito de aplicação da lei e, designadamente: ficam abrangidos os serviços de telefones "móveis"?
– qual a natureza da prescrição do artigo 10.º/1: extintiva ou presuntiva?
– quando se inicia a contagem do prazo prescricional referido no artigo 10.º?

III. Todos temos de estar conscientes de que o Direito é um conjunto. O ordenamento não funciona como somatório de leis, mas como um sistema concatenado e harmónico. Ao inserir uma regra sobre "prescrição", o legislador ordinário está a fazer apelo a um instituto milenário, regulado em leis seculares e aplicado por muitas gerações de juristas.

Não está na sua disponibilidade esquecer essa cultura e o acervo científico que ela representa. Não cabem interpretações imediatistas.

IV. Antes de procurar delucidar as três questões enunciadas, parece oportuno recordar, ainda que com brevidade:

– algumas coordenadas de política legislativa;
– a evolução histórica da prescrição;
– a prescrição presuntiva;
– o início da contagem do prazo e os efeitos da prescrição.

Regressaremos, então, aos três problemas que animam o presente estudo.

---

[7] RPt 28-Jun.-1999 (FONSECA RAMOS), RLJ 132 (1999), 135-138.
[8] RPt 20-Mar.-2000 (PAIVA GONÇALVES), CJ XXV (2000) 2, 207-209 = BMJ 495 (2000), 364/II (o sumário).
[9] REv 15-Mar.-2001 (FERNANDO NEVES), CJ XXVI (2001) 2, 250-252.
[10] JOÃO CALVÃO DA SILVA, Anotação cit., RLJ 132 (1999), 138-160.

II – Algumas coordenadas de política legislativa

6. *Normalização dos serviços e tutela do consumidor*

I. A Lei n.º 23/96, de 26 de Julho, poderia passar por uma lei de defesa do consumidor. E daí, seria "politicamente correcto" empolar todos os argumentos que pudessem ampliar o seu âmbito de aplicação ou que levassem à compressão dos direitos dos prestadores de serviços. Teríamos todo um pré-entendimento favorável aos destinatários dos serviços, com evidentes reflexos na interpretação, mercê do seu factor teleológico. E essa ambiência seria ainda mais favorável se nos lembrarmos que logo a 31 de Julho surgiu a Lei n.º 24/96: precisamente a Lei de Defesa do Consumidor[11].

II. A tutela do consumidor deve, todavia, ser efectiva. Teremos de procurar, na Lei, o sentido dos preceitos e reconstituir o seu funcionamento e as consequências da sua aplicação. Por exemplo: a interpretação que permita a prestação de serviços, sem pagamento, pelos utentes – ou por certos utentes – acabará por fazer repercutir nas pessoas cumpridoras os custos dos menos honestos. Isso não é proteger consumidores. A sindicância pelos resultados obriga a reponderar a interpretação efectuada.

III. A Lei n.º 23/96 não se dirige a consumidores: antes a utentes. Como vimos, "utente" pode ser, também, a grande multinacional ou o próprio Estado. Temos de nos perguntar: afinal, qual o objectivo primordial da lei?

O sector dos "serviços públicos essenciais" está, hoje, liberalizado. Operadores privados preenchem o espaço antes reservado a estabelecimentos administrativos ou a empresas públicas. A concorrência é um facto.

Pois bem: a Lei n.º 23/96 pretende evitar que a concorrência jogue contra os utentes. Ao fixar certas regras, o Estado procura que os avanços se façam pela positiva e não à custa dos serviços e de quem deles dependa.

---

[11] Cf. o nosso *Tratado de Direito Civil*, I, 1, 2.ª ed. (2000), 461 ss..

IV. O objectivo mais imediato da lei é normalizar, segundo estalões elevados, a prestação dos serviços públicos vitais: de tal modo que a empresa concorrente, para conseguir vantagem, não possa baixar o nível de qualidade envolvida.

7. *A formalização dos conceitos*

I. A conclusão anterior comprova-se pela extrema formalização dos conceitos. Vejamos.

A Lei n.º 23/96 abandona o conceito substancial de consumidor, há muito disponível no nosso Direito, a favor do de "utente". Este será o destinatário dos serviços, independentemente de quaisquer considerações materiais.

Quanto aos "serviços públicos essenciais": são os enumerados no artigo 1.º/2 da Lei. Não se discute se não haveria outros mais essenciais e sobre se alguns dos apontados não serão supérfluos: são, simplesmente, os da lei.

II. Por certo que o objectivo último do legislador será a tutela dos fracos, dos desprotegidos e dos menos esclarecidos: o próprio Direito existe para evitar que, na sociedade, prevaleçam relações de força. Arriscamos, por isso, que apesar de tudo, a Lei n.º 23/96 visou mesmo proteger o consumidor privado, particularmente o pequeno consumidor. Mas optou por fazê-lo de modo indirecto: tutelando o utente em geral e assegurando o tal elevado padrão de serviços. Entendeu o legislador que esta era a via mais acertada para conseguir bons resultados práticos[12].

III. Podemos, assim, interpretar e reconstruir o pensamento legislativo ao abrigo de considerações de tipo político mais mediatas. A Lei n.º 23/96 será uma boa lei se se aplicar com segurança e previsibilidade, elevando o nível dos serviços e tranquilizando os utentes. A lei que empole a litigiosidade social nunca é uma boa lei: uma directriz que o intérprete-aplicador deve ter presente.

---

[12] Prevalece, pois, uma interpretação objectiva e sistemática; é evidente que na discussão parlamentar, não podiam deixar de prevalecer (verbalmente) pontos de vista "politicamente correctos".

8. As reformas da prescrição

I. A problemática em estudo coincidiu com a profunda reforma do BGB, levada a cabo em 2001/2002[13]. Essa reforma, parcialmente exigida pela transposição de directrizes comunitárias, foi alargada a múltiplos institutos, com relevo para a prescrição.

Entre outros aspectos, assinalamos os seguintes:

– o prazo da prescrição ordinária, que era de 30 (trinta) anos, passou para 3 (três);
– o sistema geral do instituto, que era objectivo, passou a subjectivo: a prescrição inicia-se quando o credor conheça o seu direito e não quando este possa ser exercido[14].

Houve, ainda, profundas modificações técnicas, com relevo para a supressão do instituto da "interrupção", redistribuído pela suspensão da prescrição e pelo seu reinício.

II. A reforma da prescrição no Direito alemão (o mais românico dos ordenamentos continentais!) foi estudada durante cerca de 20 anos. Ela procurou corresponder a problemas bem reais, que também existem, entre nós. Sem quaisquer servilismos, não parece credível que o legislador nacional ignore, na feitura de leis que toquem em problemas já estudados, os dados científicos e sociais do nosso tempo. Tão-pouco o deverá fazer o intérprete-aplicador.

III. Alguns diplomas comunitários prevêem hipóteses de prescrição. Também eles terão de ser tidos em conta em qualquer reforma ou na aplicação de novas leis.

Poderemos, a esse nível, encontrar úteis instrumentos auxiliares.

---

[13] Cf. MENEZES CORDEIRO, *Da modernização do Direito Civil/I – Aspectos gerais* (2004), 69 ss. (85 ss.).

[14] Um tanto ao encontro do esquema do artigo 498.º/1, do nosso Código Civil.

III – Evolução histórica da prescrição

9. *O Direito romano*

I. No Direito romano antigo e no clássico, não encontramos uma figura que se identifique com a prescrição ou, mais genericamente: com um princípio de sensibilidade dos direitos ao decurso do tempo. Adiantam os autores que os problemas da certeza e da segurança eram quase indiferentes aos cidadãos romanos: acreditavam na justiça e na idoneidade do Direito e das suas instituições[15]. As diversas situações jurídicas tenderiam, assim, para a perpetuidade, não sendo prejudicadas pelo mero decurso do tempo. Nas XII Tábuas, há manifestações de eficácia do tempo, mas pela positiva: como factor de constituição ou de consolidação de prescrições jurídicas. Assim sucedia com o *usus*.

O *usus* traduzia o controlo material de uma coisa, em termos que mais tarde vieram a ser aproximados da *possessio*[16] e que, hoje, desembocam na posse. Pois bem: no antigo Direito romano, a transmissão da propriedade de uma coisa não operava, automaticamente, através de um contrato. O "contrato" apenas permitia investir o adquirente no *usus* da coisa. Quando esse *usus* se prolongasse por dois anos, no caso dos fundos e por um, nos restantes casos, operava a aquisição do domínio, por *usucapio*[17]. O *usus* veio a aproximar-se da *possessio* e isso ao ponto de, verbalmente, ter sido substituído por esta última expressão. Temos, então, a *possessio ad usucapionem* ou *possessio civilis*, cujo decurso facultava a aquisição do *mancipium*.

---

[15] Mario Amelotti, *Prescrizione (diritto romano)*, ED XXXV (1986), 36-46 (36/II).

[16] A *possessio* era, por seu turno, o controlo material (a posse) do *ager publicus*. Sobre esta matéria cf. o nosso *A posse/perspectivas dogmáticas actuais*, 3.ª ed. (2000), 15 ss..

[17] Daí a Tábua VI da Lei das XII Tábuas:

Usus auctoritas fundibiennium coeterarum rerum annus esto.

Quanto ao *usus* e à *possessio*: Raúl Ventura, *História do Direito romano*, II – *Direito das coisas* (1968, polic.), 123 ss. e Max Kaser, *Das römische Privatrecht*, I – *Das altrömische, das vorklassische und klassiche Recht*, 2.ª ed. (1971), §§ 36 e 94 e ss..

Tratava-se de um prazo curto e, de todo o modo, assente numa forma legítima de adquirir, devidamente validada[18]. A mensagem de uma repercussão do tempo era ténue: mas existia.

II. A *usucapio* tinha manifestas insuficiências, mormente quando não fosse possível exibir o título de transferência da coisa. O sistema das *legis actiones* pouco permitia fazer. Além disso, a *usucapio* apenas funcionava na área de Roma: ficavam excluídos todos os *fundi* das províncias.

Aproveitou-se, para enfrentar as lacunas daí derivadas, um instituto oriundo da Grécia: a *longi temporis praescriptio*. Esta foi inicialmente acolhida através de um rescrito de Septimo Severo e de Antonino Caracala do ano 199[19], depois de ter conhecido diversos antecedentes parcelares no campo da *extraordinaria cognitio*[20].

III. A *longi temporis praescriptio* não permitia, por si, a aquisição do domínio – que, de resto, nem era possível, inicialmente, nas províncias. Apenas permitia deter a *actio* de quem viesse invocar ser o proprietário, através de uma *exceptio*. Para tanto, era necessário que um possuidor detivesse a coisa questionada, com *iusta causa* e sem oposição de terceiros, durante 10 ou 20 anos, consoante o interessado vivesse ou não na mesma cidade.

Justiniano, no ano 531, veio fundir a *usucapio* e a *longi temporis praescriptio*, como fórmula de aquisição de direitos reais, através da posse. Esta tinha de ser *bonae fidei*[21] e exigia: três anos para os móveis e 10 ou 20 anos para os imóveis, consoante opusesse pessoas da mesma cidade ou de cidades diversas.

Entretanto, no ano de 365, uma *constitutio* de Constantino[22] permitiu ao possuidor da coisa por, pelo menos, 40 anos, a possibilidade de deter a reivindicação, através da competente *exceptio*: dispensava-se, então, a *bona fides* e o justo título. Era a *praescriptio quadraginta anno-*

---

[18] Os requisitos da *usucapio* podem ser confrontados em A. SANTOS JUSTO, *Direito privado romano* – III (*Direitos reais*) (1997), 73 ss..

[19] PIETRO BONFANTE, *Corso di diritto romano*, II, 1 (1926), 212.

[20] Cf. AMELOTTI, *Prescrizione (diritto romano)* cit., 40 ss.. Esta matéria pode ser seguida, entre nós, em SANTOS JUSTO, *Direito privado romano*, III cit., 81 ss..

[21] SANTOS JUSTO, *Direito privado romano*, III cit., 81 ss..

[22] C. 7.39.2.

rum ou *longissimi temporis praescriptio*[23]. Estavam lançadas as bases do que seria a usucapião com boa fé e justo título e a usucapião sem esses requisitos.

IV. Foi assim conquistada, para o Direito romano pós-clássico, a ideia de que o decurso do tempo podia ter repercussões nas situações jurídicas.

No ano de 424, Teodósio II, imperador do Oriente, instituiu uma *praescriptio* de 30 anos de base geral[24]: ela permitia paralisar todas as acções, quer reais quer pessoais, que, durante 30 anos, não tivessem sido exercidas. Esta reforma acudiu numa época em que as preocupações de certeza e de segurança no Direito e na sua aplicação se tornaram dominantes. A prescrição teodosiana não era, ainda, uma figura de ordem geral[25]. No Ocidente, coube a Valentiniano III aprontar, em 449, uma novela *de triginta annorum praescriptione omnibus causis opponenda*, nem sempre coincidente com a solução de Teodósio II. De novo no Oriente, Anastásio veio fixar uma prescrição de 40 anos aplicável subsidiariamente a todas as acções ainda imunes a esse instituto[26].

Justiniano unificaria todas estas fontes, dando-lhes harmonia e generalidade, em torno dos 30 anos[27].

10. *O Direito intermédio e as codificações*

I. No chamado período intermédio, o problema da repercussão do tempo nas situações jurídicas veio assumir uma importância acrescida. Verificaram-se largas perturbações com um enfraquecimento geral da legalidade estrita e dos serviços destinados a autenticar e a publicitar os actos. A nova ordem exigia legitimação que só o tempo podia dar[28].

---

[23] C. 7.37.39.
[24] C. 7.39.3; cf. AMELOTTI, *Prescrizione (diritto romano)* cit., 36-37 e 43 ss..
[25] No *Codex* de JUSTINIANO, o texto de TEODÓSIO II seria interpolado. No original, a *praescriptio* atingia: as *rei vindicationes*, as *hereditates petitiones* e as acções pessoais.
[26] AMELOTTI, *Prescrizione (diritto romano)* cit., 44/I.
[27] *Idem*, 44-45.
[28] *Vide* ADRIANA CAMPITELI, *Prescrizione (diritto intermedio)*, ED XXXV (1986), 46-56.

A prescrição – então dita "aquisitiva" – tornou-se particularmente apta para a aquisição originária dos direitos reais. Paralelamente, a prescrição extintiva complicava-se, com novos requisitos quando operasse contra a Igreja[29]. Fontes nacionais vieram ocupar-se dela, em termos que atingiriam acentuada complexidade.
A prescrição acabaria por surgir nas diversas disciplinas jurídicas.

II. Na pré-codificação francesa ocorreu uma simplificação geral do tema da prescrição. Foram reduzidos certos prazos e suprimidas algumas modalidades. Finalmente, consumou-se uma contraposição entre a prescrição aquisitiva, assente na posse, própria dos direitos reais e ainda variável em função de alguns requisitos e a prescrição extintiva, obrigacional, mais uniforme[30].

III. No Código Napoleão, a prescrição surge como título XX do Livro III: o último título do Código. A organização desse título dá-nos, logo, uma ideia do seu conteúdo:

Capítulo I – Disposições gerais – 2219 a 2227;
Capítulo II – Da posse – 2228 a 2235;
Capítulo III – Das causas que impedem a prescrição – 2236 a 2241;
Capítulo IV – Das causas que interrompem ou que suspendem o decurso da prescrição
    Secção I – Das causas que interrompem a prescrição – 2242 a 2250;
    Secção II – Das causas que suspendem o decurso da prescrição – 2251 a 2259;
Capítulo V – Do tempo requerido para prescrever
    Secção I – Disposições gerais – 2260 e 2261;
    Secção II – Da prescrição trienal – 2262 a 2264;
    Secção III – Da prescrição por dez e vinte anos – 2265 a 2270;
    Secção IV – De algumas prescrições particulares – 2271 a 2281.

---

[29] ADRIANA CAMPITELI, *Prescrizione (diritto intermedio)* cit., 50. Cf. PIERO ANTONIO BONNET, *Prescrizione (diritto canonico)*, ED XXXV (1986), 89-124.
[30] Cf. alguns elementos em M. POTHIER, *Tratado das obrigações pessoaes e reciprocas*, trad. port. CORRÊA TELLES, tomo II (1835), 162 ss..

Na prática francesa e até aos nossos dias, sobrevive uma certa ideia de proximidade entre a prescrição aquisitiva, própria dos "bens"[31] e a prescrição extintiva, das obrigações[32]. Trata-se de uma orientação que instrumentaliza a posse.

Uma orientação paralela, consta do Código Civil italiano de 1865. A prescrição surge, também aí, no final do Código – título XXVIII, artigos 2105 a 2147 – com uma ordenação claramente napoleónica[33].

IV. Na pandectística impôs-se, desde cedo, o hábito de situar historicamente o tema do influxo do tempo nas relações jurídicas e o da prescrição[34]. A prescrição é situada na parte geral e aponta-se a "abstracção arbitrária" que permitiu aproximar a prescrição (extintiva) da usucapião, ocupando uma ideia ampla de prescrição[35]. Na pandectística tardia, a prescrição surge na parte geral, reportando-se, fundamentalmente, à cessação de pretensões creditícias[36].

Em consequência, a prescrição figuraria no BGB na parte geral. Já a usucapião, apenas marginalmente admitida, ficaria no livro III, relativo ao Direito das coisas.

A prescrição sofreu, no BGB, como foi dito, uma profunda reforma, em 2001/2002. Vamos deixar um apanhado sobre o tratamento da matéria, à luz do BGB "inicial".

A prescrição consta, no BGB alemão, de uma secção V da Parte geral. Todavia e em termos dogmáticos, a sua inclusão no Direito das obrigações é dado adquirido. A prescrição alargava-se do § 194 ao § 225[37]: uma extensão considerável, dada a feição sintética do BGB.

---

[31] P. ex., JEAN CARBONNIER, *Droit civil*, tomo 3 – *Les biens*, 19.ª ed. (2000), 302 ss., quanto a imóveis.

[32] P. ex., JEAN CARBONNIER, *Droit civil*, tomo 4 – *Les obligations*, 22.ª ed. (2000), 620 ss., quanto a imóveis.

[33] *Codice Civile del Regno d'Italia*, 6.ª ed. publ. T. BRUNO (1901), 582 ss..

[34] FRIEDRICH CARL VON SAVIGNY, desde logo, no *System des heutigen römischen Rechts*, 4.º vol., 2.ª ed. (1841, reimp. Aalen, 1981), §§ 177 ss. (297 ss.).

[35] SAVIGNY, *System* 2.ª ed. cit., 309 ss..

[36] WINDSCHEID/KIPP, *Lehrbuch des Pandektenrechts*, 9.ª ed. (1906), §§ 106 ss. (I, 547 ss.), com indicações.

[37] Uma exposição "actualizada" (a última) sobre o "velho" regime de prescrição pode ser vista em HELMUT GROTHE, no *Münchener Kommentar zum Bürgerlichen Gesetzbuch*, 1.º vol., 4.ª ed. (2001), 1881-2040, com inúmeras indicações.

O princípio geral da prescrição dos direitos consta do § 194. O prazo geral era fixado em 30 anos – § 195 – com excepções de biénio – § 196 – e de quadriénio – § 197. A prescrição inicia-se com o direito de agir ou com a oposição ao dever de abstenção – § 198. O § 199 precisa a necessidade de se poder exercer o direito, para o início do decurso do prazo. Os §§ 200 e 201 trazem novas precisões, nesse domínio.

A suspensão da prescrição ocorre quando a prestação seja diferida ou quando o obrigado possa recusar a sua efectivação, por qualquer outra causa – § 202. Também se suspende, nos últimos 6 meses do prazo, quando o obrigado esteja impedido de exercer os seus direitos – § 203. Temos, depois, outros casos de suspensão: entre cônjuges e enquanto durar o casamento – § 204; contra o incapaz e nos últimos 6 meses – § 206; e contra a herança, em certos parâmetros. A suspensão da prescrição implica a exclusão do tempo pelo qual a mesma se mantenha – § 205.

Segue-se o regime da interrupção da prescrição. Esta ocorre, desde logo, quando o obrigado reconheça o direito visado – § 208[38]. Além disso, ela é interrompida pelo exercício judicial do direito, em moldes minuciosamente precisados – §§ 209 e 210[39]. A interrupção judicial subsiste até ao termo definitivo do processo – § 211. Ela tem-se por não ocorrida quando a acção seja retirada ou quando ela conclua sem decisão de fundo – § 212. Os §§ 214 a 216 acrescentam novas regras, de tipo processual[40]. A interrupção da prescrição inutiliza o tempo já decorrido – § 217.

A prescrição de trinta anos funciona mesmo para direitos submetidos a uma prescrição mais curta – § 218. Havendo sucessão na posse, o tempo do antecessor pode aproveitar ao do sucessor – § 221. Decorrida a prescrição, o obrigado pode recusar a prestação; mas não pode exigir a restituição do que tenha pago, mesmo na ignorância da prestação – § 222. A prescrição de um direito garantido por hipoteca ou por penhor não impede o interessado de tentar fazer-se pagar através do objecto onerado pela garantia – § 223. A prescrição de um direito principal atinge o direito a prestações acessórias, mesmo quando este último não se encontre prescrito – § 224. Finalmente: a prescrição não

---

[38] Este preceito complementa: reconheça pagando juros, constituindo garantias ou de qualquer outra forma.

[39] O § 213 acrescenta um esquema semelhante à notificação judicial.

[40] Outro tanto sucedendo com o § 219, enquanto o § 220 torna aplicáveis os diversos preceitos à jurisdição arbitral.

pode ser negocialmente excluída ou agravada; todavia, podem as partes facilitá-la, encurtando, designadamente, os seus prazos – § 225.

V. No Código italiano vigente, a colocação da prescrição foi muito discutida[41]. Acabaria por se manter no final do Código Civil, segundo a tradição napoleónica. Mas com duas particularidades da maior importância:

– aparece em conjunto com a caducidade, num título próprio – artigos 2934 a 2969;
– surge radicalmente separada da usucapião, inserida, a propósito da posse, no livro sobre a propriedade – artigos 1158 a 1167.

A prescrição e a caducidade (*decadenza*) surgem num título V do livro VI, relativo à tutela dos direitos. A sistematização desse título é a seguinte:

Capítulo I – Da prescrição
    Secção I   – Disposições gerais – 2934 a 2940;
    Secção II – Da suspensão da prescrição – 2941 e 2942;
    Secção III – Da interrupção da pescrição – 2943 a 2945;
    Secção IV – Dos prazos da prescrição – 2946 a 2963.
Capítulo II – Da caducidade – 2964 a 2969.

11. *As Ordenações e a pré-codificação portuguesa*

I. A experiência portuguesa da prescrição foi, desde o início, marcada pelo Direito romano da recepção e pelo Direito canónico. A sua permanente relevância prática levou os nossos primeiros Reis, desde muito cedo, a intervir fixando e precisando diversos aspectos do seu regime.

As *Ordenações Afonsinas* dão conta de um costume, registado por D. Afonso III, segundo o qual a prescrição não poderia correr entre irmãos[42]. D. Dinis, a 6-Jan.-1339, fez uma lei fixando em 10 anos o prazo de prescrição[43].

---

[41] PAULO VITUCCI, *La prescrizione*, tomo I (1990), 3 ss..

[42] *Custume he em Casa d'ElRey, que Irmaaõ contra Irmaaõ nom possa prescrever*: Ord. Af., Liv. IV, Tit. CVIII, § 1 = ed. Gulbenkian IV, 395.

[43] (...) *ElRey Dom Diniz estabeleceo pera sempre, que todo homem, a que fosse alguma divida devuda, que se a nom demandasse do dia que ouvesse de seer pagada*

A solução terá sido prematura: D. Afonso V fixaria o prazo geral da prescrição em 30 anos[44].

A matéria transitaria, depois, para as *Ordenações Manuelinas*, onde aparentaria uma forma de expressão mais técnica e menos espontânea[45]. A fórmula definitiva constaria das *Ordenações Filipinas*[46]. Retemos o texto original:

> Se alguma pessoa fôr obrigada à outra em alguma certa cousa, ou quantidade, per razão de algum contracto, ou quasi-contracto, poderá ser demandado até trinta annos, contados do dia, que essa cousa, ou quantidade haja de ser paga, em diante.

A influência do Direito canónico, mormente na associação da boa fé à ausência de pecado, manteve-se. De notar, todavia, que ao longo da vigência prolongada das *Ordenações Filipinas*, essa referência foi sendo superada.

II. Na pré-codificação portuguesa, a prescrição veio a aperfeiçoar-se, sendo patente a influência do *usus modernus*[47], da pré-codificação francesa e do já então disponível Código Napoleão[48].

A aproximação entre a prescrição e a usucapião surge consumada já em Pascoal de Mello[49]. Os diversos outros aspectos desse instituto estavam consignados, de tal modo que não ofereceria dúvidas a sua adopção por Seabra.

---

ataa dez annos, que passados os ditos dez annos, nunca elles, nem seus herdeiros a podessem mais demandar.

[44] *Ord. Af.*, Liv. IV, Tit. CVIII, § 4 = ed. Gulbenkian IV, 395-396.

[45] *Ord. Man.*, Liv. IV, Tit. LXXX = ed. Gulbenkian, IV, 224-226.

[46] *Ord. Fil.*, Liv. IV, Tit. LXXIX = ed. Gulbenkian, IV, 896-899, com copiosas anotações.

[47] Retemos, designadamente, os muito citados WALDECK/HEINECCIUS, *Institutiones Juris Civilis*, Coimbra, 1814, ed. 1887, tit. VI – *De usucapionibus et longi temporis praescriptionibus*, 144 ss..

[48] J. H. CORRÊA TELLES, *Digesto Portuguez*, 1.º vol. (1909, equivalente à ed. 1842), 166 ss. e M. A. COELHO DA ROCHA, *Instituições de Direito Civil Portuguez*, 8.ª ed. (1917, equivalente à 2.ª, de 1846), §§ 454 ss. (315 ss.).

[49] PASCHALIS JOSEPHI MELLIS FREIRII, *Institutiones Juris Civilis Lusitani*, Liber III, 4.ª ed. (1815, ed. 1845), 29 ss..

12. *O Código de Seabra*

I. No Código de Seabra a prescrição surgia num Título IV do Livro II da Parte II, intitulado, precisamente: *Dos direitos que se adquirem por mera posse e prescrição*. O capítulo I desse título reportava-se à posse, cabendo o II à prescrição. Eis o seu conteúdo:

Secção I – Da prescrição em geral – 505.º a 516.º;
Secção II – Da prescrição positiva:
  Sub-secção I – Da prescrição das coisas imóveis e dos direitos imobiliários – 517.º a 531.º;
  Sub-secção II – Da prescrição das coisas móveis – 532.º a 534.º.
Secção III – Da prescrição negativa – 535.º a 547.º;
Secção IV – Disposições relativas a ambas as prescrições:
  Sub-secção I – Da suspensão da prescrição – 548.º a 551.º;
  Sub-secção II – Da interrupção da prescrição – 552.º a 559.º;
  Sub-secção III – Da contagem do tempo para o efeito da prescrição – 560.º a 563.º;
  Sub-secção IV – Disposições transitórias – 564.º

Do ponto de vista sistemático, é de sublinhar a emancipação do modelo napoleónico: a prescrição não surge no final; antes se integra, no seio do Código, num livro sobre direitos originários e direitos que se adquirem por facto e vontade própria independentemente da cooperação de outrem.

II. O artigo 505.º do Código de Seabra arriscou uma definição unitária de prescrição:

> Pelo facto da posse adquirem-se coisas e direitos, assim como se extinguem obrigações pelo facto de não ser exigido o seu cumprimento. A lei determina as condições e o lapso de tempo, que são necessários, tanto para uma como para outra coisa. Chama-se a isto prescrição.

A aquisição de coisas ou direitos era a prescrição positiva; a desoneração de obrigações, a negativa[50].

---

[50] Trata-se de uma designação inovatória, já que pelo Direito antigo a prescrição era dita aquisitiva ou extintiva; o tema foi discutido na Comissão Revisora, a 23-Jan.--1861, tendo a nova designação sido aprovada por maioria; cf. *Actas das Sessões da Comissão Revisora do Projecto de Codigo Civil Portuguez* (1869), 111.

A junção entre as duas prescrições – no fundo: entre a usucapião e a prescrição propriamente dita – comum na época e bem alicerçada na História, teria consequências jurídico-científicas que, de certo modo, se mantêm. Desde logo, a prescrição (extintiva) passaria para um segundo plano científico: a problemática posta pela usucapião era bem mais animadora e visível. De seguida, perdeu-se uma conexão possível com outras fórmulas de relevância do tempo nas situações jurídicas, com natural atenção para a caducidade. Finalmente: a prescrição ficaria com nítidas dificuldades de integração sistemática, perdida numa terra de ninguém. O advento da classificação germânica provocaria evidentes tensões, tendendo a arrastar a posse e a usucapião para direitos reais. A prescrição ficaria perdida, entre as obrigações e a parte geral.

III. Na tradição canónica inserida nas Ordenações, o Código de Seabra associava ainda a prescrição (negativa) à boa fé. Segundo o artigo 535.º, a prescrição seria de 20 anos se o devedor se achasse de boa fé, isto é, segundo o § único: ignorasse a obrigação, o que não se presumiria se ele a houvesse contraído. Sem distinção de boa ou de má fé, a prescrição seria de 30 anos.

A contagem iniciar-se-ia assim que a obrigação fosse exigível – artigo 536.º. Os artigos 538.º a 543.º previam, depois, múltiplas formas específicas de prescrição, com prazos que iam de 6 meses a um ano.

A suspensão e a interrupção da prescrição eram objecto de regras adequadas: artigos 548.º e seguintes e 552.º e seguintes, respectivamente.

IV. Resta acrescentar que boa parte da doutrina surgida no âmbito do Código de Seabra é, ainda hoje, utilizável com proveito.

Além dos comentários ao Código Civil, com relevo para o de José Dias Ferreira[51] e o de Luiz da Cunha Gonçalves[52], cumpre citar a monografia de Dias Marques, quanto à prescrição extintiva[53]. No tocante à usucapião, são ainda inevitáveis as referências a Manuel Rodrigues[54] e, de novo, Dias Marques[55].

---

[51] José Dias Ferreira, *Codigo Civil Portuguez Annotado*, vol II, 1.ª ed. (1871), 58-114 e vol. I, 2.ª ed. (1894), 359-402.
[52] Luiz da Cunha Gonçalves, *Tratado de Direito Civil português*, vol. III (1930), 627-790.
[53] José Dias Marques, *Prescrição extintiva* (1953), 232 pp..
[54] Manuel Rodrigues Júnior, *A posse*, 1.ª ed. (1924), 309-330.
[55] José Dias Marques, *Prescrição aquisitiva*, 2 volumes (1960).

13. *A preparação do Código Civil*

I. Na preparação do novo Código Civil, foram tomadas várias opções bastante diversas das de Seabra. E isso sucedeu logo no início dos trabalhos de revisão, onde se discutiu qual a colocação da prescrição. Dominaria a ideia de que a prescrição deveria constar da parte geral... fundamentalmente pela sua proximidade em relação à figura da caducidade[56]. A "prescrição" ficaria, ainda, restringida à sua versão "negativa", já que a "positiva", na tradição romana mais pura, retomada pelo BGB e pelo Código italiano, seria colocada em direitos reais[57]. Deve aliás adiantar-se que já Guilherme Moreira havia formulado diversas prevenções contra o tratamento conjunto das "prescrições" positiva e negativa, chamando a atenção para as confusões que provocara na jurisprudência da época: esta chegara a admitir a usucapião... de créditos[58].

II. A parte geral foi confiada, inicialmente, a Manuel de Andrade. Dado o seu prematuro desaparecimento, caberia a Vaz Serra a preparação do anteprojecto. Desta incumbência resultaria um escrito de política legislativa que, ainda hoje, representa o mais extenso trabalho, na nossa literatura jurídica, sobre a prescrição e a caducidade[59].

---

[56] O problema da localização da prescrição foi expressamente ponderado pela Comissão de Revisão do Código Civil, logo no início. E a Comissão deu a seguinte resposta:

> Sendo evidente que a usucapião deve ser tratada na parte dos direitos reais, resolveu-se que a prescrição o seja na parte geral, embora se reconheça ser duvidosa a aplicação deste instituto a direitos diferentes dos de crédito: é que, pelas suas afinidades com o instituto da caducidade, que deve pertencer à parte geral, só nesta deverá ficar a prescrição.

Cf. ADRIANO VAZ SERRA, *A revisão geral do Código Civil/Alguns factos e comentários*, BMJ 2 (1947), 24-76 (35-36) e, ainda, em *Prescrição extintiva e caducidade*, sep. do BMJ (1961), 601-602 (n.º 136). Torna-se surpreendente verificar que a prescrição se encontra na parte geral... por arrastamento perante a caducidade. A verdadeira razão será a osmose com o BGB e a doutrina dele derivada, com especial relevo para GUILHERME MOREIRA, *Instituições de Direito civil português*, vol. I – Parte geral (1907), 755 ss., que a incluía na parte geral.

[57] *Idem*, 35-36.

[58] GUILHERME MOREIRA, *Instituições*, 1.º vol. cit., 757-758.

[59] VAZ SERRA, *Prescrição e caducidade*, sep. BMJ 1961, 630 pp.

III. Todo este labor desembocaria nos artigos 296.º a 333.º do actual Código Civil. Não sendo matéria constitucional, estes preceitos são o repositório de uma evolução bimilenária, com traços profundos na nossa cultura jurídica. Eles jogarão sempre em conjunto com qualquer lei que venha a surgir, sobretudo se for uma boa lei.

14. Aspectos actuais: natureza imperativa e fundamento

I. Do regime geral actual, acentuaremos apenas alguns aspectos mais relevantes para o presente estudo.

O Código Civil entra na matéria da prescrição estabelecendo a inderrogabilidade do seu regime. Segundo o artigo 300.º, são nulos os negócios jurídicos destinados a modificar os prazos legais da prescrição ou a facilitar ou a dificultar por outro modo as condições em que ela opere os seus efeitos. Paralelamente, é proibida a renúncia antecipada à prescrição – artigo 302.º/1. Depois de esta ocorrer, a renúncia é possível, de modo expresso ou tácito, desde que operada por quem tenha legitimidade para dispor do benefício que a prescrição tenha criado – 302.º/2 e 3.

A prescrição seria, assim, um instituto integralmente imperativo, o que se justificaria na base das razões de interesse e ordem pública que dão corpo a este instituto[60]. As partes poderiam fixar prazos: mas apenas de caducidade – artigo 330.º/1.

II. A imperatividade da prescrição – ou das diversas normas que a estruturam – não é um dado nem evidente, nem pacífico.

> O Código de Seabra não era totalmente conclusivo, quanto a este ponto. O seu artigo 508.º proibia a renúncia à prescrição: daí seria viável extrair que ela não podia ser excluída ou agravada por negócio; poderia, todavia e eventualmente, ser facilitada[61]. Contra, manifestou-se Dias Marques[62], apoiado em Pugliese[63] e em

---

[60] PIRES DE LIMA/ANTUNES VARELA, *Código Civil Anotado*, 1.º vol., 4.ª ed. (1987), 274.
[61] Parece ser o entendimento de VAZ SERRA, *Prescrição e caducidade* cit., 123.
[62] JOSÉ DIAS MARQUES, *Prescrição extintiva* cit., 208-209. Aparentemente no mesmo sentido, CUNHA GONÇALVES, *Tratado*, 3.º vol. cit., 668.
[63] GIUSEPPE PUGLIESE, *La prescrizione nel diritto civile*, 2.º vol., 3.ª ed. (1914), 175.

D'Avanzo[64]: a prescrição visaria a segurança das relações jurídicas, pelo que o próprio encurtamento dos prazos estaria vedado às partes.

O BGB admitia o encurtamento dos prazos – § 225/II; não o alargamento – § 225/I. Todavia, após a reforma de 2001/2002, esta orientação foi alterada: são genericamente possíveis negócios sobre a prescrição, com determinados limites: § 202 novo, do BGB.

De todo o modo, aquando da preparação do Código Civil, Vaz Serra acabou por concluir no sentido da total imperatividade da prescrição[65]. E foi essa a solução que levaria para o Código Civil[66].

O artigo 300.º parece claro. Todavia, a determinação do seus fundamentos é importante: eles poderiam estar na base de interpretações restritivas ou, até, de reduções teleológicas.

III. Os fundamentos da prescrição surgem como capítulo obrigatório em todos os estudos dedicados ao tema[67]. Poderemos sistematizar as diversas proposições apresentadas, nos termos seguintes[68]:

– fundamentos atinentes ao devedor;
– fundamentos de ordem geral.

Quanto a fundamentos atinentes ao devedor, a prescrição visa, essencialmente, relevá-lo da prova. À medida que o tempo passe, o devedor irá ter uma crescente dificuldade em fazer prova do pagamento que tenha efectuado. Ninguém vai conservar recibos, quitações ou outros comprovativos anos e anos a fio. A não haver prescrição, qualquer pessoa poderia, a todo o tempo, ser demandada novamente por quase tudo o que pagou ao longo da vida.

Além disso, sem prescrição, o devedor veria comprometer as suas hipóteses de regresso, sempre que estivessem em causa situações subjectivamente complexas. Teria de precaver-se com novas garantias ou, quiçá, de constituir provisões ou reservas.

---

[64] WALTER D'AVANZO, *La prescrizione in materia civile e commerciale* (1940), 96.
[65] VAZ SERRA, *Prescrição e caducidade* cit., 125.
[66] VAZ SERRA, *Prescrição e caducidade* cit., 603 (artigo 3.º).
[67] Por ex., PUGLIESE, *La prescrizione* cit., 21 ss. e DIAS MARQUES, *Prescrição extintiva* cit., 11 ss..
[68] FRANK PETERS, no *STAUDINGERS Kommentar*, 13.ª ed. (1995), pren. §§ 194 ss., Nr. 5 ss. (325 ss.) e GROTHE, *MünchKomm*, 4.ª ed. cit., § 194, Nr. 6 (1885 ss.).

Em suma: o devedor nunca ficaria seguro de ter deixado de o ser, ficando numa posição permanentemente fragilizada.

IV. A prescrição serviria ainda escopos de ordem geral, atinentes à paz jurídica e à segurança. Esta função só parcialmente é aproveitável: os credores do devedor têm interesse em que este beneficie da prescrição. A lei dá-lhes, de resto, a possibilidade de a invocarem – artigo 305.º.

Já a ideia, por vezes divulgada, de uma "paz jurídica" ou de um "desagravamento dos tribunais", não colhe: o tribunal não pode, de ofício, constatar a prescrição[69], como resulta, de modo expresso, do artigo 303.º.

Tão-pouco parece razoável a ideia de que a prescrição serviria, também, o interesse do credor, incitando-o, por hipótese, a exigir o cumprimento das obrigações. No campo do Direito privado, o interesse do credor será, sempre, o de dispor de um máximo de pretensões, podendo ordenar no tempo, de acordo com conveniências suas, o exercício dos seus direitos.

V. Temos, pois, de assumir que a prescrição visa, no essencial, tutelar o interesse do devedor. Trata-se de uma orientação que se comprova, em termos históricos, desde Teodósio II. Além disso, ela é ainda confortada pela aproximação histórica à usucapião. A usucapião protege a pessoa que poderia estar na iminência de entregar a coisa, isto é: o seu "devedor": nunca a pessoa a quem uma usucapião seja oposta.

As recentes reformas relativas à prescrição com o fito assumido de proteger certas categorias de pessoas mais confirmam todas estas asserções.

VI. A ser assim, a imperatividade da prescrição terá de assentar noutras latitudes dogmáticas. Remetê-la para um "interesse público" não releva: tudo o que o Direito predisponha é-o no interesse público.

Na pureza do Direito civil, nada impediria que as partes pudessem fazer estipulações sobre a prescrição, pelo menos dentro de limites máximos, quanto à sua dificultação.

A lei portuguesa valora o problema diferentemente. Alterar as regras da prescrição equivaleria a abdicar de posições do credor – quando

---

[69] PETERS, STAUDINGERS Kommentar, Prenot. § 194 cit., Nr. 7 (325-326).

se facilitasse o seu funcionamento – ou do devedor – quando se optasse pela sua dificultação. O Direito português proíbe a renúncia antecipada aos direitos do credor[70]: artigo 809.º. Proíbe, ainda, a doação de bens futuros – artigo 942.º/1 – enquanto a doação de móveis não acompanhada pela tradição da coisa deve ser feita por escrito – 947.º/2. A doação tem natureza pessoal e a remissão é contratual – 949.º/1 e 863.º/1, respectivamente.

Em suma: o Direito civil português sabe quão fácil é, por vezes, dar-se o que não se tem[71]. Por isso, defende as pessoas limitando a autonomia privada: ora vedando em abstracto, ora sujeitando a diversos formalismos.

VII. Conquistados estes pontos, queda acrescentar que a prescrição nada tem de excepcional. Assim, as suas normas podem ser interpretadas, extensiva ou restritivamente, de acordo com as regras gerais do Direito.

Apenas com uma ressalva: a das normas relativas a prazos. Quando fixe um prazo, a norma torna-se auto-suficiente: vale por si, esgotando-se na missão de fixar um prazo predeterminado. Não é lícito, ao intérprete aplicador, alongar ou restringir prazos (pré-) fixados por lei, a coberto de directrizes jurídico-científicas.

Por exemplo: considerando os fins das normas e a índole dos institutos em presença, admitimos que uma hipótese de prescrição possa ser considerada extintiva ou presuntiva; mas já não será viável encurtar (ou alongar), pelos valores em presença, prazos prescricionais claramente fixados na lei.

Quanto às partes: perante o artigo 300.º do Código Civil, elas terão de deixar incólumes os dispositivos legais: não podem facilitar[72] nem dificultar a prescrição.

---

[70] Sem sequer distinguir entre hipóteses de dolo e de negligência.

[71] Admitimos que a situação sócio-cultural possa, neste ponto, ser diversa nos países do centro da Europa, particularmente no caso alemão.

[72] A jurisprudência tem registado tentativas de facilitação, designadamente por encurtamento de prazos: têm sido rejeitadas. Assim, STJ 26-Jun.-1970 (OLIVEIRA CARVALHO), BMJ 198 (1970), 127-130 (127), RLx 13-Mai.-1993 (NASCIMENTO GOMES), CJ XVIII (1993) 3, 97-99 /98/I) e STJ 29-Abr.-1999 (ABRANCHES MARTINS), CJ/Supremo VII (1999) 2, 203-204 (203/II).

IV – A prescrição presuntiva

15. *Origem*

I. O Código Civil vigente fixa o prazo geral da prescrição em 20 anos – artigo 309.º. Posto isso, aponta casos de prescrição de 5 anos – artigo 310.º – e passa a durações ainda menores: 6 meses e 2 anos – artigos 316.º e 317.º. Nestes últimos casos, todavia, para além de uma duração reduzida há, ainda, regras diferenciadas a observar – artigos 312.º e seguintes. São as prescrições presuntivas, que passamos a estudar.

II. As prescrições presuntivas tiveram a sua origem no Código Napoleão. Prevê este diploma prescrições de 6 meses (professores, albergueiros e trabalhadores), de um ano (médicos, oficiais de diligências, mercadores, hospedeiros de estudantes e domésticas) e de dois ou cinco anos (louvados, conforme os casos): artigos 2271 a 2273, versão original. Posto o que, determinou o artigo 2275:

> Todavia, aqueles aos quais essas prescrições serão oponíveis, podem requerer o juramento àqueles que as oponham, sobre a questão de saber se a coisa foi realmente paga.

Resultou, daqui, a ideia de prescrição presuntiva: dada a natureza específica das dívidas aí em causa, a lei parte do princípio de que, se não forem rapidamente exigidas, é porque estão pagas. Apenas pelo juramento se poderia provar que assim não foi, juramento esse depois trocado pela confissão. E caso houvesse reconhecimento escrito, seguir-se-ia a prescrição ordinária[73].

III. A prescrição presuntiva foi acolhida nos códigos italianos[74] e no nosso Código de Seabra. Em compensação, era desconhecida dos códigos germânicos e, em particular: do BGB e do Código Suíço[75]. Trata-se de um ponto a reter e que, abaixo, será posto em relevo.

---

[73] Cf. PHILIPPE LE TOURNEAU/LOÏC CADIET, *Droit de la responsabilité* (1996), n.º 1130 (316) e JEAN CARBONNIER, *Droit civil/Les obligations*, 22.ª ed. cit., 625.

[74] Cf. ENRICO MINERVINI, em *Le prescrizione*, tomo 2.º, org. PAOLO VITUCCI (1999), art. 2954-2956 (311 ss.).

[75] *Vide* VAZ SERRA, *Prescrição e caducidade* cit., 253 ss..

O Código de Seabra previa prescrições de 6 meses (dívidas de estalagens, hospedarias, casa de pasto, açougues ou quaisquer lojas de mercearias ou de bebidas, vencimentos de trabalhadores e soldadas de criados ou mês), de um ano (retribuição de professores, médicos, funcionários, soldadas de criados ao ano e diversas indemnizações), de dois anos (retribuição de advogados), de três anos (professores, com ajuste anual e outros casos) – artigos 538.º a 541.º.

Posto isso, dispunha:

> Aquele, a quem fôr oposta alguma das prescrições mencionadas nestes artigos, poderá requerer, que a pessoa que a não opõe declare sob juramento se a dívida foi ou não paga, e neste caso se julgue conforme o juramento, sem que este possa ser referido.

Presumia-se, pois, que havia cumprimento, numa presunção a ilidir pelo referido juramento.

Todavia, o artigo 580.º do Código de Processo Civil de 1939 veio abolir o juramento como meio de prova. Resultaram, daí, várias teorias e, designadamente:

– a de que as presunções presuntivas teriam sido abolidas, reconduzindo-se às civis[76];
– a de que elas se mantinham, podendo ser ilididas por confissão[77] ou por qualquer outro meio[78].

IV. Na preparação do Código Civil, o problema foi cuidadosamente ponderado por Vaz Serra. Haveria que manter – ou, dada a situação existente, reanimar – as prescrições presuntivas ou, pelo contrário, que suprimi-las, reconduzindo-as ao regime geral[79]? Em particular, valorou-se que as prescrições de muito curto prazo só poderiam manter-se como presuntivas: a abolir a figura, elas teriam de ver o prazo ampliado, com inconvenientes práticos.

---

[76] DIAS MARQUES, *Prescrição extintiva* cit., 51.

[77] MANUEL DE ANDRADE, *Teoria geral da relação jurídica*, 2.º vol. (1972, 3.ª reimp.), 453.

[78] Tal a orientação da jurisprudência: STJ 14-Dez.-1954 (ALMEIDA RIBEIRO), BMJ 46 (1955), 428-432 (431), STJ 1-Jul.-1955 (LENCASTRE DA VEIGA), BMJ 50 (1955), 309-311 (311), STJ 7-Jun.-1960 (S. FIGUEIRINHAS), BMJ 98 (1960), 486-488 (487) e STJ 26-Nov.-1965 (GONÇALVES PEREIRA), BMJ 151 (1965), 265-266 (266).

[79] VAZ SERRA, *Prescrição e caducidade* cit., 254 ss..

16. Fundamento, regime e natureza

I. As prescrições presuntivas baseiam-se numa presunção de que as dívidas visadas foram pagas. De um modo geral, elas reportam-se a débitos marcados pela oralidade ou próprios do dia-a-dia. Qualquer discussão a seu respeito ou ocorre imediatamente, ou é impossível de dirimir com consciência.

Todavia, remetê-las para a prescrição extintiva (com um prazo muito curto) poderia ter um efeito duplamente nocivo:

– contribuiria para um ambiente de laxismo e de desatenção: as pessoas não curariam de pagar o que devem, refugiando-se numa fácil prescrição;
– conduziria a um aumento da litigiosidade: os credores desencadeariam, à mínima demora, os procedimentos jurisdicionais, para não serem surpreendidos por prescrições muito curtas.

A salvaguarda das prescrições presuntivas apresenta-se, assim, como uma útil diferenciação de regimes, adequada para os países da Europa do Sul e conforme com as suas tradições jurídico-científicas.

II. O artigo 312.º do Código Civil começou, na linha proposta por Vaz Serra, por estabelecer o princípio: as prescrições subsequentes fundam-se na presunção de cumprimento. Ficam abrangidas as prescrições de 6 meses e de dois anos, dos artigos 316.º e 317.º.

Tal presunção é, todavia, muito forte. O credor, contra o que resultaria das regras gerais das presunções *iuris tantum* – artigo 350.º/2 – não pode ilidir a presunção provando que, afinal, o devedor nada pagou. Apenas o próprio devedor, caindo em si, o poderá fazer: por confissão: artigo 313.º.

III. A confissão, segundo o artigo 352.º, é o reconhecimento que a parte faz da realidade de um facto que lhe é desfavorável e favorece a parte contrária. No caso da ilisão da prescrição presuntiva, a confissão consistirá no reconhecimento de que, afinal, a dívida não foi paga. A confissão terá ainda de ser feita pelo devedor originário ou por aquele a quem a dívida tenha sido transferida por sucessão – 313.º/1.

Posto isto, há que observar o seguinte:

– a confissão, a ser extrajudicial, exige forma escrita: 313.º/2;

– a confissão pode ser tácita, mas com o especial sentido do artigo 314.º: o devedor recusar-se a depor ou a prestar juramento em tribunal ou, ainda, praticar em juízo actos incompatíveis com a presunção de cumprimento.

O Código Civil estabeleceu um esquema mais firme e mais exigente em benefício do devedor, do que a prática jurisprudencial do âmbito do Código de Seabra. De todo o modo, ele tinha certas virtualidades, que a jurisprudência pôs em relevo.

IV. Na base do afinamento jurisprudencial, temos a ideia de confissão tácita, assente, segundo o artigo 314.º, em o devedor praticar em juízo actos incompatíveis com a presunção de cumprimento. Assim:

– os opositores a uma acção de honorários de um advogado, que se põem a discutir o seu montante, ilidem, obviamente, a presunção de que pagaram[80];
– o opositor ao pedido de condenação no preço de serviços, que nega a dívida, ilide a presunção de que o pagou[81];
– o próprio devedor que, em contestação, reconheça não ter efectuado o pagamento, ilide a presunção[82];
– o réu que queira fazer jogar a prescrição presuntiva terá de alegar claramente que pagou[83]; ou melhor: expressa e claramente[84], ainda que esteja dispensado de o provar[85];
– na falta de impugnação especificada dos factos invocados pela autora, o réu confessa tacitamente, ilidindo a presunção da prescrição[86].

---

[80] STJ 24-Mai.-1974 (João Moura), BMJ 237 (1974), 182-184 (184) e STJ 24-Mai.-1974 (Manuel Fernandes Costa), BMJ 237 (1974), 186-189 (189).
[81] STJ 8-Nov.-1974 (João Moura), BMJ 241 (1974), 270-272 (271).
[82] STJ 19-Jun.-1979 (Hernâni de Lencastre), BMJ 288 (1979), 364-368 (367) = RDE V, 2 (1979), 385-390, anot. contra, Sousa Ribeiro e STJ 6-Dez.-1990 (Joaquim de Carvalho), BMJ 402 (1991), 532-536 (536).
[83] RLx 21-Out.-1986 (Farinha Ribeiras), BMJ 364 (1987), 934; num sentido menos afirmativo: STJ 12-Jun.-1986 (Solano Viana), BMJ 358 (1986), 558-563 (562).
[84] REv 15-Mai.-2003 (Ana Luísa Geraldes), CJ XXVIII (2003) 3, 241-242.
[85] RLx 29-Mai.-2003 (António Valente), CJ XXVIII (2003) 3, 95-97.
[86] RPt 13-Dez.-1993 (Azevedo Ramos), CJ XVIII (1993) 5, 240-242 (241-242).

Este acervo pode-se considerar adquirido, ilustrando a recepção, pelos tribunais, do esquema da prescrição presuntiva adoptada pelo Código Civil. O decurso dos prazos não seria, assim e só por si, extintivo[87], cabendo ao credor a prova (ainda que limitadamente exequível) de que a dívida se mantém[88]. A jurisprudência subsequente veio reafirmar as especificidades da prescrição presuntiva, precisando as circunstâncias de uma ilisão por confissão[89].

V. Para além destes aspectos ligados ao seu fundamento, a prescrição presuntiva rege-se pelas regras gerais: artigo 315.º. Têm aplicação as normas sobre a indisponibilidade, a invocação, o decurso do prazo, a suspensão e a interrupção[90]. Nalguns casos, normas específicas introduzem diferenciações: tal o caso do artigo 430.º.

Este estado de coisas permite à doutrina considerar a prescrição presuntiva como um dos mais característicos institutos do Direito civil[91]. Ela opera como híbrido, misto de presunção e de prescrição. Em termos históricos, culturais e jurídico-científicos, a pescrição presuntiva situa-se, contudo, no campo da prescrição, cujo regime modela. Trata-se de um aspecto característico dos Direitos do Sul, que no Direito português assume uma posição específica. Há que preservá-lo, tanto mais que representa uma opção pensada, que vai ao encontro de valores sócio-culturais efectivos.

17. *Casos de prescrição presuntiva; a sua natureza aberta*

I. Passando aos casos de prescrição presuntiva seriados na lei, temos, em primeiro lugar, a previsão de uma prescrição de seis meses: artigo 316.º.

Ele abrange os créditos de estabelecimentos de alojamento, comidas ou bebidas, pelo alojamento, comidas ou bebidas que forneçam. Este preceito é herdeiro do artigo 538.º do Código de Seabra, que

---

[87] RPt 15-Mai.-1995 (ABÍLIO VASCONCELOS), BMJ 447 (1995), 573 (o sumário).
[88] RPt 28-Jun.-1999 (FONSECA RAMOS), BMJ 488 (1999), 414/II.
[89] STJ 19-Jun.-1997 (NASCIMENTO COSTA), BMJ 468 (1997), 356-360 e STJ 14-Out.-1999 (FERREIRA DE ALMEIDA), BMJ 490 (1999), 223-226 (225).
[90] STJ 12-Mar.-1998 (COSTA MARQUES), CJ/Supremo VI (1998) 1, 127-129 (128/II).
[91] MINERVINI, *La prescrizione* II cit., 815.

referia estalagens, hospedarias, casas de pasto, açougues e outras lojas e, ainda, vencimentos de trabalhadores e soldadas de criados. Estes dois últimos aspectos foram, todavia, retirados da lei civil, uma vez que esta remeteu o contrato de trabalho para legislação especial – artigo 1153.º[92].

II. Por seu turno, o artigo 317.º prevê prescrições de dois anos. E mais concretamente:

- quanto a créditos dos estabelecimentos que forneçam alojamento ou alojamento e alimentação a estudantes, bem como os créditos de estabelecimentos de ensino, assistência ou tratamento, relativamente aos serviços prestados – a);
- quanto a créditos de comerciantes pelas vendas a não comerciantes ou não destinadas ao comércio e créditos dos que exerçam profissionalmente uma indústria, pelo fornecimento de mercadorias ou produtos, execução de trabalhos ou gestão de negócios alheios, incluindo despesas, a menos que a prestação se destine ao exercício industrial do devedor – b);
- quanto a créditos pelos serviços prestados no exercício de profissões liberais e pelo reembolso das despesas correspondentes – c).

III. Pergunta-se se o elenco de situações de prescrição presuntiva incluídos nos artigos 316.º e 317.º, do Código Civil, é fechado ou taxativo.

O problema não se põe quando uma lei avulsa venha prever novas hipóteses de prescrição de prazo curto, explicitando que se trata de "prescrições presuntivas". Ocorre, todavia, quando tais "prescrições breves" sejam adoptadas por lei que não especifique a sua natureza presuntiva.

---

[92] A prescrição dos créditos provenientes do contrato de trabalho resulta do artigo 38.º da LCT, que prevê, no seu n.º 1, uma prescrição extintiva de um ano... contado a partir do dia seguinte àquele em que cessou o contrato de trabalho. O n.º 2, embora sem se reportar a uma prescrição, determina, todavia, algo que tem a ver com presunções: os créditos resultantes de indemnizações por falta de férias, pela aplicação de sanções abusivas ou pela realização de trabalho extraordinário (hoje: suplementar), vencidos há mais de três anos, só podem, todavia, ser provados por documento idóneo.

Quid iuris? Uma prescrição de prazo curto, quando nada se diga, é uma prescrição extintiva ou presuntiva?

IV. O problema tem-se posto a propósito de créditos de utentes, por força de serviços essenciais. Abaixo examinaremos os competentes vectores. Todavia, alguns princípios podem ser adiantados em abstracto. A ideia de que a regra é a da prescrição extintiva, sendo a presuntiva "excepção" é puramente conceptual e vocabular. Esquece os valores em causa.

A regra é, antes, a da subsistência dos créditos, até ao seu pagamento. A prescrição ordinária rema já contra essa regra: justifica-se por conhecidas razões histórico-culturais acima expostas, sob pena de ser mesmo inconstitucional, por violação da propriedade privada. A partir daí, as excepções vêm-se somando e são cada vez mais gravosas: a prescrição quinquenal é excepção à ordinária; as prescrições bienal e de seis meses, presuntivas, são excepção à quinquenal; as (hipotéticas) prescrições bienal e de seis meses extintivas, são excepção à presuntiva. A medida da excepcionalidade é dada pela distância ao padrão-base. Esse padrão não poderá deixar de ser constituído pela defesa dos direitos legitimamente adquiridos, com uma moderada sujeição ao decurso do tempo. A essa luz, é seguramente mais excepcional uma hipotética prescrição extintiva de curto prazo do que uma prescrição presuntiva nesse mesmo prazo: a primeira sacrifica mais os direitos do credor do que a segunda.

Uma prescrição de curto prazo, quando nada se diga, poderá, no Direito português, muito bem ser presuntiva: é a solução mais próxima do padrão-base. A pretender um desvio maior, o legislador terá de o assumir, dizendo-o.

A interpretação das leis não deve ser imediatista: por isso é necessária a classe dos juristas, com a sua Ciência: a Ciência do Direito.

V – O início da contagem do prazo e os efeitos da prescrição

18. *O início da contagem*

I. O início do prazo da prescrição é um factor estruturante do próprio instituto: dele, depende, depois, todo o desenvolvimento subsequente. O Direito comparado[93] documenta, a tal propósito, dois grandes sistemas:

– o sistema objectivo;
– o sistema subjectivo.

Pelo sistema objectivo, o prazo começa a correr assim que o direito possa ser exercido e independentemente do conhecimento que, disso, tenha ou possa ter o respectivo credor. Pelo subjectivo, tal início só se dá quando o credor tenha conhecimento dos elementos essenciais relativos ao seu direito. O sistema objectivo é tradicional[94], sendo compatível com prazos longos; o subjectivo joga com prazos curtos[95] e costuma ser dobrado por uma pescrição mais longa, objectiva[96].

Como vimos, o sistema objectivo dá primazia à segurança e o subjectivo à justiça; a junção dos dois será a melhor solução *de iure condendo*.

II. O artigo 306.º/1, 1.ª parte, adoptou o esquema objectivo: dispensa qualquer conhecimento, por parte do credor[97]. A locução "... começa a correr quando o direito puder ser exercido..." deve ser corrigida em função dos artigos 296.º e 279.º, *b*): o próprio dia não se conta.

A injustiça a que tal sistema possa dar lugar é temperada pelas regras atinentes à suspensão da prescrição.

De notar que, para o Direito actual, é indiferente a boa ou má fé do credor.

---

[93] Designadamente os elementos ponderados em torno da recente reforma da prescrição, na Alemanha.

[94] Assim o artigo 2935 do Código italiano; cf., sobre este preceito, PAOLO VITUCCI, *La prescrizione*, tomo 1 cit., 78 ss..

[95] Trata-se, como referimos, da solução alemã, após a reforma de 2001/2002 do BGB: § 199/I, 2.

[96] Ao estilo dos artigos 482.º e 498.º/1, do novo Código Civil.

[97] Se ele estiver impedido de ter tal conhecimento, deve entender-se que, reunidos os demais requisitos, ele está impedido de exercer o próprio direito: verifica-se o fundamento de suspensão previsto no artigo 321.º/1.

III. O artigo 306.º contém, depois, desenvolvimentos da regra central: a prescrição só se conta depois de o direito poder ser exercido. Assim:

- se couber ao credor interpelar o devedor e não o fizer, inicia-se a prescrição;
- se, após a interpelação, houver ainda uma dilação, a prescrição só se inicia depois de "... findo esse tempo..." – artigo 306.º/1, 2.ª parte;
- havendo condição suspensiva, a prescrição inicia-se depois da sua verificação – 306.º/2;
- havendo termo inicial, ela inicia-se após o seu vencimento – *idem*;
- nas obrigações *cum potuerit* ou *cum voluerit* (cumpre quando puder ou quando quiser)[98], a prescrição corre apenas após a morte do devedor – 306.º/3; trata-se de uma solução desarmónica, uma vez que a obrigação *cum potuerit* (quando puder) se vence com a efectiva possibilidade do devedor, ficando, não obstante, imprescritível, até à sua morte, o que é disfuncional; impõe-se, assim, uma interpretação restritiva do artigo 306.º/3 em causa, no tocante às obrigações "quando puder": estas prescrevem desde o momento em que a "possibilidade" esteja estabelecida;
- nas obrigações ilíquidas, a prescrição inicia-se quando o credor possa promover a sua liquidação; fazendo-o, a obrigação líquida daí resultante inicia nova contagem, se o apuramento se fizer por acordo ou por sentença judicial – 306.º/4.

IV. Numa situação de prestações periódicas, cumpre distinguir:

- o direito unitário ao surgimento das diversas prestações;
- o direito singular de crédito a cada uma delas.

O direito singular tem autonomia: prescreve no prazo que lhe compita – normalmente em 5 anos, nos termos do artigo 310.º. O direito unitário é regulado no artigo 307.º, pelo menos nalguns casos.

---

[98] Cf. o artigo 778.º.

Assim, tratando-se de renda perpétua[99] ou de renda vitalícia[100], a prescrição do direito unitário inicia-se desde a exigibilidade da primeira prestação que não for paga. A especialidade desta situação reside no facto de haver um título único e não, propriamente, uma prestação (ou direito de aproveitamento) nuclear, de que as prestações periódicas decorrem, como acessórios.

V. Fala o artigo 307.º em "... outras prestações análogas...". Como exemplos, Pires de Lima e Antunes Varela dão[101]:

– a renda fixada como indemnização (artigo 567.º);
– o legado de prestações periódicas (artigo 2273.º);
– os juros (artigo 561.º).

Os dois primeiros procedem: há analogia de situações, não sendo as prestações jurídicas meros acessórios. O terceiro não: a autonomia do crédito de juros reporta-se a cada concreta prestação de juros. Enquanto existir – e, logo, não prescrever – o crédito principal, sempre ocorreriam novos juros, sob pena de se admitir um capital improdutivo. Repare-se que o crédito principal é sensível à prescrição, precisamente ao contrário do que poderia suceder com as rendas perpétua, vitalícia ou análogas, que apenas se manifestam pelas diversas prestações periódicas a que dêem lugar.

VI. No tocante à prescrição de situações que envolvam prestações periódicas, seria possível distinguir três situações distintas[102]:

– aquelas em que as prestações representam o correspectivo de direitos de gozo de coisas alheias;

---

[99] Segundo o artigo 1231.º, "... contrato de renda perpétua é aquele em que uma pessoa aliena em favor de outra certa soma de dinheiro, ou qualquer outra coisa móvel ou imóvel, ou um direito, e a segunda se obriga, sem limite de tempo, a pagar, como renda, determinada quantia em dinheiro ou outra coisa fungível". O contrato em causa vem regulado nos artigos 1231.º a 1237.º.

[100] A renda vitalícia comporta uma noção semelhante, segundo o artigo 1238.º, mas com uma diferença; o pagamento não ocorrerá "... sem limite de tempo...", mas "... durante a vida do alienante ou de terceiro".

[101] PIRES DE LIMA/ANTUNES VARELA, *Código Civil Anotado*, 1.º vol., 4.ª ed. cit., 278.

[102] BIAGIO GRASSO, *Prescrizione (diritto privato)* cit., 67/I; este esquema pode, todavia, ser ilustrado pelo Direito português.

– aquelas em que traduzam o correspectivo do aproveitamento de coisas fungíveis a restituir em *tantundem* (mútuo);
– aquelas em que as prestações, por dependerem de um título único, não tenham natureza de acessoriedade em relação a um direito principal (renda vitalícia).

Pois bem: na primeira situação, cada prestação prescreveria por si, enquanto o direito próprio teria de seguir o regime próprio dos direitos reais; na segunda, as prestações e o direito ao capital têm prescrições específicas e diferenciadas; na terceira, a prescrição do conjunto aferir-se-ia pela primeira prestação não paga, como manda o artigo 307.º.

VII. A jurisprudência permite explicitar alguns aspectos relativos ao início da prescrição. Assim:

– em STJ 30-Abr.-1997, decidiu-se que a prescrição de créditos laborais começa a correr no dia seguinte àquele em que os intervenientes tiveram conhecimento da reforma do trabalhador[103]; assim é: a prescrição não corre, como se viu[104], na pendência do contrato de trabalho; este caduca pela reforma mas apenas quando ela seja conhecida pelas partes; não há, pois, qualquer cedência à teoria subjectiva;
– na presença de dois contratos distintos, a prescrição dos débitos deles resultantes inicia-se e corre em separado[105].

VIII. Cumpre ainda sublinhar que, nalguns casos de prescrição, a lei portuguesa já estabelece sistemas subjectivos. É o que sucede no enriquecimento sem causa e na responsabilidade civil – artigos 482.º e 498.º/1 – casos em que se prevê uma prescrição de três anos cujo início depende do conhecimento que o credor tenha dos seus direitos[106].

---

[103] STJ 30-Abr.-1997 (MATOS CANAS), CJ/Supremo V (1997) 2, 270-274 (274/II).
[104] *Supra*, nota 92.
[105] RPt 3-Abr.-2000 (SOUSA PEIXOTO), CJ XXV (2000) 2, 253-255 (255).
[106] Cf. uma aplicação em RLx 28-Abr.-1998 (AMARAL BARATA), BMJ 476 (1998), 473-474.

19. *Accessio temporis*

I. A prescrição reporta-se a situações jurídicas – a obrigações – independentemente de quem as encabece. E assim, iniciada a prescrição de determinado direito, ela prossegue independentemente de:

– o crédito se transmitir para um credor diverso do inicial;
– o débito se transmitir para um novo devedor.

A primeira hipótese é, nos termos gerais, possível por cessão de crédito ou por sub-rogação – artigos 577.º e seguintes e 589.º e seguintes; a segunda, por assunção – artigos 595.º e seguintes. Ambas podem ocorrer por cessão de posição contratual – artigos 424.º e seguintes – por sub-rogação legal ou por transmissão de títulos de crédito.

Noutros termos: o novo credor pode ver invocado, contra ele, o tempo de prescrição já decorrido contra o seu antecessor; o novo devedor pode somar ao seu o tempo processado a favor do seu antecessor. Trata-se da *accessio temporis*[107].

II. A *accessio temporis* torna-se uma evidência, justamente se se considerar a situação em si e não a pessoa: é indiferente que ocorra uma cessão singular ou universal e *a parte creditoris* ou *debitoris*[108].

No domínio da usucapião – e, portanto, da posse – as regras são mais complicadas, uma vez que o efeito depende de certas características que têm a ver com a pessoa ou com a legitimidade do beneficiário[109]. O artigo 1256.º dá, por isso, à "acessão na posse", uma estrutura potestativa: esta pode nem sempre convir, ao beneficiário. Na prescrição, o problema não se põe, dada a sua insensibilidade a esses factores.

III. O artigo 308.º refere a *accessio temporis* como "transmissão". Prevê-a pelo lado do credor – n.º 1 – e pelo do devedor – n.º 2. Neste último caso, a transmissão exige, em regra, o consentimento do credor; tal consentimento, a ser solicitado pelo devedor, envolveria o reconhecimento, por este, da existência do direito e, por aí, a interrupção da prescrição – artigo 325.º: donde a ressalva, talvez dispensável, do artigo 308.º/2, 2.ª parte.

---

[107] Cf. DIAS MARQUES, *Prescrição extintiva* cit., 206 ss. e PUGLIESE, *La prescrizione estintiva* cit., 127 ss..
[108] FRANK PETERS, *Staudinger's Kommentar*, 13.ª ed. cit., § 221, Nr. 1 (619).
[109] Portanto: boa ou má fé ou posse titulada ou não titulada, designadamente.

O preceito é generalizável: pode ocorrer que a própria transmissão de crédito envolva reconhecimento da dívida pelo devedor – por exemplo: na cessão da posição contratual – e, daí, interrupção. Por seu turno, há transmissão de dívidas sem intervenção das partes – por exemplo: na sucessão ou em certas sub-rogações legais.

A interrupção constitui um centro normativo próprio, a examinar separadamente.

20. *Os efeitos*

I. Na determinação dos efeitos da prescrição, cumpre distinguir a prescrição em si e a sua invocação.

Expirado o prazo, o devedor tem o direito de invocar a prescrição – 303.º. De resto: só assim produzirá efeitos. Essa invocação pode ser feita judicial ou extrajudicialmente e de modo expresso ou de modo tácito. É o que se retira do artigo 304.º/1, o qual deve ser interpretado e aplicado em conjunto com o artigo 303.º.

Invocada a prestação, o beneficiário tem:

> (...) a faculdade de recusar o cumprimento da prestação ou de se opor, por qualquer meio, ao exercício do direito prescrito.

Temos a paralisação do direito do credor.

II. A doutrina assimilava, por vezes, a prescrição a uma forma de extinção do direito do credor. Todavia, dispõe o artigo 304.º/2:

> Não pode, contudo, ser repetida a prestação realizada espontaneamente em cumprimento de uma obrigação prescrita, ainda quando feita com ignorância da prescrição; (...)

Temos, aqui, várias situações, que importa discernir.

A prestação "prescrita" mas cuja prescrição não tenha sido invocada é uma prestação comum. Sendo cumprida, não há que falar em prescrição, uma vez que o tribunal não a pode invocar de ofício. Há duas sub-hipóteses:

> – ou não foi invocada porque o devedor não a quis invocar: o direito é disponível: a escolha é sua;

– ou não foi invocada porque o devedor não sabia da prescrição: nessa altura, a lei não permite invalidar o cumprimento, repetindo a prestação.

Em qualquer destes casos, a prescrição não surtiu quaisquer efeitos por não ter sido invocada. A ignorância não permite uma invocação posterior ao cumprimento.

A lei exige que a prestação tenha sido realizada "espontaneamente". O lugar paralelo do artigo 403.º/2 diz-nos que "espontânea" significa, aqui, "livre de toda a coacção".

III. De seguida, põe-se a hipótese de ter sido invocada a prescrição e, depois e não obstante, o devedor vir a pagar a prestação em jogo. Também não a poderá repetir, dada a dimensão do artigo 304.º/2.

Só que aqui temos uma situação diversa: enquanto a prestação "prescrita" – mas cuja prescrição não tenha sido invocada – pode ser judicialmente exigida, com a inelutável condenação do devedor, havendo tal invocação, já não há exigência judicial possível. Todavia, sendo espontaneamente paga, não há repetição.

A invocação da prescrição tem a consequência de fazer passar o débito prescrito à categoria de obrigação natural – 403.º/1.

Nada disto se confunde com a renúncia, que traduz um acto autónomo de disposição do poder de invocar a prescrição.

IV. Temos, então, o seguinte quadro de efeitos: decorrido o prazo prescricional:

– o devedor pode invocar a prescrição, pode renunciar a ela ou pode nada fazer;
– se invocar a prescrição, a obrigação passa a natural; se, não obstante, for cumprida, não pode ser repetida;
– se renunciar à prescrição, a obrigação mantém-se civil, devendo ser cumprida, nos termos comuns;
– se nada fizer, a obrigação mantém-se, também, civil; aí, uma de duas:
  – ou o devedor cumpre e a prestação não pode ser repetida, por ser civil;
  – ou não cumpre (mas não invoca, consciente ou inconscientemente, a prescrição) e irá ser condenado no seu cumprimento, por a obrigação ser civil.

Podemos corrigir duas afirmações que por vezes ocorrem, na doutrina como na jurisprudência: a da eficácia extintiva da prescrição[110] e da sua potencialidade para transformar obrigações civis em naturais[111].

A prescrição dá azo, apenas, ao direito de a invocar; se este direito não for exercido, a obrigação mantém-se civil, não havendo quaisquer efeitos. Se a prescrição for invocada, aí sim: teremos uma obrigação natural. Inexigível, mas com *soluti retentio*.

VI – A prescrição prevista na Lei n.º 23/96

21. *O âmbito da prescrição*

I. Dispomos, neste momento, de alguns elementos jurídico-científicos que permitirão, porventura, uma abordagem frutuosa da Lei n.º 23/96, no que toca à prescrição.

Recordamos que a primeira questão tem a ver com o âmbito de aplicação da lei: ficam abrangidos os "serviços públicos" centrais ou, ainda, quaisquer outros similares, designadamente os chamados telefones móveis?

II. De acordo com as coordenadas que primeiro relevámos, a Lei n.º 23/96 assenta numa formalização estrita de conceitos. Não tutela fracos ou consumidores: antes "utentes", pura e simplesmente definidos pela sua posição em determinada relação jurídica, independentemente das suas características pessoais, sociais ou económicas.

Também os "serviços públicos essenciais" não são os vitais ou os fundamentais: basta ver que ficam fora os serviços de saúde, de assistência, de alimentação ou de educação. A Lei visa, apenas, os que enumera (artigo 1.º/2): água, electricidade, gás e telefone. Provavelmente

---

[110] DIAS MARQUES, *Prescrição extintiva* cit., 27 e JOAQUIM DE SOUSA RIBEIRO, *Prescrições presuntivas: sua compatibilidade com a não impugnação dos factos articulados pelo autor*, RDE V, 2 (1979), 390-411 (393).

[111] STJ 6-Jul.-2000 (TORRES PAULO), CJ/Supremo VIII (2000) 2, 155-158 (156/II). Trata-se de uma opção que já defendemos no nosso *Direito das obrigações*.

este último será o mais dispensável, estando em aberto o saber se o desvio dos dinheiros das famílias portuguesas para esse domínio não deveria ser contrariado pela lei.

Tudo isso ultrapassa o âmbito interpretativo: a lei decidiu e cortou em frente.

II. Perante isso, resta concluir que serão "serviços públicos essenciais" todos os que a lei expressa e formalmente qualifique como tais e apenas esses. Não colhem – salvo o devido respeito – desenvolvimentos linguísticos do "politicamente correcto": ou teríamos de nos questionar sobre se não haverá serviços bem mais importantes do que o telefone e que não foram considerados.

Não está em causa, por exemplo, um qualquer serviço de fornecimento de electricidade ou de água: o garagista que ceda o seu gerador, remuneradamente, não integra a Lei n.º 23/96, tal como não o faz o camionista que venda, com uma cisterna, água numa estância balnear.

Teremos, pois, de recorrer às diversas leis pertinentes e verificar se elas qualificam o serviço considerado como "público". Sendo a resposta positiva, recorreríamos, então, à enumeração da Lei n.º 23/96.

III. Esta consideração permite responder ao problema de aplicabilidade da Lei n.º 23/96 aos serviços móveis de telefone: negativa, segundo a RLx 9-Jul.-1998[112] e positiva, segundo Calvão da Silva[113]. Curiosamente, ambos têm razão.

Ao tempo em que decidiu a RLx 9-Jul.-1998 – e, por maioria de razão, no momento em que ocorreram os factos sobre que ela decidiu – o serviço móvel de telefone estava entregue a operadores privados, por oposição à rede fixa, que cabia a um operador público. Além disso, nenhuma lei qualificava o serviço móvel de telefone como "público", sendo inviável apreciações "substantivistas": a Lei n.º 23/96 é, neste ponto, formal.

Subsequentemente, todos os operadores foram privatizados, não havendo distinções nessa base. Além disso, o Regulamento de exploração dos serviços de telecomunicações de uso público foi aprovado pelo Decreto-Lei n.º 290-B/99, de 30 de Julho, abrangendo os serviços

---

[112] RLx 9-Jul.-1998 cit., CJ XXIII, 4, 101.
[113] *Anotação* cit., RLJ 133, *maxime* 143.

móveis[114]. Esse diploma qualifica expressamente os serviços de telecomunicações móveis que enumera como "telecomunicações de uso público", porquanto acessíveis a todos, em condições de igualdade – artigos 2.º e 4.º/2, a)[115].

Em suma: neste momento, "serviço público" é, aqui, o serviço acessível ao "público" e não o serviço do Estado. Os serviços de telefones móveis são acessíveis ao público: são públicos. Caem sob a alçada do artigo 1.º/2 da Lei n.º 23/96. No âmbito do acórdão da RLx 9-Jul.--1998, ainda assim não era.

IV. No actual momento legislativo, a Lei n.º 23/96 é aplicável a todos os serviços "essenciais" (leia-se: enumerados no seu artigo 1.º/2), desde que disponíveis "ao público"[116].

22. *A natureza presuntiva da prescrição*

I. A natureza presuntiva da prescrição do artigo 10.º/1 da Lei n.º 23/96 foi corajosamente assumida pela RPt 28-Jun.-1999[117]. Na sequência da anotação desfavorável de CALVÃO DA SILVA[118], a jurisprudência parece ter invertido a sua orientação: RPt 20-Mar.-2000[119] e REv

---

[114] Cf. a legislação anterior em CALVÃO DA SILVA, *Anotação* cit., 133, 142, nota 8.

[115] O artigo 6.º/5 do Regulamento aprovado pelo Decreto-Lei n.º 290-B/99, de 30 de Julho, manda aplicar aos serviços de telefones móveis o artigo 5.º da Lei n.º 23/96, de 26 de Julho. *A contrario*, os outros preceitos dessa lei não seriam aplicáveis, sob pena de se considerar essa remissão como "inútil", o que contraria a presunção de acerto de que goza o legislador. Não obstante e tudo visto, mantemos a posição que figura no texto, até melhor reflexão.

[116] CALVÃO DA SILVA, *Anotação* cit., 133, 141 ss., demonstra ainda que foi esse o entendimento que prevaleceu no Parlamento aquando da feitura da Lei. Trata-se de um elemento coadjuvante, mas não decisivo: importante é, sim, o que tenha ficado exarado no diploma.

[117] RPt 28-Jun.-1999 cit., RLJ 133, especialmente 137.

[118] *Anotação* cit., 143 ss..

[119] RPt 20-Mar.-2000 (PAIVA GONÇALVES), CJ XXV (2000) 2, 207-209 (208/II) = BMJ 495 (2000), 364/II (o sumário); todavia, este acórdão acabou por decidir pela interrupção da prescrição, por a citação ter sido requerida antes dos cinco dias anteriores ao expirar do prazo; a referência à natureza extintiva da prescrição dos 6 meses do artigo 10.º/1 da Lei n.º 23/96 é apenas um *obiter dictum*: não deu corpo a qualquer decisão.

15-Mar.-2001[120]. Esta discussão tem um relevo que transcende o tema concreto: a manter-se o prazo irrealista de vinte anos, para a prescrição ordinária, é natural que se venham a multiplicar as normas especiais com prescrições de curto prazo, assim agudizando as dúvidas de integração sistemáticas.

II. Uma prescrição de seis meses, pela lógica do Direito português, é uma prescrição presuntiva[121]. Seis meses é, em termos jurídicos, um tempo muito breve. Recordamos que são a "curto prazo" todos os empréstimos cuja duração não exceda um ano. E se pensarmos em moldes judiciários, mais radical ainda é a sua brevidade: seis meses, mesmo numa comarca com o serviço em dia, não permite a marcação de uma audiência preliminar. Ameaçar, por suposto desinteresse, uma pessoa, por não efectivar judicialmente um direito num prazo de seis meses, não parece credível.

III. A hipótese de prescrição presuntiva, além de ir ao encontro do artigo 316.º do Código Civil – a mais curta prescrição admitida no nosso Direito[122] – sempre atenuaria a excessiva estreiteza do prazo em causa.

As Directrizes comunitárias não lidam com prazos tão curtos. A Directriz n.º 99/44/CE, relativa à compra de bens de consumo prevê uma prescrição de dois anos, do direito à reparação por vício da coisa, encurtável até um ano – artigos 7.º/I e 3.º/5, I[123].

De facto, não é possível invocar Direito comunitário para dar credibilidade a semelhante prazo.

Quanto à substância: poderíamos admitir que o utente dos serviços já não detivesse, ao fim de seis meses, os comprovativos de que pagara. A prescrição presuntiva seria, então, uma medida adequada: o utente ficaria vinculado à atitude correcta de quem não pretende pagar segunda vez o mesmo projecto.

---

[120] REv 15-Mar.-2001 (FERNANDO NEVES), CJ XXVI (2001) 2, 250-252 (251).
[121] Cf. *supra*, n.º 17.
[122] Recordamos que a própria prescrição bienal do artigo 317.º é, também, presuntiva.
[123] Hoje transposta para o § 479 do BGB, pela reforma de 2001/2002; em Portugal, aguarda transposição.

Extinguir, sumariamente, o Direito do prestador seria, no fundo, fazer repercutir nos utentes cumpridores o laxismo ou a esperteza dos relapsos. O Direito não deve legitimar tal estado de coisas. Recordamos ainda que a prescrição presuntiva é uma especialidade dos Direitos do Sul, adaptada aos seus *mores*. Não se entende por que razão seria, agora, ignorada, em nome de um germanismo que nada justifica.

IV. O artigo 10.º/1 da Lei n.º 23/96 não fala em prescrição presuntiva. Esta tão-pouco aflora nos trabalhos preparatórios: será verdade[124]. Mas também não se menciona uma prescrição extintiva: seja na Lei, seja nos *Materialen*, o silêncio é total.

O problema terá de ser resolvido à luz do Direito e da sua Ciência. Justamente: os valores envolvidos e a existência de uma lógica do conjunto, sem a qual o Direito não é Ciência, levam a aproximar uma prescrição de 6 meses, nada mais havendo, da prescrição presuntiva. Esta é, pelo que vimos, ainda uma prescrição.

Naturalmente: em paralelo correrá sempre a prescrição quinquenal do artigo 310.º, *g*).

23. *O início da prescrição*

I. Finalmente, há que atentar no início da prescrição prevista no artigo 10.º/1 da Lei n.º 23/96.

De acordo com o sistema objectivo previsto no Direito, as regras gerais devem jogar com o que, de facto, esteja figurado no artigo 10.º/1, cujo teor recordamos:

> O direito de exigir o pagamento do preço do serviço prestado prescreve no prazo de seis meses após a sua prestação.

Em boa técnica jurídica, prescrevem "direitos", normalmente "direitos de crédito". Se estivesse em causa o crédito correspondente ao preço do serviço, o legislador – cujo acerto e, daí, o domínio do português jurídico se presume – teria dito: "o direito ao preço do serviço prestado

---

[124] Calvão da Silva, *Anotação* cit., 153/I.

prescreve". O direito de exigir o pagamento é, simplesmente, o direito de enviar uma factura[125].

II. Perante um serviço público de fornecimento de electricidade, de água, de gás ou de telefone, passa-se o seguinte:
- é feito o fornecimento (a "prestação");
- o "prestador" procede às leituras dos contadores ou equivalente electrónico;
- o "prestador" remete uma factura;
- o utente recebe a factura;
- o utente paga a factura.

O legislador pretendeu (objectivamente!) que o prestador não demorasse indefinidamente o envio das facturas. Se o não fizesse no prazo de seis meses após a prestação, presume-se que a remessa teve lugar. Nada mais havendo, o prestador já não poderá provar que mandou uma factura determinada e, consequentemente, que ela não tenha sido paga. Só por confissão do destinatário, que reconheça não a ter recebido, se poderá considerar uma factura recebida seis meses após o fornecimento.

Enviada a factura no prazo de seis meses: o direito de exigir o pagamento foi tempestivamente exercido. A partir daí, caímos na prestação – essa sim, extintiva – do artigo 310.º, g), do Código Civil: cinco anos.

III. Não podemos interpretar o artigo 10.º/1 da Lei n.º 23/96 pensando, apenas, no serviço dos telefones. No tocante a fornecimentos de electricidade, de água e de gás, é necessário proceder a leituras, feitas em locais de acessibilidade por vezes difícil. O fornecedor pode precisar de meses para o fazer, em termos de razoabilidade. O legislador deu-lhe um prazo prescricional (ainda que presuntivo) de seis meses. Seis meses depois de efectuado o fornecimento, se não houver factura, há prescrição.

---

[125] Semelhante afirmação nunca se interpretaria como o "direito de exigir *judicialmente* o preço", numa postura belicista que não corresponde ao cenário normal a que se dirige o legislador.

IV. De outra forma, teríamos situações caricatas: o fornecedor da vivenda remota, que apenas ao fim de cinco meses e tal conseguisse fazer uma leitura do contador, teria de começar logo com uma acção em juízo, sob pena de prescrição.

Ainda na mesma linha: as interpretações extremistas do artigo 10.º/1, da Lei n.º 23/96, conquanto feitas em nome dos interesses dos utentes, correm o risco de submeter estes a uma espiral de litigiosidade.

Justamente: a Ciência do Direito, limando arestas, aproveitando a experiência bimilenar da cultura civil e distinguindo valores e situações permite um aproveitamento máximo da Lei n.º 23/96.

V. Quanto à caducidade do artigo 10.º/2 da Lei n.º 23/96: o problema é diverso.

Tendo remetido uma factura, o prestador exerceu o direito sujeito à prescrição quinquenal do artigo 310.º, *g*), do Código Civil. Se a factura pecar por defeito, o utente poderia ser surpreendido com a diferença numa altura em que não contaria com ela. É encargo (*Obliengenheit*) do prestador o remeter facturas correctas ou corrigi-las, rapidamente. A caducidade dos seis meses sanciona esse encargo: trata-se de uma situação valorativamente semelhante à dos artigos 916.º e 917.º do Código Civil: caducidade do direito de denunciar o vício da coisa vendida.

ÍNDICE

ANTÓNIO MENEZES CORDEIRO
Concorrência e direitos e liberdades fundamentais na União Europeia 9

JOSÉ ANTÓNIO VELOSO
Aspectos inovadores do Projecto de Regulamento da Autoridade da Concorrência 29

JORGE PATRÍCIO PAÚL
Breve análise do regime da concorrência desleal no novo Código da Propriedade Industrial 107

ANTÓNIO MENEZES CORDEIRO
Defesa da concorrência e direitos fundamentais das empresas: da responsabilização da Autoridade da Concorrência por danos ocasionados em actuações de inspecção 121

EDUARDO VERA-CRUZ PINTO
A regulação pública como instituto jurídico de criação prudencial na resolução de litígios entre operadores económicos no início do século XXI 159

PEDRO DE ALBUQUERQUE / MARIA DE LURDES PEREIRA
A responsabilidade civil das autoridades reguladoras e de supervisão por danos causados a agentes económicos e investidores no exercício de actividades de fiscalização ou investigação 203

ALEXANDRE DE ALBUQUERQUE / PEDRO DE ALBUQUERQUE
O controlo contencioso da actividade das entidades de regulação económica 249

ANTÓNIO MENEZES CORDEIRO
Da prescrição de créditos das entidades prestadoras de serviços públicos essenciais 287